U0836435

高等教育土木类专业系列教材

道路与桥梁工程试验检测技术

黄煜镔　主编　　张治渝　副主编　　侯铁军　主审

重庆大学出版社

内容提要

本书分为上下两篇，上篇分章介绍道路工程试验检测，下篇分章介绍桥梁结构检测试验，每章附有一定数量的思考题和习题。

本书既可作为高等院校土木工程专业公路与城市道路方向、道路与桥梁方向、桥梁与隧道方向、交通土建方向的本科生教材，也可作为道路与桥梁工程试验检测人员的培训教材。此外，还可供从事市政工程和桥梁工程专业的技术人员参考使用。

图书在版编目(CIP)数据

道路与桥梁工程试验检测技术 / 黄煜镔主编. - - 重庆：重庆大学出版社，2021.10(2023.7 重印)
高等教育土木类专业系列教材
ISBN 978-7-5689-2655-3

Ⅰ. ①道… Ⅱ. ①黄… Ⅲ. ①道路试验—检测—高等学校—教材②桥梁试验—检测—高等学校—教材 Ⅳ. ①U416.03②U446.1

中国版本图书馆 CIP 数据核字(2021)第 136401 号

高等教育土木类专业系列教材
道路与桥梁工程试验检测技术
DAOLU YU QIAOLIANG GONGCHENG SHIYAN JIANCE JISHU

主　编　黄煜镔
副主编　张治渝
主　审　侯铁军

责任编辑:肖乾泉　　版式设计:肖乾泉
责任校对:王　倩　　责任印制:赵　晟

*

重庆大学出版社出版发行
出版人:饶帮华
社址:重庆市沙坪坝区大学城西路 21 号
邮编:401331
电话:(023)88617190　88617185(中小学)
传真:(023)88617186　88617166
网址:http://www.cqup.com.cn
邮箱:fxk@cqup.com.cn(营销中心)
全国新华书店经销
重庆魏承印务有限公司印刷

*

开本:787mm×1092mm　1/16　印张:20.5　字数:514 千
2021 年 10 月第 1 版　2023 年 7 月第 2 次印刷
印数:2 001—5 000
ISBN 978-7-5689-2655-3　定价:49.00 元

前　言

随着经济的发展和科技的提高，我国的交通运输业高速发展，道路与桥梁工程建设项目与日俱增，公路基础设施建设成绩斐然。但随着时间的推移，我国目前相当一部分道路和桥梁进入了“老化期”，处于超期服役状态，需要加强维修和养护以保证安全运营。因此，道路与桥梁的试验检测工作不仅能有效加强公路桥梁工程质量控制，还能为后期的评价工作提供理论基础和实验依据，是评定验收环节中不可或缺的部分，具有十分重要的作用。

道路与桥梁试验检测技术是土木工程专业道路与桥梁工程方向、城市道路工程方向、城市桥梁隧道工程方向、公路工程方向等开设的一门重要专业课，是高等院校本科教育的一个重要环节。本书以我国现行公路与桥梁工程领域内技术标准、规范为依据，将试验检测基本理论、相关学科基础知识以及实际测试操作紧密联系，系统全面地介绍了道路与桥梁工程试验检测技术的主要检测项目、检测方法及基本原理以及工程质量评定方法，力求理论与实际相结合，课程内容与工程实践相验证。

本书力求让学生通过理论学习和实践教学提高实际操作能力，引导学生从课堂走向实际工程建设中去，掌握道路与桥梁试验检测技术相关知识，并进一步培养学生分析问题、解决问题的能力，增强创新意识，为今后从事道路与桥梁检测、咨询、设计、科学研究或技术开发打下坚实的基础。

在本书编写过程中，北京建恒兴达工程质量检测有限公司高级工程师陈静基于实践提出了许多宝贵意见，重庆大学出版社也付出大量劳动完成图文工作，在此表示衷心感谢。全书涉及的内容新颖，检测技术全面，但由于道路与桥梁试验检测涉及交叉学科知识较多，检测技术革新快且作者知识面和水平受限，书中难免存在疏漏之处，希望读者不吝赐教，以便尽快完善。

编　者

2021 年 4 月

目 录

上篇 道路工程试验检测

下篇 桥梁结构试验检测

上篇　道路工程试验检测

1

道路工程试验检测总论

1.1 概 述

▶ 1.1.1 试验检测的目的和意义

试验检测工作是公路工程施工技术管理中的一个重要组成部分，同时也是公路工程施工质量控制和交(竣)工验收评定工作中不可缺少的一个主要环节。

道路结构在汽车与自然因素的反复作用下，其使用性能会不断改变，道路结构逐渐出现破坏，并最终导致不能满足使用性能的要求。因此，在道路使用过程中，必须采取相应的养护、补强和改建措施，使道路的使用性能得到部分恢复，甚至提高。试验检测工作也是养护、管理的基本依据。

通过试验检测能充分地利用当地原材料，能迅速推广应用新材料、新工艺和新技术，能用定量的方法科学地评定各种材料和结构的质量，能合理地控制并科学地评定工程质量。因此，它对提高工程质量、加快工程进度、降低工程造价、推动公路工程技术进步起到极为重要的作用。

▶ 1.1.2 试验检测的内容和标准

试验检测内容按检测流程可以分为验证试验、标准试验、工艺试验、抽样试验和验收试验。按检测对象可以分为道路材料试验检测、路基土方工程试验检测、路面基层与底基层试验检测、水泥混凝土路面与沥青路面试验检测、路基路面工程现场检测、排水工程及砌石工程现场检测、桥涵工程试验检测、隧道工程试验检测、交通工程设施施工质量检测等。

试验检测内容一般包括材料标准试验、施工现场的质量管理与控制、竣工后检查的相关项目。材料标准试验是道路建筑材料与路基路面工程的重要组成部分，主要涉及以下内容：

①原材料的物理、化学和力学性质的检测，其主要是确定设计混合料所用的原材料的参数，如集料的密度、孔隙率、含水率、级配、抗压强度、压碎值、磨耗值、化学组成及化学反应情况等，水泥的细度、凝结时间、安定性和胶砂强度，沥青的三大指标、与集料黏附性、化学组分、流变性质、弯曲蠕变劲度等。

②混合料的物理、化学和力学性能及其使用性质，如水泥混凝土的坍落度、水胶比、抗压与抗折强度等，沥青混合料的孔隙率、密度、高温稳定性、低温抗裂性等。

施工现场的质量管理与控制主要是检查外形尺寸、压实度、厚度、弯沉值、抗滑性、平整度等。竣工后检查主要有路面的弯沉值、车辙、抗滑性、平整度等。

试验检测的方法每项都应根据国家或部委颁布的现行最新相关技术标准、操作规程和行业工作规范制定的实施细则。其中技术标准主要是国家质量技术标准、设计文件等，特殊情况下可由业主提供特殊的检测要求。操作规程主要是试验检测的有关操作标准、要求、方法等。工作规范主要是公路工程设计、施工、施工技术规范等。

现行公路工程常用试验检测规程有《公路土工试验规程》(JTG E40—2007)、《公路工程沥青及沥青混合料试验规程》(JTG E20—2011)、《公路工程水泥及水泥混凝土试验规程》(JTG E30—2005)、《公路工程岩石试验规程》(JTG E41—2005)、《公路工程无机结合料稳定材料试验规程》(JTG E51—2009)、《公路路基路面现场测试规程》(JTG 3450—2019)、《公路土工合成材料应用技术规范》(JTG/T D32—2012)、《公路工程集料试验规程》(JTG E42—2005)以及公路工程金属材料有关试验规程，包括《钢筋焊接及验收规程》(JGJ 18—2012)、《金属材料　弯曲试验方法》(GB/T 232—2010)、《钢丝绳弯曲疲劳试验方法》(GB/T 12347—2008)、《金属材料　拉伸试验　第1部分：室温试验方法》(GB/T 228.1—2010)等。

与试验检测有关的标准还有《公路工程技术标准》(JTG B01—2014)、《公路工程质量检验评定标准　第一册　土建工程》(JTG F80/1—2017)、《公路桥涵施工技术规范》(JTG/T 3650—2020)等。

► 1.1.3　试验检测评定方法

道路工程试验检测对检查项目按规定的检查方法和频率进行抽样检验并计算合格率。采用相关规范规定的检查方法作为标准方法，采用其他高效检测方法应经过比对确认。试验检测规定的检查频率以路段长度为单位进行，其规定值为双车道路段的最低检查频率，对多车道应按车道数与双车道之比相应增加检查数量。检查项目合格率计算按下式进行：

$$\text{检查项目合格率} = \frac{\text{检查合格的点(组)数}}{\text{该检查项目的全部检查点(组)数}} \times 100\%$$

检查项目合格评定按照以下规定：关键项目的合格率不低于95%，一般项目的合格率不应低于80%，否则该检查项目不合格；有规定极值的检查项目，任一单个检测值不能突破规定极值，否则该项目应视为不合格；对于公路工程质量检验评定标准列出方法进行检验评定的检查项目，不满足相关要求即不合格；外观质量也应进行全面检查，并满足规定要求，否则该检验项目也不合格。

1.2　公路路基路面现场测试选点方法

为准确评价公路路基、路面各个层次的各项技术指标，保证公路路基路面现场测试结果的可靠性和代表性，需要正确规范地选择测试位置，按照相关规范标准确定测定区间、断面以及测点位置，获取具有代表性的试验数据。按照《公路路基路面现场测试规程》(JTG 3450—2019)，目前常用的选点方法主要包括均匀法、随机法、定向法、连续法以及总和法。不同的选点方法，得出的测试结论可能截然相反，因此在选择选点方法时必须结合现场实际环境等多因素考虑，选择合理、有效并具有代表性的测点位置，以确保试验数据的准确性。

▶ 1.2.1　均匀法选取测定区间、测定断面或测点

均匀法主要是将道路沿纵向或横向进行等间距划分，并在划分点处做好标记，在划分点上布置测点的均匀选点方法。其选点示意图如图 1.1 所示。

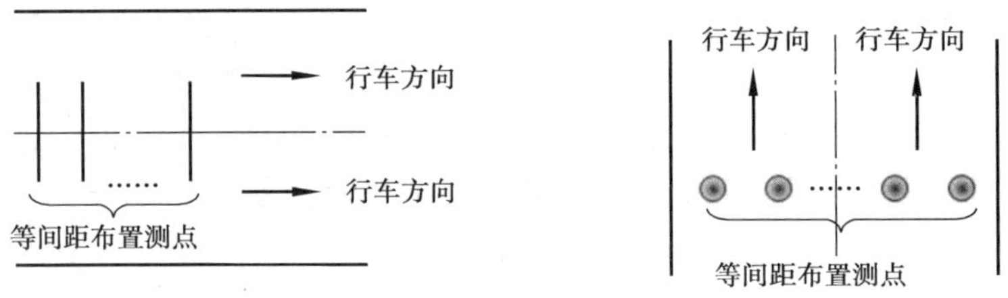

图 1.1　均匀法选点示意图

▶ 1.2.2　定向法选取测定区间、测定断面或测点

定向法是根据道路现场实际情况将轮迹带或出现裂缝、错台、板角等具有某个特征或指定的位置作为测点的定点选取方法。其选点示意图如图 1.2 所示。

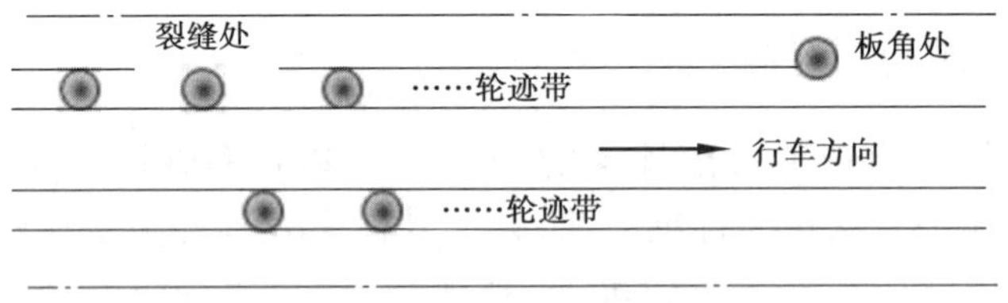

图 1.2　定向法选点示意图

▶ 1.2.3　连续法选取测定区间、测定断面或测点

连续法是指按相应标准的规定，沿道路纵向小间距连续、均匀地布置测定位置。其选点示意图如图 1.3 所示。

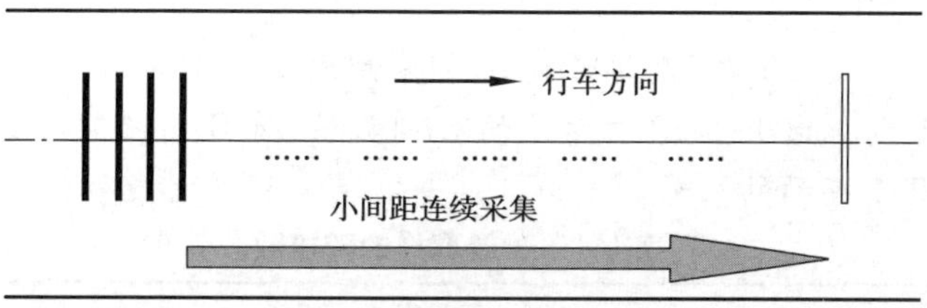

图 1.3 连续法选点示意图

▶ 1.2.4 综合法选取测定区间、测定断面或测点

综合法是同时按照上述两种以上选点方法的规定来确定测点位置。通常有沿道路纵向连续选择测区,在测区内随机选择测点或者沿道路纵向均匀确定测区,测区内定向选取测点等。

▶ 1.2.5 随机法选取测定区间、测定断面或测点

随机取样选点法是公路现场测试中确定测试位置的重要方法,由于其能从一定程度上避免人为因素对测试位置的干预,进而影响测试结果的代表性。随机取样选点法是按数理统计原理,在路基路面现场测定时决定测定区间、测定断面、测点位置的方法。

随机取样选点法需要的工具和材料有量尺(钢尺、皮尺或测距仪等)、硬纸片(编号为 1 ~ 28,共 28 块,每块大小为 2.5 cm × 2.5 cm,装在一个布袋内)或能直接产生随机数的计算软件、骰子(2 个)、毛刷、粉笔等。

1)测试断面或测试区间的确定

测试区间又称为检测路段,是根据路面施工或验收、质量评定方法等有关规范要求,确定需要测试的路段。它可以是一个作业段、一个完成的路段或路线全程。在路基、路面工程质量验收时,通常以 1 km 为一个测试路段。下面简要介绍测试区间或测试断面的确定步骤。

①按照有关标准规范规定的测试区间(断面)数量要求确定测试区间(断面)的取样总数 n,将确定的测试路段划分为若干个区间或断面,依次编号为第 1 ~ n 个区间或第 1 ~ n 个断面,其总的区间数或断面数为 T。公路路基路面测试一般采用等长度或间距(一般取 20 m)划分区间(断面)。当区间(断面)数量 $T>30$ 时,应分次选取。若采用计算机软件进行随机选取,则不受选取数量限制。

②随机抽取一块硬纸片,硬纸片上的编号即对应表 1.1 中的栏号。根据所抽取硬纸片对应的栏号,依次找出该栏号下 A 列 01 ~ n 对应的 B 列中的值,也可通过计算机软件产生对应 A 值的 B 值,即得到 n 组 A、B 值。

③将 n 个 B 值与总区间数或断面数 T 相乘,四舍五入成整数,即得到 n 个断面的编号,即可根据该编号确定实际断面位置。

【例 1.1】 拟从 K18 +000 ~ K19 +000 的检测路段中选择 20 个断面测定路面宽度、高程、横坡度等外形尺寸,试确定测定断面桩号。

【解】 测定断面桩号的确定步骤如下:

①按照 20 m 等间距对拟测试路段内的断面进行编号。1 km 总长的断面数 $T=1\ 000/20=$

50 个,编号为 1,2,…,50。

②从布袋中摸出一块硬纸片,其编号为 5,即采用表 1.1 中的第 5 栏。

③从第 5 栏中 A 列挑出小于 20 所对应的 B 列数值,将 B 列数值与 T 相乘,四舍五入得到 20 个编号,并得到 20 个断面的桩号。

表 1.1 一般取样的随机数

栏号 1			栏号 2			栏号 3			栏号 4			栏号 5		
A	B	C	A	B	C	A	B	C	A	B	C	A	B	C
15	0.033	0.578	05	0.048	0.879	21	0.013	0.220	18	0.089	0.716	17	0.024	0.863
21	0.101	0.300	17	0.074	0.156	30	0.036	0.853	10	0.102	0.330	24	0.060	0.032
23	0.129	0.916	18	0.102	0.191	10	0.052	0.746	14	0.111	0.925	26	0.074	0.639
30	0.158	0.434	06	0.105	0.257	25	0.061	0.954	28	0.127	0.840	07	0.167	0.512
24	0.177	0.397	28	0.179	0.447	29	0.062	0.507	24	0.132	0.271	28	0.194	0.776
11	0.202	0.271	26	0.187	0.844	18	0.087	0.887	19	0.285	0.089	03	0.219	0.166
16	0.204	0.012	04	0.188	0.482	24	0.105	0.849	01	0.326	0.037	29	0.264	0.284
08	0.208	0.418	02	0.208	0.577	07	0.139	0.159	30	0.334	0.938	11	0.282	0.262
19	0.211	0.798	03	0.214	0.402	01	0.175	0.647	22	0.405	0.295	14	0.379	0.994
29	0.233	0.070	07	0.245	0.080	23	0.196	0.873	05	0.421	0.282	13	0.394	0.405
07	0.260	0.073	15	0.248	0.831	26	0.240	0.981	13	0.451	0.212	06	0.410	0.157
17	0.262	0.308	29	0.261	0.037	14	0.255	0.374	02	0.461	0.023	15	0.438	0.700
25	0.271	0.180	30	0.302	0.883	06	0.310	0.043	06	0.487	0.539	22	0.453	0.635
06	0.302	0.672	21	0.318	0.088	11	0.316	0.653	08	0.497	0.396	21	0.472	0.824
01	0.409	0.406	11	0.376	0.936	13	0.324	0.585	25	0.503	0.893	05	0.488	0.118
13	0.507	0.693	14	0.430	0.814	12	0.351	0.275	15	0.594	0.603	01	0.525	0.222
02	0.575	0.654	27	0.438	0.676	20	0.371	0.535	27	0.620	0.894	12	0.561	0.980
18	0.591	0.318	08	0.467	0.205	08	0.409	0.495	21	0.629	0.841	08	0.652	0.508
20	0.610	0.821	09	0.474	0.138	16	0.445	0.740	17	0.691	0.583	18	0.668	0.271
12	0.631	0.597	10	0.492	0.474	03	0.494	0.929	09	0.708	0.689	30	0.736	0.634
27	0.651	0.281	13	0.498	0.892	27	0.543	0.387	07	0.709	0.012	02	0.763	0.253
04	0.661	0.953	19	0.511	0.520	17	0.625	0.171	11	0.714	0.049	23	0.804	0.140
22	0.692	0.089	23	0.591	0.770	02	0.699	0.073	23	0.720	0.695	25	0.828	0.425
05	0.779	0.346	20	0.604	0.730	19	0.702	0.934	03	0.748	0.413	10	0.843	0.627
09	0.787	0.173	24	0.654	0.330	22	0.816	0.802	20	0.781	0.603	16	0.858	0.849
10	0.818	0.837	12	0.728	0.523	04	0.838	0.166	26	0.830	0.384	04	0.903	0.327

续表

栏号1			栏号2			栏号3			栏号4			栏号5		
A	B	C	A	B	C	A	B	C	A	B	C	A	B	C
14	0.905	0.631	16	0.753	0.344	15	0.904	0.116	04	0.843	0.002	09	0.912	0.382
26	0.912	0.376	01	0.806	0.134	28	0.969	0.742	12	0.884	0.582	27	0.935	0.162
28	0.920	0.163	22	0.878	0.884	09	0.974	0.046	29	0.926	0.700	20	0.970	0.582
03	0.945	0.140	25	0.930	0.162	05	0.977	0.494	16	0.951	0.601	19	0.975	0.327

注:此表共28个栏号,第6~28栏号中的A,B,C值可参照有关规程、规范或标准。

其计算过程列于表1.2。

表1.2 路面宽度、高程、横坡度检测断面随机选点计算

断面序号	5栏A列	B 列	B×T	断面编号	桩 号
1	17	0.024	1.20	1	K18+020
2	07	0.167	8.35	8	K18+160
3	03	0.219	10.95	11	K18+220
4	11	0.282	14.10	14	K18+280
5	14	0.379	18.95	19	K18+380
6	13	0.394	19.70	20	K18+400
7	06	0.410	20.50	21	K18+420
8	15	0.438	21.90	22	K18+440
9	05	0.488	24.40	24	K18+480
10	01	0.525	26.25	26	K18+520
11	12	0.561	28.05	28	K18+560
12	08	0.652	32.60	33	K18+660
13	18	0.668	33.40	33	K18+680
14	02	0.763	38.00	38	K18+760
15	10	0.843	42.15	42	K18+840
16	16	0.858	42.90	43	K18+860
17	04	0.903	45.15	45	K18+900
18	09	0.912	45.60	46	K18+920
19	20	0.970	48.50	49	K18+980
20	19	0.975	48.75	49	K19+000

2)测点位置(纵向及横向位置)的确定

确定测点位置的步骤如下:

①按照有关标准规范要求确定测点数量 n。当 $n>30$ 时应分次选取,若采用计算机软件进行随机选取,则不受选取数量限制。

②随机抽取一块硬纸片,纸片上的编号即对应表 1.1 中的栏号。根据所抽取硬纸片的栏号,依次找出该栏号下 A 列 01 ~ n 值对应的 B、C 列中的值,也可通过计算机软件产生对应 A 值的 B 值和 C 值,即得 n 组 A、B、C 值。

③测点纵向位置的确定。以 A 列中对应的 B 列中的数值乘以测试路段的总长度,再加上测试路段起点的桩号,即可得出取样纵向位置,即断面桩号。

④测点横向位置的确定。以 A 列中对应的 C 列中的数值,乘以检查路面的宽度,再减去宽度的 1/2,即可得出取样位置离路面中心线的距离。若差值为正,则表示在中心线的右侧;若差值为负,则表示在中心线的左侧。

【例 1.2】 拟从 K18 +000 ~ K19 +000 的检测路段中选择 6 个点来检测压实度、结构层厚度等,试确定测点位置。

【解】 测点位置的确定步骤如下:

①从布袋中摸出一块硬纸片,其编号为 2,即采用表 1.1 中的第 2 栏。

②从第 2 栏 A 列中挑出小于 6 的数为 05,06,04,02,03,01。

③从 B 列中挑出与这 6 个数对应的 6 个数为 0.048,0.105,0.188,0.208,0.214,0.806。

④取样路段长度为 1 000 m,计算出 6 个乘积分别为 48 m,105 m,188 m,208 m,214 m,806 m。

⑤从 C 列中挑出与 B 列对应的数为 0.879,0.257,0.482,0.577,0.402,0.134。

⑥路面宽度为 10 m,计算出 6 个乘积分别为 8.79 m,2.57 m,4.82 m,5.77 m,4.02 m,1.34 m,分别再减去宽度的 1/2 即得测点的位置。

其计算结果列于表 1.3。

表 1.3 压实度、结构层厚度等随机选点计算

测点编号	A 列	B 列	距测点距离/m	桩 号	C 列	距边缘距离/m	距中线距离/m
1	05	0.048	48	K18 +048	0.879	8.79	左 3.79
2	06	0.105	105	K18 +105	0.257	2.57	左 2.43
3	04	0.188	188	K188 +188	0.482	4.82	左 0.18
4	02	0.208	208	K18 +208	0.577	5.77	右 0.77
5	03	0.214	214	K18 +214	0.402	4.02	左 0.98
6	01	0.806	806	K18 +806	0.134	1.34	左 3.66

随机选点法由于其采用随机数选择测试位置,在一定程度上避免了人为因素对测试位置的干预,从而保证了测试结果的代表性。因此,在早期的公路现场测试中广泛应用。但是该方法在我国使用并不普遍,主要是由于我国路基路面工程各施工规范、质量评定标准及相关

试验方法以及要求等不明确,且随机选点的步骤相对烦琐,同时随着测试技术的快速发展,大量连续式、高效率的检测装备的应用,其测试数据采集频率较传统测试手段提升了数十倍甚至上百倍,使得全样本检测成为可能,其测试结果的代表性反而高于随机选点方法。

由于公路现场测试中仍存在一定数量的手工测试手段,且当前计算机技术已十分普及,现场获得随机数也较为容易,随机选点方法具有一定的应用空间。

1.3 钻芯和切割取样方法

在路基路面现场测试中,钻芯取样是制作试验样品的重要方法。钻取的芯样可以用于厚度、密度、强度等诸多指标测试。与大多数无损检测的间接测试方法相比,钻芯取样的测试工作更为直观,试验样品一致性程度更高,测试结果更有信服力和代表性。目前常用的钻芯取样方法是通过路面取芯钻机或路面切割机在现场钻取或切割路面,主要适用于水泥混凝土面层、沥青混合料面层或无机结合料稳定基层取样。

在现场钻芯取样时所用钻头一般有两类:一类适用于对水泥混凝土路面与无机结合料稳定基层使用,另一类适用于沥青面层,也可通用配淋水冷却装置。芯样的直径取决于钻头,通常有 ϕ50 mm、ϕ100 mm、ϕ150 mm。按照试件直径大于集料最大粒径的 3 倍的要求,对沥青混合料及水泥混凝土路面通常采用 ϕ100 mm 的钻头,水泥、石灰等无机结合料稳定基层,细粒土可使用 ϕ100 mm 的钻头,粗粒土可使用 ϕ150 mm 的钻头。

▶ 1.3.1 仪器与材料

路基路面现场钻芯取样需要用到的仪器和材料主要包括:

①路面取芯机:手推式或车载式,配有淋水冷却装置。钻头直径为 ϕ100 mm 或 ϕ150 mm。

②路面切割机:主要包括手推式或牵引式路面切割机,由电力驱动,也可利用汽车动力由液压泵驱动,附金刚石锯片,有淋水冷却装置。

③台秤、干冰(固体 CO_2)、盛样器(袋)或铁盘等。

④其他:试样标签、镐、铁锹、量尺(绳)、毛刷、硬纸、棉纱等。

▶ 1.3.2 准备工作

①根据取样路段材料类型和结构层次选取合适的钻头尺寸。选择直径大于集料最大粒径 3 倍的钻头。

②确定现场取样路段。取样可以是一个作业段、一天完成的路段或者按相关规范的规定选取一定长度的检查路段。

③按随机选点的方法确定取样的位置,并将取样位置清扫干净。

▶ 1.3.3 取样步骤

①根据目的和需要确定切割路面的面积,在取样地点的路面上,对钻孔位置作出标记或

划出切割路面的大致区域。

②用取芯机垂直对准路面钻孔位置,放下钻头,牢固安放,确保取芯机在运转过程中不得移动。

③开放冷却水,启动马达,徐徐压下钻杆,钻取芯样,但不得使劲下压钻头。待钻透全厚度后,上抬钻杆,拔出钻头,停止转动,使芯样不损坏,取出芯样。沥青混合料芯样及水泥混凝土芯样可用清水漂洗干净后备用。当因试验需要不能用水冷却时,应采用干钻孔,此时为保护钻头,可先用约 3 kg 的干冰放在取样位置上,冷却路面约 1 h,钻孔时通常以低温 CO_2 等冷却气体代替冷却水。

④用切割机切割时将锯片对准切割位置,开放冷却水,启动马达,徐徐压下锯片至要求深度(厚度),仔细向前推进,至需要长度后抬起锯片,四面全部锯毕后,用镐或铁锹仔细取出试样。取得的路面试样应保持边角完整,颗粒不得散失。

⑤采取的路面混合料试样应整层取样,试样应完整。将钻取的芯样或切割的试样,妥善盛放于盛样器中,必要时用塑料袋封装,并按要求填写样品标签,一式两份,一份粘贴在试样上,另一份作为记录备查。试样标签的示例如图 1.4 所示。

试样编号:______________________

路线或工程名称:______________________

材料品种:______________________

施工日期:______________________

取样日期:______________________

取样位置:桩号________中心线左________m 右________m

取样人:______________________

试样保管人:______________________

备注:______________________(注明试样用途或试验结果等)

图 1.4　试样标签示例

⑥用棉纱等材料吸走取样时留下的水分,待干燥后,用同类型材料对钻孔或被切割的路面坑洞进行填补压实。

1.4　公路路基路面检测路段数据处理方法

在按相关规范标准正确地选择测试区间、测试断面以及测点,严格按照《公路路基路面现场测试规程》(JTG 3450—2019)等对道路工程几何尺寸、路面厚度、结构强度、功能要求等多项指标进行试验检测后,需要按照相应的数据处理方法对试验数据进行正确处理,从而得到准确、客观的试验数据。

▶ 1.4.1　测试结果数据处理

1)实测值与设计值的差值

按式(1.1)计算实测值 X_i 与设计值 X_0 之差。

$$\Delta X_i = X_i - X_0 \tag{1.1}$$

式中　ΔX_i——实测值 X_i 与设计值 X_0 之差；

X_i——第 i 个测点的测试值；

X_0——设计值。

2）平均值、标准差、变异系数的计算

测试结果的平均值、标准差、变异系数按式（1.2）至式（1.4）计算。

$$\overline{X} = \sum X_i / N \tag{1.2}$$

$$S = \sqrt{\frac{\sum_{i=1}^{N}(X_i - \overline{X})^2}{N-1}} \tag{1.3}$$

$$C_V = \frac{S}{\overline{X}} \times 100\% \tag{1.4}$$

式中　X_i——第 i 个测点的实测值；

N——一个测试路段内的测点数；

$\overline{X}$——一个测试路段内实测值的平均值；

S——一个测试路段内实测值的标准差；

C_V——一个测试路段内实测值的变异系数，%。

3）平均值、标准差、变异系数的计算

计算一个测试路段内实测值的代表值时，对单侧测试的指标，按式（1.5）计算；对双侧测试的指标，按式（1.6）计算。

$$X' = \overline{X} \pm S\frac{t_\alpha}{\sqrt{N}} \tag{1.5}$$

$$X' = \overline{X} \pm S\frac{t_{\alpha/2}}{\sqrt{N}} \tag{1.6}$$

式中　X'——一个测试路段内实测值的代表值；

t_α 或 $t_{\alpha/2}$——t 分布表中随自由度（$N-1$）和置信水平 α（保证率）而变化的系数，见表 1.4，保证率的选用还应符合相关规范的要求。

表 1.4　$\frac{t_{\alpha/2}}{\sqrt{N}}$ 和 $\frac{t_\alpha}{\sqrt{N}}$ 的值

测定数 N	双边置信水平的 $\frac{t_{\alpha/2}}{\sqrt{N}}$		单边置信水平的 $\frac{t_\alpha}{\sqrt{N}}$	
	保证率 95%	保证率 90%	保证率 95%	保证率 90%
	$\alpha/2$	$\alpha/2$	α	α
2	8.985	4.465	4.465	2.176
3	2.484	1.686	1.686	1.089

续表

测定数 N	双边置信水平的$\frac{t_{\alpha/2}}{\sqrt{N}}$		单边置信水平的$\frac{t_{\alpha}}{\sqrt{N}}$	
	保证率 95%	保证率 90%	保证率 95%	保证率 90%
	$\alpha/2$	$\alpha/2$	α	α
4	1.591	1.177	1.177	0.819
5	1.242	0.953	0.953	0.686
6	1.049	0.823	0.823	0.603
7	0.925	0.716	0.716	0.544
8	0.836	0.670	0.670	0.500
9	0.769	0.620	0.620	0.466
10	0.715	0.580	0.580	0.437
11	0.672	0.546	0.546	0.414
12	0.635	0.518	0.518	0.392
13	0.604	0.494	0.494	0.376
14	0.577	0.473	0.473	0.361
15	0.554	0.455	0.455	0.347
16	0.533	0.436	0.436	0.335
17	0.514	0.423	0.423	0.324
18	0.497	0.410	0.410	0.314
19	0.482	0.398	0.398	0.304
20	0.468	0.387	0.387	0.297
21	0.454	0.376	0.376	0.289
22	0.443	0.367	0.367	0.282
23	0.432	0.358	0.358	0.275
24	0.421	0.350	0.350	0.269
25	0.413	0.342	0.342	0.264
26	0.404	0.335	0.335	0.258
27	0.396	0.328	0.328	0.253
28	0.388	0.322	0.322	0.248
29	0.380	0.316	0.316	0.244
30	0.373	0.310	0.310	0.239
40	0.320	0.266	0.266	0.206

续表

测定数 N	双边置信水平的$\frac{t_{\alpha/2}}{\sqrt{N}}$		单边置信水平的$\frac{t_{\alpha}}{\sqrt{N}}$	
	保证率 95%	保证率 90%	保证率 95%	保证率 90%
	$\alpha/2$	$\alpha/2$	α	α
50	0. 284	0. 237	0. 237	0. 184
60	0. 258	0. 216	0. 216	0. 167
70	0. 238	0. 199	0. 199	0. 155
80	0. 223	0. 186	0. 186	0. 145
90	0. 209	0. 277	0. 173	0. 136
100	0. 198	0. 166	0. 166	0. 129

► 1.4.2　测试结果数据处理报告

根据工程需要及现行相关规范规定，列出一个测试路段内实测值的记录表，记录平均值、标准差、变异系数及代表值。注明不符合规范要求的测点。

当无特殊规定时，可疑数据的舍弃宜按照 k 倍标准差作为舍弃标准，即在资料分析中，舍弃那些在 $X \pm kS$ 以外的实测值，然后再重新计算整理。当试验数据 N 为 3、4、5、6 时，k 值分别为 1. 15、1. 46、1. 67、1. 82，$N \geq 7$ 时，k 值宜采用 3。

思考练习题

1. 1　道路工程试验检测的目的和意义是什么？一般包括哪些检验内容？

1. 2　目前常用的公路路基路面现场测试选点方法主要包括哪几种？各自基于什么原理？

1. 3　公路工程现场测试中确定测点断面或测定区间的步骤是什么？

1. 4　按照有关规范规定，检查验收时拟在 K36 + 000 ~ K37 + 000 的 1 km 测试路段中选择 6 个测点进行钻孔取样检验压实度、沥青用量和矿料级配等，试确定测点位置。

1. 5　路基路面现场钻芯取样的步骤是什么？取样过程中的注意事项主要有哪些？

1. 6　公路工程质量等级是如何检验评定的？

1. 7　某土方路基质量评定，经对压实度、弯沉、平整度等 8 项指标进行检测，各指标合格率如表 1. 5 所示，其中压实度代表值大于压实度标准值，弯沉代表值满足要求。外观缺陷和资料不全，分别扣 8 分和 6 分。

表 1.5　各指标合格率

检查项目	压实度	弯沉	纵断高程	中线偏位	宽度	平整度	横坡	边坡
合格率/%	90	100	75	90	85	75	90	80
权　值	3	3	2	2	2	2	1	1

(1)请评定该路段土方路基的质量等级。

(2)如果评定结果不合格,那么应如何改进该土方路基的质量?如果评定结果合格,为了进一步提高该土方路基的质量,那么应采取什么措施?

2 道路几何形态检测

2.1 检测项目与要求

道路几何形态检测主要分为路基路面几何尺寸检测以及路面厚度检测。

路基路面的几何尺寸，即宽度、纵断面高程、横坡及中线平面偏位等，是施工质量检查及竣工验收的规定项目，应根据生产需要保证各组成部分的尺寸符合规定的要求并评价道路线形和几何尺寸。土方路基、水泥土基层及沥青混凝土面层常见检测项目的要求如表 2.1 所示，其他结构层检测项目的要求参见《公路工程质量检验评定标准　第一册　土建工程》(JTG F80/1—2017)。

路面结构层厚度与道路整体的强度和使用寿命都是密切相关的。在路面设计中，不管采用什么样的设计指标，最终要确定的都是各结构层厚度。只有在保证各结构层厚度的前提下，路面各层次和整体的强度和使用性能才能发挥。另外，各层结构层厚度对整个路面的高程来说也是非常重要的。几种常用的路面结构层厚度的代表值与合格值的允许偏差如表 2.2 所示。

表 2.1　几何尺寸检测要求

结构名称	检测项目	规定值或允许偏差		检测频率
		高速、一级公路	其他公路	
土方路基	纵断面高程/mm	+10，-15	+10，-20	每 200 m 测 4 点
	中线平面偏位/mm	50	100	每 200 m 测 4 点，弯道加 HY、YH 两点
	宽度/mm	不小于设计值	不小于设计值	每 200 m 测 4 处
	横坡/%	±0.3	±0.5	每 200 m 测 2 个断面
	边坡	不陡于设计值	不陡于设计值	每 200 m 测 4 处
水泥土基层	纵断面高程/mm	—	+5，-15	每 200 m 测 2 处
	宽度/mm		不小于设计值	每 200 m 测 4 处
	横坡/%		±0.5	每 200 m 测 2 个断面
沥青混凝土面层	纵断面高程/mm	±15	±20	每 200 m 测 2 处
	中线平面偏位/mm	20	30	每 200 m 测 2 点
	宽度/mm	±20	±30	每 200 m 测 4 处
	横坡/%	±0.3	±0.5	每 200 m 测 2 个断面

表 2.2　几种常用的路面结构层厚度代表值与合格值的允许偏差

类型与层次	厚度/mm			
	代表值		合格值	
	高速、一级公路	其他公路	高速、一级公路	其他公路
水泥混凝土面层	-5	-5	-10	-10
沥青混凝土面层 沥青碎石面层	总厚度：-5% 上面层：-10%	总厚度>60：-8% 其他：-5	总厚度：-10% 上面层：-20%	总厚度>60：-15% 其他：-10
沥青贯入式面层	—	总厚度：-5%或-5	—	总厚度：-15%或-10
水泥稳定粒料基层	—	-10	—	-20
石灰土底基层	-10	-12	-25	-30

注：①水泥混凝土面层，每 200 m 每车道检查 2 处。
②沥青混凝土、沥青碎石面层，每 200 m 每车道检查 1 处；沥青贯入式面层，每 200 m 每车道检查 2 处。
③水泥稳定粒料基层及石灰稳定土底基层，每 200 m 每车道检查 2 处。

2.2　路基路面几何尺寸检测

路基路面几何尺寸检测主要包括纵断面高程、路拱横坡及中线偏位等几何尺寸的检测，以供道路施工过程、路面交竣工验收及旧路调查使用。

▶ 2.2.1 仪器与材料

①钢卷尺、钢直尺：分度值不大于 1 mm。

②塞尺：分度值不大于 0.5 mm。

③经纬仪、水准仪或全站仪。

④水平尺：由金属材料制成，基准面应平直，长度不小于 600 mm 且不大于 2 000 mm。

⑤坡度测量仪：分度值 1°。

⑥尼龙线：直径不大于 0.5 mm。

▶ 2.2.2 准备工作

①确认路基或路面上已恢复的桩号，准确恢复桩号。

②按随机选点等方法，在一个测试路段内选取测试的断面（接缝）位置并做上标记。一般情况下，将路基路面宽度、横坡、高程、中线偏位选取在同一断面位置，且宜在整米桩号上测试。

③根据道路设计的要求，确定路基路面横断面各部分的边界位置并在测定位置处做好标记。

④根据道路设计的要求，确定设计高程的纵断面位置并做好标记。

⑤根据道路设计的要求，在与中线垂直的横断面上确定成型后路面的实际中线位置并做好标记。

⑥当采用全站仪测量边坡坡度时，根据道路设计的要求，确定路基边坡的坡顶、坡脚位置并做好标记。

▶ 2.2.3 路基路面各部分宽度及总宽度测定

用钢卷尺沿中心线垂直方向上水平量取路基路面各部分的宽度 B_1，以 m 计，精确至 0.001 m。

测量时钢卷尺应保持水平，不得将尺紧贴路面量取，也不得使用皮尺。各测定断面的实测宽度 B_i 与设计宽度 B_{0i} 之差 ΔB_i 为：

$$\Delta B_i = B_{1i} - B_{0i} \tag{2.1}$$

式中　B_{1i}——第 i 个断面的实测宽度，m；

B_{0i}——第 i 个断面的设计宽度，m；

ΔB_i——第 i 个断面的宽度偏差，m。

总宽度为路基路面各部分宽度之和。

▶ 2.2.4 纵断面高程测定

①将水准仪架设在路上平顺处调平，以路线附近的水准点高程为基准，依次将塔尺竖立在中线的测定位置上，测量高程并记录读数，以 m 计，精确至 0.001 m。

②连续测定全部测点，并与水准点闭合，闭合差应达到三等水准测量要求。

各测点的实测高程 H_{1i} 与设计高程 H_{0i} 之差为：

$$\Delta H_i = H_{1i} - H_{0i} \tag{2.2}$$

式中 H_{1i}——第 i 个断面的纵断面实测高程，m；

H_{0i}——第 i 个断面的纵断面设计高程，m；

ΔH_i——第 i 个断面的纵断面高程偏差，m。

▶ 2.2.5 路拱横坡测定

①当道路设有中央分隔带时，将水准仪（或全站仪）架设在路面平顺处调平，将水准尺分别竖立在路面与中央分隔带分界的路缘带边缘 d_1 处（或外侧路缘石边缘）以及路面与路肩交界的标记 d_2 处，d_1 和 d_2 测点必须在同一横断面上。测量 d_1 与 d_2 处的高程，记录高程读数，以 m 计，精确至 0.001 m。

②当道路未设中央分隔带时，将水准仪（或全站仪）架设在路面平顺处调平，将水准尺分别竖立在路拱曲线与直线部分的交界位置 d_1 处（或外侧路缘石边缘）以及路面与路肩交界位置 d_2 处，d_1 和 d_2 测点必须在同一横断面上。测量 d_1 与 d_2 处的高程，记录高程读数，以 m 计，精确至 0.001 m。

③用钢尺测量两测点的水平距离 B_i，以 m 计，精确至 0.005 m。

各测点断面的横坡度 i 按式(2.3)计算，精确至一位小数。按式(2.4)计算实测横坡 i_{1i} 与设计横坡 i_{0i} 之差，结果精确至 0.01%。

$$i_{1i} = \frac{d_{1i} - d_{2i}}{B_{1i}} \times 100\% \tag{2.3}$$

$$\Delta i_i = i_{1i} - i_{0i} \tag{2.4}$$

式中 i_{1i}——第 i 个断面的横坡，%；

d_{1i}、d_{2i}——第 i 个断面测点 d_{1i} 及 d_{2i} 处的高程读数，m；

B_{1i}——第 i 个断面测点 d_{1i} 与 d_{2i} 之间的水平距离，m；

Δi_i——第 i 个断面的横坡偏差，%；

i_{0i}——第 i 个断面的设计横坡，%。

▶ 2.2.6 中线偏位测定

①对有中线坐标的道路，根据待测点 P 的施工桩号，在道路上标记 P 点，从设计资料中查出该点的设计坐标，用经纬仪（全站仪）对该设计坐标进行放样，并在放样点 P' 做好标记，量取 PP' 的长度，即为中线偏位 CL，以 mm 计，精确至 1 mm。

②对无中线坐标的道路，根据待测点 P 的施工桩号，在道路上标记 P 点，由设计资料计算出该点的坐标，用经纬仪（全站仪）对该坐标进行放样，并在放样点 P' 做好标记，量取 PP' 的长度，即为中线偏位 CL，以 mm 计，精确至 1 mm。

▶ 2.2.7 路基边坡坡度测定

常用的路基边坡坡度测定方法有全站仪法和坡度测量仪法。

1)**全站仪法**

将全站仪架设在路基路面平顺处调平,在同一横断面上选择坡顶 a、坡脚 b 两测点,分别测量其相对高程并记录读数 H_a、H_b,同时测量并记录两点间的水平距离 L,测量结果以 m 计,精确至 0.001 m。

全站仪法采用式(2.5)、式(2.6)计算路基边坡坡度。路基边坡各部分位置示意如图 2.1 所示。

$$H_i = H_{ai} - H_{bi} \tag{2.5}$$

$$m_i = L_i / H_i \tag{2.6}$$

式中　H_i——第 i 个断面坡顶、坡脚测点的高差即垂直距离,m;

H_{ai}、H_{bi}——第 i 个断面坡顶、坡脚测点的相对高程读数,m;

m_i——第 i 个断面的坡度值,路面坡度以 $1:m_i$ 表示;

L_i——第 i 个断面坡顶、坡脚测点的水平距离,m。

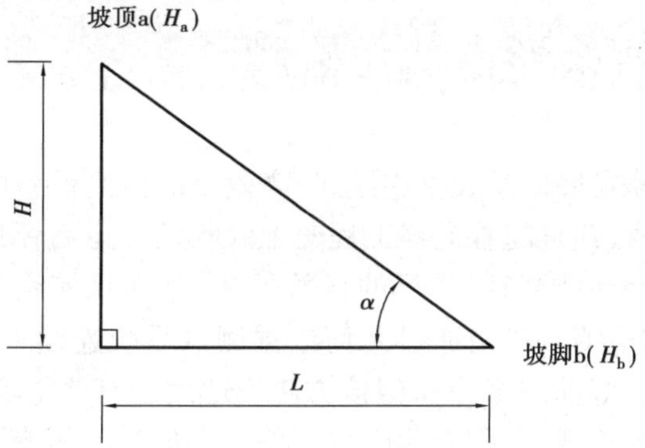

图 2.1　路基边坡各部分位置示意图

2)**坡度测量仪法**

将坡度测量仪的测试面垂直于路中线放在待测边坡上,旋转刻度盘,将水平气泡调到水平位置,读取并记录刻度盘上的刻度值即为路基边坡坡度,保留两位小数。

▶ 2.2.8　纵、横缝顺直度测定

①在待测试路段的直线段上,将尼龙线对齐 20 m 长的纵缝两端并拉直,用钢直尺量测纵缝与尼龙线的最大间距,以 mm 计,精确至 1 mm,即为该处纵缝顺直度。

②将尼龙线沿板宽对齐面板横缝两端并拉直,用钢直尺量测横缝与尼龙线的最大间距,以 mm 计,精确至 1 mm,即为该板的横缝顺直度。

▶ 2.2.9　检测路段数据整理

路基路面几何尺寸测定报告应包含测试位置信息,主要包括测试断面桩号和坐标等,实测宽度、设计宽度、宽度偏差,实测纵断面高程、设计纵断面高程、高程偏差,实测横坡、设计横坡、横坡偏差和实测边坡坡度、中线偏差以及纵横缝顺直度等。将路基路面几何尺寸检测结果汇总于表 2.3,然后根据相关规范的规定计算一个评定路段内测定值的平均值、标准差、变

异系数、代表值。计算代表值所使用的保证率，根据相关规范的规定采用。

表 2.3　路基路面几何尺寸检测记录

工程名称＿＿＿＿＿＿＿　路段桩号＿＿＿＿＿＿＿　结构名称＿＿＿＿＿＿＿

检 验 者＿＿＿＿＿＿＿　计 算 者＿＿＿＿＿＿＿　校 核 者＿＿＿＿＿＿＿　检测日期＿＿＿＿＿＿＿

序号	测点桩号	纵断面高程			横坡/%			宽　度			路面厚度			路基边坡			中线偏位/mm
		实测值/m	设计值/m	差值/mm	实测值	设计值	差值	实测值/m	设计值/m	差值/mm	实测值/cm	设计值/cm	差值/mm	实测值	设计值	差值	实测值

注：不符合规范的测点应做标记。

2.3　路面几何线形自动化检测

随着测试技术的快速发展以及大量连续式、高效率的检测设备的应用，自动化、全样本检测越来越吸引人们的注意，并且随着道路工程交工验收及营运后评价过程中对路面纵坡以及曲率半径（平曲线半径、竖曲线半径）指标的日益关注，路面几何线形的自动化检测的需求在不断增加。目前，常用的检测方法是通过几何数据测试系统连续采集路面横坡、纵坡以及路线曲率半径（平曲线半径、竖曲线半径），但该方法不适用于有严重坑槽、车辙等病害的路面。

几何数据测试系统由承载车、激光测距仪、加速度传感器、陀螺仪、距离传感器及控制系统等部分组成。其中承载车的车身高度不宜超过 1.7 m，测试系统参数要求如表 2.4 所示。

表 2.4　测试系统技术参数表

参　数		精度要求
距　离		≤0.1%
测　角	横　坡	±0.1°
	纵　坡	±0.1°
曲率半径分辨率		≤1°

▶ 2.3.1　准备工作

①根据天气预报，确认测试当日的风速不超过 4 级。

②承载车每行驶 5 000 km 或者更换轮胎应进行距离标定，距离标定长度为 1 000 m，误差应不大于 0.1%。

③打开控制面板电源，检查各项控制功能键、指示灯和技术参数选择状态。

▶ 2.3.2　测试步骤

①打开测试系统,通电预热时间不少于规定的时间。

②每次测试开始前或连续测试长度超过 100 km 后应进行系统偏差标定。根据测试路段的现场技术要求设置所需的测试状态。

③均匀加速至测试速度,测试车速宜为 30 ~ 80 km/h。承载车沿正常行车轨迹驶入测试路段,并沿车道线匀速行驶,不得超车、变线。

④测试过程中,应及时将测试路段的起终点和其他需要特殊标记的点的位置输入测试数据记录中。

⑤承载车驶出测试路段后停止,设备操作人员停止数据采集和记录,并恢复仪器各部分至初始状态。

⑥检查测试数据,内容应正常,否则重新测试。关闭测试系统电源,结束测试。

▶ 2.3.3　数据处理

1)路面横坡的计算

路面横坡的测量及计算原理如图 2.2 所示。

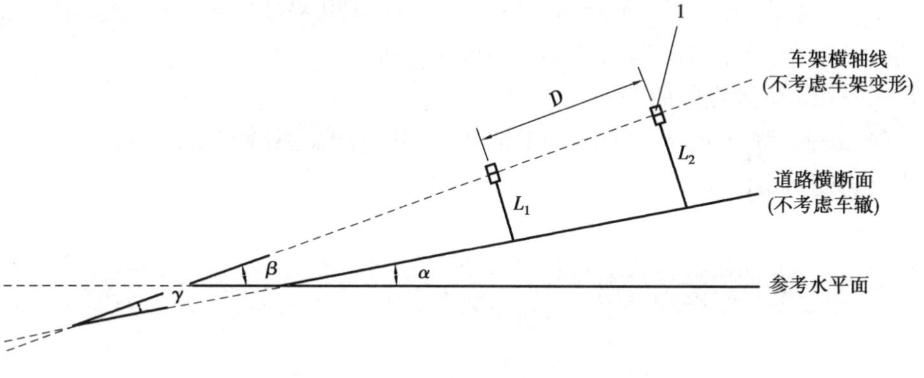

图 2.2　陀螺仪和测距机横坡测量原理图

1—测距机; α—道路横断面与参考水平面夹角,即横坡;β—车架横轴线与参考水平面夹角;γ—车架横轴线与道路横断面夹角; L_1、L_2—测距机与路面距离;D—测距机间距

路面横坡或纵坡按式(2.7)和式(2.8)计算:

$$i = \tan \alpha \tag{2.7}$$

$$\alpha = \beta - \gamma \tag{2.8}$$

式中　i——路面横坡(纵坡),精确至 0.01%;

α——道路横断面与参考水平面的夹角,(°);

β——车架横轴线与参考水平面夹角,由几何测试系统测出,(°);

γ——车架横轴线与道路横断面的夹角,由几何测试系统测出,(°)。

2)曲率半径的计算

曲率半径的测量及计算原理如图 2.3 所示。

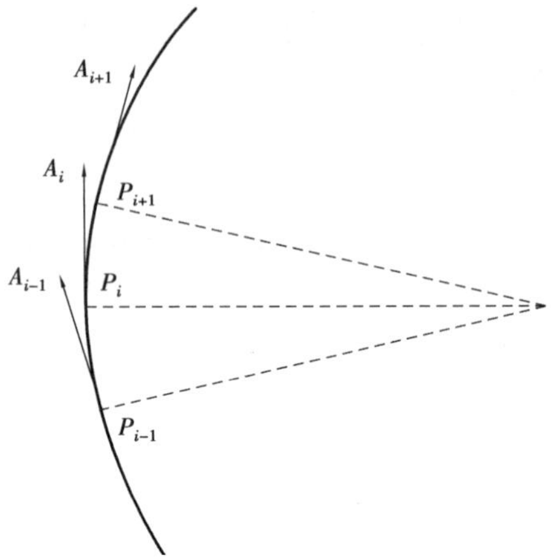

图 2.3　曲率半径测量及计算原理图

曲率半径按式(2.9)和(2.10)计算:

$$R_i = 1/C_i \tag{2.9}$$

$$C_i = \pi \times (A_i - A_{i-1})/(180 \times d) \tag{2.10}$$

式中　R_i——第 i 个测点的曲率半径,m,精确至 1 m;

C_i——第 i 个测点的曲率;

A_i、A_{i-1}——测点 P_i、P_{i-1} 对应的航向角,由几何测试系统测出,(°);

d——采样间距,m。

2.4　路面厚度检测

路面结构层厚度的检测方法与结构层的材料种类和层位位置有关。当结构层为基层或砂石路面时,宜采用挖坑法进行厚度测试;当结构层为沥青面层、水泥混凝土路面板和能够取出完整芯样的基层时,可采用钻芯法进行测试。一般情况下,均可采用短脉冲雷达路面厚度测试方法进行无损连续检测,但该方法不适用于潮湿路面或用富含铁矿渣集料等介电常数较高的材料铺筑的路面。

▶ 2.4.1　挖坑法测定路面厚度

①按随机选点法确定挖坑检查的位置。如为既有道路,测点处有坑洞等显著缺陷或接缝时,应避开缺陷位置并在其旁边检测。

②选一块约 400 mm×400 mm 的平坦表面作为试验地点,用毛刷将其清扫干净。

③根据材料坚硬程度,选择镐、铲、凿子等适当的工具开挖该层材料,直至层位底面。在便于开挖的前提下,应尽量缩小开挖面积,坑洞大体呈圆形,边开挖边将材料铲出,置于搪瓷盘内。

④用毛刷将坑底清扫,确认已开挖至下一层的顶面。

⑤将直尺平放横跨于坑的两边,用另一把钢尺在坑的中部位置垂直伸至坑底,测量坑底至直尺底面的距离,即为测试层的厚度,以 mm 计,精确至 1 mm。

⑥用取样层的相同材料填补试坑。对有机结合料稳定类结构层,应按相同配比用新拌的材料分层填补,并用小锤夯实整平;对无机结构结合粒料结构层,可用挖坑时取出的材料,适当加水拌和后分层填补,并用小锤夯实整平。

▶ 2.4.2 钻孔取样法测定路面厚度

①按随机选点法确定挖坑检查的位置。如为既有道路,应避开缺陷位置或接缝位置并在其旁边检测。

②按钻取芯样的方法用路面取芯机钻孔并取出样芯,钻孔深度应超过测试层的底面。

③清除表面灰土,找出与下层的分界。

④用钢直尺沿圆周对称的十字方向四处量取表面至上下层界层的高度,取其平均值,即为该层的厚度,精确至 1 mm。

⑤用取样层的相同材料填补钻孔,清理干净坑中的残留物,用棉纱等吸干钻孔时留下的积水,待干燥后采用同类型材料填补压实。

▶ 2.4.3 短脉冲雷达测试路面面层厚度

用钻孔取芯法检测路面面层厚度时,对路面面层有一定的破坏作用。随着无损检测的兴起,短脉冲雷达测试路面面层厚的方法越来越受到欢迎,这是一种先进、高效、不损坏路面、连续的检测路面面层厚度的方法。

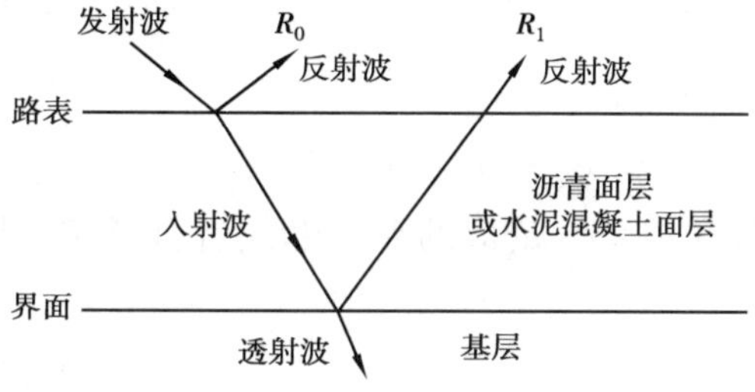

图 2.4 电磁波在路面面层中的反射

1)短脉冲雷达法测试原理

短脉冲雷达检测公路路面面层厚度属于反射探测法。其基本原理是,不同的介质具有不同的介电常数,地质雷达向地下发射一定强度的高频电磁脉冲波,电磁波在地下传播的过程中遇到不同介电常数的界面时,一部分能量产生反射波,一部分能量继续向地下传播,如图 2.4 所示,地质雷达接收并记录这些反射信息。电磁波在特定介质中的传播速度是不变的,根据地质雷达记录的路面表面反射波 R_0 与面层基层界面反射波 R_1 的时间差 Δt,由式(2.11)计算面层的厚度 h:

$$h = V \cdot \Delta t/2 \tag{2.11}$$

式中 V——电磁波在面层中的传播速度;

Δt——从路表至基层界面的电磁波双程传播时间。

为了准确计算出路面厚度,需要尽量准确地得到路面材料的介电常数或雷达波在材料中的传播速度。根据被测材料介电常数,电磁波在面层中的传播速度为:

$$V = C/\sqrt{\varepsilon} \tag{2.12}$$

式中 C——电磁波在空气中的传播速度,取 300 mm/ns;

ε——面层的相对有效介电常数，它取决于构成面层的所有物质的介电常数。

由于介电常数（或电磁波速）随着路面结构设计厚度、集料类型、沥青产地、混合料类型、施工水平、密度以及湿度等的变化而不同，因此，测试时一般应通过现场钻芯取样的方法标定波速，且应根据上述因素的差异，确定合理的波速标定段落长度和钻芯取样数量，确保波速标定结果的代表性和准确性。波速标定段落长度一般不宜大于 20 km。同一标定段落内，根据有关单位积累的检测经验，一般情况下，芯样个数在 3 个以上时基本能保证波速标定结果的代表性和准确性。

2）短脉冲雷达法测试步骤

①开启安全警示灯，将天线正下方对准起点，启动软件测试程序，缓慢加速承载车到正常测试速度。

②测试过程中，操作人员应标记测试路段内的桥梁、隧道等构造物的起终点。

③测试过程中，承载车每隔一定距离应完全停下，在采集软件上做标记，雷达图像应界面清晰、容易辨识且没有突变，同时在地面上找出雷达天线中心所对应的位置，做好标记；按规范方法在标记处钻取芯样并量测芯样高度；将现场钻取的芯样高度与雷达采集软件的结果进行对比，得出芯样的波速；将该标定路段的芯样波速平均值输入测试程序；每个波速标定路段钻芯取样位置应均匀分布，取样间距不宜超过 5 km，芯样数量应足以保证波速标定结果的代表性和准确性。

④当承载车到达测试终点后，停止采集程序。

⑤操作人员检查数据文件，文件应完整，内容应正常，否则应重新测试。

⑥关闭测试系统电源，结束测试。

地质雷达检测公路路面厚度已全部实现了计算机化，效率和可靠性均高，并已达到实用阶段。

2.4.4 路面结构层厚度评定

对路段内路面结构层厚度按代表值的允许偏差和单个测定值的允许偏差进行评定。厚度代表值为厚度的算术平均值的下置信界限值。

$$X_{\mathrm{L}} = \overline{X} - St_{\alpha}/\sqrt{n} \tag{2.13}$$

式中 X_L——厚度代表值；

$\overline{X}$——厚度平均值；

S——标准差；

n——检查数量；

t_{α}——t 分布中随测点数和保证率（或置信度 α）而变的系数，可查表 1.4。采用的保证率：高速公路、一级公路基层、底基层为 99%，面层为 95%；其他公路基层、底基层为 95%，面层为 90%。

当厚度代表值大于或等于设计厚度减去代表值允许偏差时，则按单个检查值的偏差是否超过极限值来评定合格率；当厚度代表值小于设计厚度减去代表值允许偏差时，则厚度指标评为零分，即不合格。

沥青面层一般按沥青铺筑层总厚度进行评定,但高速公路和一级公路多分为2~3层铺筑,应进行上面层厚度的检查与评定。

思考练习题

2.1 路基路面几何尺寸检测的目的是什么?检测项目有哪些?

2.2 路面几何线形自动化检测中路面横、纵坡以及曲率半径的计算原理是什么?

2.3 简述地质雷达测试路面面层厚度的基本原理和测试方法。

2.4 某高速公路二灰稳定砂砾基层设计厚度为18 cm,代表值允许偏差为-8 mm,极值允许偏差为-15 mm。评定路段厚度检测结果(12个测点)分别为17.5,17.7,18.2,18.6,18.1,18.8,17.6,17.8,19.1,19.3,17.4,17.9 cm。试按保证率99%计算该路段厚度实际得分。

2.5 某一级公路水泥稳定砂砾基层压实厚检测值分别为21,22,20,18,20,21,21,22,19 cm。请按保证率99%计算其厚度的代表值并进行评定。(已知 $t_{0.99}/9=0.344$,$t_{0.99}/3=0.996$)

2.6 某一级公路水泥稳定砂砾基层压实厚度检测值分别为21.5,22.6,20.8,19.8,18.2,21.6,21.3,21.8,22.5,23.3,23.1,22.4,19.6,19.7,17.9,22.7 cm,请按保证率99%计算其厚度的代表值,并进行评定。(已知:$h_s=19$ cm,代表值允许偏差 $\Delta h=8$ mm,极值允许偏差 $\Delta h_i=15$ mm;$t_{0.95}/4=0.438$,$t_{0.99}/4=0.651$)

3

道路结构检测Ⅰ:压实度

3.1 路基路面压实度概述

为了便于检查和控制压实质量,路基路面现场压实质量用压实度表示。压实度是指土或其他筑路材料压实后的干密度与标准最大干密度之比,以百分率表示。对于路基土及路面基层,压实度是指工地实际达到的干密度与室内标准击实试验所得的最大干密度的比值;对于沥青路面,压实度是指现场实际达到的密度与室内标准密度的比值。路基路面压实质量是道路工程施工质量管理最重要的内在指标之一。只有对路基路面结构层进行充分压实,才能保证路基路面的强度、刚度、稳定性以及平整度,从而延长路基路面的使用寿命。理论和实践都表明,压实使土和路面材料的强度大大增加,使土基和路面结构层的塑性变形明显减少,使土基和路面结构的透水性大大降低。

路基和路面基层、底基层的压实度以重型击实标准为准。沥青层压实度以沥青路面施工技术规范的规定为准。对于特殊干旱、潮湿地区或过湿土,以及铺筑中、低级路面的三、四级公路路基,则以路基设计施工规范规定的压实度标准进行评定。标准密度应做平行试验,求其平均值作为现场检验的标准值。对于均匀性差的路基土质和路面结构层材料,应根据实际情况增补标准密度试验,求得相应的标准值。有关标准密度的试验方法可参见相应的规范。

路基土和路面材料的含水量测定方法有烘干法、酒精燃烧法、比重法和碳化钙气压法等,在此不再赘述。本章主要介绍现场压实材料密度的测定方法及其压实度计算。

3.2 环刀法、灌砂法和灌水法测定压实度

▶ 3.2.1 环刀法测定压实度

环刀法适用于公路工程现场测定细粒土及龄期不超过2天的无机结合料稳定细粒土的密度,并通过理论公式计算施工压实度。但由于环刀法在现场测路基干密度过程中,会造成环刀内部的部分细粒土扰动,导致测试结果不准确,因此建议有条件的地区或项目在用击实法确定室内细粒土最大干密度时,将环刀压入筒内试验土体,确定环刀内扰动土体密度与试验土体密度比值,得到扰动系数以修正现场压实结果。

1)仪器与材料

①电动取土器。由底座、动力和传动机构、立柱、升降机构、取芯机构等组成。动力和传动机构主要由直流电机、调速器、齿轮箱组成。升降机构由升降手轮、锁紧手柄组成,用于调整取芯机构高度。松开锁紧手柄,转动升降手轮,取芯机构升降到所需位置后,拧紧手柄定位。取芯机构由取芯头、升降轴组成。取芯头为可换式,有3种规格,即50 mm×50 mm,70 mm×70 mm,100 mm×100 mm,另配有相应的取芯套筒、扳手等。

②人工取土器。包括环刀、环盖、定向筒和击实锤系统。环刀内径6~8 cm,高2~3 cm,壁厚1.5~2 mm。

③天平。感量0.1 g(用于取芯头内径50 mm、70 mm样品的称量)或感量1.0 g(用于内径100 mm样品的称量)。

④其他。铁锤、凿子、铝盒、修土刀、钢丝锯、凡士林、毛刷等。

2)准备工作

①对结构层填料进行击实试验,得到最大干密度及最佳含水率。

②在现场选取位置相邻的两处作为平行试验的测点。

3)人工取土器测试密度

当结构层为黏性土及无机结合料稳定细粒土时,测试步骤如下:

①擦净环刀,称其质量m_2,精确至0.1 g。

②在试验地点,选一块约30 cm×30 cm的平坦地面,并将其清扫干净,铲去压实层表面浮动及不平整的部分。

③将定向筒齿钉固定于铲平的地面上。依次将环刀、环盖放入定向筒内与地面垂直。

④将导杆保持垂直状态,用取土器落锤将环刀打入压实层中。在施工过程控制或质量评定时,环刀中部处于压实层厚的1/2深度;用于其他需要的测试时,可按其要求深度取样。去掉击实锤和定向筒,用镐将环刀及试样挖出。轻轻取下环盖,用修土刀自边至中削去环刀两端余土,用直尺刮平。

⑤擦净环刀或取芯套筒外壁,称环刀与试样的合计质量m_1,精确至0.01 g,并取具有代表性的试样(不少于100 g),测试其含水率。

当结构层为砂性土或砂层时,测试步骤如下:

①若测量位置为湿润的砂土,试验时不宜使用击实锤和定向筒,在铲平的地面上,挖出一个直径较环刀外径略大的砂土柱,将环刀刃口向下,平置于砂土柱上,用两手平稳地将环刀垂直压下,环刀中部处于压实层厚的1/2深度。

②削掉环刀口上的多余砂土,并用直尺刮平。

③在环刀上口盖一块平滑的木板,一手按住木板,另一手用小铁锹将试样从环刀底部切断,然后将装满试样的环刀反转过来,削去环刀刃口上部的多余砂土,并用直尺刮平。

④擦净环刀外壁,称环刀与试样合计质量 m_1,精确至0.01 g,并取具有代表性的试样(不少于100 g),测试其含水率。

4)电动取土器测试密度

①装上所需规格的取芯头。在施工现场取芯前,选择一块平整的路段,将4只行走轮扳起,4根定位销钉采用人工加压的方法,压入路基土层中。松开锁紧手柄,旋动升降手轮,使取芯头刚好与土层接触,锁紧手柄。

②将电瓶与调速器接通,调速器的输出端接入取芯机电源插口。指示灯亮,显示电路已通;启动开关,电机带动取芯机构转动。根据土层含水率调节转速,操作升降手柄至规定的深度,上提取芯机构,停机,移开电动取土器。将取芯套筒套在切削好的土芯立柱上,摇动即可取出样品。

③取出样品,立即按取芯套筒长度用修土刀或钢丝锯修平两端,制成所需规格土芯。如拟进行其他试验项目,装入密封盒中,送试验室备用。

④称量土芯带套筒质量 m_1,并从土芯中心部分取试样测试含水率。

5)结果整理

计算湿密度:

$$\rho = \frac{m_1 - m_2}{V} \tag{3.1}$$

计算干密度:

$$\rho_d = \frac{\rho}{1 + 0.01\omega} \tag{3.2}$$

计算施工压实度:

$$K = \frac{\rho_d}{\rho_0} \times 100\% \tag{3.3}$$

式中 m_1——环刀或取芯套筒与试样的合计质量,g;

m_2——环刀或取芯套筒质量,g;

V——环刀或取芯套筒的容积,cm^3;

ω——含水率,%;

ρ_0——试样的最大干密度,g/cm^3。

试验记录格式如表3.1所示。

表 3.1 密度试验记录(环刀法)

工程名称______________ 结构层次______________ 检测日期______________

检 验 者______________ 计 算 者______________ 校 核 者______________

测点桩号					
环刀号或取芯筒编号					
V/cm^3	①				
m_2/g	②				
m_1/g	③				
试样质量/g	④	③-②			
$\rho/(g\cdot cm^{-3})$	⑤	$\frac{④}{①}$			
$\omega/\%$	⑥				
$\rho_d/(g\cdot cm^{-3})$	⑦	$\frac{⑤}{1+0.01⑥}$			
平均干密度/$(g\cdot cm^{-3})$	⑧				

► 3.2.2 灌砂法测定压实度

灌砂法适用于现场测定细粒土、砂类土和砾类土压实层和基层、底基层、沥青贯入式面层等的压实度,但不适用于填石路堤等有大孔洞或大空隙的结构压实度测试,试样的最大粒径不大于15 mm。测定密实层的厚度小于15 cm时,可以采用ϕ100 mm的小型灌砂筒;如果大粒径超过15 mm,但不大于40 mm,测定层的厚度为15~20 mm时,则应选用ϕ120 cm的大灌砂筒。

1)仪器与材料

①灌砂筒。金属材质,其内径为100 mm(或150 mm),总高360 mm。灌砂筒主要分两部分:上部为储砂筒,筒深270 mm(容积约2 120 cm^3或4 600 cm^3),筒底中心有一个直径为10 mm(或15 mm)的圆孔;下部为一倒置的锥形圆漏斗,漏斗上端开口的直径为10 mm(或15 mm),并焊接在一块直径为100 mm(或150 mm)的铁板上,铁板中心有一直径为10 mm(或15 mm)的圆孔与漏斗的上口相接。在储砂筒与漏斗之间设有开关。开关为一薄铁板,一端与筒底与漏斗铁板铰接在一起,另一端伸出筒身外。开关铁板上也有一个直径为10 mm(或15 mm)的圆孔。将开关向左移动时,开关铁板上的圆孔恰好与筒底圆孔及漏斗上开口相对,即3个圆孔在平面重叠在一起,砂就可以通过圆孔自由落下;将开关向右移动时,开关将筒底圆孔堵塞,砂即停止下落。

灌砂筒的形式和主要尺寸如图3.1所示。

②金属标定罐。其为内径100 mm(或150 mm)、高150 mm的金属罐(可用薄铁皮制作),上端周围有一罐缘。

③基板。其为边长350 mm、深40 mm的金属方盘,盘中心有一直径为100 mm(或150 mm)的圆孔。

④打洞及洞中取料的合适工具,如凿子、铁锤、长把勺、长把小簸箕、毛刷等。

⑤玻璃板。其为边长 500 ~ 600 mm 的方形板。

⑥铝盒或试样盘。小筒挖出的试样可用铝盒存放,大筒挖出的试样可用 300 mm × 500 mm × 40 mm 的搪瓷试样盘存放。

⑦电子秤。分度值不大于 5 g。

⑧其他。铝盒、天平、烘箱等。

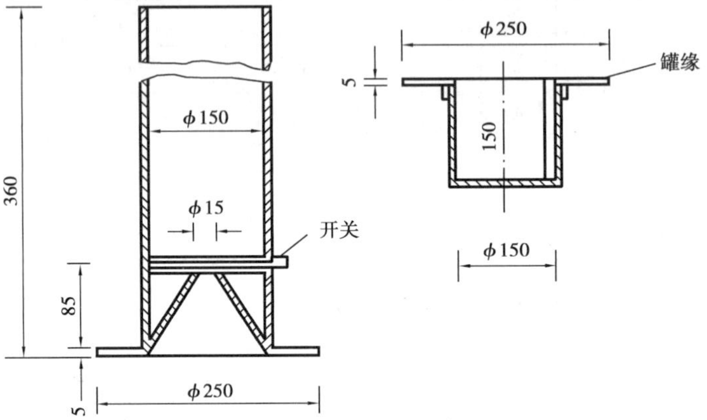

图 3.1　灌砂筒和标定罐(单位:mm)

2)量砂

量砂为粒径 0.25 ~ 0.5 mm 的清洁干燥的均匀砂,20 ~ 40 kg。使用前应先洗净、烘干,筛分至符合要求并放置 24 h 以上,使其与空气的湿度达到平衡。

3)仪器标定

标定灌砂设备下部圆锥体内砂的质量的步骤如下:

①在储砂筒内装灌砂。筒内砂的高度与筒顶的距离不超过 15 mm。称取筒内砂的质量 m_1,精确至 1 g。每次标定及之后的试验都维持这个质量不变。

②将开关打开,让砂流出,并使流出砂的体积与工地所挖试洞体积相当(或等于标定罐的容积)。然后关上开关,并称量筒内砂的质量 m_5,精确至 1 g。

③将灌砂筒放在玻璃板上,打开开关,让砂流出,直到筒内砂不再下流时,关上开关,并细心地取走灌砂筒下部圆锥体的砂。

④重复上述量测至少 3 次,最后取其平均值 m_2,精确至 1 g。

4)确定量砂的松方密度 ρ_s(g/cm³)

①用水确定标定罐的容积 V(精确至 1 mL)。将空罐放在台秤上,使罐的上口处于水平位置,读记罐的质量 m_7,精确至 1 g。向标定罐中灌水,注意不要将水弄到台秤上或罐的外壁。将一直尺放在罐顶,当罐中水面快要接近直尺时,用滴管往罐口加水,直到水面接触直尺。移去直尺,读记罐和水的总质量 m_g,精确至 1 g。重复测量时,仅需用吸管从罐中取出少量水,并用滴管重新将水加满到接触直尺。标定罐的体积按下式计算:

$$V = m_g - m_7 \tag{3.4}$$

②在储砂筒中装满质量为 m_1 的砂,并将灌砂筒放在标定罐上,打开开关,让砂流出,直到

储砂筒内的砂不再下流时,关闭开关。取下灌砂筒,称量筒内剩余的砂质量,精确至1 g。

③重复上述测量至少3次,最后取其平均值 m_3,精确至1 g。

④按下式计算填满标定罐所需砂的质量 m_α:

$$m_\alpha = m_1 - m_2 - m_3 \tag{3.5}$$

式中 m_1——灌砂入标定罐前,筒内砂的质量,g;

m_2——灌砂筒下部圆锥体内砂的平均质量,g;

m_3——灌砂入标定罐后,筒内剩余砂的质量,g。

⑤按下式计算砂的密度 ρ_s:

$$\rho_s = \frac{m_\alpha}{V} \tag{3.6}$$

5)测试步骤

①在试验地点,选一块平坦地面(面积不得小于基板面积),并将其清扫干净,将基板放在此平坦表面上。若此表面的粗糙度较大,则将盛有量砂 m_5 的灌砂筒放在基板中间的圆孔上,打开灌砂筒开关,让砂流入基板的中孔中,直到储砂筒内的砂不再下流时关闭开关。取下量砂筒,并称筒内砂的质量 m_6,精确至1 g。

②取走基板,将留在试验地点的量砂收回,重新将表面清扫干净。

③将基板放在清扫干净的表面上,沿基板中孔凿洞,洞的直径与灌砂筒直径一致。在凿洞过程中,应注意不使凿出的试样丢失,并随时将凿松的材料取出,放在已知质量的塑料袋内密封。试洞的深度应等于碾压层的厚度。凿洞毕,称此塑料袋中全部试样的质量,精确至1 g。减去塑料袋的质量后,即为试样的总质量 m_t。

④从挖出的全部试样中取出有代表性的样品,放入铝盒中,测定其含水率 ω。样品数量:用小灌砂筒测试时,对于细粒土,不少于1 00 g;对于各种中粒土,不少于5 00 g。用中灌砂筒测试时,对于细粒土,不少于200 g;对于各种中粒土,不少于1 000 g;对于粗粒土或水泥、石灰、粉煤灰等无机结合料稳定材料,宜将取出的材料全部烘干,且不少于2 000 g,称其质量 m_d。用大型灌砂筒测试时,宜将取出的材料全部烘干,称其质量 m_d。

⑤将基板安放在试洞上,将灌砂筒安放在基板中间(储砂筒内放满砂到恒质量 m_1,使灌砂筒的下口对准基板的中孔及试洞。打开灌砂的开关,让砂流入试洞内。在此期间,应注意勿碰动灌砂筒,直到储砂筒内的砂不再下流时关闭开关。小心取走灌砂筒,称量筒内剩余砂的质量 m_4,精确至1 g。

⑥若清扫干净的平坦表面上粗糙度不大,则不需要放置基板,将灌砂筒直接放在已挖好的试洞上,打开筒的开关,让砂流入试洞内。在此期间,应注意勿碰动灌砂筒。直到储砂筒的砂不再下流时关闭开关。小心取走灌砂筒,称量筒内剩余砂的质量 m_4,精确至1 g。

⑦取出试洞内的砂,以备下次试验时使用。若量砂的湿度已发生变化或量砂中混有杂质,则应重新烘干、过筛,并放置一段时间,使其与空气的湿度达到平衡后再用。

⑧若试洞内有较大空隙,量砂可能进入空隙时,则应按试洞外形松弛地放入一层柔软的纱布,然后再进行灌砂工作。

6)结果整理

填灌试洞所需砂的质量 m_b 按下式计算:

灌砂时,试洞上放有基板的情况下:

$$m_b = m_1 - m_4 - (m_5 - m_6) \tag{3.7}$$

灌砂时,试洞上不放基板的情况下:

$$m_b = m_1 - m_4 - m_2 \tag{3.8}$$

式中 m_1——灌砂入试洞前筒内砂的质量,g;

m_2——灌砂筒下部圆锥体内砂的平均质量,g;

m_4——灌砂入试洞后筒内剩余砂的质量,g;

$m_5 - m_6$——灌砂筒下部圆锥体内及基板和粗糙表面间砂的总质量,g。

测试地点试样的湿密度 ρ 可按下式计算:

$$\rho = \frac{m_t}{m_b} \times \rho_s \tag{3.9}$$

式中 m_t——试洞中取出砂的全部土样的质量,g;

m_b——填满试洞所需砂的质量,g;

ρ_s——量砂的密度,g/cm^3。

试样的干密度 ρ_d、压实度 K 的计算公式同式(3.2)和式(3.3);当为水泥、石灰、粉煤灰等无机结合料稳定土时,可按式(3.10)计算密度。本试验的记录格式如表3.2所示,其余同环刀法。

$$\rho_d = \frac{m_d}{m_b} \times \rho_s \tag{3.10}$$

式中 ρ_d——当为水泥、石灰、粉煤灰等无机结合料稳定土时的密度,g/cm^3;

m_d——试坑中取出的稳定土的烘干质量,g。

表3.2 密度试验记录(灌砂法)

工程名称________ 结构层次________ 试样品种________

检 验 者________ 计 算 者________ 校 核 者________ 检验日期________

测点桩号	取样位置	试洞中湿土样质量 m_t/g	灌满试洞后剩余砂质量 m_4/g	试洞内砂质量 m_b/g	湿密度 ρ/(g·cm^{-3})	含水率测定							干密度 ρ_d/(g·cm^{-3})
						盒号	盒+湿土质量/g	盒+干土质量/g	盒质量/g	干土质量/g	水质量/g	含水率/g	

▶ 3.2.3 灌水法测定压实度

灌水法也称水袋法,适用于现场测粗粒土和巨粒土的密度。

1)仪器与材料

①座板。座板为中部开有圆孔,外沿呈方形或圆形的铁板。圆孔处设有环套,套孔的直

径为土中所含最大石块粒径的3倍,环套的高度为其粒径的5%。

②薄膜。聚乙烯塑料薄膜。

③储水筒。直径应均匀,并附有刻度。

④台秤。称量50 kg,感量5 g。

⑤其他。铁镐、铁铲、水准仪等。

2)测试步骤

①根据试样的最大粒径按表3.3确定试坑尺寸。

表3.3 试坑尺寸

试样最大粒径/mm	试坑尺寸/mm		试样最大粒径/mm	试坑尺寸/mm	
	直径	深度		直径	深度
5～20	150	200	60	250	300
40	200	250	200	800	1 000

②按确定的试坑直径画出坑口轮廓线。将测定处的地表整平,地表的浮土、石块、杂物等应予清除,坑洼不平处用砂铺整。用水准仪检查地表是否水平。

③在整平的地表上,将座板固定。将聚乙烯塑料薄膜沿环套内壁及表面紧贴铺好。记录储水筒初始水位刻度,拧开储水筒开关,从环套上方将水缓缓注入至满不溢出为止。记录储水筒水位高度,计算座板部分的体积。在保持座板原固定状态下,将薄膜盛装的水排至对该试验不产生影响的场所,然后将薄膜揭离底板。

④在轮廓线内用挖掘工具沿座板下挖至要求深度,将落于坑内的试样装入盛土容器内,并测定含水率。

⑤将塑料薄膜沿坑底、坑壁紧密贴地铺好。在向薄膜形成的袋内注水时,牵住薄膜的某一部位,一边拉松,一边注水,以使薄膜与坑壁空的空气得以排出,从而提高薄膜与坑壁的密贴程度。

⑥记录储水筒内初始水位高度。

3)结果整理

细粒与石粒应分开测定含水率,按下式求出整体的含水率:

$$\omega=\omega_f P_f+\omega_c(1-P_f) \tag{3.11}$$

式中　ω_f——细粒料部分的含水率,%;

ω_c——粗粒料部分的含水率,%;

P_f——细粒料的干质量与全部材料干质量之比。

细粒料与石块的划分以粒径60 mm分界。座板部分的容积为:

$$V_1=(h_1-h_2)A_w \tag{3.12}$$

式中　h_1——座板部分注水前储水筒内水位高度,cm;

h_2——座板部分注水后储水筒内水位高度,cm;

A_w——储水筒断面面积,cm^2。

试坑容积按下式计算：

$$V = (H_1 - H_2)A_w - V_1 \tag{3.13}$$

式中　H_1——试坑注水前储水筒内水位高度，cm；

H_2——试坑注水后储水筒内水位高度，cm。

按下式计算试样湿密度：

$$\rho = \frac{m_p}{V} \tag{3.14}$$

式中　m_p——取自试坑内的试样质量，g。

灌水法密度试验记录格式如表3.4所示，干密度计算公式同式(3.2)。

表3.4　密度试验记录(灌水法)

工 程 名 称__________　试坑深度__________　试样编号__________

试样最大粒径__________　检测日期__________

检　验　者__________　计 算 者__________　校 核 者__________

测点桩号				
座板部分注水前储水筒水位高 h_1/cm	①			
座板部分注水后储水筒水位高 h_2/cm	②			
储水筒断面积 A_w/cm²	③			
底板部分的容积 $V_1=(h_1-h_2)A_w$/cm³	④	(①-②)×③		
试坑注水前储水筒水位高 H_1/cm	⑤			
试坑注水后储水筒水位高 H_2/cm	⑥			
试坑容积 $V=(H_1-H_2)A_w-V$/cm³	⑦	(⑤-⑥)×③×④		
取自试坑内的试样质量 m_p/g	⑧			
试样湿密度 $\rho=\frac{m_p}{V}$/(g·cm⁻³)	⑨	$\frac{⑧}{⑦}$		
细粒料部分含水率 u_f/%	⑩			
石料部分含水率 ω_c/%	⑪			
细粒料干质量与全部干质量之比 P_f	⑫			
整体含水率 $\omega=\omega_f P_f+\omega_c(1-P_f)$/%	⑬	⑩×⑫+⑪×(1-⑫)		
试样干密度 $\rho_d=\frac{\rho}{1+\omega}$/(g·cm⁻³)	⑭	$\frac{⑨}{1+\omega}$		

3.3　钻芯法测定沥青面层压实度

钻芯法适用于检验从压实的沥青路面上钻取的沥青混合料芯样试样的密度，计算施工压实度，以评价结构层的压实质量。

▶ 3.3.1 仪器与材料

①路面取芯机。其为牵引式或车载式,钻机由发动机或电动机驱动。钻头直径根据需要决定,宜采用 ϕ100 mm 的金刚石钻头,对无机结合料稳定基层取样也可采用 ϕ150 mm 的钻头,均有淋水冷却装置。

②路面切割机。其为手推式或牵引式,由发动机或电机驱动,也可利用汽车动力由液压泵驱动,附金刚石锯片,有淋水冷却装置。

③天平。感量不大于 0.1 g。

④其他。溢流水槽、吊篮、石蜡、卡尺、毛刷、小勺、镐、锹、取样袋(容器)等。

▶ 3.3.2 测定步骤

①根据目的和需要确定切割路面的面积。在选取采样地点的路面上,先用粉笔对个别取样位置作出标记或画出切割路面的大致面积。

②根据钻芯取样方法,取出芯样,芯样直径不宜小于 100 mm。钻孔取样应在路面完全冷却后进行,对普通沥青路面通常在第二天取样,对改性沥青及 SMA 路面宜在第三天以后取样。当一次钻孔取得的芯样包含不同层位的沥青混合料时,应根据结构组合情况,用切割机将芯样沿各层结合面锯开分层进行测试。

③将钻取的试件在水中用毛刷轻轻刷净黏附的粉尘。若试件边角有浮松颗粒,则应仔细清除。

④将试件晾干或用电风扇吹干不少于 24 h,直到恒重,称取试件在空气中的质量 m_a。

⑤按《公路工程沥青及沥青混合料试验规程》(JTG E20—2011)的沥青混合料试件密度试验方法测试试件密度 ρ_s。

测定试件体积 $V(\mathrm{cm}^3)$ 的测试方法视试件的吸水率或空隙率而定。通常情况下,采用表干法测试试件的毛体积相对密度;对吸水率大于 2% 的试件,宜采用蜡封法测试试件的毛体积相对密度;对吸水率小于 0.5% 的特别致密的沥青混合料,在检验施工质量时,允许采用水中重法测试表观相对密度。

试件的吸水率 S_a 是指试件吸水体积占沥青混合料部分体积的百分率,按下式计算:

$$S_a = \frac{m_f - m_a}{m_f - m_w} \times 100\% \tag{3.15}$$

式中 m_w——试件的水中质量,g,指试件于网篮中浸水 3 ~5 min 后称取的水中质量;

m_f——试件的表干质量,g,指试件从水中取出,用拧干的洁净柔软的湿毛巾轻轻擦拭去试件表面的水后称取的质量。

a. 当试件的吸水率小于 2% 时,采用水中重法或表干法测定。

水中重法:

$$V = \frac{m_a + m_w}{\rho_w} \tag{3.16}$$

表干法:

$$V = \frac{m_f - m_w}{\rho_w} \tag{3.17}$$

式中　ρ_w——常温水的密度,约为 1 g/cm³。

b. 当试件的吸水率大于 2% 时,用蜡封法测定。体积计算公式可参见《公路工程沥青及沥青混合料试验规程》(JTG E20—2011)。

c. 空隙率很大的透水性混合料及开级配混合料用体积法测定。

圆柱体试件的毛体积:

$$V = \frac{\pi d^2}{4} h \tag{3.18}$$

棱柱体试件的毛体积:

$$V = lbh \tag{3.19}$$

式中　d——圆柱体试件的直径,cm;

h——试件的高度,cm;

l——试件的长度,cm;

b——试件的宽度,cm。

试件的视密度或毛体积密度 ρ_s 按下式计算:

$$\rho_s = \frac{m_a}{V} \tag{3.20}$$

⑥根据《公路沥青路面施工技术规范》(JTG F40—2004)的规定,确定标准密度时,可根据需要选用实验室标准密度、最大理论密度、试验路密度中的 1 ~ 2 种作为钻孔法检验评定的标准密度。

a. 以实验室密度作为标准密度,即沥青拌和厂每天取样 1 ~ 2 次实测的马歇尔试件密度,取平均值作为该批混合料铺筑路段压实度的标准密度。其试件成型温度与路面复压温度一致。

b. 以每天实测的最大理论密度作为标准密度。对普通沥青混合料,沥青拌和厂在取样进行马歇尔试验的同时以真空法实测最大理论密度,平行试验的试样数不少于 2 个,以平均值作为该批混合料铺筑路段压实度的标准密度;但对改性沥青混合料、SMA 混合料以每天总量检验的平均筛分结果及油石比平均值计算的最大理论密度为准,也可采用抽提筛分的配合比及油石比计算最大理论密度。

c. 以试验路段密度作为标准密度。用核子密度仪定点检查密度直到不再变化为止,然后取不少于 15 个钻孔试件的平均密度为计算压实度的标准密度。

▶ 3.3.3　结果整理

当计算压实度的标准密度采用试验室实测的马歇尔击实试验密度或试验路段钻孔取样密度时,沥青面层的压实度按式(3.21)计算。

$$K = \frac{\rho_s}{\rho_0} \times 100 \tag{3.21}$$

式中　ρ_s——沥青混合料芯样试件的实测密度,g/cm³;

ρ_0——沥青混合料的标准密度,g/cm³。

计算压实度的标准密度采用最大理论密度时,沥青面层的压实度按式(3.22)计算。

$$K = \frac{\rho_s}{\rho_t} \times 100 \tag{3.22}$$

式中 ρ_t——沥青混合料的最大理论密度,g/cm^3。

钻芯法密度试验记录格式如表 3.5 所示。

表 3.5 密度试验记录(钻芯法)

工程名称__________ 试样品种__________ 试验日期__________

检 验 者__________ 计 算 者__________ 校 核 者__________

测点桩号	取样位置	路面层次	试样编号	试样质量 m_a/g	试样表干质量 m_f/g	试样水中质量 m_w/g	试样体积 V/cm^3	试样毛体积密度或视密度 $\rho_s/(g \cdot cm^{-3})$

3.4 核子仪测定压实度

核子仪法是国外用于现场控制压实度的常见方法,20 世纪 90 年代初引入我国,曾在路基路面材料的密度、含水率的测试方面有所应用。核子密度湿度仪可以采用散射法或直接透射法两种方式快速测定路基路面材料的密度和含水率,并计算施工压实度,以评价结构层的压实质量。

对于沥青混合料面层的压实密度或硬化混凝土等难以打孔材料的密度,可采用散射法来测定;直接透射法适用于厚度不大于 30 cm 的土基、基层材料或非硬化水泥混凝土等可以打孔材料的密度及含水率的测定。

▶ 3.4.1 仪器与材料

①核子密度湿度仪(核子仪)。符合国家规定的关于健康保护和安全使用的标准,密度的测定范围为 1.12 ~2.73 g/cm^3,测定误差绝对值不大于 0.3 g/cm^3。含水率测量范围为 0 ~0.64 g/cm^3,测定误差绝对值范围为 ±0.015 g/cm^3 之间。核子仪应每 12 个月进行一次校验。

②细砂。粒径 0.15 ~0.30 mm。

③其他。天平或台秤、毛刷等。

核子仪每次使用之前,均需用标准板测定仪器的指标值,检查仪器性能是否正常。具体方法是:先将核子仪置于表面经压实且平整的地点,距其他放射源至少 8 m,接通电源,按照仪器使用说明书预热测定仪,然后在标准板上按照要求评定标准计数。如标准计数超过规定限值时,进行二次标准计数;若仍超出规定限值时,需视作故障进行返修处理。

▶ 3.4.2 准备工作

测定沥青混合料压实层密度前,用核子仪对钻孔取样的试件进行标定;测定其他材料的密度时，宜与灌砂法的结果进行标定。标定步骤如下：

①选择压实层的表面，按要求的测定步骤用核子仪测定密度，读数。

②在测定的同一位置用钻芯法或灌砂法取样，量取厚度，按规定的程序测定材料的密度。

③对同一种路面厚度及材料类型，在使用前至少测定 15 处，求取两种不同方法测定的密度的相关关系，其相关系数应不小于 0.95。

▶ 3.4.3 核子仪测量材料密度的方法

用核子仪测定材料密度时，测试位置与路面边缘或其他物体的最小距离不得小于 30 cm。核子仪距其他的射线源不得少于 8 m。核子仪按规定的时间预热后，按下述步骤进行测定：

①用散射法测定时，先用细砂填平测试位置路面结构凸凹不平的空隙，使路表面平整，能与仪器紧密接触，然后按图 3.2 的方法将核子仪平稳地置于测定位置上。

②用直接透射法测定时，先在测试层表面用钻杆打孔，孔深略深于要求测定的深度，且插入探杆后仪器不倾斜，孔应竖直圆滑并稍大于射线源探头，然后按图 3.3 的方法将放射源探头放下，插入预先打好的孔内。

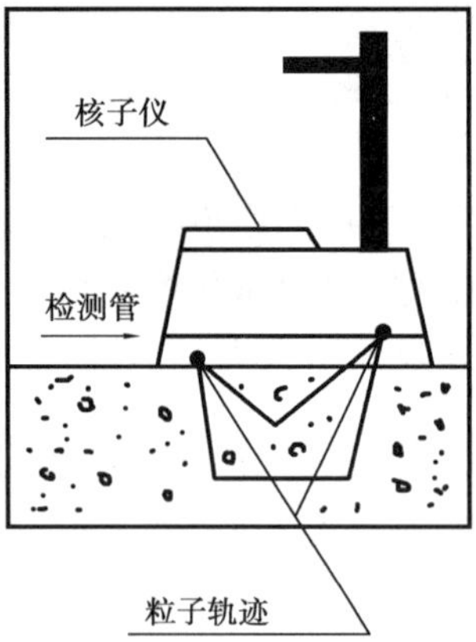

图 3.2 散射法

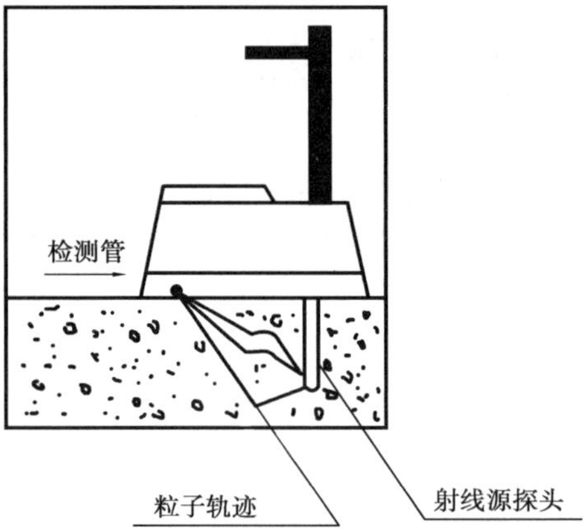

图 3.3 直接透射法

③打开仪器，测试员退出仪器 2 m 以外，按照选定的测定时间进行测量，到达测定时间后，读取显示的各项数据，并迅速关机。

④结束整理。根据核子仪显示的湿密度和含水率，按式(3.2)计算干密度，得出压实度。对于沥青混合料面层，用所确定的材料湿密度直接计算压实度。智能化核子仪可直接显示测点的密度和压实度值。

核子仪法试验记录格式如表 3.6 所示。

表 3.6 核子仪法密度试验记录

工程名称______ 结构名称______ 测定厚度______ 检验日期______

检验温度______ 试 验 者______ 计 算 者______ 校 核 者______

测点桩号	测量位置	路面层位	测量编号	湿密度 $\rho/(g\cdot cm^{-3})$	含水率 $\omega/\%$	干密度 $\rho_d/(g\cdot cm^{-3})$

3.5　无核密度仪测定压实度

无核密度仪适用于现场快速测试当日铺筑且未开放交通的沥青路面各层沥青混合料的密度,并计算压实度。无核密度仪目前主要用于路面施工过程控制环节。对于新铺的沥青混合料路面,该仪器能快速、可靠地给出测试结果,有利于施工单位及时控制压实质量,但测试结果不宜用于评定验收。

国内主流无核密度仪按照工作原理分为电磁法无核密度仪和时域反算法无核密度仪。为防止仪器损伤,一般在 170 ℃以下的条件下使用;同时,被测材料表面的含水率对测试结果影响较大。测试时,无核密度仪显示的湿度一般应为 0 ~ 10,其测试结果才具有一定可靠性。

▶　3.5.1　仪具与材料技术要求

无核密度仪应内含电子模块和可充电电池。探头应无核,无电容。无核密度仪的技术要求如下:

①最大探测深度:≥10 cm。

②最小探测深度:≤2.5 cm。

③单次测量时间:≤5 s。

④精度:0.003 g/cm^3。

⑤配有标准密度块供无核密度仪自校时使用。

▶　3.5.2　方法与步骤

1)准备工作

①无核密度仪在第一次使用前应对软件进行设置并储存,使操作者无须每次开机后都进行软件设置。

②使用无核密度仪前,应严格用标准密度块标定,通过相关性试验检验,确认其可靠性。

2)测试步骤

①按照随机取点等方法确定测试位置,距路面边缘或与其他物体的最小距离不得小于 30 cm,且表面干燥。

②将无核密度仪平稳地置于测试位置上,保证仪器不晃动。当路表结构凸凹不平时,可用细砂填平测试位置的空隙,使路表面平整,能与仪器紧密接触。

③开机后应检查无核密度仪的工作状态,如电池电压、内部温度,以及设置测试日期、时间、测值编号等。

④进入测试界面,设置沥青面层厚度、测量单位、最大公称粒径等参数设置,选择单点测量模式,进入待测状态。

⑤按动测试键,3 s 后读取数据,并记录。同时,无核密度仪上显示被测试材料表面的湿度值应在 0 ~ 10。当测值超过 10 时,数据作废,应重新选点测试。

⑥当采用修正值方法时,显示原始数据为ρ_d;当采用相关性公式时,将显示原始数据带入相关性公式,计算实测密度ρ_d,精确至0.01 g/cm^3。

▶ 3.5.3 数据处理

根据试验结果计算一个测试路段压实度的平均值、标准差以及变异系数,并计算压实度代表值。按式(3.23)计算压实度。

$$K=\frac{\rho_d}{\rho_0}\times 100 \tag{3.23}$$

式中 ρ_d——沥青混合料的实测密度,g/cm^3;

ρ_0——沥青混合料的标准密度,g/cm^3,标准密度按照《公路沥青路面施工技术规范》(JTG F40—2004)的规定选用。

▶ 3.5.4 与钻芯法压实度测试结果的相关性试验

1)路段选择

①选择长度不小于200 m的试验路段。

②确定测试位置,测点选定方法按照相同规定。

③对同样的路面厚度、配合比设计、碾压遍数、松铺厚度、机械组合及压实度标准的路面结构,应确定不少于15处。对同样的路面厚度、配合比设计、松铺厚度及机械组合,不同的压实度标准的路面结构,应确定不少于10处。

2)试验步骤

①每处测试位置按照图3.4所示确定5个点位,使用无核密度仪对各测点进行测试,选择平均读取模式依次读取并记录显示的密度、湿度和温度等数值,取密度平均值作为该处密度测试结果。

②在每一处测试位置钻取芯样,按钻芯法进行压实度测试。

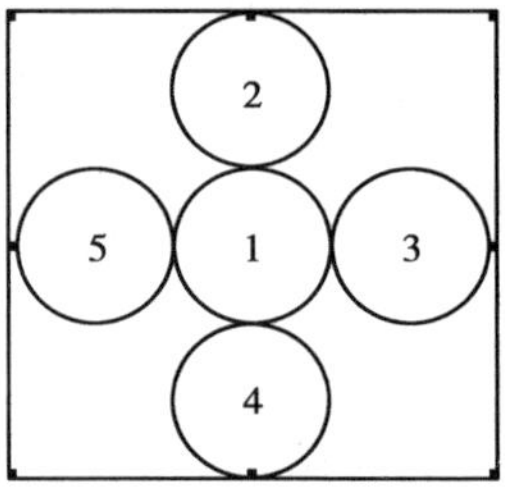

图3.4 五点法示意图

3)数据处理

①对同样的路面厚度、配合比设计、碾压遍数、松铺厚度、机械组合及压实度标准的路面结构,计算每处测试位置的密度偏差值$\Delta\rho_i$,即无核密度仪测值与钻芯法测值的差值,并计算所有位置的平均偏差值作为修正值Δ。

②对同样的路面厚度、配合比设计、松铺厚度及机械组合,不同的压实度标准的路面结构,按照相关规定进行数据处理,得到相关性公式,其相关系数R应不小于0.9。

③当采用修正值时,一般可将修正值输入无核密度仪,其示值即为修正后测值。当采用相关性公式时,需对无核密度仪示值进行计算处理。

3.6 路基路面压实度评定

路基、路面压实度以1~3 km长的路段为检验评定单元,按标准有关要求的检测频率进

行现场压实度抽样检查,计算每一测点的压实度 K。现场压实度抽样检查的频率规定举例如下:

①对于土方路基,每 200 m 每压实层测 2 处;对于无机结合料稳定土基层,每 200 m 每车道测 2 处。

②对于沥青混凝土和沥青碎石面层,每 200 m 每车道测 1 处,核子(无核)密度仪,每 200 m 测 1 处,每处 5 点。

细粒土现场压实度检查可以采用灌砂法或环刀法;粗粒土及路面结构层压实度检查可以采用灌砂法、水袋法或钻孔取样蜡封法。采用核子密度仪时,须经对比试验检验,确认其可靠性。检验评定路段的压实度检测结果汇总于表 3.7,并按下式计算压实度的代表值 K(算术平均值的下置信界限):

$$K = \overline{K} - St_{\alpha}/\sqrt{n} \geqslant K_0 \tag{3.24}$$

式中 $\overline{K}$——检验评定路段内各测点压实度的平均值,%;

S——检测值的均方差;

n——检测点数;

K_0——压实度标准值;

t_{α}——t 分布表中随测点数和保证率(或置信度 α)而变的系数,如表 3.8 所示。高速公路、一级公路:基层、底基层保证率取 99%,路基、路面面层取 95%;其他公路:基层、底基层取 95%,路基、路面面层取 90%。

表 3.7　压实度测定记录

工程名称＿＿＿＿＿　路段桩号＿＿＿＿＿　结构名称＿＿＿＿＿　压实度标准值 K_0 ＿＿＿＿＿

检验日期＿＿＿＿＿　检 验 者＿＿＿＿＿　计 算 者＿＿＿＿＿　校　核　者＿＿＿＿＿

测点桩号	检测位置	测点干密度或毛体积密度 $\rho_d/(g \cdot cm^{-3})$	标准密度 $\rho_0/(g \cdot cm^{-3})$	压实度 K_i/%	压实度平均值 $\overline{K}$/%	压实度代表值 K/%

表 3.8　$t_{\alpha}/\sqrt{n}$ 值

测点数	保证率 α			测点数	保证率 α		
	99%	95%	90%		99%	95%	90%
2	22.501	4.465	2.176	6	1.374	0.825	0.603
3	4.021	1.686	1.084	7	1.188	0.734	0.544
4	2.270	1.177	0.819	8	1.030	0.670	0.500
5	1.676	0.953	0.686	9	0.966	0.620	0.466

续表

测点数	保证率 α			测点数	保证率 α		
	99%	95%	90%		99%	95%	90%
10	0.892	0.580	0.437	24	0.510	0.350	0.269
11	0.833	0.546	0.414	25	0.498	0.342	0.264
12	0.785	0.518	0.393	26	0.487	0.335	0.258
13	0.744	0.494	0.376	27	0.477	0.328	0.253
14	0.708	0.473	0.361	28	0.467	0.322	0.248
15	0.678	0.455	0.347	29	0.456	0.316	0.244
16	0.651	0.438	0.335	30	0.449	0.310	0.239
17	0.605	0.410	0.314	40	0.383	0.266	0.206
18	0.605	0.410	0.314	50	0.340	0.237	0.184
19	0.586	0.398	0.305	60	0.308	0.216	0.167
20	0.568	0.387	0.297	70	0.85	0.199	0.199
21	0.552	0.376	0.289	80	0.266	0.186	0.145
22	0.537	0.367	0.282	90	0.249	0.175	0.136
23	0.523	0.358	0.275	100	0.236	0.166	0.129

对于路基、基层和底基层，当 $K \geqslant K_0$ 且单点压实度 K_i 全部大于或等于规定值减 2 个百分点时，评定路段的压实度可得规定满分；当 $K \geqslant K_0$ 且单点压实度 K_i 全部大于或等于规定极限值时，对于测点值低于规定值减 2 个百分点的测点，按其占总检查点数的百分率计算扣分值。当 $K < K_0$ 或某一单点的压实度 K_i 小于规定的极值时，该路段的压实度为不合格。

路堤施工段较短时，分层压实度应每一点都符合要求，且样本数不少于 6 个。

对于沥青路面，当 $K \geqslant K_0$ 且全部测点压实度 K_i 大于或等于规定值减 1 个百分点时，评定路段的压实度可得规定满分；当 $K \geqslant K_0$，对于测定值低于规定值减 1 个百分点时，按其占总检查点数的百分率计算扣分值。当 $K < K_0$ 时，评定路段的压实度为不合格。

思考练习题

3.1　压实度的测试方法有几种？其各自的适用条件是什么？

3.2　简述灌砂法测定压实度的原理及主要步骤。

3.3　压实度评定的要点是什么？简述沥青路面压实度评定方法。

3.4　某二级公路路基压实施工中，用灌砂法测定压实度，测得灌砂筒内量砂质量为 5 820 g，填满标定罐所需砂的质量为 3 885 g，测定砂锥的质量为 615 g，标定罐的体积为

3 035 cm^3,灌砂后灌砂筒内剩余砂质量为 1 314 g,试坑挖出湿土重为 5 867 g,烘干土重为 5 036 g,室内击实试验得最大干密度为 1.68 g/cm^3。试求该测点压实度和含水率。

3.5　某一级公路水泥稳定砂砾基层压实厚度检测值分别为 21,22,20,18,20,21,21,22,19 cm,请按保证率 99% 计算其厚度的代表值。(已知 $t_{0.99}/\sqrt{9}=0.344$,$t_{0.99}/\sqrt{3}=0.996$)

3.6　某二级公路土方路基工程进行交工验收,现测得某段的压实度数值为(%):94.0,97.2,93.3,97.1,96.3,90.4,98.6,97.8,96.2,95.5,95.9,96。请对检测结果进行评定,并计算其得分值。(已知 $K_0=93\%$,规定极值为 88%,规定分为 30 分,保证率为 90%)

3.7　现对某二级公路路基压实度进行质量检验,经检测,各点(12 个测点)的干密度(g/cm^3)分别为 1.72,1.69,1.71,1.76,1.78,1.76,1.68,1.75,1.74,1.73,1.73,1.70,最大干密度为 1.82 g/cm^3。试按 95% 的保证率评定该路段的压实质量是否满足要求(压实度标准为 93%)。

3.8　在灌砂法测定路面压实度中,测定层表面较为粗糙,操作中没有在测点放置基板测定 m_6(对基板和粗糙面间管灌砂后,灌砂筒内砂的质量),而直接凿挖试坑并灌砂测定 m_2(对试坑灌砂后,灌砂筒内剩余砂的质量)。试分析这样对测定结果会产生什么影响?为什么?

4 道路结构检测Ⅱ：承载能力

4.1 概　述

土基是路面结构的支承体，车轮荷载通过路面传到土基。因此，土基的强度和变形特性对路面结构的整体强度和刚度有很大影响。在路面结构的总变形中，土基的变形占很大部分，为75%～90%。路面结构的破坏，除本身原因外，主要由于土基变形过大所引起。路基强度是指路基抵抗外力作用的能力，即抵抗变形的能力。在一定应力作用下，变形越大，土基强度越低；反之，则表明土基强度越高。根据土基简化的力学模型，以及土体破坏的原因不同，国内外表征土基强度的指标主要有回弹模量、土基反应模量、CBR、抗剪强度等，其中回弹模量是道路设计的主要指标，CBR是施工控制的重要依据。

路面承载能力是反映路基路面整体抗压强度的一个综合指标，回弹弯沉值是目前国内外广泛采用的表示路基路面承载能力的指标。对于处于或接近弹性状态的路面，在荷载作用下，在一定的界限范围内，其回弹弯沉值与总弯沉是很接近的；对于强度高和使用多年而处于稳定状态的老路面，由于残余弯沉很小，可认为是处于或接近弹性工作状态，因此回弹弯沉值与车轮荷载作用的变形联系紧密。回弹弯沉值越大，承载能力越小；回弹弯沉值越小，承载能力越大。

我国沥青路面设计规范规定，各层材料的模量、路面材料的回弹模量值应在不利季节进行测定。测定方法通常有两种：一种是整层材料测定法；另一种是层状体理论反算法。其基本的方法是在专门修建的整层路面材料上利用汽车加荷或承载板加荷，测定其回弹弯沉值

L_1,利用弹性半空间体理论公式计算回弹模量值 E_1。

4.2　路基路面弯沉测定

弯沉是指路基或路面表面在规定的标准车作用下,路基或路面表面轮隙位置产生的总垂直变形(总弯沉)或垂直回弹变形(回弹弯沉),以 0.01 mm 为单位。由于弯沉能够代表路基路面整体抵抗垂直变形的能力,测定又比较直观、简便,因此是路基路面现场质量检测的常规项目之一。公路工程质量检验评定标准规定:土方路基、沥青混凝土面层、沥青碎石面层、沥青贯入式或沥青上拌下贯式面层及沥青表面处治面层表面的弯沉均不得超过设计验收允许值。

▶　4.2.1　贝克曼梁测定路基路面回弹弯沉

1)仪器设备

①贝克曼梁:由合金铝制成,上有水准泡,其前臂与后臂长度比为 2:1。贝克曼梁按长度分为 5.4 m(3.6 m+1.8 m)梁和 3.6 m(2.4 m+1.2 m)梁两种,如图 4.1 所示。长度为5.4 m的贝克曼梁适用于各种类型的路面结构回弹弯沉的测试;长度为 3.6 m 的贝克曼梁适用于柔性基层沥青路面回弹弯沉的测试。

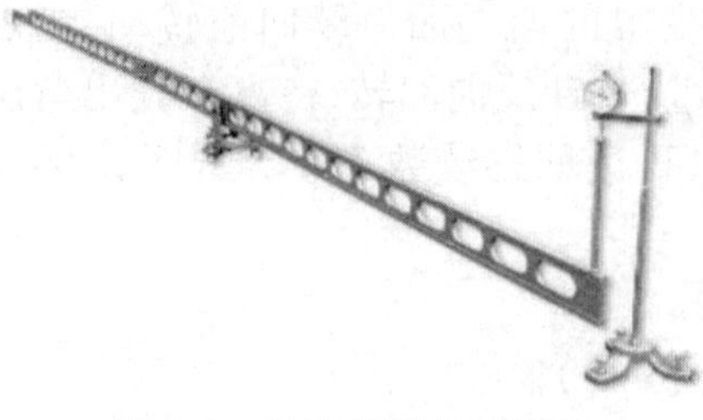

图 4.1　贝克曼梁与弯沉仪

②加载车:单后轴、单侧双轮组的载重车,双轮轮隙应能满足自由插入贝克曼梁测头的要求,轴载、轮胎气压等技术参数应符合表 4.1 的要求。

表 4.1　加载车技术要求

后轴标准轴载 P/kN	100 ±1
单侧双轮荷载/kN	50 ±0.5
轮胎气压/MPa	0.7 ±0.05
单轮传压面当量圆面积/mm²	$(3.56 \pm 0.20) \times 10^4$

③百分表及表架。

④皮尺及温度计。皮尺 1~2 把,长 30~50 m;接触式路表温度计(或点温计),分度不大于1 ℃。

⑤其他工具与物品。千斤顶、加载重物、手旗、口哨、粉笔、油漆等。

2)准备工作

①检查并保持测试用加载车的车况及制动性能良好,轮胎气压应符合表 4.1 的要求。

②给加载车配重,并用地中衡称量后轴总质量及单侧双轮荷载等,均应符合表 4.1 的要求。加载车行驶及测试过程中,轴重不应变化。

③若启用新加载车或加载车轮胎发生较大磨损时，应测试轮胎传压面面积。轮胎传压面面积测试方法如下：确保加载车双侧轮载及其轮胎气压满足表4.1的要求，在平整光滑的硬质路面用千斤顶将汽车后轴顶起，在轮胎下方铺一张新的复写纸和一张方格纸，轻轻落下千斤顶，即在方格纸上印出轮胎印痕。用求积仪或数方格的方法测算单个轮胎印迹范围内的面积，均应符合表4.1中单轮传压面当量圆面积的要求。

④当在沥青路面上测试时，通过气象台了解前5 d的平均气温（日最高气温与最低气温的平均值）。

⑤记录沥青路面结构层材料类型、设计厚度等情况。

3）测试步骤

①在测试路段布置测点，其距离随测试需要而定。测点应在路面行车车道的轮迹带上，并用白油漆或粉笔画上标记。

②将试验车后轮轮隙对准测点后30～50 mm处的位置上。

③将弯沉仪插入汽车后轮之间的缝隙处，与汽车方向一致，梁臂不得碰到轮胎。弯沉仪测头置于测点上（轮隙中心前方30～50 mm处），并装百分表于弯沉仪的测杆上；百分表调零时，用手指轻轻叩打弯沉仪，检查百分表是否稳定回零。

④测定者吹哨发令指挥汽车缓缓前进，百分表随路面变形的增加而持续向前转动，当表针转动到最大值时，迅速读取初读数 L_1。汽车仍在继续前进，表针反向回转，待汽车驶出弯沉影响半径（3 m以上）后，令汽车停止。待表针回转稳定后，再读取终读数 L_2。汽车前进的速度宜为5 km/h左右。

⑤令汽车驶至下一测点，重复②～④步骤，测完所有点。

⑥将各点读取的数值记录到回弹弯沉试验记录表中（表4.2）。

表4.2　回弹弯沉试验记录

路线名称________　试验车型号________　气温________　路面温度________
单轮当量圆直径________　后轴重________　车轮单位压力________
检验者________　计算者________　校核者________　检验日期________

编号	测点桩号	百分表读数/(0.01 mm)				支点变形修正值 $[(L_3-L_4)\times 6]$/(0.01 mm)	温度修正系数 K	回弹弯沉/(0.01 mm)	路况、修况	计算结果
		初读数 L_1		终读数 L_2						
		左	右	左	右					
										弯沉平均值 $\bar{L}$ = 标准差 S = 代表弯沉值 L_1 =

因弯沉仪的杠杆比为2∶1，故所测的回弹弯沉值为：

$$L_r = (L_1 - L_2) \times 2 \tag{4.1}$$

若是两台弯沉仪，则每测点弯沉值为：

$$L_T = \frac{L_{T左} + L_{T右}}{2} \tag{4.2}$$

式中 $L_{T左}$——左侧车轮的弯沉值;

$L_{T右}$——右侧车轮的弯沉值。

4)弯沉仪的支点变形修正

当采用长度为3.6 m的弯沉仪对半刚性基层沥青路面、水泥混凝土路面等进行弯沉测定时,有可能引起弯沉仪支座处变形,因此,测定时应检查支点有无变形。检验的方法是:用另一对检验用的弯沉仪安装在测定用弯沉仪的后方,其测点架在测定用弯沉仪的支点旁。当汽车开出时,同时测定两台弯沉仪的弯沉读数,若检验用的弯沉仪百分表有读数,即应该记录并进行支点变形修正。当在同一结构层上测定时,可在不同位置测定5次,求取平均值,以后每次测定时以此作为修正值。

弯沉仪支点变形修正值为:

$$L_T = (L_3 - L_4) \times 6 \tag{4.3}$$

式中 L_3——车轮中心临近弯沉仪测头时检验用弯沉仪的最大读数,0.01 mm;

L_4——汽车驶出弯沉影响半径后检验用弯沉仪的终读数,0.01 mm。

当需要进行弯沉仪支点变形修正时,路面测点的回弹弯沉为:

$$L_T = (L_1 - L_2) \times 2 + (L_3 - L_4) \times 6 \tag{4.4}$$

当采用长度为5.4 m的弯沉仪测定时,可不进行变形修正。

5)回弹弯沉的温度修正

沥青路面的弯沉以路表温度为20 ℃时为准。当沥青面层厚度小于或等于50 mm时,不需要温度修正;当路面温度在(20±2) ℃时,也不需要温度修正;其他情况下测定的弯沉值均应进行温度修正。

采用不同基层的沥青路面弯沉值的温度修正常数K,根据沥青层平均气温T及沥青层厚度查图确定。沥青层平均气温T及弯沉值的温度修正系数K的确定方法见《公路路基路面现场测试规程》(JTG 3450—2019)。

沥青路面回弹弯沉为:

$$L_{20} = L_T \cdot K \tag{4.5}$$

式中 L_{20}——换算为20 ℃的沥青路面回弹弯沉值,0.01 mm;

L_T——测定时,沥青面层内平均温度为T时的回弹弯沉值,0.01 mm;

K——温度修正系数。

6)路基路面弯沉值评定

每一双车道评定路段(不超过1 km)检查80个点,多车道公路必须按车道数与双车道之比,相应增加测点数。每一个评定路段的代表弯沉取弯沉测量值的上波动界限。

路基、沥青路面弯沉代表值用式(4.6)计算:

$$L_r = (\bar{L} + \beta S) K_1 K_3 \tag{4.6}$$

式中 L_r——弯沉代表值,0.01 mm;

$\bar{L}$——实测弯沉的平均值;

S——标准差；

β——目标可靠指标值；

K_1——湿度影响系数，根据当地经验确定；

K_3——温度影响系数，路基顶面弯沉测定时取 1；路表弯沉测定时参见公路工程质量检验评定标准。

粒料类基层和底基层顶面弯沉代表值用式(4.7)计算：

$$L_r = \overline{L} + Z_\alpha S \tag{4.7}$$

式中 L_r——一个评定路段的代表弯沉，0.01 mm；

$\overline{L}$——一个评定路段内经各项修正后的各测点弯沉的平均值，0.01 mm；

S——一个评定路段内经各项修正后的各测点弯沉的标准差，0.01 mm；

Z_α——与保证率有关的系数。

高速公路、一级公路采用 $Z_\alpha = 2.0$；二级公路采用 $Z_\alpha = 1.645$；二级以下公路采用 $Z_\alpha = 1.5$。

对于二级及二级以下公路，当路基和粒料类基层、底基层的弯沉代表值不符合要求时，可将超出的$\overline{L} + (2-3)S$ 的弯沉特异值舍弃；对舍弃的弯沉值过大的点，应找出其周围界限，进行局部处理，并对弯沉进行复测后重新计算平均值和标准差。高速公路、一级公路不得舍弃特异值。

弯沉代表值不大于设计要求的弯沉值时得满分，大于设计要求的弯沉值时得零分。

▶ 4.2.2 自动弯沉仪测定路面弯沉

用自动弯沉仪在标准条件下每隔一定距离连续测试路面的总弯沉，并计算总弯沉值的平均值，以此作为尚无坑洞等严重破坏的道路验收检验及旧路面强度的评价指标，为路面养护管理系统提供数据，经过与贝克曼梁测定值进行换算后，也可用于路面结构设计。

1）仪器设备

自动弯沉仪由承载车、测量机架及控制系统、数据采集与处理系统，以及位移、温度和距离传感器等基本部分组成，如图 4.2 所示。测量机构安装在测试车底盘下面，测臂夹在后轴轮隙中间。汽车运行时测量机构提起，离开路面。

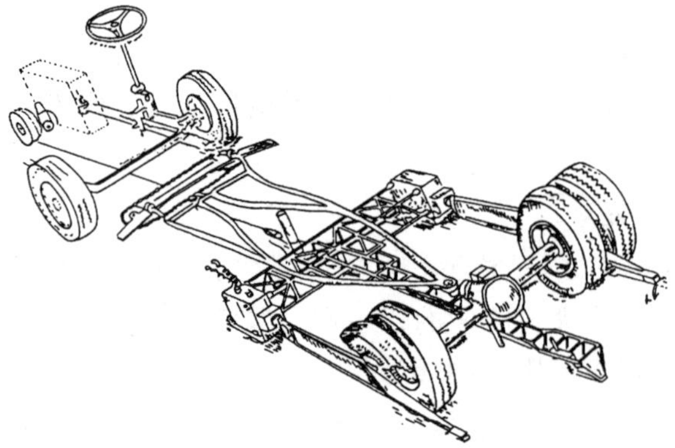

图 4.2　自动弯沉仪的测量机架

①承载车:单后轴、单侧双轮组的载重车,其轴载、轮胎气压等参数应符合表4.1的要求。

②位移及距离传感器:

a.位移传感器分辨率:≤0.01 mm。

b.位移传感器量程:≥3 mm。

c.距离传感器的示值误差:≤1%。

2)测试步骤

①通电预热测试系统。

②开启工程警示灯和导向标等警告标志,在测试路段前20 m处将测量机架放落在路面上。

③按照测试路段的现场技术要求设置所需的测试状态参数。

④缓慢加速承载车到测试速度,一般应控制在3.5 km/h以内。当实际采用的现场测试速度超出此范围时,应进行设备的相关性试验并对测试结果进行修正。承载车沿正常行车轨迹驶入测试路段,开始测试。在测试过程中,根据承载车实际到达的位置,将测试路段起终点、桥涵等特征位置的桩号输入到记录数据中。同时,应测量并记录路表温度。

⑤当承载车驶出测试路段后,停止数据采集和记录,并缓慢停止承载车,提起测量机架。

⑥检查数据文件的完整性,确保测试内容正常,否则需要重新测试。

⑦关闭测试系统电源,结束测试。

3)数据处理

测定结束后应按计算区间输出计算结果。计算区间可根据公路等级和测试要求确定。标准的计算区间为100 m。

测定时,随着打印机的输出,同时应将数据用文件方式记录在磁带或硬盘上,长期保存。通过计算机输出计算结果,包括每一个计算区间的平均总弯沉值、标准差、代表总弯沉值,如表4.3所示。

表4.3 按计算区间列出的总弯沉测定示例

记录号	路线号	公里桩	百米桩	平均总弯沉值 /(0.01mm)	标准差 /(0.01mm)	代表总弯沉 /(0.01mm)
1	10	76	100	41	19.156	79
2	10	76	200	45	9.986	65
3	10	76	300	55	10.622	76
4	10	76	400	50	12.739	75
5	10	76	500	42	9.096	60

注:本表计算区间为100 m,代表总弯沉按平均总弯沉加2倍标准差计算。

自动弯沉仪采集路面弯沉盆峰值为路面总弯沉。左臂测值、右臂测值按单独弯沉处理,同时需要对弯沉值进行温度修正。当路面横坡 i 超过4%时,弯沉值需要按表4.4进行横坡修正。

表4.4　弯沉值横坡修正

横坡范围	高位修正系数	低位修正系数
>4%	$\frac{1}{1-i}$	$\frac{1}{1+i}$

按有关公式计算一个评定路段的平均值、标准差、变异系数、代表总弯沉值。当测试速度大于3.5 km/h时,应进行自动弯沉仪总弯沉与贝克曼梁回弹弯沉对比试验,并可据此计算出相应的回弹弯沉值。

4)自动弯沉仪与贝克曼梁弯沉仪对比试验

针对不同地区选择某种路面结构的代表性路段,进行两种测定方法的对比试验,以便将自动弯沉仪测定的总弯沉换算成贝克曼梁测定的回弹弯沉值。测定路段的长度为300~500 m,测定路段不少于4段,以使测定的弯沉值有一定的变化幅度。

对比试验步骤如下:

①采用同一辆自动弯沉测定车,使测定车型、荷载大小和轮胎作用面积完全相同。

②用油漆标记对比路段起点位置。

③用自动弯沉仪测定对比路段的总弯沉,同时仔细用油漆标出每一测点和位置。

④在每一标记位置用贝克曼梁定点测定回弹弯沉,测点范围精确至10 cm^2 以内。

⑤逐点对应计算两者的相关关系,得出回归方程式 $L_B = a + bL_A$,式中 L_B、L_A 分别为贝克曼梁和自动弯沉仪测定的弯沉值,相关系数不得小于0.95。

由于路面结构和材料、路基状况、温度、水文条件、路面使用状况不同,对比关系也有所不同,为了提高数据的准确性,应分情况作此项对比试验。

▶ 4.2.3　落锤式弯沉仪测定路面弯沉

落锤式弯沉仪可用于测定路面动态弯沉,即路表在冲击荷载作用下产生的瞬时变形,从而评价路基路面的承载能力。

1)仪器设备

落锤式弯沉仪(FWD)由荷载发生装置、弯沉检测装置、控制系统与牵引车等组成。

①荷载发生装置:主要包括重锤、承载板以及传感器组成,其中重锤的质量及落高可根据使用目的与道路等级选择。若无特殊需要,重锤的质量为(200±10)kg,可产生(50±2.5)kN的冲击荷载。承载板呈十字对称分开成4部分,且底部固定有橡胶片,直径一般为300 mm,也可为450 mm。

②弯沉检测装置:由一个或多个位移传感器组成,位移分辨力不大于0.001 mm,如图4.3所示。承载板中心应设一个位移传感器,其他位移传感器与中心处传感器呈线性布置,一般分布在距离承载板中心2 500 mm内。用于反算路面结构层模量时,位移传感器总数应不少于7个,且应包括0 mm、300 mm、600 mm、900 mm处4个位置。

③控制系统:主要作用是在冲击荷载作用的时间内,测量并记录冲击荷载及各个位移传感器所在位置的动态变形。

④牵引车:牵引 FWD 并安装控制装置的车辆。

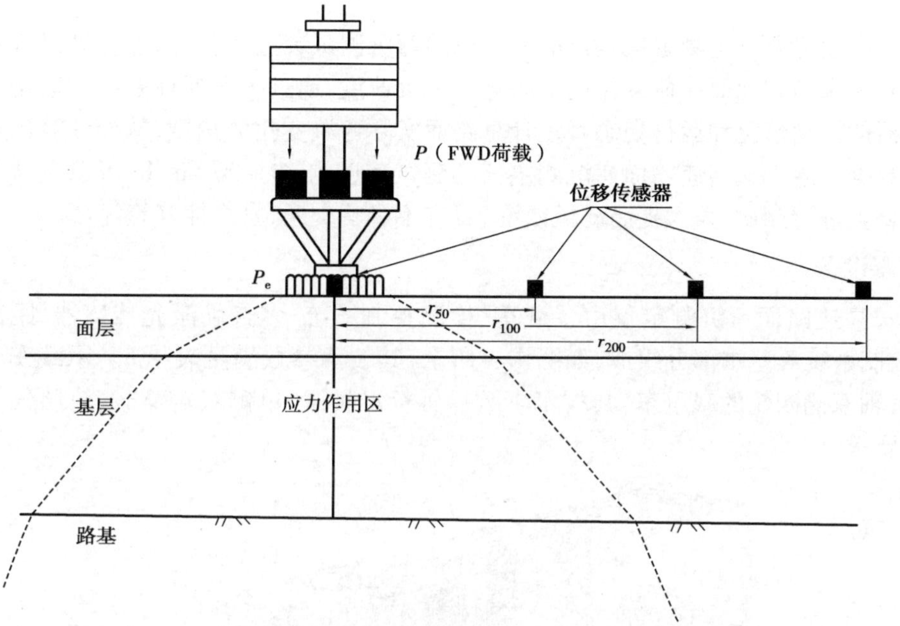

图 4.3　落锤式弯沉仪传感器布置及应力作用状态示意图

2)准备工作

①调整重锤的质量及落高,使重锤的质量及产生的冲击荷载符合要求。

②检查 FWD 的车况及使用性能,确保功能正常。

③将 FWD 牵引至测试地点,牵引 FWD 行驶的速度不宜超过 50 km/h。

④开启 FWD,对传感器进行标定。

3)试验步骤

①将 FWD 牵引至测试路段起始位置,输入测试位置信息,设定好状态参数。

②将承载板中心位置对准测点,测点一般应布置在车道轮迹带处。落下承载板,放下弯沉检测装置的各传感器。

③启动荷载发生装置,落锤瞬即自由落下,冲击力作用于承载板上,又立即自动提升至原来位置固定。同时,记录荷载数据,各个位移传感器测量并记录路表变形数据,变形峰值即为弯沉值。每个测点重复测试应不少于 3 次。

④提起传感器及承载板,牵引车向前移动至下一个测点,重复②~③步骤完成测试路段的测试。

4)数据处理

①舍去承载板中心位移传感器的首次测值,计算其后几次测值的平均值作为该点的弯沉值。

②按照《公路沥青路面设计规范》(JTG D50—2017)的规定,对弯沉值进行温度修正。

③计算一个测试路段的弯沉平均值、标准差及代表值。

▶ 4.2.4 激光式高速路面弯沉测定仪测定路面弯沉

激光式高速路面弯沉测定仪是目前最先进的弯沉测试装置,它在高速行驶过程中利用激光多普勒效应来测试地面在荷载作用下的垂直下沉速度,通过一套惯性系统实时记录多普勒激光传感器的振动情况和运行姿态修正计算路面实际弯沉变化的速度,从而计算出最大弯沉及弯沉盆数据。激光式高速路面弯沉测定仪的测试速度为 30 ~ 90 km/h,可以正常行车速度在高速公路上进行测试,大大提高测试效率,具有不影响交通、安全性好等优点。

1)仪器设备

激光式高速路面弯沉测定仪由承载车、检测控制系统、多普勒激光传感器、距离测量系统、温度控制系统等基本部分组成,如图 4.4 所示,其技术参数满足表 4.5。承载车为不少于两轴、中后轴双侧四轮的载重车,其技术参数后轴标准轴载、单侧双轮荷载、轮胎气压应符合表 4.1 的要求。

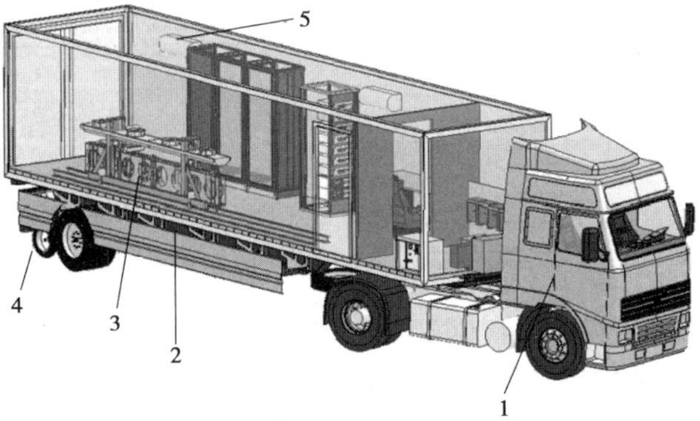

图 4.4 激光式高速路面弯沉测定仪结构示意图

1—承载车;2—检测控制系统;3—多普勒激光传感器;4—距离测量系统;5—温度控制系统

表 4.5 激光式高速路面弯沉测定仪技术要求

测试速度	30 ~ 90 km/h
激光传感器分辨率	0.01 mm/s
测试激光器数量	不少于 4 个
距离标定误差	≤0.1%

2)准备工作

①检查承载车后轴标准轴载、单侧双轮荷载、轮胎气压等参数,应符合相关要求。

②检查承载车和传感器的性能。

③开启并检查设备的全部系统,计算机、软件采集与计算、警示灯均应正常。

④开动激光式高速路面弯沉测定仪进行试测,确保系统正常运行。

⑤当在沥青路面上测试时,通过气象台了解前5 d的平均气温(日最高气温与最低气温的平均值)。

⑥记录沥青路面结构层类型、设计厚度等情况。

3)试验步骤

①通电预热,保证设备舱内达到要求的温度,并开启警示灯及导向标等警告标志。

②放下距离测试轮,按照测试路段的现场技术要求设置所需的测试状态。

③加速承载车到正常车速,沿正常行车轨迹驶入测试路段,保持正常行驶。

④在承载车到达测试路段起点前开始测量,确保至少有200 m有效路段,并在承载车到达测试路段起点时进行标记。在测试路段中如遇桥面、路面条件差或偏离当前测试路段等特殊位置,应做相应的标记来记录桩号等信息。

⑤当承载车到达测试路段终点时,应做终点标记,在车辆驶离终点至少200 m后停止数据采集,并将系统各部分恢复至准备状态。

⑥检查测试数据,文件应完整,数据结果应正常,否则需要重新测试。

⑦关闭测试系统电源,结束测试。

4)数据处理

①通过专用的数据处理软件和计算模型对采集到的数据进行处理。

②按规范要求进行温度、坡度修正,根据实际需要,得到要求段长的路面弯沉值。

③计算一个测试路段的弯沉平均值、标准差及代表值。

4.3 承载板法测定土基回弹模量

公路土基的回弹模量是路面厚度计算的重要参数,它对正确设计路面有决定性的影响。承载板法测定土基回弹模量属于静态回弹模量测试方法,即在土基表面用承载板采用逐级加载、卸载的方法,测出每级荷载相应的回弹变值,通过计算可求得土基回弹模量。

▶ 4.3.1 主要测试仪器

①加载设施:用一辆载有铁块或集料等重物、后轴重不小于60 kN的汽车作为加载设备(轮胎内压0.5 MPa),在汽车大梁的后轴之后约80 cm处,附设一根加劲小横梁作为反力架。

②刚性承载板1块,直径为30 cm,板厚20 mm,直径两端设有立柱和可以调整高度的支座,供安放弯沉仪测头。

③路面弯沉仪2台,由贝克曼梁百分表及其支架组成,其构造如图4.5所示。

④油压千斤顶1台,规格为80~100 kN,装有经过标定的压力表或测力环。

⑤其他仪具,如秒表、水平尺、细砂、毛刷、铲等。

试验装置如图4.6所示。

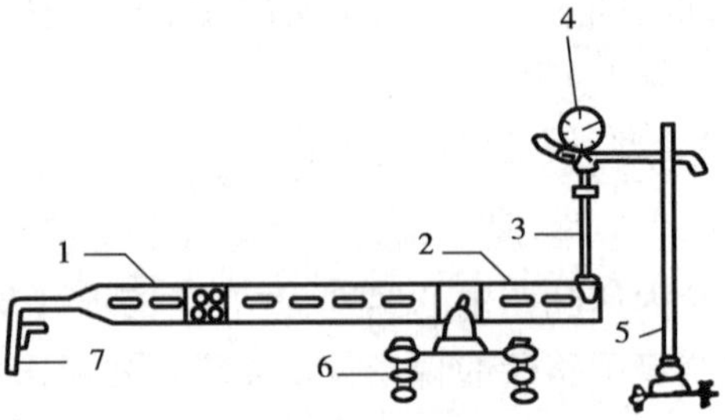

图 4.5 路面弯沉仪的构造

1,2—前后杠杆;3—立杆;4—百分表;5—表架;6—支座;7—测头

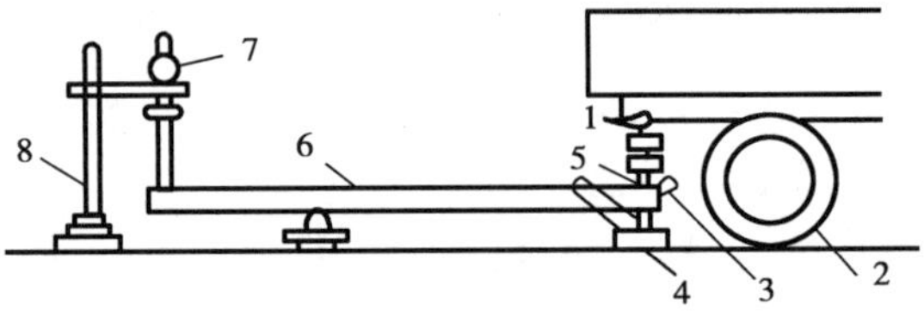

图 4.6 承载板试验

1—支承小横梁;2—汽车后轮;3—千斤顶油压表;

4—承载板;5—千斤顶;6—弯沉仪;7—百分表;8—表架

▶ 4.3.2 测定步骤

①选定有代表性的测点,测点应位于水平的路基上,土基均匀,不含杂物。

②仔细平整土基表面,撒细砂填土基凹处。砂子不能覆盖全部土基表面,避免形成夹层。

③安置承载板,并用水平尺进行校正,使承载板呈水平状态。

④将试验车置于测点上,使系于加劲小横梁中部的垂球对准承载板中心,然后收起垂球。

⑤在承载板上安放千斤顶,上面衬垫钢圆筒、钢板,并将球座置于顶部与加劲横梁接触。如用测力环时,应将测力环置于千斤顶与横梁中间,千斤顶及衬垫物必须保持铅直,以免加压时发生千斤顶倾倒事故,影响测试数据的准确性。

⑥将两台弯沉仪的测头分别置于承载板立柱的支座上,百分表对零或其他合适位置。

⑦测绘土基的压力-变形曲线。采用逐级加载卸载法,用经过标定的压力表或测力环控制加载值。各级压力所需的加载值如表 4.6 所示。为了使加载和计算方便,加载数值可适当调整为整数。

表 4.6 各级压力所需的加载值

压强/MPa	荷载/kN	压强/MPa	荷载/kN
0.05	3.079	0.30	18.473
0.10	6.156	0.40	24.630
0.15	9.236	0.50	30.788
0.20	12.315		

首先预压0.05 MPa,使承载板与土基紧密接触,同时检查百分表的工作情况是否正常,然后放松千斤顶油门卸载。百分表稳定1 min后,将指针对零或记录初始读数。再按下列程序逐级加载、卸载测定:

荷载小于0.1 MPa时,每级增加0.02 MPa,以后每级增加0.04 MPa左右。为了使加载和计算方便,加载数值可适当调整为整数。每次加载至预定荷载 P 后,稳定1 min,立即读记两个百分表数值,然后轻轻放开千斤顶油门卸载至0,待卸载稳定1 min后,再次读数,每次卸载后百分表不再调零。当两个百分表读数之差小于平均值的30%时,取平均值。如超过30%,则应重测。当回弹变形值超过1 mm时,即可停止加载。

回弹变形按下式计算:

$$l_i' = (l_1 - l_2) \times 2 \tag{4.8}$$

式中　l_i'——各级荷载下实测的回弹变形,0.01 mm;

l_1——各级荷载下百分表读数平均值,0.01 mm;

l_2——各级荷载卸荷后对应的百分表读数平均值,0.01 mm。

变形测定结束后,在紧靠试验点的适当位置测定土基的密度和含水率。

由于汽车后轮的重力对承载板的回弹变形值会有一定的影响,因此,当承载板试验完毕后,尚需进行汽车后轮对承载板的影响量 a 的测定。

⑧测定总影响量 a。加载结束后取走千斤顶,重新读取百分表的初读数,再将汽车开出10 m以外,读取终读数,两个百分表的初、终读数之差×2(贝克曼梁杠杆比)即为总影响量 a。

各级压力下的影响量 a_i,按式(4.9)计算:

$$a_i = \frac{(T_1 + T_2)\pi D^2 p_i}{4T_1 Q} \cdot a \tag{4.9}$$

式中　a_i——第 i 级压力的影响量,0.01 mm;

T_1——载重汽车前后轴距,m;

T_2——加劲小梁距后轴距离,m;

D——承载板直径,m,记为0.3 m;

p_i——第 i 级承载板压力,Pa;

Q——载重汽车后轴重,N;

a——总影响量,0.01 mm。

各级压力的计算回弹变形值为:

$$l_i = l_i' + a_i \tag{4.10}$$

式中　l_i'——各级荷载下实测的回弹变形,0.01 mm;

a_i——各级荷载下相应的影响量,0.01 mm。

▶ 4.3.3　资料整理

承载板法试验记录格式如表4.7所示。

表 4.7　承载板法测定记录

路线和编号＿＿＿＿＿＿　路面结构＿＿＿＿＿＿　测定层位＿＿＿＿＿＿

测定用汽车型号＿＿＿＿＿＿　承载板直径/m＿＿＿＿＿＿　测定日期＿＿＿＿＿＿

检验者＿＿＿＿＿＿　计算者＿＿＿＿＿＿　校核者＿＿＿＿＿＿

<table>
<tr><td rowspan="2">千斤顶读数</td><td rowspan="2">荷载 P/kN</td><td rowspan="2">承载板压力 P/MPa</td><td colspan="3">百分表读数/(0.01 mm)</td><td rowspan="2">总变形/(0.01 mm)</td><td rowspan="2">回弹变形/(0.01 mm)</td><td rowspan="2">分级影响量/(0.01 mm)</td><td rowspan="2">计算回弹变形/(0.01 mm)</td><td rowspan="2">备注</td></tr>
<tr><td>加载前</td><td>加载后</td><td>卸载后</td></tr>
<tr><td></td><td></td><td></td><td></td><td></td><td></td><td></td><td></td><td></td><td></td><td></td></tr>
<tr><td colspan="3">总影响量/(0.01 mm)</td><td></td><td colspan="2">土基含水率/%</td><td></td><td>密度/(g·cm^{-3})</td><td></td><td>压实度/%</td><td></td></tr>
<tr><td colspan="4">土基回弹模量 E_0 值/MPa</td><td colspan="7"></td></tr>
</table>

1)绘制 p-l 曲线

将各级计算回弹变形值点绘于标准计算纸上,排除异常点,并绘出压力 p 与回弹变形 l 曲线,如图 4.7 所示。如曲线起始部分出现反弯,应进行修正。

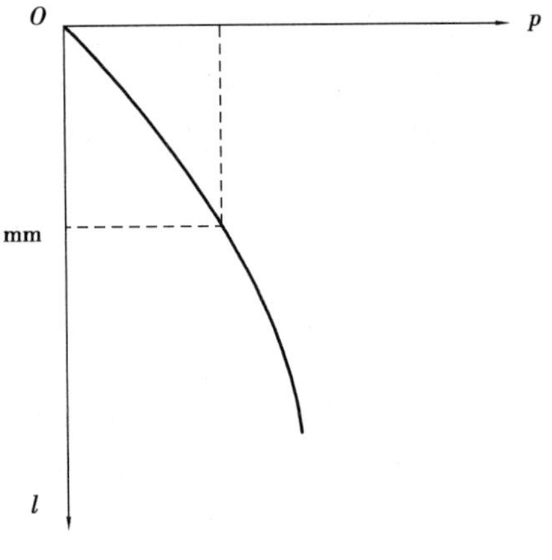

图 4.7　压力-回弹变形曲线

2)计算 E_0 值

计算相应于各级荷载下的土基回弹模量 E_i 值:

$$E_i = \frac{\pi D}{4} \cdot \frac{p_i}{L_i}(1-\mu_0^2) \tag{4.11}$$

式中　E_i——相应于第 i 级荷载下的土基回弹模量,MPa;

D——承载板直径为 30 cm;

L_i——相对于荷载 p_i 时的第 i 级回弹变形计算值,cm;

μ_0——泊松比,根据路面设计规范规定取用,当无规定时,非黏性土可取 0.30,高黏性土取 0.50,一般可取 0.35 或 0.40。

取结束试验前的各级回弹变形计算值,按线性回归方法由下式计算土基回弹模量 E_0 值。

$$E_0 = \frac{\pi D}{4} \cdot \frac{\sum p_i}{\sum L_i}(1-\mu_0^2) \tag{4.12}$$

路面材料的抗压回弹模量也可用承载板法测定。

对细粒土,在试验室内也可用小承载板法和强度仪法测定其回弹模量。

4.4　贝克曼梁测定路基路面回弹模量

本方法适用于在土基、厚度不小于 1 m 的粒料整层表面,用弯沉仪测定各测点的回弹弯沉值,通过计算求得该材料的回弹模量值的试验,也适用于在旧路表面测定路基路面的综合回弹模量。

▶　4.4.1　仪器和仪具

①加载车、贝克曼梁、百分表及表架、路表温度计:与贝克曼梁测定路基路面弯沉要求相同。

②接长杆:直径 ϕ16 mm,长 500 mm。

③其他:皮尺、口哨、粉笔、指挥旗等。

▶　4.4.2　方法与步骤

①准备工作:选择洁净的路基路面表面作为测点,在测点处做好标记并编号。

②测试步骤:测试各测点处的路面回弹弯沉值 L_i 步骤与贝克曼梁测定路基路面弯沉一致。

▶　4.4.3　数据整理

各测点回弹弯沉值 L_i 的记录格式与表 4.2 基本相同。

全部测点的回弹弯沉值测定后,分别计算其算术平均值、单次测量的标准差 S 和自然误差 r_0:

$$\bar{L} = \sum L_i/n \tag{4.13}$$

$$S = \sqrt{\frac{\sum (L_i - \bar{L})^2}{n - 1}} \tag{4.14}$$

$$r_0 = 0.675S \tag{4.15}$$

式中　$\bar{L}$——回弹弯沉的平均值,0.01 mm;

S——回弹弯沉测定值的标准差,0.01 mm;

r_0——回弹弯沉测定值的自然误差,0.01 mm;

L_i——各测点的回弹弯沉,0.01 mm;

n——测点总数。

分别计算各测点的测定值与算术平均值的偏差值 $d_i = L_i - \bar{L}$,并计算较大的偏差与自然误差之比 d_i/r_0。当某个测点观测值的 d_i/r_0 值大于表 4.8 中的 d/r 极限值时,则应舍弃该测点,然后重新计算所余各测点的算术平均值 $\bar{L}$及标准差 S。

表 4.8　相应于不同观测次数的 d/r 极限值

n	5	10	15	20	50
d/r	2.5	2.9	3.2	3.3	3.8

按下式计算代表弯沉值：

$$L_1 = \overline{L} + S \tag{4.16}$$

式中　L_1——代表弯沉值；

$\overline{L}$——舍弃不合要求的测点后所余各测点弯沉的算术平均值；

S——舍弃不合要求的测点后所余各测点弯沉的标准差。

土基、整层材料的回弹模量 E_1 或旧路的综合回弹模量为：

$$E_1 = \frac{200p\delta}{L_1}(1-\mu^2)a \tag{4.17}$$

式中　E_1——计算的土基、整层材料路基路面材料的回弹模量或既有道路的综合回弹模量，MPa；

p——测试车轮的平均垂直荷载，MPa；

δ——测试用加载车双圆荷载单轮传压面当量圆的半径，mm；

μ——测试层材料的泊松比，根据相关路面设计规范的规定取用；

a——弯沉系数，为 0.712。

4.5　落球仪测定土质类路基模量

土质类路基弹性模量可根据测试碰撞体与路基碰撞时的加速度-时间过程，通过 Hertz 接触理论计算得到。该碰撞过程可分离为压缩过程和回弹过程，因此可以分别计算出压缩时和回弹时的弹性模量。对于碾压后的路基材料，由于反复加载、卸载，其压缩过程和回弹过程的时间差异相对较小，所以回弹模量的计算直接采用整个碰撞接触时间。落球仪可快速测试黏土、粉土、砂石土、砾石土土质路基的压缩模量和回弹模量，但本方法不适用于最大粒径超过 100 mm 的土质路基模量测试。

由于路基材料为岩土类材料，具有较强的非线性和不均匀性，因此不同的测试方法往往得到不同的结果。与承载板试验相比，落球测试的结果一般偏大，而且粒径越大的材料，其偏差程度往往也越高。经大量试验发现，落球仪测值与岩土材料动态模量也有较好的相关性。

▶ 4.5.1　仪具与材料

①落球仪：主要由碰撞装置、信号采集装置、测试及解析软件等组成，其最大影响深度为 250 mm，结构与形状如图 4.8 所示，主要技术要求如下：

a. 碰撞装置：由球冠、把手构成，材质采用不锈钢，退火硬度不大于 235 HB，淬火回火硬度不小于 192 HB。球冠曲率半径为(120 ± 5) mm。当球冠表面有凹凸不平时，应更换，球冠质量为(19.1 ±0.2) kg，把手质量应小于 1.3 kg。

b.信号采集装置:采用加速度传感器,该加速度传感器安装在碰撞球冠中,可记录下落体与结构对象发生碰撞时的加速度变化过程。

c.测试及解析软件:能够记录、保存测试数据,具备滤波功能并能够自动分析各测试参数。

②其他:卷尺、限位支架、安装工具。

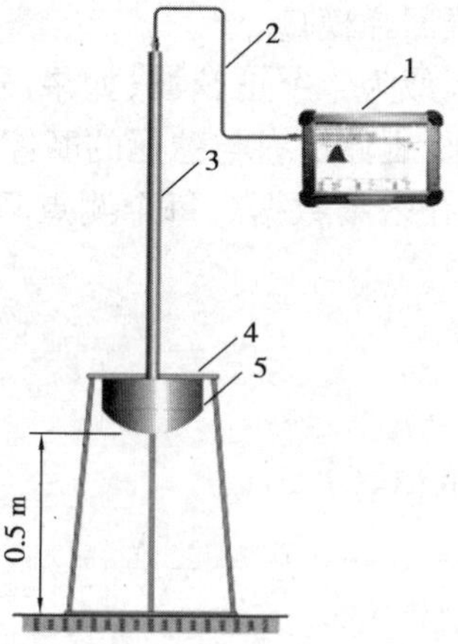

图4.8　落球仪的结构与形状示意图

1—主机;2—电荷电缆;3—把手;4—限位支架;5—球冠

► 4.5.2　准备工作

①选择测试区域,在测试区域做好标记并编号,每车道可每隔10~20 m设一测区。测区还应满足表面无明显积水或潮湿现象,无明显碎石等杂物,表面填筑材料较为均匀。土基面坡度小于10°,附近无影响测试的施工作业、磁场、静电等。

②每个测区至少包含7个测点,各测点间距应大于500 mm,并避开明显的大粒径填料。测点布置可参考图4.9,◎表示测点。

③连接调试好仪器设备。设定球冠的质量、曲率半径、模量、泊松比及其下落高度,并结合测试路段的材料种类,根据表4.9选取合适的泊松比(μ_s)和修正系数(κ)。

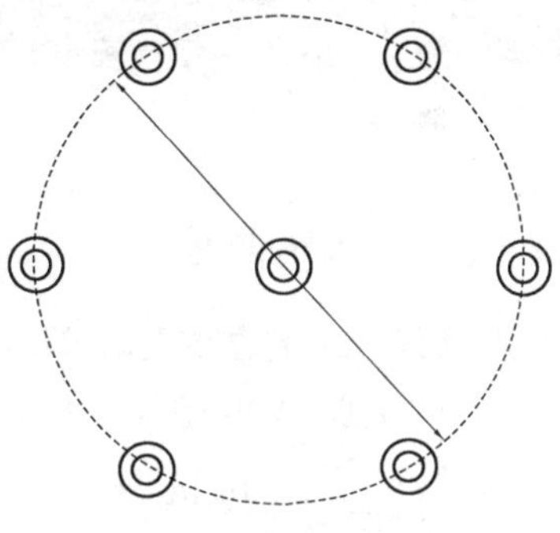

图4.9　测点布置示意图

表4.9　各材料泊松比及修正系数

材　料	砾石土	砂土	粉土	黏土
泊松比μ_s	0.20	0.30	0.35	0.40
修正系数κ	0.66	0.85	0.90	1.00

4.5.3　测试步骤

①将落球仪放至测点区域,调节限位支架以保证球冠底部距测点表面的距离为 0.5 m。若不采用限位支架,则应用直尺量测球冠底部距测点表面的高度,并保证其为 0.5 m。

②手扶把手垂直提升至限定位置,松开把手,让球冠做自由落体,并与测试面碰撞,设备自动采集并输出该测点的压缩或回弹模量。

③有效测点的测试波形应近似为半个正弦波,如果波形噪声太大(如毛刺太多),可在测点铺一层报纸或塑料薄膜,以减少土体材料与球冠的摩擦静电。

④确认测点数据有效后,保存采集数据。每个测点只能测试 1 次,在同一位置不能重复测试。

4.5.4　数据处理

按式(4.18)计算每个测区的模量 $\widetilde{E}$。

$$\widetilde{E} = \frac{N}{\sum_{i=1}^{N} \frac{1}{E_i}} \tag{4.18}$$

式中　$\widetilde{E}$——测区的模量,MPa;

N——测点数;

E_i——各测点的模量,MPa。

4.6　土基与基层材料 *CBR* 值测定

4.6.1　CBR 概述

加州承载比试验法又称 CBR 法,是评定土基强度及路面基层材料强度的一种方法。由于该法简便,试验数据稳定,因而被许多国家和地区采用。承载比的意义是:*CBR* 值 = $\frac{\text{试验荷载单位压力}}{\text{标准荷载单位压力}} \times 100\%$。

标准荷载单位压力是指在标准碎石上当贯入杆(断面直径 50 mm 的金属柱)达到一定贯入量时的荷载单位压力。贯入量为 2.5 mm 的标准压力为 7.0 MPa,贯入量为 5 mm 标准压力为 10.5 MPa。将规定条件下制成的标准试件放到路面材料强度仪或其他荷载装置上,加荷使贯入杆以 1 ~ 1.25 mm/min 的速度压试件,记录不同贯入量时测力计读数。一般采用贯入量为 2.5 mm 时的单位压力与标准压力之比作为材料的承载比(*CBR*)。

$$CBR = \frac{p}{7.0} \times 100\% \tag{4.19}$$

式中　*CBR*——承载比;

p——单位压力,MPa。

同时计算贯入量为 5 mm 时的承载比：

$$CBR=\frac{p}{10.5}\times 100\% \tag{4.20}$$

若贯入量为 5 mm 时的承载比大于 2.5 mm 时的承载比，则试验要重做；如果仍然如此，则应采用 5 mm 时的承载比。

▶　4.6.2　室内 *CBR* 值测定

对于粒径在 25 mm 以内（最大粒径不得超过 38 mm）的各种土质路面基层、底基层材料，在试验室内用规定的试筒制成标准试件，在路面材料强度仪上进行承载比试验，即可测定材料的 *CBR* 值。

1）仪器设备

①圆孔筛。孔径 ϕ38 mm，ϕ25 mm，ϕ20 mm 及 ϕ5 mm 筛各 1 个。

②试筒。内径 ϕ152 mm、高 170 mm 的金属圆筒；套环，高 50 mm，夯击底板，同击实仪。试筒的形式和主要尺寸如图 4.10 所示，也可用击实试验的大击实筒。

③夯锤和导管。夯锤的底面直径 ϕ50 mm，总质量 4.5 kg。夯锤在导管内的总行程为 450 mm，夯锤的形式、尺寸和重型击实试验法所用的相同。

④贯入杆。端面直径 ϕ50 mm、长约 100 mm 的金属杆。

⑤路面材料强度仪或其他荷载装置。重量不小于 50 kN，能调节贯入速度至每分钟贯入 1 mm，可采用测力计式，如图 4.11 所示。

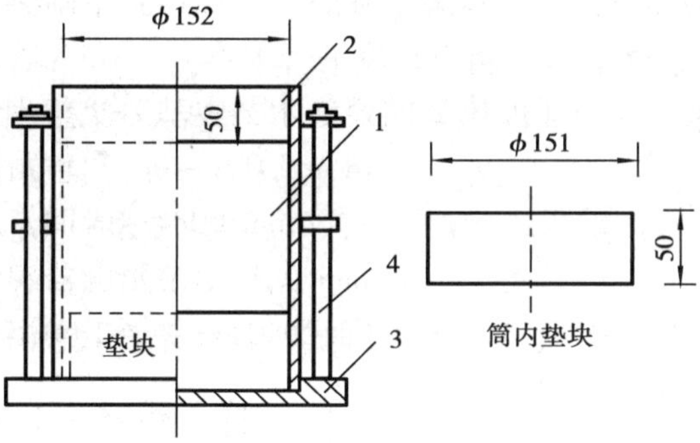

图 4.10　承载比试筒（单位：mm）

1—试筒；2—套环；3—夯击底板；4—拉杆

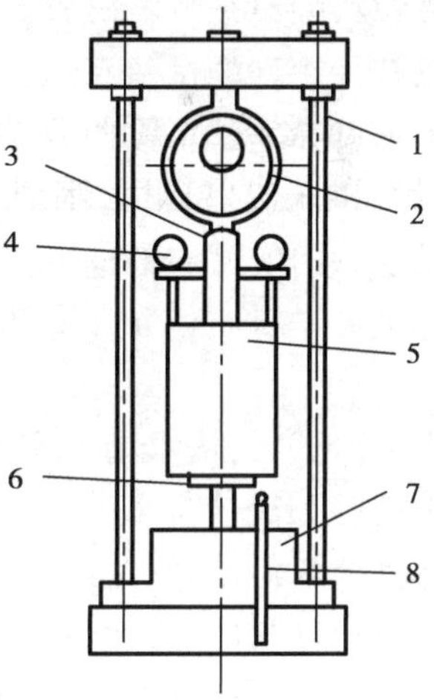

图 4.11　路面材料强度仪

1—框架；2—量力环；3—贯入杆；4—百分表；5—试件；6—升降台；7—蜗轮蜗杆箱；8—摇把

⑥百分表 3 个。

⑦试件顶面上的多孔板。用于测试吸水时的膨胀量，如图 4.12 所示。

⑧多孔底板（试件放上后浸泡水中）。

⑨测膨胀量时支撑百分表的架子。

⑩荷载板。直径 ϕ150 mm，中心孔眼直径 ϕ52 mm，每块质量 1. 25 kg，共 4 块，并沿直径分为两个半圆块，如图 4. 13 所示。

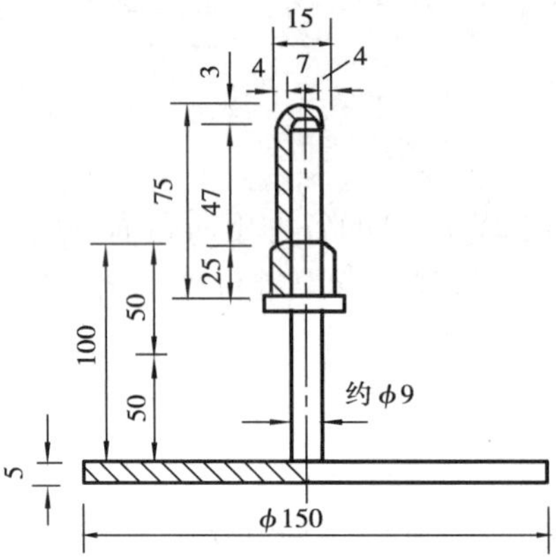

图 4. 12　带调节杆的多孔板（单位：mm）

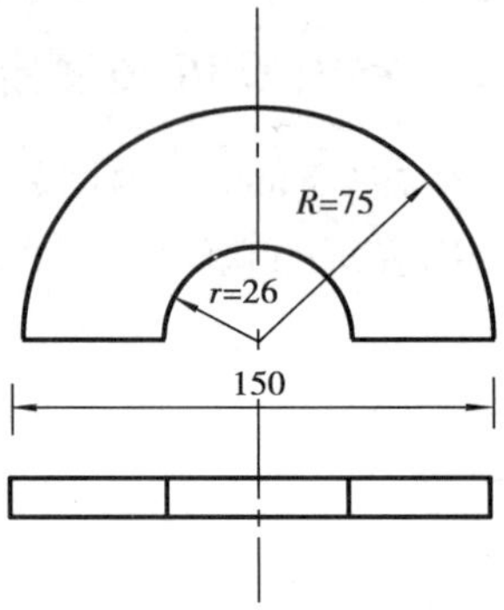

图 4. 13　荷载板（单位：mm）

⑪水槽。浸泡试件用，槽内水面应高出试件顶面 25 mm。

⑫其他。台秤，感量为试件用量的 0. 1%；拌和盘、直尺、滤纸、脱模器等与击实试验相同。

2）准备工作

①将具有代表性的风干试料（必要时可在 50 ℃烘箱内烘干）用木碾捣碎，但应尽量注意不使土或粒料的单个颗粒破碎。土团均应捣碎到通过 5 mm 的筛孔。

采取有代表性的试料 50 kg，用 38 mm 筛筛除大于 38 mm 的颗粒，并记录超尺寸颗粒的百分数。将已过筛的试料按四分法取出约 25 kg，再用四分法将取出的试料分成 4 份，每份质量为 6 kg，供击实试验和制试件之用。

在预定做击实试验的前一天，取有代表性的试料测定其风干含水率。

②称试筒本身质量 m_1，将其固定在底板上，将垫块放入筒内，并在垫块上放一张滤纸，安上套环。

③将 1 份试料，按重型击实试验法进行击实试验（规定分 3 层，每层击数 98 次），求试料的最大干密度和最佳含水率。

④将其余 3 份试料，按最佳含水率制备 3 个试件。将 1 份试料平铺于金属盘内，按事先计算得的该份试料应加的水量均匀地喷洒在试料上。

用小铲将试料充分拌和到均匀状态，然后装入密闭容器或塑料口袋内浸润备用。浸润时间：重黏土不得少于 24 h，轻黏土可缩短到 12 h，砂土可缩短到 1 h，天然砂砾可缩短到 2 h。

制每个试件时，都要取样测定试料的含水率。

需要时，可制备 3 种干密度试件。如每种干密度试件制备 3 个，则共制 9 个试件。每层击实数分别为 30，50 和 98 次，使试件的干密度从低于 95% 到等于 100% 的最大干密度不等。这样，9 个试件共需试料约 55 kg。

⑤将试筒放在坚硬的地面，取备好的试样分 3 ~ 5 次倒入筒内（视最大粒径而定）。用五层法时，每层需试样 900（细粒土）~1 100 g（粗粒土）；用三层法时，每层需试样 1 700 g 左右

(其量应使击实后的试样高出1/3筒高的1～2 mm)。整平表面,并稍加压紧,然后按规定的击数进行第一层击实。击实时,锤应自由落下,锤迹必须均匀分布于试样面上。第一层击实完后,将试样层面"拉毛",然后再装入套筒,重复上述方法进行其余每层试样的击实。大试筒击实后,试样不宜高出筒高10 mm。

⑥卸下套环,用直刮刀沿试筒顶修平击实的试件,表面不平整处用细料修补。取出垫块,称试筒和试件的质量 m_2。

⑦泡水测膨胀量的步骤如下:

a.在试件制成后,取下试件顶面的残破滤纸,放一张好滤纸,并在上安装附有调节杆的多孔板,在多孔板上加4块荷载板。

b.将试筒与多孔板一起放入槽内(先不放水),并用拉杆将模具拉紧,安装百分表,并读取初读数。

c.向水槽内放水,使水自由进到试件的顶部和底部。在泡水期间,槽内水面应保持在试件顶面以上大约25 mm。通常试件要泡水4昼夜。

d.泡水终了时,读取试件上百分表的终读数,并用下式计算膨胀量:

$$\text{膨胀量}=\frac{\text{泡水后试件高度变化}}{\text{原试件高}(=200\ \text{mm})}\times 100 \tag{4.21}$$

从水槽中取出试件,倒出试件顶面的水,静置15 min,让其排水,然后卸去附加荷载和多孔板、底板和滤纸,并称量 m_3,以计算试件的湿度和密度的变化。

3)贯入试验

①将泡水试验终了的试件放在路面材料强度试验仪的升降台上,调整偏球座,使贯入杆与试件顶面全面接触,在贯入杆周围放置4块卸荷板。

②先在贯入杆上施加45 N荷载,然后将测力和测变形的百分表的指针都调整至零点。

③加荷将贯入杆以1～2.5 mm/min的速度压入试件,记录测力计内百分表某些整读数(如20,40,60)时的贯入量,并注意使贯入量为 250×10^{-2} mm时能有5个以上的读数。因此,测力计内的每一个读数应使贯入量为 30×10^{-2} mm左右。

4)结束整理

贯入试验记录格式如表4.10所示,以单位压力 p 为横坐标,贯入量 l 为纵坐标,绘制 p-l 关系曲线,如图4.14所示。图中曲线1是合适的;曲线2开始段是凹曲线,需要进行修正。修正时,在变曲率点引一切线,与纵坐标交于 O' 点,O' 点即为修正后的原点。

表4.10 承载比贯入试验记录

试样种类__________ 最大干密度__________ 最佳含水率__________ 每层击数__________

试 验 者__________ 计 算 者__________ 校 核 者__________ 检验日期__________

测力计百分表读数 R	单位压力 p/MPa	贯入量百分表读数/(0.01 mm)	贯入量 l/mm
量力环校正系数 C=		贯入杆面积 A=19.625 cm²	

从图 4.14 上查得贯入量分别为 2.5 mm 和 5.0 mm时对应的单位压力,按式(4.19)和式(4.20)计算 *CBR* 值。

精度要求:若根据 3 个平行试验结果计算得出的承载比变异系数 C_v 大于 12%,则去掉一个偏离大的值,取其余 2 个结果的平均值;若 C_v 不大于 12%,且 3 个平行试验结果计算的干密度偏差小于 0.03 g/cm³,则取 3 个结果的平均值;若 3 个试验结果计算的干密度偏差超过 0.03 g/cm³,则去掉一个偏离大的值,取其余 2 个结果的平均值。

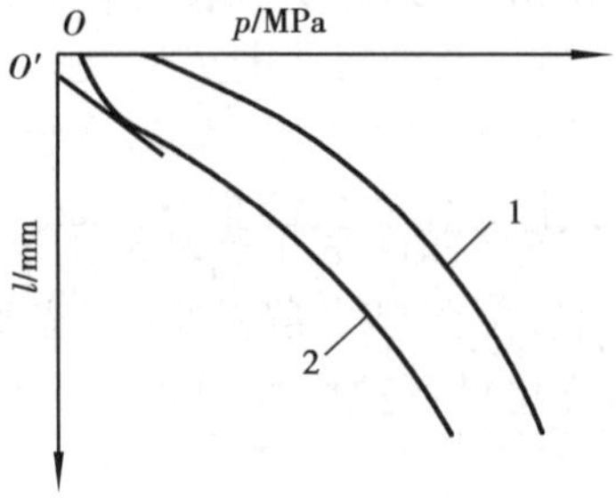

图 4.14 单位压力 *p* 与贯入量 *l* 的关系曲线

4.6.3 土基现场 *CBR* 值测定

对试样中集料最大粒径的要求与室内 *CBR* 值测定的要求相同。

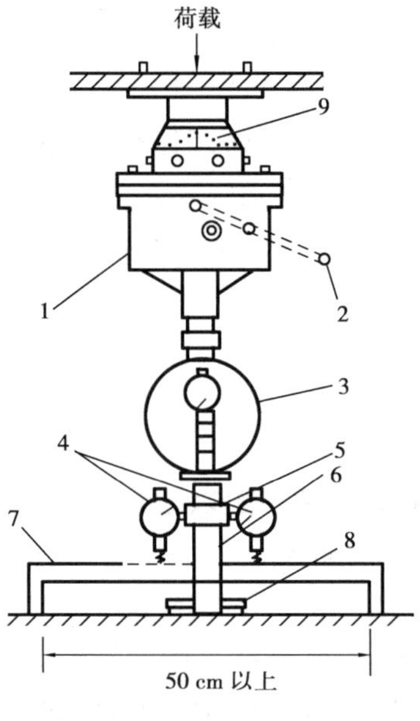

图 4.15 CBR 现场测试装置

1—加载千斤顶;2—手柄;3—测力计;4—贯入量测定装置(百分表);5—百分表夹持具;6—贯入杆;7—平台;8—承载板;9—环座

1)仪器设备

①反力装置:载重汽车后轴重不小于 60 kN,在汽车大梁的后轴之后设有一加劲横梁作反力架用。

②荷载装置:由千斤顶、测力计(测力环或压力表)及球座组成,如图 4.15 所示。千斤顶可使贯入杆的贯入速度调节为 1 mm/min。测力计的量程不小于土基强度,测试精度不小于测力计量程的 1%。

③贯入杆:直径 ϕ50 mm,长约 200 mm 的金属圆柱体。

④承载板:直径 ϕ150 mm,中心孔眼直径 ϕ52 mm,每块 1.25 kg,共 4 块,并沿直径分为两个半圆块。

⑤贯入量测定装置:由图 4.15 中所示的刚性平台及百分表组成,百分表量程为 20 mm,精度为 0.01 mm,数量 2 个,对称固定于贯入杆上,端部与刚性平台接触,平台跨度不小于 500 mm。此设备也可用两台贝克曼梁弯沉仪代替。

⑥细砂:洁净干燥的细砂,粒径为 0.3 ~0.6 mm。

⑦其他:铁铲、盘、直尺、毛刷、天平等。

2)准备工作

①在试验地点直径约 ϕ30 cm 范围的表面找平,用毛刷刷净浮土。如表面为粗粒土时,应撒布少许洁净的干砂填平,但不能覆盖全部土基,避免形成夹层。

②装置测试设备,按图 4.15 安装贯入杆及千斤顶,千斤顶顶在汽车后轴上且调节至高度适中。贯入杆应与土基表面紧密接触。

③安装贯入量测定装置,将支架平台、百分表(或两台贝克曼梁弯沉仪)按图4.15安装好。

3)测试步骤

①在贯入杆位置安放4块1.25 kg的分开成半圆的承载板(共5 kg)。

②调节测力计及贯入量百分表,调零,记录初始读数。

③起动千斤顶,使贯入杆以1 mm/min的速度压入土基。当相当于贯入量为0.5,1.0,1.5,2.0,2.5,3.0,4.0,5.0,7.5,10.0,12.5 mm时,分别读取测力计读数。根据情况,也可在贯入量达7.5 mm时结束试验。

用千斤顶连续加载,两个贯入量百分表及测力计均应在同一时刻读数。当两个百分表读数不超过平均值的30%时,以平均值作为贯入量;当两个表的读数差值超过平均值的30%时,应停止试验。

④卸除荷载,移去测定位置。

⑤在试验点下取样,测定材料的含水率。取样数量如下:

a.最大粒径不大于4.75 mm,试样数量约120 g。

b.最大粒径不大于19.0 mm,试样数量约250 g。

c.最大粒径不大于31.5 mm,试样数量约500 g。

⑥在紧靠试验点旁边的适当位置,用灌砂法或环刀法等测定土基的密度。

绘制贯入量与单位压力关系曲线,*CBR*值的确定方法与室内法基本相同。

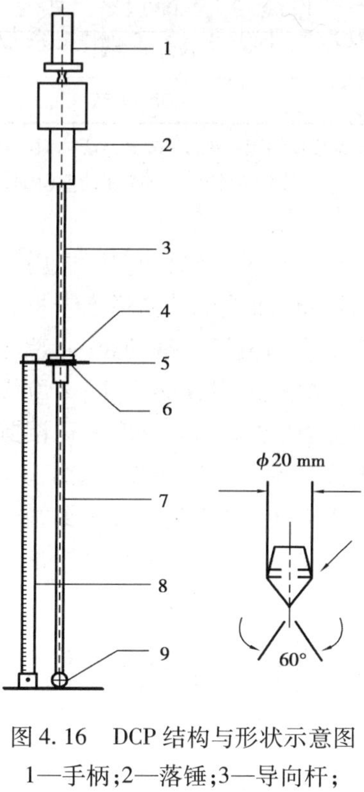

图4.16 DCP结构与形状示意图

1—手柄;2—落锤;3—导向杆;4—联轴器(锤座);5—扶手;6—夹紧环;7—探杆;8—1 m刻度尺;9—锥头

▶ 4.6.4 动力锥贯入仪测试路基路面*CBR*值

动力锥贯入仪(DCP)可用于现场快速测试无结合料材料路基、路面的*CBR*值,用于评估路基路面的整体强度。

1)测试仪器

①DCP:结构与形状如图4.16所示,包括手柄、落锤、导向杆、联轴器(锤座)、扶手、夹紧环、探杆、1 m刻度尺、锥头。

标准落锤重量为10 kg,落锤材料应采用45号碳素钢或优于45号碳素钢的钢材,表面淬火后硬度*HRC*为45~50,探杆和接头材料应采用耐疲劳强度的钢材。锥头锥尖角度为60°,最大直径为20 mm,允许磨损尺寸为2 mm。锥头尖端最大允许磨损尺寸为4 mm,否则必须更换。

②贯入杆:端面直径ϕ50 mm、长约100 mm的金属杆。

③其他:扳手、铁铲等。

2)准备工作

①放入落锤,将仪器的导向杆与探杆在联轴器处紧固连接,保证不会松动。

②将 DCP 竖直立于硬地(如混凝土)上,然后记录零读数。

③根据需要选择有代表性的测点,测点应位于平整的路基、路面基层、面层上。

3)测试步骤

①将 DCP 放至测点位置。一人手扶仪器手柄,使探杆保持竖直。一人提起落锤至导向杆顶端,然后松开,使之呈自由落体下落。如果试验中探杆稍有倾斜,不可扶正;如果倾斜较大,造成落锤不是自由落体,则该点试验应废弃。

②读取贯入深度。每贯入约 10 mm 读一次数,记录锤击数和贯入量(mm)。对于粒料基层,可每 5 次或 10 次锤击读数一次;对于比较软弱的结构层,可每 1 ~2 次锤击读数一次。

③连续锤击、测量,直到需要的结构层深度。当材料层坚硬,贯入量低到连续锤击 10 次而无变化时,可以停止试验或钻孔透过后继续试验。

④将落锤移走,从探坑中取出 DCP 仪器。

4)数据处理

DCP 的测试结果可用以锤击次数为横坐标、贯入深度为纵坐标的贯入曲线表示。通过利用当地材料进行相关性试验,建立现场 *CBR* 值与用 DCP 测试的贯入度 D_d 或动贯入阻力 Q_d 之间的相关性关系式,由此得出 *CBR* 值。相关性试验中,测点数宜不少于 15 个,相关系数 R 应不小于 0.95。

①计算平均每次的贯入量即贯入度 D_d,再计算 *CBR* 值。

$$D_d = \frac{D}{n} \tag{4.22}$$

式中 D_d——平均贯入度,mm;

D——贯入量,mm;

n——锤击次数。

$$\lg(CBR) = a + b \cdot \lg(D_d) \tag{4.23}$$

式中 CBR——结构层材料的现场 *CBR* 值;

a,b——换算系数。

②计算动贯入阻力 Q_d,再计算 *CBR* 值。

$$Q_d = \frac{M}{M+m} \cdot \frac{MgH}{AD_d} \tag{4.24}$$

式中 Q_d——动贯入阻力,kPa

M——落锤质量,kg;

m——贯入器即被打入部分(包括锥头、探杆、锤座和导向杆等)的质量,kg;

g——重力加速度,$g = 9.8\ \text{m/s}^2$;

H——落距,m;

A——探头截面积,cm^2。

$$\lg(CBR) = a + b \cdot \lg(Q_d) \tag{4.25}$$

式中　CBR——结构层材料的现场 CBR 值；

a,b——换算系数。

思考练习题

4.1　土基的强度用什么指标来描述？我国规范用什么值来表示土基的强度？

4.2　试论述承载板测定土基回弹模量的主要过程。

4.3　什么是加州承载比试验方法？CBR 值的意义是什么？

4.4　动力锥贯入仪测试路基路面 CBR 值的原理是什么？主要测定步骤包括哪些？

4.5　简要论述沥青路面弯沉评定方法。

4.6　用承载板测定土基回弹模量，检测结果如表 4.11 所示，试计算该测点的土基回弹模量。

表 4.11　检测结果

p_i/MPa	0.02	0.04	0.06	0.08	0.10	0.14	0.18	0.22
加载读数/(0.01 mm)	12.3	21.1	39.4	50.6	58.7	77.5	97.3	127.0
卸载读数/(0.01 mm)	10.2	12.0	23.1	28.3	32.4	41.2	51.5	61.8

4.7　某新建二级公路设计弯沉值 $l_d = 33$(0.01 mm)，其中一评定段(沥青混凝土面层)弯沉测试结果如下：17，11，10，14，13，10，16，19，12，14，17，20(0.01 mm)。试评定该路段弯沉检测结果，并计算实际得分。(规定分值为 20 分，保证率为 93.32%)

4.8　用贝克曼梁法测定某路段路基路面的综合回弹模量，经整理各测点弯沉值如下：38，45，32，42，36，37，40，44，52，46，42，45，37，41，44(0.01 mm)。其中，测试车后轴重 100 kN(轮胎气压为 0.7 MPa，当量圆半径为 10.65 cm)。请计算该路段的综合回弹模量。

4.9　某检测组对某一已完工的路基进行弯沉测试，共测得 27 个弯沉值，其数据如下：60，52，104，110，90，156，224，70，140，130，70，100，210，104，170，80，86，74，54，60，104，70，218，100，110，50，40(0.01 mm)。请计算该路段的弯沉代表值。(采用 2S 法，取 $Z = 2.0$)

4.10　某路段垫层施工质量检查中，用标准轴载测得 15 个点的弯沉值分别为 100，101，110，108，98，96，95，102，110，95，98，93，96，103，104(0.01 mm)。试计算该结构层弯沉值的算术平均值、中位数、极差、标准偏差和变异系数以及弯沉的代表值。

5

道路功能检测Ⅰ:平整度

5.1 路面平整度检测

路面平整度是影响行车安全、行车舒适性及运输效益的重要指标。不平整的道路表面会使行驶的车辆产生附加的振动,这种振动会造成行车颠簸,影响行驶的安全性和舒适性。同时,振动作用对路面施加冲击力,从而加速路面损坏和车辆轮胎的磨损,增加耗油量,增加车辆的运行费用。不同等级的公路,对行驶速度和舒适性的要求不同,从而对路面平整度的要求也不同。高速公路对路面平整度的要求更高。路面平整度是评价路面使用品质和施工质量优劣的重要指标。

路面平整度是路面表面相对于理想平面的竖向偏差,以 mm 或 m/km 计。它是一个整体性指标,又是衡量工程质量及现有路面破坏程度的一个重要指标。它不仅影响汽车行驶条件、汽车的动力作用、行驶速度、轮胎消耗、燃料和润滑油的消耗及运输成本,而且还影响着路面的使用年限。因此,必须对路面平整度给予高度重视。

路面不平整性有纵向和横向两类,主要是由于施工原因而引起的,其次是由于结构层的承载能力不足所致,特别是沥青面层中使用的混合料抗变形能力低而导致路面的塑性变形。纵向和横向的不平整都影响交通安全、车速及行驶的舒适性。

平整度测量的用途有 4 个:

①确定路面是否具有适应汽车行驶的平整性;

②作为一个相关因素,用以判别路面结构的一层或几层的破坏;

③检查和控制路面施工质量,用于竣工验收;

④根据测定的路面平整度确定养护计划。

路面平整度的主要表示方法有:单位长度上的最大间隙;单位长度的间隙积累值;单位长度内的间隙超过某定值的个数;路面不平整的斜率;路面的纵断面;振动和加速度(将行车舒适感作为评价指标)。

路面平整度的仪器测定主要有两大分类:第一类为纵断面测定(直接式检测类),即测出路面纵断面剖面曲线,然后对测出的纵断面曲线进行数学分析得出平整度指标;第二类为车辆对路面的反应测定(响应式检测类),即测出车辆对路面纵断面变化的力学响应,然后对测出的力学响应进行数学分析得出平整度指标,其路面平整度指标的换算主要通过对标准仪器测得的结果进行标定而得到。通常,第一类和第二类检测方法均可用于路面施工质量的验收与评价及路面使用性能评价。第二类检测仪器一般需要借助第一类检测仪器进行指标标定。直接式和响应式路面平整度仪是路面施工、验收、养护、评价和管理部门必备的仪器。3 m 直尺测量的最大间隙、平整度仪测定结果的标准差是我国路基、路面平整度检测的常用指标。《公路工程质量检验评定标准　第一册　土建工程》(JTG F80/1—2017)中对路基、各类面层、基层、底基层的平整度要求如表 5.1 所示。

表 5.1　路基、面层、基层、底基层的平整度要求

结构类型	规定值或允许偏差				检查方法与频率
	3 m 直尺:最大间隙/mm		平整度仪:标准偏差/mm		
	高速、一级公路	其他公路	高速、一级公路	其他公路	
土方路基	15	20	—	—	每 200 m 测 2 处×5 尺
石方路基	20	30	—	—	
水泥混凝土面层	3.0	5.0	1.32(2.2)	2.0(3.3)	3 m 直尺每 200 m 测 2 处×5 尺(水泥混凝土面层为半幅车道板带);平整度仪:全线每车道连续按每 100 m 计算 δ 或 *IRI*
沥青混凝土面层	—	5.0	1.2(2.0)	2.5(4.2)	
沥青碎石面层	—	5.0	1.2(2.0)	2.5(4.2)	
沥青贯入式路面	—	8.0	—	3.5(5.8)	
沥青表面处治路面	—	10.0	—	4.5(7.5)	
水泥稳定粒料基层	8.0	12.0	—	—	
石灰土基层	—	12	—	—	
石灰、粉煤灰稳定粒料基层	—	12	—	—	
级配矿石基层	8.0	12.0	—	—	
填隙碎石基层	—	12.0	—	—	

注:括号中的数值为国际平整度指数 *IRI*(m/km)。

5.2 3 m直尺与连续式平整度仪测定平整度

▶ 5.2.1 3 m直尺测定平整度的方法

3 m直尺是测定路面平整度的最简单的仪器,可用来测定纵向、横向的不平整度,因而得到了广泛的应用。其原理是将直尺置于行车道的两点上,测定路面与直尺之间的最大坑洼深度,即直尺底面与面层之间的间隙距离。这种方法适用于测定压实成型的路面各层表面的平整度,以评定路面的施工质量及使用质量,也可用于路基表面成型后的施工平整度检测。

1)仪器与设备

①3 m直尺:测量基准面长度为3 m,基准面应平直,用硬木或铝合金钢等材料制成。

②最大间隙测量器具:

a.楔形塞尺:硬木或金属制的三角形塞尺,有手柄。塞尺的长度与高度之比不小于10,宽度不大于15 mm,旁边有高度标记,分度值不大于0.5 mm。

b.深度尺:金属制的深度测量尺,有手柄。深度尺测量杆端头直径不小于10 mm,分度值不大于0.5 mm。

③其他:皮尺或钢尺等。

2)准备工作

①确定测试方式。当测试沥青路面施工过程中的质量时,应以单尺方式测试,且测试位置应选在接缝处;其他情况一般以连续10尺方式测试。

②选择测试位置。除特殊需要外,应以行车道一侧车轮轮迹(距车道线0.8~1.0 m)作为连续测试的位置。对既有道路已形成车辙的路面,应取车辙中间位置为测试位置。

③清扫路面测试位置处的碎石、杂物等。

3)测试步骤

①在施工过程中检测时,按确定的方向,将3 m直尺摆在测试地点的路面上。

②目测3 m直线底面与路面之间的间隙情况,确定间隙为最大的位置。

③将具有高度标线的塞尺塞进间隙处,测试其最大间隙的高度,或者用深度尺在最大间隙位置测试直尺上顶面距地面的深度。该深度减去尺高即为测试点的最大间隙的高度,以mm计,精确至0.5 mm。

④施工结束后检测时,按现行《公路工程质量检验评定标准　第一册　土建工程》(JTG F80/1—2017)的规定,每一处连续检测10尺,按①—③的步骤测记10个最大间隙。

4)计算

单杆检测路面平整度的计算,以3 m直尺与路面的最大间隙为测定结果。连续测定10尺时,判断每个测定值是否合格,根据要求计算合格率,并计算10个最大间隙的平均值。

▶　5.2.2　连续式平整度仪测定平整度方法

连续式平整度仪主要优点是可沿路面连续测量。它一般采用计算机处理技术,可自动计算,自动打印,自动显示路面平整度的均方差、正负超差等各项技术指标,并绘出路面平整度偏差曲线。

本方法适用于测定路表面的平整度,以评定路面的施工质量和使用质量,但不适用于在已有较多坑槽、破坏严重的路面上测定。

1)仪器设备

①连续式平整度仪。

a.整体结构:连续式平整度仪构造如图5.1所示,除特殊情况外,连续式平整度仪的标准长度为3 m;中间为一个3 m长的机架,机架可缩短或折叠,前后各4个行走轮,前后两组轮的轴间距离为3 m。

b.地面高差测量传感器:安装在机架中间,可以是能起落的测定轮或激光测距仪。

c.其他辅助机构:连续式平整度仪的辅助机构有蓄电池电源、距离传感器,以及与数据采集、处理、存储、输出部分配套的采集控制箱及计算机打印机等。

d.测试间距为100 mm,每一计算区间的长度为100 m,并输出一次结果。

e.可记录测试长度(m)、曲线振幅大于某一定值(如3,5,8,10 mm等)的次数、曲线振幅的单向(凸起或凹下)累计值及以3 m机架为基准的中点路面偏差曲线图,计算打印。

f.机架装有一牵引钩及手拉柄,可用人力或汽车牵引。

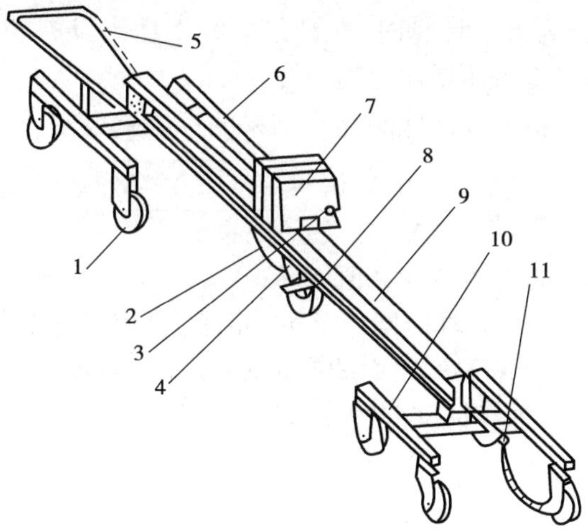

图5.1　连续式平整度仪

1—脚轮;2—拉簧;3—离合器;4—测量架;5—牵引架;
6—前架;7—记录计;8—测定轮;9—纵梁;10—后架;11—软轴

②牵引车:小面包车或其他小型牵引汽车。

③其他:皮尺和测绳。

2)准备工作

①选择测试路段。

②当为施工过程中质量检测需要时,测试地点根据需要选定;当为路面工程质量检查验收或进行路况评定需要时,通常以行车道一侧车轮迹带作为连续测定的标准位置。对旧路已形成车辙的路面,取一侧车辙中间位置为测定位置。

③清扫路面测定位置的脏物。

④检查仪器检测箱各部分是否完好、灵敏,并将各连续线连接好,安装记录设备。

3)试验步骤

①将连续式平整度仪置于测试路段路面起点上,保证测定轮位置在轮迹带范围内。

②在牵引汽车的后部,将连续式平整度仪与牵引汽车连接好,按照要求依次完成各项操作。

③启动牵引汽车,沿道路纵向行驶,横向位置保持稳定。

④确认连续式平整度仪工作正常。牵引连续式平整度仪的速度应保持匀速且沿车道方向行驶,速度宜为 5 km/h,最大不得超过 12 km/h。在测试路段较短时,也可用人力拖拉平连续式整度仪测试路面的平整度,但拖拉时应保持匀速前进。

4)计算

连续式平整度仪测定后,可按每 10 cm 间距采集的位移值自动计算 100 m 计算区间的平整度标准差(单位为 mm),还可记录测试长度(单位为 m)、曲线振幅大于某一定值(如 3,5,8,10 mm 等)的次数、曲线振幅的单向(凸起和凹下)累计值以及以 3 m 机架为基准的中点路面偏差曲线图,计算打印。当为人工计算时,在记录曲线上任意设一基准线,每隔一定距离(宜为 1.5 m)读取曲线偏离基准线的偏离位移值 d_i。

每一路面区间的路面平整度以该区间测定结果的标准差表示,按下式计算:

$$\sigma_i = \sqrt{\frac{\sum d_i^2 - (\sum d_i)^2/N}{N-1}} \tag{5.1}$$

式中 σ_i——各计算区间的平整度计算值,mm;

d_i——以 100 m 为一个计算区间,每隔一定距离(自动采集区间为 10 cm,人工采集区间为 1.5 m)采集的路面凹凸偏差位移值,mm;

n——计算区间用于计算标准差的测试数据个数。

▶ 5.2.3 平整度评定

表 5.1 规定的检查频率为双车道公路每一检查段内的最低检查频率,多车道公路必须按车道数与双车道之比,相应增加检查数量。

在路基完成后对路基顶面检查测定路基的平整度(包括弯沉、纵断高程、中线偏位、宽度、横坡、边坡),以采用 3 m 直尺测定的最大间隙作为指标,按合格率计分。

当用 3 m 直尺测定平整度时,单杆检测的结果应随时记录测试的位置及检测结果。连续测定 10 尺时,应报告平均值、不合格尺数、合格率。当用连续式平整度仪测定平整度时,应列表报告每一个评定路段内各测定区间的平整度标准差,各评定路段平整度的平均值、标准差、变异系数以及不合格区间数。

平整度检测报告格式如表 5.2 及表 5.3 所示。

表 5.2　平整度检测报告(3 m 直尺法)

工程名称__________　结构名称__________　规 定 值__________　路段桩号__________

检 验 者__________　计 算 者__________　校 核 者__________　检验日期__________

测定区间桩号	测尺序号或桩号	最大间隙/mm	合格尺数	合格率/%	平均值/mm

表 5.3　平整度检测报告(连续平整度仪法)

工程名称__________　结构名称__________　规定值__________　路段桩号__________

检 验 者__________　计 算 者__________　校核者__________　检验日期__________

测定区间桩号	序号	标准差/mm	平均值/mm	标准差/mm	变异系数	合格区间数	合格率/%

5.3　车载式颠簸累积仪测定平整度

车载式颠簸累积仪测定路面平整度的方法,是用车载式颠簸累积仪测量车辆在路面上通行时后轴与车厢之间的单向位移累积值 *VBI*,以此表示路面的平整度,以 cm/km 计算。

本方法适用于测定路面表面的平整度,评定路面的施工质量和使用期间的舒适性,不适于在已有较多坑槽、破损严重的路面上测定。

▶ 5.3.1 仪器与设备

车载式颠簸累积仪测试系统由承载车、距离测量装置、颠簸累积值测试装置和主控制系统组成。仪器的主要技术性能指标如下：

①测试速度可在 30 ~ 80 km/h 内选定。

②垂直位移分辨率为 1 mm。

③最大测试幅值 ±20 cm。

④距离标定误差 <0.5%。

▶ 5.3.2 准备工作

①承载车出现以下情况之一时，均应进行仪器测值与国际平整度指数 *IRI* 的相关性试验：在正常状态下行驶超过 2 000 km；相关性试验的时间间隔超过 1 年；减震器、轮胎等发生更换、维修。

②检查测试车轮胎气压，应达到车辆轮胎规定的标准气压，车胎应清洁，不得黏附杂物，承载车载重及分布应与仪器相关性标定试验时一致。

③现场安装距离测量系统，应确保紧固装置安装牢固，螺丝无松动。

④检查测试系统各部分应符合测试要求，不应有明显的可视性破损。

⑤打开系统电源，启动控制程序，检查系统各部分的工作状态。

▶ 5.3.3 测试步骤

①测试开始之前，应让测试车以测试速度行驶 5 ~ 10 km，按照规定的预热时间对测试系统预热。

②测试车停在测试起点前 300 ~ 500 m 处，启动平整度测试系统程序，按照测试路段的现场技术要求设置完毕所需的测试状态。

③驾驶员在进入测试路段前应保持标定时的车速，沿正常行车轨迹驶入测试路段。

④进入测试路段后，测试人员启动系统的采集和记录程序。在测试过程中必须及时准确地将测试路段的起终点和其他需要特殊标记点的位置输入测试数据记录中。

⑤当测试车辆驶出测试路段后，测试人员停止数据采集和记录，并恢复仪器各部分至初始状态。

⑥测试人员检查数据文件应完整，内容应正常，否则需要重新测试。

⑦关闭测试系统电源，结束测试。

▶ 5.3.4 数据处理

根据车载式颠簸累积仪测试的颠簸累积值 *VBI*，进行相关性试验得到换算公式，并以 100 m为计算区间换算成国际平整度指数（*IRI*），以 m/km 计，保留 2 位小数。

车载式颠簸累积仪测值与国际平整度指数 *IRI* 的相关性试验过程如下：

1）*IRI* 值的确定

①以精密水准仪作为标准仪具，分别测量标定路段两个轮迹的纵断面高程，要求采样间

隔为250 mm,高程测试精度为0.5 mm。然后用*IRI*标准计算程序对每个轮迹的纵断面测试值进行模型计算,得到该轮迹的*IRI*值,两个轮迹*IRI*值的平均值即为该路段的*IRI*值。

②其他符合世界银行一类平整度测试标准的纵断面测试仪具也可以作为确定标定路段标准*IRI*值的仪具。

2)标定路段要求

①按照*IRI*值每段间距大于1.0选择不少于4段不同平整度水平的路段,且有足够加速或减速长度的路段。根据实际测试道路*IRI*的分布情况,可以增加某些范围内的标定路段。

②每路段长度不小于300 m。

③每一段内的平整度应均匀,包括路段前50 m的引道。

④选择坡度变化较小的直线路段,路段交通量小,便于疏导。

⑤标定宜选择在车道的正常行驶轮迹上进行,明确标出标定路段的轮迹、起终点。

3)标定过程

①选择坡度变化较小的平坦直线路段,长度不小于500 m,标出起终点和行驶轨迹。

②标定开始之前应让测试车以测试速度行驶5~10 km,按照规定的预热时间对测试系统进行预热。

③将测试车的前轮对准起点线,启动距离校准程序,然后令车辆沿着路段轨迹直线行驶,避免突然加速或减速,接近终点时,减速停车,确保测试车的前轮对准终点线,结束距离校准程序。重复此过程,确保距离传感器脉冲当量的准确性,应在允许误差范围之内。

④令车载式颠簸累积仪按选定的测试速度测试每个标定路段的反应值,重复测试至少5次,取其平均值作为该路段的反应值。

⑤将各个路段的国际平整度指数*IRI*与颠簸累积值VBI_V绘制出曲线,并进行回归分析,建立式所示的相关关系,相关系数R应不小于0.99。

$$IRI = a + b - VBI_V \tag{5.2}$$

式中 *IRI*———国际平整度指数,m/km;

VBI_V———测试速度为V(km/h)时用颠簸累积仪测得的累积值*VBI*,cm/km;

a,b———回归系数。

由于车载式颠簸累积仪测值受测试速度等因素影响,因此测试系统的每一种实际采用的测试速度均应单独进行试验,建立相关性关系式。试验过程及分析结果应详细记录并存档。

5.4 手推式断面仪测定平整度

手推式断面仪是用于连续采集和测量路面信息(包括距离、断面坡度和国际平整度指数*IRI*)的一种高精度仪器,符合ASTM E950一级产品要求,属于世界银行标准一级断面设备。手推式断面仪可用于道路或机场跑道路面施工质量验收,还可为响应式平整度检测仪及其他类平整度检测仪提供标定参照。但该方法仅适用于无积水、无积雪、无泥浆的正常通车条件下路面的平整度测试。

手推式断面仪体型小，携带方便，操作简单，在科研和工程应用领域具有一定使用需求，但测试时，仪器的放置时间、行驶距离以及温度、湿度等都会影响其测试结果，因此该仪器使用前需要进行系统标定，并在测试过程中关注影响因素的变化情况。

▶ 5.4.1 测试仪器

①手推式断面仪：主要由传感器、数据采集与处理系统、测定梁、距离测定轮、测脚、车架系统等基本部分组成，如图5.2所示，技术要求如表5.4所示。

②其他：皮尺或钢卷尺、粉笔、扫帚等。

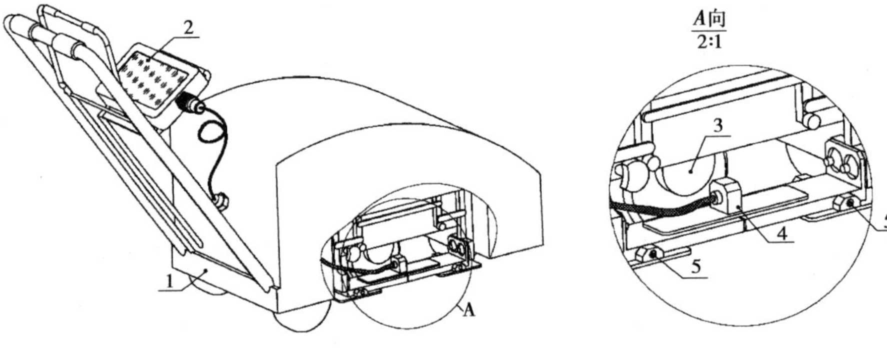

图5.2　手推式断面仪示意图

1—车架系统；2—数据采集与处理系统；3—距离测定轮；4—传感器；5—测脚；A—测定梁放大图

表5.4　手推式断面仪技术要求

最大测试速度	0.80 km/h
采样间隔	≤25.4 mm
距离标定误差	≤0.1%
高度测量精度	±0.1 mm
断面精度	±0.381 mm
最大测量纵向坡度	9.5°

▶ 5.4.2 准备工作

①清扫待测路面，检查机械部件有无松动或损坏，检查测脚有无损坏、黏附物等。

②将各种数据线连接后，打开电源，按要求进行预热。

③检查电池蓄电情况，确保测试期间电量充足。

④使用前应按要求完成系统标定，且宜选择温度变化幅度较小的时段进行测试。

▶ 5.4.3 测试步骤

①在待测路面上沿行车迹线附近标记起始点的位置。

②将设备停放在测量路段起点,启动程序设置所需的测试状态,开始采集数据。

③测试人员将手推式断面仪按规定速度沿直线向前匀速推行,并保证两测脚落脚点都在测线上,不要在手柄上施加垂直力。中途如需临时停止,需将测定梁提起到达最高点后锁定测定轮。到达测试终点时,在测定梁处于提起状态时,锁住测定轮。

④保存数据,关闭电源。

▶ 5.4.4 数据处理

根据路面纵断面相对高程数据,以 100 m 为计算区间长度,用 *IRI* 的标准计算程序计算国际平整度指数(*IRI*)值,以 m/km 计,保留 2 位小数。

5.5 车载式激光平整度仪测定平整度

本方法适用于各类车载式激光平整度仪在新建、改建路面工程质量验收和无严重坑槽、车辙等病害及无积水、积雪、泥浆的正常通车条件下连续采集路段国际平整度指数(*IRI*),以表征路面平整度。数据采集、传输、记录和处理分别由专用软件自动控制进行。

▶ 5.5.1 仪器设备

车载式激光平整度仪(以下简称"激光平整度仪")由承载车、距离传感器、纵断面高程传感器和主控制系统组成。主控制系统对测试装置的操作实施控制,完成数据采集、传输、存储与计算过程。

激光平整度仪基本技术参数的要求如下:

①测试速度:30~100 km/h。

②采样间隔:≤500 mm。

③传感器测试精度:1.0 mm。

④距离标定误差:≤0.05%。

▶ 5.5.2 准备工作

①检查激光平整度仪的各传感器。

②检查承载车轮胎气压,应达到车辆轮胎规定的标准气压,轮胎应清洁,不得黏附杂物。

③现场安装距离测量装置,应确保机械紧固装置安装牢固,螺丝无松动。

④检查激光平整度仪各部分应符合测试要求,不应有破损。

⑤打开系统电源,启动控制程序,检查各部分的工作状态。

▶ 5.5.3 测试步骤

①测试开始之前应让承载车以测试速度行驶 5 ~ 10 km,按照规定的预热时间对激光平整度仪预热。

②承载车停在测试起点前 50 ~ 100 m 处,启动平整度测试系统程序,按照测试路段的现场技术要求设置完毕所需的测试状态。

③驾驶员应按照要求的测试速度范围驾驶承载车,宜为 50 ~ 80 km/h,避免急加速和急减速。急弯路段应放慢车速,沿正常行车轨迹驶入测试路段。

④进入测试路段后,测试人员启动系统的采集和记录程序。在测试过程中必须及时准确地将测试路段的起终点和其他需要特殊标记的位置输入测试数据记录中。

⑤当承载车辆驶出测试路段后,测试人员停止数据采集和记录,并恢复仪器各部分至初始状态。

⑥检查测试数据文件应完整,内容应正常,否则需要重新测试。

⑦关闭系统电源,结束测试。

▶ 5.5.4 计算

激光平整度仪采集的数据是路面相对高程值,应以 100 m 为计算区间长度用 *IRI* 的标准计算程序计算 *IRI* 值,以 m/km 计。

▶ 5.5.5 报告

平整度检测报告应包括以下内容:

①国际平整度指数 *IRI* 平均值。

②提供激光平整度仪测值与国际平整度指数 *IRI* 在选定测试条件下的相关关系式及相关系数。

思考练习题

5.1 路面平整度的主要表示方法有哪些?我国主要采用什么指标?

5.2 引起路面纵向和横向不平整性的原因分别是什么?

5.3 简述连续式平整度仪测定路面平整度的原理和主要步骤。

5.4 累积值 *VBI* 与其他平整度指标是否应进行换算?其相关系数为多少?

5.5 平整度评定应包括哪些内容?合格率计分标准是多少?

5.6 用连续平整度仪测定某一级公路沥青混凝土面层的平整度,检测结果为 1.4,1.0,1.2,1.6,1.8,1.1,1.3,1.0,0.8,1.2,1.5,0.9,1.3,1.2,1.4,1.1,1.7,1.0,1.3,1.2 mm。规定值为 σ = 1.5 mm,*IRI* = 0.5 m/km。请计算平整度指标的得分。

6

道路功能检测Ⅱ:抗滑性

6.1　路面抗滑性能概述

路面抗滑性能是路面的表面安全技术性能之一,是指车辆轮胎受到制动时,路面防止轮胎滑移的能力。路面的表面应有足够的抗滑能力,以保证行车安全。当路面抗滑能力不足时,汽车起动,会发生空转打滑现象;汽车在弯道上行驶,会产生横向滑移;紧急制动时,所需的制动距离就会增长。这些都容易酿成交通事故。据调查,交通事故80%以上与路面滑溜有关,即与路面摩擦系数较低有关。因此,对于路面来说,抗滑性能是一项非常重要的质量评定指标。

▶　6.1.1　影响路面抗滑性能的因素

路面具有一定的粗糙度是保证汽车在道路上安全行驶的必要条件。车轮轮胎与路面相互作用产生的摩擦阻力起制约作用。评价路面粗糙度的指标很多,但通常采用的是摩擦系数。路面的摩擦系数越大,粗糙度就越好。

影响轮胎与路面之间摩擦系数的因素主要有下述几个方面:

1)轮胎的磨耗量、表面形状及构造

在相同结构的路面上,由于轮胎特性不同,其摩擦系数也不同。轮胎的磨耗量在一定程度上影响摩擦系数的大小。当轮胎磨耗率达80%以上时,摩擦系数减小10%~30%;在潮湿路面上行驶时,轮胎的表面花纹影响摩擦系数的取值,这是由于轮胎表面形状不同而引起路面上排水效果不同所致;轮胎的橡胶性质对摩擦系数也有影响。此外,轮胎的接触压力、轮重等变化时,也会引起摩擦系数的变化。

2)路面类型、干湿状态、温度与车速

不同的路面类型,其摩擦系数值也有一定的差异,但在干燥状态下路面的摩擦系数差异不大,一般是能保证汽车安全行驶的。当路表处于潮湿状态,特别是路表与轮胎之间形成水膜时,摩擦系数要小得多。随着车速的提高,摩擦系数将降低。温度对摩擦系数也有影响,一般随着路面温度的升高,摩擦系数相应减小。

3)面层结合料及集料

结合料的品种对摩擦系数有很大影响。根据试验和实践得知,就沥青路面的抗滑性而言,以煤沥青最好,混合沥青次之,黏稠石油沥青稍差,多蜡液体沥青(渣油)最差。不论何种结合料,随着其用量增加,摩擦系数均降低。集料的种类、性质、形状也明显影响摩擦系数。碱性石料对沥青的吸附性好,但不耐磨耗。路面建成初期,摩擦系数高,但经过行车作用后易磨损而变光滑。未风化的酸岩石,大多强度高、耐磨,但与石油沥青的黏附性较差,所以要经过碱性处理。有棱角、表面粗涩、形状接近立方体的集料,其摩擦系数要比圆滑的集料大得多。此外,在集料的级配组成上,开级配的路面表面抗滑性能较好。

4)路面上结冰、积雪及其他状态

路面上的结冰与积雪,均会使路面摩擦系数降低。因为轮胎与路面正常的接触条件被隔断,而变成了轮胎与冰、雪的接触。由于冰和雪的摩擦系数很低,通常为0.1~0.3,因此在结冰或积雪的路面上行车是非常危险的。路面上的脏物,如矿粉末、污泥及松散砂粒、汽车滴下的油类、轮胎磨耗的胶粉也会对摩擦系数产生影响。

6.1.2 路面抗滑标准

哪些条件是影响路面抗滑能力的主要因素,用什么方法检测,指标数值确定多大合适,这是制定路面抗滑标准所要解决的问题。路面的抗滑能力不足给行车带来的危险性,主要表现在3个方面:汽车的制动距离增长、侧滑危险增大、方向控制失灵。大量的试验与实践表明,雨水增大路面行车的危险性,由于雨水的润滑作用,引起路面摩擦系数降低,使路面滑溜。

影响路面自身抗滑能力的因素很多,其中起决定性作用的是路面表层构造状况。表层构造可以分为宏观构造和微观构造。宏观构造是指路面集料间形成的宏观粗糙度,反映路面表面的凹凸情况。路面的宏观构造是影响高速行车时路面抗滑能力的一个因素(影响幅度为20%~30%)。宏观构造大,高速行车时的路表水能迅速排除,保证轮胎与石料直接接触,路面的抗滑性能就好;反之,路面宏观构造小,表面易形成水膜,路面的抗滑性能就差。微观构造,最主要是集料本身的粗糙度。石料的抗滑性能(即石料磨光值*PSV*),既影响低速行车时路面的抗滑能力,也影响高速行车时路面的抗滑能力,在正常施工条件下,就影响幅度而言,石料的抗滑性能是影响抗滑性能的最主要因素(影响幅度达30%~50%),因此,应当选用抗滑性能好的集料(即强度高、耐磨耗、表面粗糙、有棱角、接近立方体等)作面层骨料,并采用优质沥青或掺配添加剂(包括掺水泥或掺石灰处理酸性石料等)。

目前,国内外普遍从路面摩擦系数和路面形貌特征两方面评价路面的抗滑性。路面摩擦系数是指车辆制动时轮胎与路面产生的抗滑力与轮胎受到路面竖直方向反作用力的比值。摩擦系数越小,抗滑性能越差,其是路表构造的间接反映。关于路面抗滑条件的控制指标,各国不太一致,有的国家采用单一的指标,有的则采用多项指标,但总的趋势是抗滑标准从单项指标向多项指标发展,这是因为多项指标的抗滑标准更能保证高速行车的安全。

《公路沥青路面施工技术规范》(JTG F40—2004)规定:在设计高速公路、一级公路的沥青表面层时,应选用抗滑、耐磨石料,其石料磨光值不小于36,潮湿区应大于42。沥青路面表层抗滑性能指标有:

①摩擦系数。高速公路、一级公路宜在竣工后第一个夏季采用摩擦系数测定车测定横向力系数 SFC。

②路面宏观构造深度。应在路面竣工后第一个夏季用铺砂法或激光构造深度仪测定。

③一般在竣工后第一个夏季测定沥青面层横向力系数或摆值、路面宏观构造深度。

《公路沥青路面设计规范》(JTG D50—2017)规定:高速公路、一级公路及山岭重丘区二、三级公路的沥青面层抗滑标准如表6.1所示,其他公路的沥青表面未做具体要求。

表6.1 沥青表面层抗滑标准

年平均降雨量/mm	交工检测指标值	
	横向力系数 SFC_{60}^{a}	构造深度 TD^{b}/mm
>1 000	≥54	≥0.55
500 ~ 1 000	≥50	≥0.50
250 ~ 500	≥45	≥0.45

注:a. 横向力系数 SFC_{60}——用横向力系数测试车,在60 km/h ±1 km/h车速下测定。
b. 构造深度 TD——用铺砂法测定。

构造深度的检测(铺砂法)频率按每200 m一处。

对于水泥混凝土路面,抗滑性能以构造深度与摩擦系数 SFC 为指标。对于构造深度,高速公路、一级公路一般路段为0.7 ~ 1.1 mm,特殊路段为0.5 ~ 0.9 mm;其他各级公路一般路段为0.8 ~ 1.2 mm,特殊路段为0.6 ~ 1.0 mm。对于检查频率,高速公路、一级公路为每车道及硬路肩每200 m测2处,其他公路为每车道及硬路肩每200 m测1处。对于摩擦系数 SFC,高速公路、一级公路一般路段大于或等于50,特殊路段大于或等于55;其他各级公路一般路段不做要求,特殊路段大于或等于50。对于检查频率,高速公路、一级公路全长连续检测,其他公路仅检查特殊路段,每车道每20 m测1处。

6.2 路面构造深度测定

▶ 6.2.1 手工铺砂法测定路面构造深度

路面的宏观构造(即路表面集料之间形成的凹凸状况)是影响抗滑性能的重要因素,特别是在雨天和高速行驶的条件下更为明显。宏观构造大的路面(即纹理构造深度大的路表面)

不但能及时排除雨水,使轮胎与路面集料直接接触,而且由于路面上突出的尖棱切入轮胎使抗滑阻力增大。纹理构造深度浅的路面在雨天高速行驶时易形成水膜,使摩擦系数大大降低。因此,以路面构造深度作为路面抗滑的附加标准是很有必要的。铺砂法的基本原理:将已知体积的砂在路面表面上摊成一定范围的圆,砂的体积与所覆盖表面的平均面积的比称为路面的构造深度,用 *TD* 表示,单位为 mm。

本方法适用于测定沥青路面及水泥混凝土路面表面构造深度,用以评定路面表面的宏观粗糙度、排水性能及抗滑性能。

1)仪器设备

①手工铺砂仪:由圆筒、摊平板组成。

a. 量砂筒:一端是封闭的,内径为 ϕ20 mm,外径为 ϕ26 mm,总高为 90 mm,容积为(25 ± 0.15)mL。可通过称量砂筒中水的质量以确定其容积 V,并调整其高度,使其容积符合高度要求。

b. 摊平板:摊平板应为木制或铝制,直径为 50 mm,底面粘一层厚 1.5 mm 的橡胶片,上面有一圆柱把手。

c. 刮平尺:可用 30 cm 钢板尺代替。

②量砂:足够数量的干燥洁净的匀质砂,粒径为 0.15 ~0.3 mm。

③量尺:钢板尺、钢卷尺或采用专门的构造深度尺。

④其他:装砂容器、小铲、扫帚或毛刷、挡风板等。

2)准备工作

①量砂准备。将洁净的细砂晾干、过筛,取 0.15 ~0.3 mm 的砂置于适当的容器中备用。量砂只能在路面上使用一次,不宜重复使用。回收砂必须经干燥、过筛处理后方可使用。

②确定测点。按随机测点选取等方法确定测点。测点应选在行车道的轮迹带上,距路面边缘不应小于 1 m。

3)试验步骤

①用扫帚或毛刷子将测点附近的路面清扫干净,面积不小于 30 cm × 30 cm。

②用小铲装砂,沿筒向圆筒中注满砂,手提圆筒上方,用钢尺轻轻叩打圆筒中部 3 次,使砂密实,补足砂面,用钢尺一次刮平。注意:不可直接用量筒装砂,以免影响量砂密度的均匀性。

③将砂倒在路面上,用底面粘有橡胶片的推平板,由里向外重复做摊铺运动。稍稍用力将砂细心地尽可能地向外摊开,使砂填入凹凸不平的路表面空隙中。尽可能将砂摊成圆形,且不得在表面上留有浮动的余砂。注意:摊铺时不可用力过大或向外推挤。

④用钢板尺测定所构成圆的两个垂直方向的直径,取其平均值,精确至 1 mm。也可用专用尺直接测量构造深度。

⑤按以上方法,同一处平行测定不少于 3 次,3 个测点均位于轮迹带上,测点间距为 3 ~ 5 m。该处的测定位置以中间测点的位置表示。

路面表面构造深度测定结果按下式计算:

$$TD = \frac{1\ 000V}{\pi D^2/4} = \frac{31\ 831}{D^2} \tag{6.1}$$

式中 TD——路面表面构造深度,mm;

V——砂的体积,25 cm^3;

D——摊平砂的平均直径,mm。

试验记录格式如表 6.2 所示。

表 6.2 手工铺砂法路面构造深度试验记录

工程名称________ 结构层次________ 路段桩号________

检 验 者________ 计 算 者________ 校 核 者________ 检验日期________

测试地点		构造深度 TD/mm				路况描述	备 注
桩 号	横距/m	1	2	3	平均值		
测点数		规定值		平均值		标准差	
变异系数		合格率					

每一测试位置均取 3 次路面构造深度的测试结果的平均值作为试验结果,精确至 0.01 mm。当平均值小于 0.2 mm 时,试验结果以小于 0.2 mm 表示。同时还要计算每个评定路段路面构造深度的平均值、标准差、变异系数等。

一般来说,手工铺砂法误差较大,其原因很多,例如,装砂和叩击的方法无标准,致使量筒中的砂紧密程度不一样,影响砂量;还有摊砂用的摊平板无标准,更主要的是砂摊开到多大程度为止,无明确规定,故各人掌握不一样。为了克服手工铺砂法掌握不统一、测量不准的缺点,可采用电动铺砂法和激光法。

▶ 6.2.2 电动铺砂仪测定路面构造深度

电动铺砂法与手工铺砂法虽然基本原理类似,但测试方法有所差别,是将固定体积量砂在路面上的摊铺长度与在玻璃板上的摊铺长度进行比较后,得到构造深度。本方法适用于测定沥青路面及水泥混凝土路面表面构造深度,用以评定路面表面的宏观粗糙度及路面表面的排水性能和抗滑性能。

1)仪器设备

①电动铺砂仪:利用可充电的直流电源,将量砂通过砂漏铺设成宽 5 cm、厚度均匀一致的器具,如图 6.1 所示。

②量砂:足够数量的干燥洁净的匀质砂,粒径为 0.15 ~0.3 mm。

③标准量筒:容积 50 mL。

④玻璃板:面积大于铺沙器,板厚不小于 5 mm。

⑤其他:直尺、扫帚、毛刷等。

2)准备工作

①量砂准备:取洁净的细砂,晾干过筛,取 0.15 ~0.30 mm 的砂置于适当的容器中备用。

试验时,量砂只能一次性使用,不得重复使用。

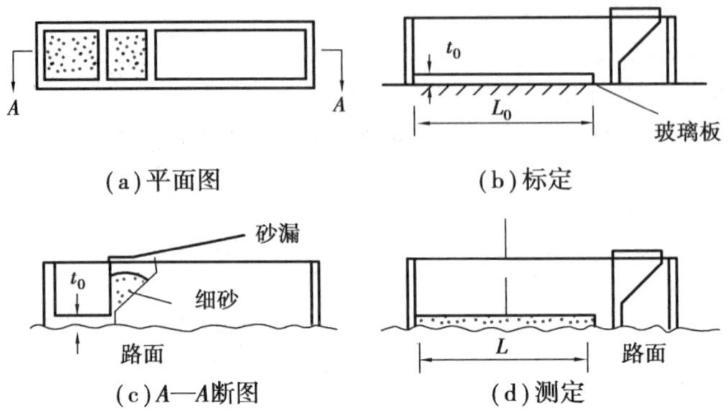

图 6.1　电动铺砂仪

②按规定的随机取点等方法选取路段测点横断面位置,同时测点应选在车道的轮迹带位置,且距路面边缘不得小于 1 m。

③电动铺砂器标定:

a. 将铺砂器平放在玻璃板上,将砂漏移至铺砂器起始端部。

b. 将灌砂漏斗口和量筒口大致齐平。通过漏斗向量筒中缓缓注入准备好的量砂至高出量筒成尖顶状,用直尺沿筒口一次刮平,其容积为 50 mL。

c. 将漏斗口与铺砂器砂漏上口大致齐平。将砂通过漏斗均匀倒入砂漏,倒入过程中漏斗前后移动,使砂的表面大致齐平,但不得用任何其他工具刮动砂。

d. 启动开关,使砂漏向另一端缓缓运动,量砂沿砂漏底部铺成图 6.2 所示的宽 50 mm 的带状,待砂全部漏完后停止。

e. 按图 6.2 由 L_1 及 L_2 的平均值确定量砂的摊铺长度 L_0,精确至 1 mm。

$$L_0=(L_1+L_2)/2 \tag{6.2}$$

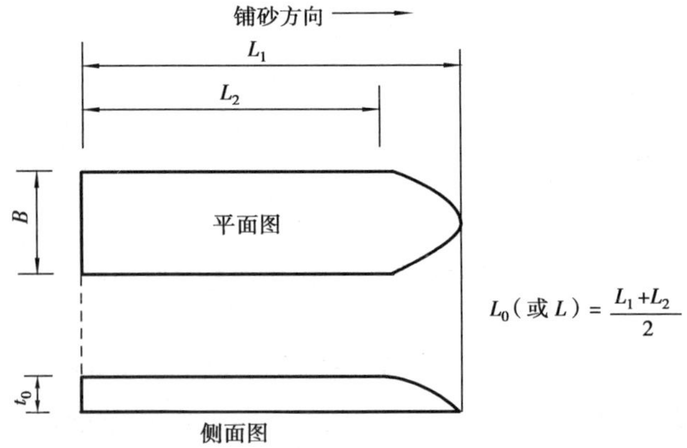

图 6.2　确定 L_0 及 L 的方法

f. 重复标定 3 次,取平均值确定 L_0,精确至 1 mm。标定应在每次测试前进行,用同一种量砂,由承担测试的同一试验员进行。

3)测试步骤

①将测试地点用毛刷刷净,面积大于铺砂仪。

②将铺砂仪沿道路纵向平稳地放在路面上,将砂漏移至端部。

③按与准备工作中 b—e 相同的步骤,在测试地点摊铺 50 mL 量砂,按图 6.2 的方法量取摊铺长度 L_1 及 L_2,由式(6.2)计算 L,精确至 1 mm。

④按以上方法,同一处平均测定不少于 3 次,3 个测点均位于轮迹带上,测点间距为 3 ~ 5 m。该处的测点位置以中间测点的位置表示。

4)数据处理

铺砂仪在玻璃板上摊铺的量砂厚度 t_0(单位:mm)为:

$$t_0 = \frac{V}{B \times L_0} \times 1\ 000 = \frac{1\ 000}{L_0} \tag{6.3}$$

式中　V———量砂体积,50 mL;

B———铺砂仪铺砂宽度,50 mm。

路面构造深度按下式计算:

$$TD = \frac{L_0 - L}{L} \cdot t_0 = \frac{L_0 - L}{L \cdot L_0} \times 1\ 000 \tag{6.4}$$

式中　TD———路面的构造深度,mm;

L———路面上 50 mL 量砂摊铺的长度,mm。

每一处均取 3 次路面构造深度的测定结果的平均值作为试验结果,精确至 0.1 mm(表 6.3)。其他要求同手工铺砂法。

表 6.3　电动铺砂法路面构造深度试验记录

工程名称__________　结构层次__________　路段桩号__________

检 验 者__________　计 算 者__________　校 核 者__________　检验日期__________

测试地点		L_0/mm	t_0/mm	L_1/mm	L_2/mm	L/mm	TD/mm	平均值 TD/mm
桩　号	横距/m							

测点数		规定值		平均值		标准差		变异系数		合格率	

► 6.2.3　车载式激光构造深度仪测定路面构造深度

激光构造深度仪一般都采用车载式，其测试效率高、测试结果稳定，并能够与平整度、车辙等其他断面指标同步采集测试数据。

本方法适用于各类车载式激光构造深度仪在新建、改建路面工程质量验收和无严重破损病害及无积水、积雪、泥浆等正常行车条件下的测定，可连续采集路面构造深度，但不适用于带有沟槽构造的水泥混凝土路面构造深度的测定。

1）仪器设备

测试系统由承载车、距离传感器、激光传感器和主控制单元组成，配备的专用软件应自动控制进行数据采集、传输、记录和数据处理。其主要技术要求如下：

①最大测试速度：≥50 km/h。

②采样间隔：≤5 mm。

③传感器垂直测距示值误差：≤0.1 mm。

④距离标定误差：<0.1%。

2）准备工作

①设备安装到承载车上以后按有关规定进行相关性标定试验。

②根据设备操作手册的要求对测试系统各传感器进行校准。

③距离测量装置需要现场安装的，根据设备操作手册说明进行安装，确保机械紧固装置安装牢固。

④打开系统电源，启动控制程序，检查各部分的工作状态。

3）测试步骤

①按照设备使用说明规定的预热时间对测试系统预热。

②测试车停在测试起点前50～100 m处，启动测试系统程序，按照设备操作手册的规定和测试路段的现场技术要求设置完毕所需的测试状态。

③驾驶员应按照设备操作手册要求的测试速度范围驾驶测试车，避免急加速和急减速。急弯路段应放慢车速，沿正常行车轨迹驶入测试路段。

④进入测试路段后，测试人员启动系统的采集和记录员程序。在测试过程中必须及时准确地将测试路段的起终点和其他需要特殊标记的位置输入测试数据记录中。

⑤当测试车辆驶出测试路段后，测试人员停止数据采集和记录，并恢复仪器各部分至初始状态。

⑥检查：测试数据文件应完整，内容应正常，否则需要重新测试。

⑦关闭测试系统电源，结束测试。

4）报告

构造深度检测报告应包括以下内容：

①路段构造深度平均值、标准差。

②提供激光构造深度仪测值与铺砂法构造深度值在选定测试条件下的相关关系式及相关系数，要求相关系数 R 不小于0.97。

6.3 路面摩擦系数测定

► 6.3.1 摆式仪测定路面摩擦系数

摆式仪属于轻便型测量仪器,许多国家都采用。它具有结构简单、操作方便、数据稳定的优点。但用摆式仪测定路面摩擦系数毕竟是一种比照试验法,其试验条件与路面实际行车条件没有直接关系,故有一定的局限性。摆式仪构造如图 6.3 所示。

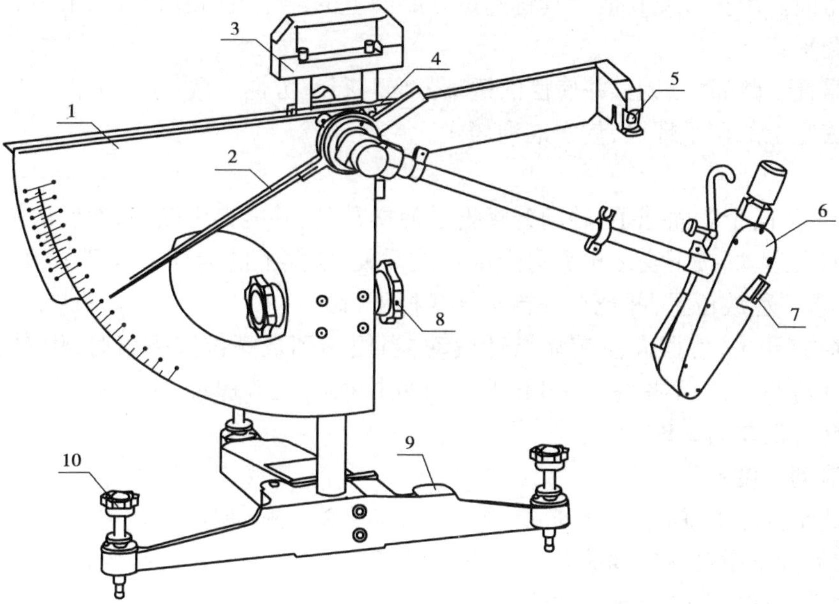

图 6.3 摆式仪构造

1—度盘;2—指针;3—紧固把手;4—松紧调节螺栓;5—释放开关;
6—摆;7—滑溜块;8—升降把手;9—度盘;10—水准泡

本方法适用于测定沥青路面及水泥混凝土路面的抗滑值,用以评定路面在潮湿状态下的抗滑能力。

1)试验仪器

①摆式仪:测试时由人工通过指针在度盘上直接读值,摆值最小刻度为 2。

②橡胶片:尺寸为 6.35 mm×25.4 mm×76.2 mm,橡胶质量符合规定要求。当橡胶片使用后,端部在长度方向上磨耗超过 1.6 mm 或边缘在宽度方向上磨耗超过 3.2 mm,或有油类污染时,即应更换新橡胶片。新橡胶片应先在干燥路面上测试 10 次后再用于测试,橡胶片的有效使用期自出厂日期起算为 12 个月。

③滑动长度量尺:长 126 mm。

④洒水壶。

⑤路面温度计:分度不大于1 ℃。

⑥其他:皮尺或钢卷尺、扫帚、粉笔等。

2)准备工作

①检查摆式仪的调零灵敏情况,并定期进行仪器的标定。

②在测试路段按随机选点等方法选定测点。测点应选在行车车道的轮迹带上,距路面边缘不应小于1 m,并用粉笔作出标记。每个测试位置布设3个测点,测点间距离为3~5 m,测点位置与铺砂法一一对应。

3)试验步骤

①清洁路面。用扫帚或其他工具将测点处路面上的浮尘或附着物打扫干净。

②仪器调平:

a.将仪器置于路面测点上,并使摆的摆动方向与行车方向一致。

b.转动底座上的调平螺栓,使水准泡居中。

③调零:

a.放松上、下两个紧固把手,转动升降把手使摆升高,并能自由摆动,然后旋紧紧固把手。

b.将摆向右运动,按下安装于悬臂上的释放开关,使摆上的卡环进入开关槽,放开释放开关,摆即处于水平释放位置,并把指针抬至与摆杆平行处。

c.按下释放开关,使摆向左带动指针摆动,当摆达到最高位置下落时,用左手将摆杆接住,此时指针应指零。若不指零时,可稍旋紧可放松摆的调节螺母,重复本项操作,直至指针指零。调零允许误差为±1。

④校核滑动长度:

a.让摆处于自然下垂状态,松开固定旋钮,转动升降旋钮使摆下降,并提起举升柄使摆向左侧移动,然后放下举升柄使橡胶片长边下缘轻轻触地,在边侧紧靠橡胶片摆放滑动长度量尺,使量尺左端对准橡胶片触地下边缘。

b.提起举升柄使摆向右侧移动,然后放下举升柄使橡胶片下缘轻轻触地,检查橡胶片下缘是否与滑动长度量尺的右端齐平。若齐平,则说明橡胶片两次触地的距离(滑动长度)符合(126±1)mm的要求。左右两次橡胶片长边边缘应以刚接触路面为准,不可借摆的力量向前滑动,以免标定的滑动长度与实际不符。

c.橡胶片两次触地与量尺两端若不齐平,通过升高或降低摆或仪器底座的高度进行调整。微调时,也可用旋转仪器底座上的调平螺丝调整仪器底座高度的方法,但需注意保持水准泡居中。重复a—c步骤,直至滑动长度符合(126±1)mm的要求。

d.将摆固定在右侧悬臂上,使摆处于水平位置,并把指针拨至右端靠紧摆杆。

e.用喷壶的水浇洒测试路面,并用橡胶刮板刮除表面泥浆杂质。

f.释放开关,使摆在路面滑过,指针即可指示出路面的摆值,但第一次测定不作记录。当摆杆回落时,用左手接住摆,右手提起举升柄使滑块升高,将摆向右运动,并使摆杆和指针重新置于水平释放位置。

g. 重复 f 步骤的操作测定 5 次,并读取每次测定的摆值,即 BPN。5 次数值中最大值与最小值的差值不得大于 3 BPN。如差数大于 3 BPN,应检查产生的原因,并再次重复上述各项操作直至符合规定为止。取 5 次测定的平均值作为每个测点路面的抗滑值(即摆值 F_B),取整数,以 BPN 表示。

h. 在测点位置上用路表温度计测记潮湿路面的温度,精确至 1 ℃。

i. 按以上方法,同一处平行测定不小于 3 次,3 个测点均位于轮迹带上,测点间距为 3 ~ 5 m。该处的测点位置以中间测点的位置表示。每一处均取 3 次测定结果的平均值作为试验结果,精确至 1 BPN。

4)抗滑值的温度修正

当路面温度为 T(℃)时,测得的摆值为 F_{BT},必须按下式换算成标准温度 20 ℃ 的摆值 F_{B20}:

$$F_{B20} = F_{BT} + \Delta F \tag{6.5}$$

式中 F_{B20}——换算成标准温度 20 ℃ 的摆值;

F_{BT}——路面温度 T 时测得的摆值,BPN;

T——测定的路表潮湿状态下的温度,℃;

ΔF——温度修正值,按表 6.4 采用。

表 6.4 温度修正值

温度 T/℃	0	5	10	15	20	25	30	35	40
温度修正值 ΔF	−6	−4	−3	−1	0	+2	+3	+5	+7

5)测试报告内容

①应包括测试日期、测点位置、天气情况、洒水后潮湿路面的温度,并描述路面类型、外观、结构类型等。

②列表逐点报告路面抗滑值的测定值 F_{BT},经温度修正后的 F_{B20} 及 3 次测定的平均值(表 6.5)。

③每一个评定路段(不小于 5 个测点)路面抗滑值的平均值、标准值、变异系数。

④精密要求是同一个测点,重复 5 次测定的差值不大于 3 BPN。

表 6.5 路面摩擦系数检验记录

工程名称__________ 路面类型__________ 路段桩号__________ 检验日期__________

检 验 者__________ 计 算 者__________ 校 核 者__________ 路面温度__________

测点位置		测点序号	路况描述	摆值/BPN						测点摆值/BPN	修正后摆值/BPN
桩号	横距/m			1	2	3	4	5	平均值		
		1									
		2									
		3									

续表

测点位置		测点序号	路况描述	摆值/BPN						测点摆值/BPN	修正后摆值/BPN
桩号	横距/m			1	2	3	4	5	平均值		
		1									
		2									
		3									
		1									
		2									
		3									
测点数		规定值/BPN		平均值/BPN		标准差		变异系数		合格率	

► 6.3.2 数字式摆式仪测定路面摩擦系数

数字式摆式仪是在不改变原有指针式摆式仪基本结构和工作原理的基础上，利用计算机、电子、传感器技术研发的一种集成了自动显示、自动存储、自动温度修正功能的数字化测量系统。数字式摆式仪取消了指针和刻度盘，其零位标定和摆值读取均由角度传感器和控制程序自动完成，避免了指针式摆式仪结构零位标定和人工读值方式造成的不稳定性和数据误差，较好地提高了测试结果的稳定性和准确度。

1）试验仪器

①数字式摆式仪：形状及结构如图 6.4 所示。数字式摆式仪主机可输入测点编号，自动测量、存储和显示摆值及温度修正后的结果。

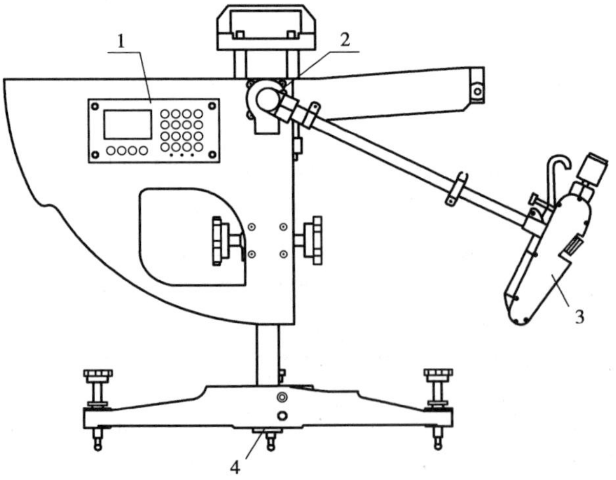

图 6.4　数字式摆式仪结构示意图

1—主机；2—角度传感器；3—摆；4—温度传感器

②橡胶片:各项要求与摆式仪测定路面摩擦系数的规定相同。

③滑动长度量尺:长 126 mm。

④喷水壶、毛刷。

⑤路面温度计:分度不大于 1 ℃。

⑥其他:扫帚、记录表格等。

2)准备工作

①检查数字式摆式仪的调零灵敏情况,并定期进行滑块压力的标定。

②按随机选定测点等方法,选择测试位置,每个测试位置布设 3 个测点,测点间距离为 3～5 m,以中心测点的位置表示该测试位置。测试位置应选在车道横断面上轮迹处,且距路面边缘不应小于 1 m。

3)测试步骤

①清洁路面。用扫帚或其他工具将测点处路面上的浮尘或附着物打扫干净。

②仪器调平:

a. 将仪器置于路面测点上,并使摆的摆动方向与行车方向一致。

b. 转动底座上的调平螺栓,使水准泡居中。

③零位标定:

a. 放松紧固旋钮,转动升降旋钮,使摆升高并能自由摆动,然后旋紧紧固旋钮。

b. 将摆固定在右侧悬臂上,使摆处于水平释放位置。

c. 打开数字化摆式仪主机电源,设置测试状态为"标定",按下释放开关,使摆向左摆动。当摆达到最高位置后下落时,用手将摆杆接住,此时数字化摆式仪将自动记录空摆时的初始角度,保存此初始角度,完成零位标定。

4)校核滑动长度

校核滑动长度步骤同摆式仪测定路面摩擦系数。

5)摩擦系数测量

①将摆固定在右侧悬臂上,使摆处于水平释放位置,设置测试状态为"就绪"。

②用喷水壶浇洒测点处路面,使之处于湿润状态。

③按下右侧悬臂上的释放开关,使摆在路面滑过。当摆杆回落时,用手接住读数,但不做记录,然后使摆杆重新置于水平释放位置。

④按照①—③的规定,重复操作 5 次,读记每次测试的摆值。5 个摆值中最大值与最小值的差值不得大于 3。如差数大于 3 时,应检查产生的原因,并再次重复上述各项操作,至符合规定为止。

⑤在测点处用温度计测记潮湿路表温度,精确至 1 ℃。

⑥重复①—⑤,完成一个测试位置 3 个测点的摆值测试。

6)数据处理

数据处理过程同摆式仪测定路面摩擦系数。

7)报告

本方法应报告以下技术内容：

①测试路段信息(桩号、测试位置等)。

②每个测试位置的摆值(3 个测点的平均值)。

③测试路段摆值的平均值、标准差及变异系数。

▶ 6.3.3 动态旋转式摩擦系数测试系统(DF 仪)测定路面摩擦力系数

动态旋转式摩擦系数测试系统测试结果稳定,测值与其他类型摩擦系数值具有良好的相关性关系,是单点摩擦系数测试的较好选择,但目前在国内的使用单位一直不多,该方法有待进一步推广。

1)仪器设备

DF 仪包括控制单元、测试系统和洒水装置 3 部分,如图 6.5 所示。DF 仪的技术要求及参数,具体如下：

①橡胶滑块：每个橡胶滑块的固定压力为 11.8 N,滑块轮廓尺寸为 6 mm × 16 mm × 20 mm,滑块与测试表面的接触压力为 150 kPa。滑块橡胶邵氏硬度为 58 ±2。

②测量范围：20 ~ 80 km/h 范围的模拟。

③摩擦系数值范围：0 ~ 1。

④现场电源：车辆或单独蓄电池(DC 12 V)。

⑤记录装置：X-Y 记录仪或便携式计算机。采用 X-Y 记录仪时应备好记录纸和专用记录笔。

⑥其他用具：水桶、扫帚等。

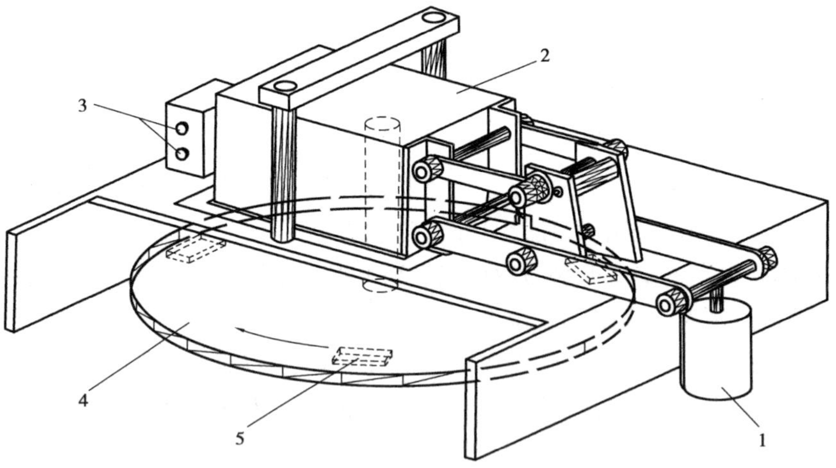

图 6.5 DF 仪示意图

1—重锤;2—电机;3—数据传输接口;4—转盘;5—橡胶滑块

2)准备工作

①将 DF 仪测试圆盘上固定橡胶滑块的螺丝拧紧,如果橡胶滑块厚度小于 3 mm,应及时更换。

②将控制单元和 X-Y 记录仪的电源线与电源正确连接,开通控制单元和 X-Y 记录仪电源,检查各部分应工作正常。检查记录仪的记录笔,如果笔尖过粗,应及时更换。

3)测试步骤

①在轮迹带上选择一块较为平坦且表面均匀的路面作为测点,尽量避免车辙、坑槽或突起,把测试点表面清除干净。将 DF 仪放到测试点上,DF 仪的摆放方向应便于底部排水管将水排向测试点的方向。

②将灌满清水的水桶通过水管与 DF 仪的进水管连接,水桶放置应高于 DF 仪高度。将记录纸按照要求,平铺在 X-Y 记录仪上。当使用车辆电池时,为保持电压平稳,车辆应处于怠速状态。

③按顺序开通控制单元和 X-Y 记录仪电源开关,并通过 X、Y 坐标调节器将记录笔调整至记录纸原点坐标。

④通过驱动开关将测试盘提升并旋转,打开供水开关向测点开始喷水。

⑤控制单元显示圆盘旋转时速达到 90 km 时,关闭驱动开关和供水开关,测试盘降落至路面上开始测试,同时记录笔在记录纸上开始记录。

⑥测试圆盘逐渐停止转动的同时,记录笔在记录纸上记录直至回到原点,测试结束。

⑦按照上述方法在同一测点测试 3 次,3 次测试结果最大值与最小值的差值应不大于 0.1,否则应重新选择测点进行测试。

4)数据处理

①每个测点取 3 次测试结果的平均值作为试验结果,精确至 0.01。

②计算一个测试路段摩擦系数的平均值、标准差、变异系数。

▶ 6.3.4 路面横向力系数测定

用标准的摩擦系数测定车测试,当测定轮与行车方向成一定角度且以一定速度行驶时,轮胎与潮湿路面之间摩擦阻力与接触面积的比值,称为路面横向力系数,代号 SFC,无量纲。

用标准的摩擦系数测定车测定沥青路面或水泥混凝土路面的横向力系数,测试结果可作为竣工验收或使用期评定路面抗滑能力的依据。

1)单轮式横向力系数测试系统测定路面摩擦力系数

(1)试验仪器

横向力系数测试系统主要组成如图 6.6 所示,由承载车、距离测试装置、横向力测试装置、供水装置和主控制单元组成。主控制单元除实施对测试装置和供水装置的操作控制外,同时还控制数据的传输、记录与计算等环节,其主要技术要求如表 6.6 所示。

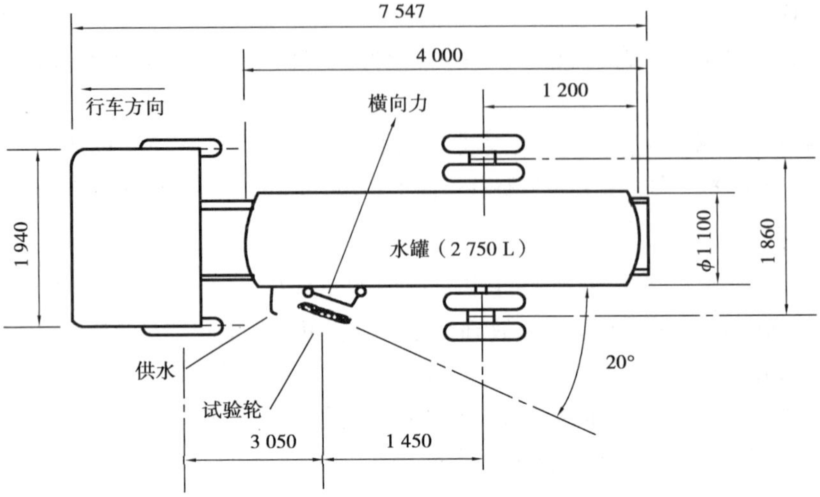

图 6.6　横向摩擦系数测定车机构(单位:mm)

表 6.6　主控制单元主要技术要求

测试轮胎类型	光面天然橡胶充气轮胎
测试轮胎规格	3.00-20-4PR
测试轮胎标准气压	(3.5 ±0.2) kg/cm^2
测试轮偏置角	19.5°~21°
测试轮静态垂直标准荷载	(2 000 ±20)N
拉力传感器非线性误差	<0.05%
拉力传感器有效量程	0~2 000 N
距离标定误差	<2%

另外,承载车应为能够固定和安装测试、储供水、控制和记录等系统的载重车底盘,具有在水罐满载状态下最高车速大于 100 km/h 的性能。

(2)准备工作

①每个测试项目开始前或连续测试超过 1 000 km 后应按照规定的方法进行系统应力传感器的标定,记录下标定数据并存档。

②检查测试车轮胎气压,应达到车辆轮胎规定的标准气压。

③检查测试轮胎磨损情况,当其直径比新轮胎减小达 6 mm(也即胎面磨损 3 mm)以上或有明显损伤或裂口时,必须更换新轮胎。新更换的新轮胎在正式测试前应试测约 2 km。

④检查测试轮气压,应达到(3.5 ±0.2) kg/cm^2 的要求。

⑤检查测试轮固定螺栓必须拧紧。将测试轮放到正常测试时的位置,检查其应能够沿两侧滑柱上下自由升降。

⑥根据测试里程向水罐加注足够用量的清洁测试用水。

⑦当出水控制为固定式开关时，需将开关设置在对应的测试速度位置，放下测试轮并检查洒水口出水情况和洒水位置；洒水位置应在测试轮接触地面中点沿行驶方向前方（400 ± 50）mm 处，洒水宽度应为中心线两侧各不小于约 75 mm。

⑧启动控制单元，检查各项功能和技术参数选择状态均应正常。

（3）测定步骤

①正式开始测试前，首先应按规定的时间要求启动控制单元进行通电预热。

②进入测试路段前，测试人员设置所需的系统技术参数，并将测试轮胎至少提前 500 m 降至路面上进行预跑。

③进入测试路段后，驾驶员应保持较为均匀的行车速度，并沿正常行车轨迹行驶。当采用固定出水控制方式时，行驶最高速度不得超过出水开关事先设置所对应的速度。

④测试过程中，测试人员应及时准确将测试路段需要标记的起终点和其他特殊点的位置输入测试数据记录中。

⑤承载车驶出测试路段后，测试人员停止测试程序，提升起测量轮并恢复仪器各部分至初始状态。

⑥检查数据文件内容应完整正常，否则需要重新测试。关闭测试系统电源，结束测试。

（4）数据处理

①*SFC* 值的速度修正。以测试结果使用时所需的速度作为标准测试速度，其他测试速度条件下得到的 *SFC* 值应通过式（6.6）转换至标准速度下的等效 *SFC* 值。

$$SFC_{标} = SFC_{测} - 0.22(V_{标} - V_{测}) \tag{6.6}$$

式中　$SFC_{标}$——标准测试速度下的等效 *SFC* 值；

$SFC_{测}$——现场实际测试速度条件下的 *SFC* 测试值；

$V_{标}$——标准测试速度，km/h；

$V_{测}$——现场实际测试速度，km/h。

②*SFC* 值的温度修正。测试系统的标准现场测试地面温度范围为（20 ± 5）℃，其他地面温度条件下测试的 *SFC* 值必须通过表 6.7 转换至标准温度下的等效 *SFC* 值。系统测试要求控制在 8 ~ 60 ℃ 的地面温度范围内。

表 6.7　*SFC* 值温度修正

温度/℃	10	15	20	25	30	35	40	45	50	55	60
修正温度/℃	-3	-1	0	+1	+3	+4	+6	+7	+8	+9	+10

③计算一个测试路段 *SFC* 值的平均值、标准差、变异系数。

④测试报告内容。报告主要包括测试路段信息（桩号、测试位置等）测试速度、温度以及测试路段横向力系数 *SFC* 的平均值、标准差及代表值。

2）双轮式横向力系数测试系统测定路面摩擦力系数

双轮式横向力系数测试系统适用于在新建、改建路面工程的质量验收和无严重坑槽、车辙等病害的正常行车条件下测试路面的横向力系数。

(1)试验仪器

双轮式横向力系数测试系统:主要由牵引车、供水系统、测试单元、主控制单元、标定装置等组成,测试系统如图6.7所示,其主要技术要求如表6.8所示。

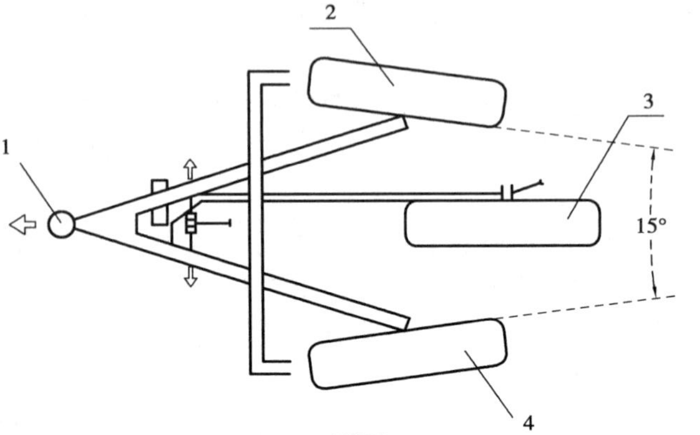

(a)平面

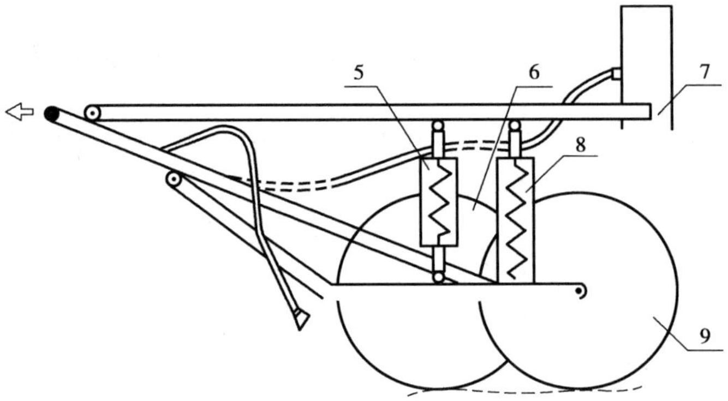

(b)侧视

图6.7　测试系统示意图

1—曳引点;2—旋转试验轮;3—记录器;4—固定试验轮;

5—阻尼弹簧;6—旋转试验轮;7—记录器;8—低速弹簧;9—固定试验轮

表6.8　测试系统主要技术要求

测试单元总重	256 kg
单轮静态标准荷载	1.27 kN
测试轮夹角	15°
横向力系数测试轮气压	(70 ±3.5)kPa
距离测试轮气压	(210 ±13.7)kPa
测试轮规格	4.00/4.80-8 光面轮胎
路面洒水厚度	0.5 ~1.0 mm
测试速度范围	40 ~60 km/h

牵引车最高行驶车速需大于 80 km/h,车辆后部可安装专用拖挂的装置,车辆应配备警灯及相关警示标志。

(2)准备工作

①进入现场测试前应进行应力传感器标定。将设备配套提供的标定板放在地面上,人工将测试仪从板上按要求拖拉 3 遍,由系统自动判断标定是否通过,标定通过后才进行路面测试。

②正式开始测试前设备应预热 10 min 左右,并检查汽油机是否正常工作,机油是否需要更换。

③检查横向力系数测试轮、距离测试轮(或水车车轮)的轮胎胎压应满足规定要求,长距离或长时间测试过程中也应补充检查胎压。

④降下测试轮,打开水阀检查水流情况应正常且水流应符合要求,检查仪表各项指数应正常,然后升起测试轮。

⑤将牵引车与洒水车(可选)、测试单元及控制线路连接线依次连好,启动主控制单元进入测试状态,同时发动汽油机,打开水阀,准备测试。

(3)测试步骤

①将车辆驶向测试路段,提前约 200 m 处打开水阀,降下测试轮。测试车速保持在 40 ~ 60 km/h 范围内匀速状态。

②测试过程中,测试人员应及时准确地将测试路段需要标记的起终点和其他特殊点的位置输入测试数据记录中。

③驶出测试路段后,停止测试过程,存储数据文件。

(4)数据处理

数据处理过程同单轮式横向力系数测试系统测定路面摩擦力系数。

思考练习题

6.1　影响路面抗滑性能的因素主要有哪些?规范中规定的路面抗滑性能的指标主要有哪些?

6.2　什么是路面构造深度?与路面表面摩擦系数有什么区别?

6.3　简述手工铺沙法测定路面构造深度的原理和注意事项。

6.4　电动铺砂仪测定路面构造深度的主要步骤是什么?与手动铺砂法有什么异同?

6.5　简述摆式仪测定路面抗滑性能的测试要点。

6.6　单轮式横向力系数测试系统测定路面摩擦力系数的原理和主要步骤是什么?

6.7　简述车载式激光构造深度仪测定路面构造深度的原理。

6.8　用摆式摩擦仪测定沥青路面的摩擦摆值(路面温度为 25 ℃),其测定结果如表 6.9 所示,试计算该处路面的摩擦摆值。(已知温度修正值为 $\Delta F=2$)

表 6.9　测定结果

测点桩号	测定平行值/BPN					
	1	2	3	4	5	6
K2 +315	49	52	51	53	51	52
K2 +320	19	48	48	50	50	51
K2 +325	51	52	51	49	50	50

6.9　某新建高速公路交工验收,沥青混凝土路面采用横向力系数车检测,已知路面抗滑设计标准 $SFC=49$,测定值为:45,55,53,42,49,50,61,56,50,52,试确定该路段横向力系数代表值以及判断交工验收的评价等级。(保证率为 95%)

7 道路功能检测Ⅲ:技术经济社会需求

功能是一个事物在所界定的环境中所起作用的具体体现。保证车辆快速、安全、舒适地行驶是对道路的基本要求,现代化公路运输不仅需要提高行车速度,增强安全性和舒适性,还强调降低运输费用和延长路面的使用年限等。不仅如此,道路运输作为社会赖以生存和发展的基础条件,随着经济与社会的发展,必然处在快速发展过程中,因此对道路功能的新需求更加日新月异。一方面,科技的发展使道路工程不断升级换代,如智能化等;另一方面,社会的发展也对道路工程提出更高要求,如绿色交通、节能减排等。因此,路面检测中对新功能的检测将毫无疑问会越来越重要。本章简要介绍近年来道路功能性检测的一些内容。

路面在车辆荷载的反复作用下,强度和刚度逐年衰减。此外。路面在大气温度、湿度等自然环境因素的作用下,材料性能也会由于老化衰变而导致路面结构的损坏。因此,路面耐久性问题非常突出。水损坏和车辙是影响沥青路面耐久性的两大问题。

道路养护是保持道路设施的使用性能处于符合要求状态的关键,是道路工程的重要组成。道路养护时机和养护技术的选择多年都是研究、工作的重点。路面裂缝的检查是路面损坏估计的基础内容。

以人为本是现代社会发展的主题,归根到底,道路运输需要更好地服务于人类生活。道路运输中引发的环境问题也引起了广泛关注,尾气排放和噪声污染等特别突出。

7.1 沥青路面渗水系数测定

沥青路面渗水性能通常用渗水系数表征,渗水系数是指在规定的水头压力下,水在单位时间内通过一定面积的路面渗入下层的数量,单位为 mL/min。沥青路面渗水性能是沥青路面水稳定性的一个重要指标,也是反映路面沥青混合料级配组成的一个间接指标。如果整个沥青面层均透水,则水势必进入基层或路基,使路面承载力降低。相反,如果沥青面层中有一层不透水,而表层能很快透水,则又不致形成水膜,对抗滑性能有很大好处。新建沥青路面的渗水试验宜在沥青路面碾压成型后 12 h 内完成。

▶ 7.1.1 仪具与材料

①路面渗水仪:上部盛水量筒由透明有机玻璃制成,容积 600 mL,上有刻度,在 100 mL 及 500 mL 处有粗标线,下方通过 ϕ10 mm 的细管与底座相接,中间有一开关;量筒通过支架连接,底座下方开口内径 ϕ150 mm,外径 ϕ220 mm,仪器附不锈钢圈压重两个,每个质量约 5 kg,内径 ϕ160 mm(图 7.1)。

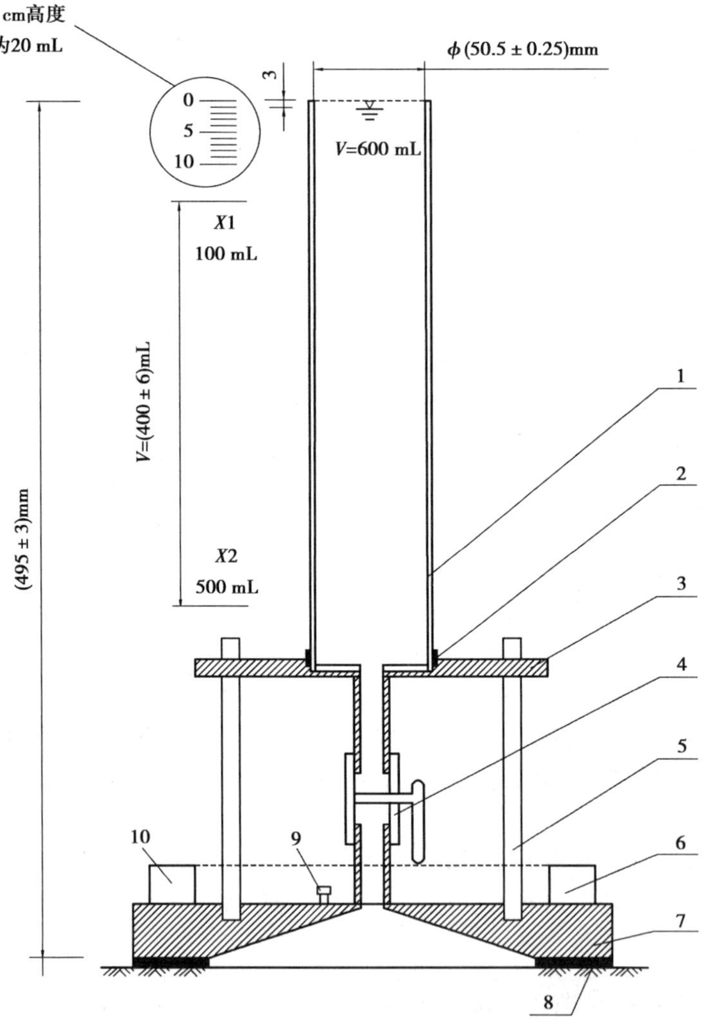

图 7.1 路面渗水仪结构图(单位:mm)

1—盛水量筒;2—螺纹连接;3—顶板;4—阀;5—立柱支架;

6—压重钢圈;7—底座;8—密封材料;9—排气孔;10—套环

②水筒及大漏斗。

③密封材料:防水腻子、油灰或橡皮泥。

④其他:秒表、水、粉笔、塑料圈、刮刀、扫帚等。

▶ 7.1.2 准备工作

①在测试路段的行车道路面上,按随机取样方法选择测试位置,每一个检测路段应测定5个测点,并用粉笔画上测试标记。

②试验前,首先用扫帚清扫表面,并用刷子将路面表面的杂物刷去。杂物的存在一方面会影响水的渗入,另一方面也会影响渗水仪和路面或者试件的密封效果。

▶ 7.1.3 测试步骤

①将塑料圈置于路面表面的测点上,用粉笔分别沿塑料圈的内侧和外侧画上圈。在外环和内环之间的部分就是需要用密封材料进行密封的区域。

②用密封材料对环状密封区域进行密封处理,注意不要使密封材料进入内圈。如果密封材料不小心进入内圈,必须用刮刀将其刮走,然后再将搓成拇指粗细的条状密封材料摞在环状密封区域的中央,并且摞成一圈。

③将套环放在路面表面的测点上,注意使套环的中心尽量和圆环中心重合,然后略微使劲将套环压在条状密封材料表面;采用同样的方法将渗水仪放在套环上、对中,施加压力将渗水仪压在套环上,再将配重加上,以防压力水从底座与路面间流出。

④将开关及排气孔关闭,向量筒中注水超过100 mL刻度,然后打开开关和排气孔,使量筒中的水下流排出渗水仪底部内的空气。当量筒中水面下降速度变慢时,用双手轻压渗水仪使渗水仪底部的气泡全部排出。当水自排气孔顺畅排出时,关闭开关和排气孔,并再次向量筒中注水至100 mL刻度。

⑤将开关打开,待水面下降至100 mL刻度时,立即开动秒表开始计时,计时3 min后立即记录水量,结束试验;当计时不到3 min而水面已下降至500 mL时,立即记录水面下降至500 mL时的时间,结束试验。当开关打开后3 min内水面无法下降至500 mL刻度时,则开动秒表计时测试3 min内渗水量,即可结束试验。

⑥测试过程中,如水从底座与密封材料间渗出,则底座与路面间密封不好,此试验结果为无效。关闭开关,采用密封材料补充密封,重新按步骤④—⑤测试。如果仍然有水渗出,应在同一纵向位置沿宽度方向就近选择位置,重新按步骤①—⑤测试。

⑦测试过程中,如水从外环圈以外路面中渗出,可以人工将密封材料在外环圈之外5 cm宽度范围内再次进行密封处理,重新按步骤④—⑤测试,只要密封范围内无水渗出,则认为试验结果为有效。

⑧重复步骤①—⑦,测试3个测点的渗水系数。

▶ 7.1.4 数据处理

按式(7.1)计算渗水系数,精确至0.1 mL/min。

$$C_w = \frac{V_2 - V_1}{t_2 - t_1} \times 60 \tag{7.1}$$

式中 C_w——路面渗水系数,mL/min;

V_1——第一次计时的水量,mL;

V_2——第二次计时的水量,mL;

t_1——第一次计时的时间,s;

t_2——第二次计时的时间,s。

7.2 沥青路面车辙测试

车辙是沥青路面高温稳定性的重要体现,是沥青路面最具危害的路面破坏类型之一。路面车辙深度直接反映了车辆行驶的舒适度及路面的安全性和使用期限。车辙深度的测量主要分两类:第一类为人工检测,即用检测横竿横跨在车辙上部,并用尺量出横杆与车辙底部的间距。采用这种方法其效率是极低的,并只能随机抽样检测路面车辙深度;第二类为自动检测,即采用路面车辙自动测定车自动检测路面车辙深度。自动检测方法就是利用横向布置的一排激光、超声、红外或其他非接触式位移传感器来快速连续测定路面车辙深度;其原理是在检测车的前端上安装配有非接触式位移传感器的横梁,并把传感器同车内的电脑相连,通过电脑对传感器测得的数据进行自动处理以获得路面车辙深度指标。随着公路建设的发展,路面车辙深度的自动检测将成为主要的检测方法,也将是路面施工、验收、养护、评价和管理部门必备的仪器。

对于车辙测试的基准测量宽度,高速公路及一级公路是以发生车辙的一个车道两侧标线宽度中点到中点的距离为基准测量宽度。对二级及二级以下公路,有车道区画线时,以发生车辙的一个车道两侧标线宽度中点到中点的距离为基准测量宽度;无车道区画线时,以形成车辙部位的一个设计车道作为基准测量宽度。

▶ 7.2.1 仪具与材料

①路面激光车辙仪,其技术要求具体如下:

a. 纵向距离测量误差:≤0.1%。

b. 纵向采样间距:≤200 mm。

c. 有效测试宽度≥3.5 m,测点不少于13点,测试精度为0.1 mm,横向采样间距≤300 mm。

d. 车辙深度测量范围:0~50 mm。

②横断面尺:如图7.2所示,金属制直尺,刻度间距为50 mm,长度不小于1个车道宽度。顶面平直,最大弯曲不大于1 mm,两端有把手及高度为100~200 mm的支脚,两支脚的高度相同,作为基准尺使用。

③基准尺:金属制,长度不小于一个车道宽度,最大弯曲不超过1 mm,表面平直。

④量尺:

a. 钢直尺:量程不小于300 mm,分度值为1 mm;

b. 钢卷尺:量程不小于3 000 mm,分度值为1 mm;

c.塞尺:分度值不大于0.5 mm。

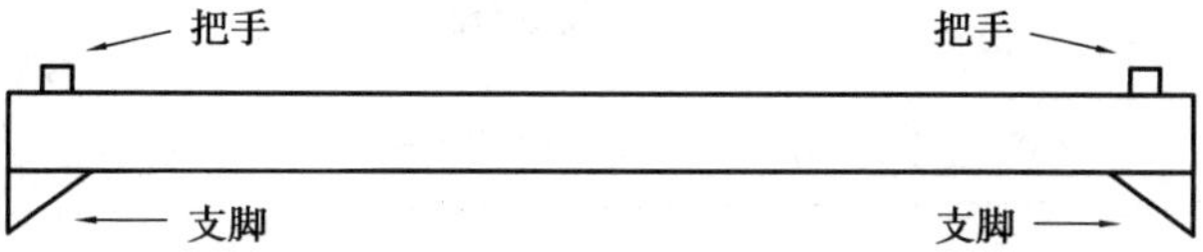

图7.2 路面横断面尺

▶ 7.2.2 试验方法

1)横断面尺测试方法

(1)准备工作

确定测试路段,按随机取样等方法选取测试断面,并做好标记。

(2)测试步骤

①选择需测试车辙的断面,将横断面尺置于该测试断面上,方向与道路中心线垂直,两端支脚置于测试车道两侧。

②沿横断面尺每隔200 mm一点,将钢直尺垂直立于路面上,读取横断面尺底面与路面之间的高差,精确至1 mm。如断面的最高处或最低处明显不在测试点上,应加密测点。

③记录测试断面的桩号、位置及不同断面处的高差。

2)基准尺测试方法

当不需要测试横断面,仅需要测试最大车辙时,可采用本方法。

(1)准备工作

确定测试路段,按随机取样等方法选取测试断面,并做好标记。

(2)测试步骤

①选择需测试车辙的断面,将基准尺置于该测试断面上,方向与道路中心线垂直。

②若车辙形状为图7.3中(a)、(b)、(c)形式,则需分别量测左、右轮迹带的车辙深度,将基准尺分别置于左、右轮迹带辙槽两端最高位置,目测确定左、右轮迹带最大车辙位置,用量尺量取基准尺底面与路面之间的高差,精确至1 mm,记录车辙深度R_{U1}和R_{U2}。

③若车辙形状为其他形式,则直接将基准尺置于断面辙槽两端最高位置,目测确定断面最大车辙位置,用量尺量取基准尺底面与路面之间的高差,精确至1 mm,记录车辙深度R_U。

④记录测试断面的桩号、位置及断面处车辙深度。

注意:*LWP*、*RWP*表示左轮迹带及右轮迹带,表示左轮迹带、右轮迹带车辙深度。

3)激光车辙仪测试方法

(1)准备工作

①确定测试路段,要求测试路段无积水、无冰雪、无污染。

②将测试设备所有轮胎气压调整为设备所要求的标准气压,检查车辆和测试设备是否工作正常。

③查看天气预报,当风速大于6级时不宜进行测试。

(2)测试步骤

①将测试车辆就位于测试区间起点前一定距离,以保证到达测试区域时能够达到测试要

求的稳定车速,启动测试设备并将其调整至工作状态。

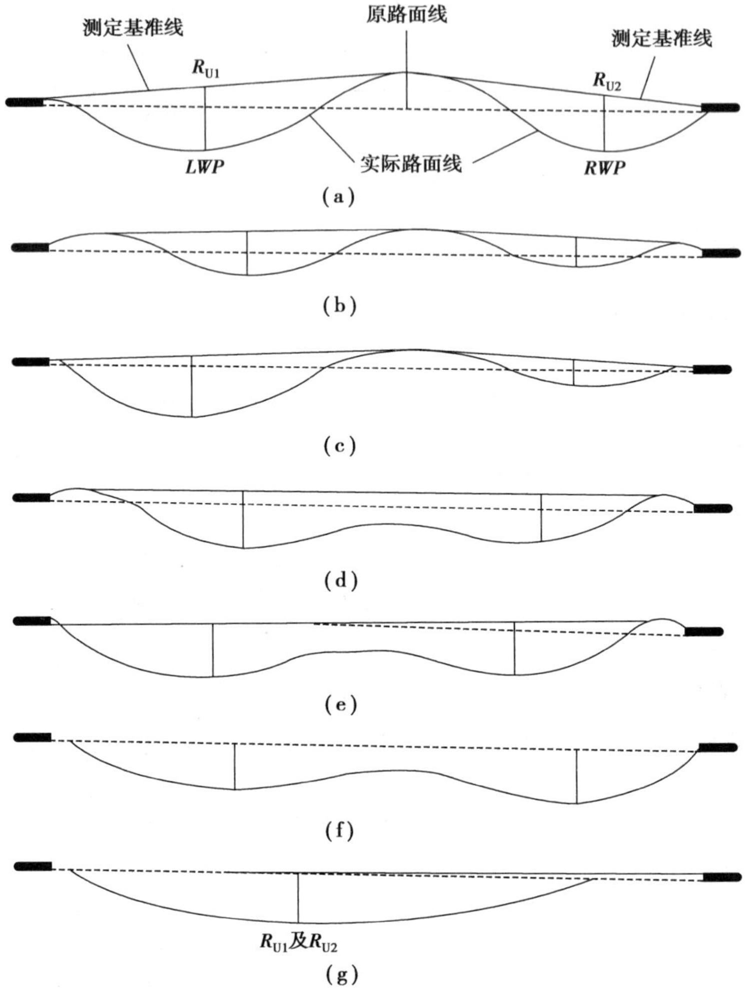

图 7.3　不同形状、不同程度的路面车辙示意图

②设定测试系统参数,输入路线名称、路段桩号、测试车道和测试方向等信息。

③根据交通量、路面状况等实际情况确定测试速度。

④测试时应分车道测试,保持测试车中心线与车道中心线重合,测试系统自动记录被测试车道的路面车辙数据。

⑤测试结束,保存数据。

▶　7.2.3　数据处理

①根据测试数据按图 7.3 的方法画出横断面图及顶面基准线,通常为其中之一种形式。

②在横断面图上确定车辙深度 R_{U1} 和 R_{U2},精确至 1 mm。以其中最大值作为断面的最大车辙深度 R_U。

③取各测定断面最大车辙深度的平均值作为该评定路段的平均车辙深度。

7.2.4 报告

测试报告应记录下列事项:

①采用的测定方法。

②路段描述,包括里程桩号、路面结构及横断面、使用年限、交通情况等。

③各测定断面的横断面图。

④各测定断面的最大车辙深度表。

⑤各评定路段的最大车辙深度及平均车辙深度。

⑥根据测定目的应记录的其他事项或数据。

7.3 路面裂缝自动化检测

路面裂缝自动化检测方法主要分3类:视觉图像检测法、路面轮廓检测法、超声波检测法。目前,路面裂缝率自动检测多采用较为成熟的视觉图像检测方法,随着技术的进步,可逐渐引入其他先进的检测方法。本节主要就图像检测法做相关介绍,该方法适用于沥青混凝土路面和水泥混凝土路面裂缝病害的检测,检测指标为裂缝率,采用路况快速检测设备。

7.3.1 准备工作

1)设备要求

①检测设备应能自动检测沥青路面和水泥混凝土路面的各类裂缝。

②路面裂缝自动识别软件应能剔除路面污渍、标线以及水泥混凝土路面纵横向接缝、刻槽等非路面病害。

2)准确性验证

(1)验证要求

路面裂缝自动化检测应对检测宽度、裂缝最小识别宽度进行准确性验证;采用自动识别方法时,还应对路面裂缝自动识别结果的准确率进行验证。准确性验证要求应符合表7.1的规定,并且准确性验证的周期不得超过一年。当年度累计检测里程超过1 000 km、设备硬件发生变化或检测结果出现异常时,应重新验证。

表7.1 路面裂缝自动化检测的准确性验证要求

验证项目	准确性验证要求
有效检测宽度	≥2.6 m
裂缝最小识别宽度	≤1 mm
识别准确率	≥90%

(2)有效宽度验证

①选择车道宽度不小于3 m的平直测试路段。

②在横断面方向上按 50 mm 间距标注测试路段。

③检测测试路段，查看路面图片上的标注，验证路面检测宽度是否满足表 7.1 的要求。

(3)裂缝最小识别宽度验证

①选择长度不小于 100 m 的平直测试路段。

②在测试路段上标注路面裂缝，所选裂缝应至少包括 1 条宽不大于 1 mm、长不小于 1 m 的细小裂缝。

③以 60 km/h 匀速检测测试路段，所测路面图像应能清晰显示标注的路面裂缝。

(4)识别准确率验证

①分别选择沥青路面和水泥混凝土路面裂缝率不同的 3 个平直测试路段，每个路段长度不应小于 1 000 m，路面裂缝率应分布在 1% ~8%。

②启动检测设备采集路面图像，采用路面裂缝自动识别软件识别路面裂缝，并以 10 m 为单元输出路面裂缝率 CR_a。

③通过实地检测或基于图像的人工识别，计算每 10 m 的实际裂缝率 CR_c。

④确定每个单元的裂缝率 CR_a 与实际裂缝率 CR_c 的绝对误差 ΔCR 及相对误差 δCR。当 $\Delta CR \leqslant 4\%$ 或 $\delta CR \leqslant 10\%$ 时，认定该 10 m 单元的识别结果准确。

⑤识别结果准确的单元数与测试路段总单元数之百分比为该测试路段的识别准确率，3 个测试路段的识别准确率平均值应满足表 7.1 的要求。

▶ 7.3.2 检测步骤

①检查相机镜头表面洁净无污物。

②将检测设备所有轮胎气压调整为标准气压。

③启动检测设备，通过调整相机参数或光源的方式确定路面图像光亮均匀，无明显亮纹和暗纹。

④将检测装置调整至工作状态。

⑤输入路线名称、起点桩号、终点桩号、检测车道、检测方向和检测时间等。

⑥进行设备校准，校准项目包括检测宽度和裂缝最小识别宽度，校准结果应满足表 7.1 的要求。

⑦使检测车以合适的速度沿检测车道行驶，检测轨迹中心线与车道中心线基本吻合，操作人员实时监控检测数据并及时调整检测状态。

⑧根据路面技术状况变化情况，及时做好现场检测工作记录。

▶ 7.3.3 数据处理

路面图像宜保存为 JPEC 等格式，图像文件名称应包含检测路线、方向、车道、距离或位置等信息。路面裂缝自动化检测指标应按下列规定计算：

①路面裂缝率为裂缝所占网格数与路面网格总数的百分比。

②轮迹带裂缝率为轮迹区域裂缝所占网格数与轮迹区域路面网格总数的百分比。

③横向裂缝率为横向裂缝所占网格数与路面网格总数的百分比。

④网格标准尺寸为 0.1 m×0.1 m。

⑤路面裂缝率应以 10 m 为单元计算平均值,可同时计算轮迹带裂缝率和横向裂缝率等指标。检测数据应以文本或电子表格格式保存,文件格式应符合表 7.2 的规定。

表 7.2 路面裂缝自动化检测数据文件格式

桩号/km	裂缝率/%	轮迹带裂缝率/%	横向裂缝率/%

7.4 统计通过法测定路面对交通噪声影响

由于交通噪声受外界环境的影响较大,因此其测试是一个较为复杂的过程。目前,国际上路面噪声的评价方法主要有远场法和近场法。远场法包括控制通过法(CPB)、统计通过法(SPB)。

1)控制通过法(CPB)

该方法采用规定的标准车辆/轮胎组合测试车辆通过的噪声峰值,因此称为控制通过法。根据不同的应用目的,测试条件有差异,匀速行驶、滑行、关闭引擎或仅对轮胎噪声的测试,车辆速度也可根据实际情况选择。目前,主要有两种 CPB 标准测试方法:BRRC 方法和法国-德国方法。这两种方法都要求车辆通过麦克风附近时关闭发动机,测试轮胎的噪声,即滑行通过。其中 BRRC 方法使用单一的汽车。而法国-德国方法采用规定的 4 种汽车/轮胎组合,主要应用在轻交通公路上。

2)统计通过法(SPB)

统计通过法与控制通过法的噪声测量方法类似,但交通流有区别。控制通过法采用规定的标准车辆/轮胎组合,而统计通过法规定车速不小于 50 km/h 的自由交通流,从其中选择不少于 180 辆车辆进行测试。

目前,公路交通噪声测量多采用远场法中统计通过法,而且公路工程环评规范中也采用远场法统计通过法。本文主要就统计通过法做相应介绍,该方法用以比较不同的路面在不同的交通流构成情况下的交通噪声,适用于以不变速度行驶的交通流,即以特定速度大于或等于 50 km/h 的自由交通流状况。

► 7.4.1 试验仪器

①声级计:满足《电声学 声级计 第 1 部分:规范》(GB/T 3785.1—2010)中规定的 1 级声级计的要求,覆盖 315 ~5 000 Hz 频率范围。传声器为自由场型传声器,配防风罩。

②频率分析器:采用 1/3 倍频程滤波器,覆盖 315 ~5 000 Hz 频率范围,同时应满足《电声

学　倍频程和分数倍频程滤波器》(GB/T 3241—2010)规定的要求。

③声校准器:应符合《电声学声校准器》(GB/T 15173—2010)规定的1级要求。

④车速测量仪:采用多功能雷达测速仪测试,可在车辆经过传声器的瞬间测量其行驶速度,标准不确定度小于3%。

⑤温度计:热电偶温度计或煤油等玻璃温度计,分度值为1 ℃。

▶ 7.4.2 准备工作

1)测试路段的选择

①选定的测试路段应顺直,长度不小于60 m(交通流平均速度不小于100 km/h时,长度不小于100 m),纵坡不大于1%。路段表面应干燥、无明显污染,路面技术状况良好,且应避免选择有接缝的路段。

②新铺设道路不宜测试交通噪声,应在通车6个月之后进行测试。

③选定的测试路段背景噪声不应太大,以致干扰交通噪声的测试。一般要求现场其他活动所产生的噪声的A计权声压级应至少比测量时交通噪声的最大声级低10 dB。

④选定的测试路段的交通流中车辆构成应满足车辆分类和测量数量的相关要求。

⑤选定的测试路段,要求传声器周围25 m范围内没有任何声反射物体,如建筑物、声屏障等。

⑥选定的测试路段应避免护栏对测量结果的影响。图7.4所示长方形阴影区域内应无波形护栏、混凝土护栏。如果需要测试该路段,应移除护栏或采用吸声材料覆盖后再测试。

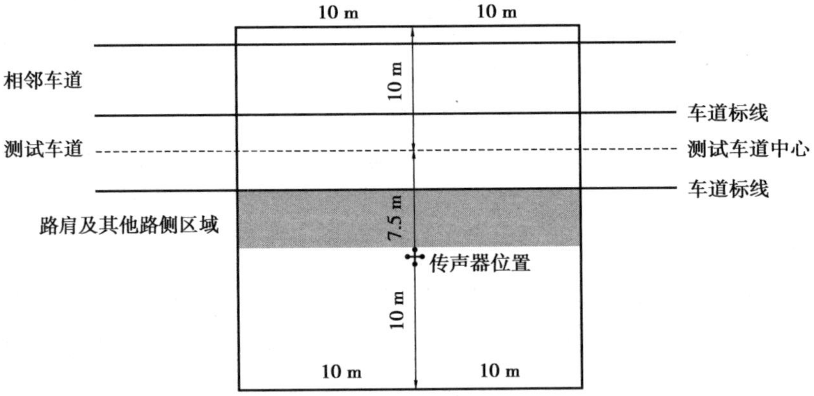

图7.4　交通噪声测量对护栏影响的要求

⑦应将传声器与测试车道中心线之间区域内的杂物清理干净,且避免有高大植物的路段。路侧有边沟或其他显著低洼处时,应至少离开车道中心线5 m。

⑧大风天气(一般要求风速不大于5 m/s)及雨天不应进行测试。测试时环境空气温度应在10～35 ℃(气候分区为夏凉区时为5～30 ℃),且尽可能在空气温度接近20 ℃时进行测试。

2)传声器布设

传声器一般按照测试行车方向右侧最外侧车道噪声的方式进行布设。将传声器在选定测试路段纵向中间位置进行固定,一般应置于测试车道的行车方向的右侧,距测试车道中心线的水平距离应为(7.5 ±0.1)m。当布设条件有限时,在保证安全的前提下可布设在左侧。

3)声测装置的安装与检查

①按照要求安装声测装置,应确保传声器位于车道路表面上方(1.2 ±0.1)m 高度处,并安装防风罩。

②声测装置进行开机预热,检查是否运行正常,电压是否正常,并用声校准器检查其灵敏性。

4)车辆分类和测量数量要求

应对测试路段交通流中的车辆进行分类,以便进行数据处理。本方法将交通流中车辆分为 3 类,各类车辆测试数量要求如下,其余车辆可不予测量:

①第 1 类:小客车,不少于 100 辆。

②第 2 类:双轴的货车、公共汽车以及大客车,不少于 30 辆。

③第 3 类:双轴以上的货车、公共汽车以及大客车,不少于 30 辆。其中,第 2 类和第 3 类测量总量不少于 80 辆。

▶　7.4.3　测试步骤

1)噪声和车速测试

①声级测试。在车辆经过时,使用时间计权“快”挡(“F”档)测量最大 A 计权声压级,精确至 0.01 dB。

②频谱测试。推荐测量 1/3 倍频程谱。平均时间用“快”档。在车辆经过 A 计权声压级达到其最大值时采集频谱。

③速度测试。在车辆中心点通过传声器时应测量车辆的速度,精确至 1 km/h。

2)温度测试

用温度计测试路表面上方 1.0 ~0.5 m 高度处的空气温度,持续时间至少为 15 s。宜连续测试。如果现场无法连续测试,至少每 15 min 测量一次,精确至 1 ℃。

3)测试过程中的检查

测试过程中每 4 h 及测试结束时用声校准器对测声系统(包括传声器)整体敏感性进行一次检查。任何偏离都应记录在试验报告,如果校准读数相差超过 0.5 dB,所有的中间测试应被视为无效。

4)不予测试或剔除测试结果的情况

对出现以下情况的车辆,应不予测试或从测试结果中剔除:

①按图 7.5 确定的测试车辆与前后车辆的 A 计权声压级差小于 6 dB。

②在测试车辆产生最大声压级时,其最大声压级与其他交通车辆等背景噪声产生的总声压级之差小于 10 dB。

③在测试车辆与某一车辆在测试位置几乎同时产生最大声压级,以致峰值难以分开。

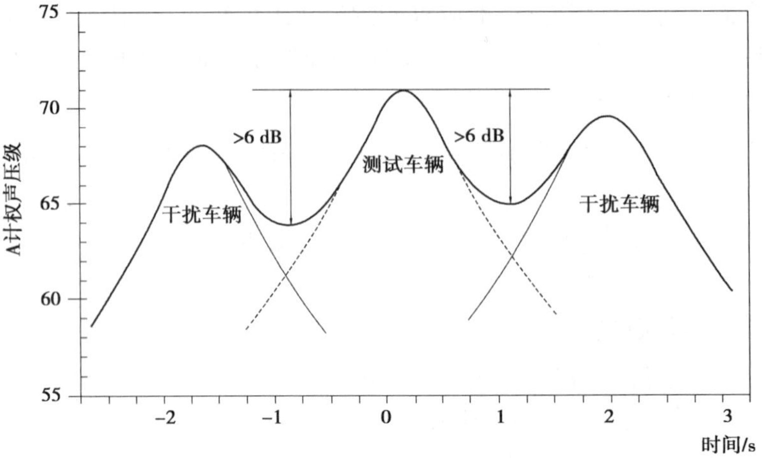

图 7.5　通过车辆所要求的信噪比图示

（粗实线表示两辆互相干扰的车辆以及被测试车辆的总声压级）

④明显产生不正常噪声的测试车辆，如可能由于排气系统的故障、车体摇晃或鸣笛等而产生的噪声。

⑤非匀速行驶的车辆，或横向位置明显偏离测试车道中心轴线。

⑥车速低于 50 km/h 的车辆。

▶ 7.4.4　数据处理

1）声级-车速的线性回归分析

计算处理由每类车辆测试的声级及车速的对数（以 10 为底）组成的数据对，采用最小二乘法，得到声级-车速的对数（以 10 为底）的回归直线。

2）确定速度类别

计算测试车辆的平均车速作为交通流运行平均速度，按照以下标准确定道路速度类别：

①低速度类：平均速度为 45 ~ 64 km/h。

②中速度类：平均速度为 65 ~ 99 km/h。

③高速度类：平均速度大于或等于 100 km/h。

3）确定交通流的参考速度

根据道路类别，按照表 7.3 确定每一类车辆的参考速度。对于被测试车辆的速度范围应满足：第 2、3 类车的标准速度应在实测平均速度 ±1 倍标准差范围内；第 1 类车的标准速度应在实测平均速度 ±1.5 倍标准差范围内。

4）计算参考速度下的声级

在由声级-车速线性回归分析的回归直线上，计算得到每一类车辆的回归直线上与相应参考速度对应的纵坐标声级。

表7.3 不同道路速度类别下参考速度和典型加权因子

车辆类别	交通流速度类别对应的标准速度					
	低速度		中速度		高速度	
	参考速度/(km·h^{-1})	典型加权因子	参考速度/(km·h^{-1})	典型加权因子	参考速度/(km·h^{-1})	典型加权因子
第1类	50	0.900	80	0.800	110	0.700
第2类	50	0.075	70	0.100	85	0.075
第3类	50	0.025	70	0.100	85	0.225

5)计算统计通过指数

按式(7.2)计算统计通过指数,精确至0.1:

$$SPBI = 10\ \lg\left[W_1 \times 10^{L_1/10} + W_2\left(\frac{V_1}{V_2}\right) \times 10^{L_2/10} + W_3\left(\frac{V_1}{V_3}\right) \times 10^{L_3/10}\right] \tag{7.2}$$

式中 $SPBI$——统计通过指数,dB;

L_1,L_2,L_3——标准车速对应的第1,2,3类车辆的声级,dB;

V_1,V_2,V_3——第1,2,3类车辆的标准速度,km/h;

W_1,W_2,W_3——加权因子,即交通流中第1,2,3类车辆的比例,合计为1。表7.3的典型加权因子引自《声学 道路表面对交通噪声影响的测量 第1部分 统计通过法》(GB/T 20243.1—2006),当缺乏加权因子数据时可以采用。

▶ 7.4.5 报告

本方法应报告以下技术内容:

①测试路段信息(桩号,车道位置,测试路面类型、表面状况,周围的反射物情况等)。

②测试时间、测试期内天气情况、空气温度、测试设备、传声器位置。

③道路速度类型、车辆类型加权因子。

思考练习题

7.1 路面渗水仪测定路面渗水系数的原理和适用范围主要包括哪些?

7.2 简述路面渗水系数与路面空隙率和压实度的关系?空隙率和压实度相同时,路面的渗水情况也相同吗?

7.3 沥青路面车辙测试时,对于内外侧轮迹带的车辙深度,如何评定该路段的平均车辙深度?

7.4 沥青路面车辙深度测定检测报告应包含哪些内容?

7.5 裂缝自动化检测主要包含哪些内容?常用的主要测定方法有哪些?

7.6 结合我国道路发展状况,分析路基路面检测的新需求及其检测方法。

8

道路使用过程检测:使用性能与技术状况评定

道路养护和改扩建是今后道路工程的重要内容。在道路使用过程中,导致道路出现损坏的因素是多方面的,主要有荷载、环境、施工、养护等,而道路损坏表现出的形态和特征也是多种多样的。路面使用性能是对道路结构完好程度最直接的表观反映,相关评价不仅可提供道路结构完好程度等信息,还可以为确定所需的养护和改建措施提供依据,并可为设计、施工、养护提供反馈信息。

路面的使用性能评价是国外路面研究的重要内容之一。美国各州与公路运输工作者协会于20世纪50年代末到60年代初开展了AASHTO试验路的研究,基于试验路数十年的观察结果提出了世界上第一个路面使用性能评价指标——现实服务能力指数PSI(Present Serviceability Index)。PSI模型的建立对世界路面使用性能评价的研究乃至养护管理系统的发展产生了深刻的影响。PSI模型对路面使用性能进行评价时考虑了路面平整度、路面破损和车辙等因素对路面使用性能的影响,其中以路面平整度为重要评价指标。随后,英国、法国、加拿大、日本、芬兰和世界银行依据现实服务能力指数PSI模型的特点,结合各国公路建设现状纷纷建立了不同类型的路面使用性能评价模型。较典型的模型有英国的道路状况指数RCI、加拿大的行驶舒适性指数RCI、日本的养护管理指数MCI和美国军事机构开发的路面状况指数PCI等。这些模型都是首先建立起标准统一的评价尺度,然后将所测的客观数据与之建立联系,以此来评价路面损坏的不同程度。

路面使用性能的检测,需要确定3个方面的内容:路面损坏的类型、损坏的严重程度、出现损坏的范围或密度等。然而,开展路面使用性能研究在获得大量的路面使用性能数据之外,尚需具备与性能数据对应的交通量荷载数据、气候环境数据、建设期施工数据、原材料检测数据、路面养护数据等。对道路使用性能的评价研究,势必是长期的、复杂的,与之相关的道路使用性能检测也处在不断发展过程中。

8.1 路面表观损坏测试方法

在路面检测工作中,路面破损的检测始终是其中比较重要的环节之一,在路面养护中是对旧路进行养护维修的重要依据,在改扩建工程中是对旧路路面进行整治利用的重要评价标准。目前,我国对路面表观损坏的检测方法主要有步行人眼观察法、坐车录像屏幕测读法、自动化道路路况检测法等。

步行人眼观察是比较原始的路面破损检测方法,采用经验丰富的技术人员进行沿线实地调查,详细调查沥青路面上出现的破坏种类及破坏水平,区分出破坏类型和达到的程度,并根据破坏种类和严重程度进行记录。但随着计算机迅速发展,利用先进的传感器、数字采集及处理系统、网络定位等技术,采用自动化道路路况检测技术对道路路面的状况进行检测,实现了道路检测管理系统的高速化、智能化、自动化的发展。人工调查法和图像视频法适用于测试沥青路面和水泥路面裂缝、坑槽、断板等表观损坏,以评价路面技术状况。

▶ 8.1.1 仪具与材料技术要求

1)人工法

①量尺:

a. 钢卷尺:5 m 量程和 50 m 量程,分度值为 1 mm。

b. 钢直尺:500 mm,分度值为 1 mm。

②其他:粉笔或油漆、安全标志等。

2)图像视频法

车载式路面图像视频损坏检测系统基本参数:

①距离传感器标定误差:<0.1%。

②有效测试宽度:不小于一个车道宽度的 70%。

③最小裂缝分辨宽度:1 mm。

④裂缝识别的准确率:≥90%。

▶ 8.1.2 方法与步骤

1)人工调查法

人工调查法测试步骤如下:

①两个测试人员组成一个测试组,沿路肩徒步调查。

②量测或收集测试路段的路面长度及宽度。

③沿路面仔细观察、量测并在损坏记录表格上填写路面损坏的桩号、位置、类型及尺寸等信息。根据周围交通状况可目测或采用量尺量测各类损坏,沥青路面和水泥混凝土路面具体

记录方式分别如下：

a. 沥青路面：

● 裂缝：包括纵向裂缝、横向裂缝和不规则裂缝等单根裂缝，主要采用钢卷尺或钢直尺量测其长度与宽度。缝宽按照该条裂缝宽度最大值计，宽度精确至 1 mm；缝长按照沿裂缝走向累计长度计算，调查结果精确至 0.01 m。

● 其他类损坏：包括龟裂、块状裂缝、坑槽、沉陷、波浪拥包、松散、泛油、修补等，主要量测其面积。按照矩形量测其横断面切向和垂直方向最外边的长度和宽度，矩形应覆盖该处损坏面积，调查结果精确至 0.000 1 m^2。矩形边框如图 8.1 所示。

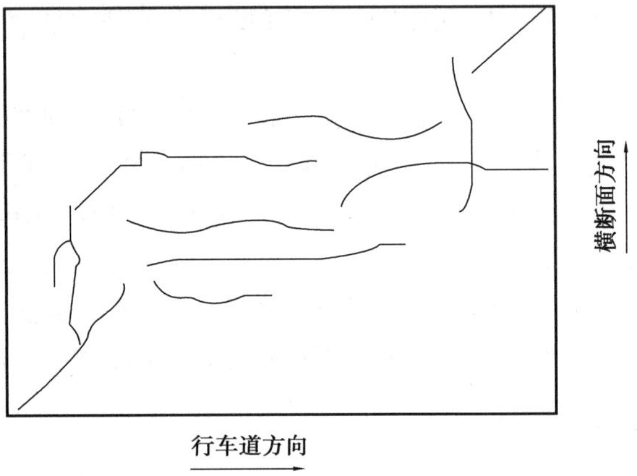

图 8.1　外侧矩形边框为测量边框

b. 水泥混凝土路面：

● 裂缝、边角剥落、接缝料损坏、唧泥及裂缝修补等，主要量测其长度，调查结果精确至 0.01 m。

● 破碎板、板角断裂、拱起、坑洞、露骨及修补等，主要量测其面积。按照涉及的板块、板角或包络面积计算，调查结果精确至 0.000 1 m^2。

④必要时，在损坏位置用粉笔或油漆做标记、拍摄照片或录像，并记录相应的桩号和照片编号。

2)图像视频法

主要采用图像视频法自动测试路面裂缝类损坏和用人工交互的方式处理其他路面损坏。

(1)准备工作

①启动设备，调整摄像系统及光源的相应参数，使拍摄的路况图像清晰。

②确定测试路段，要求无积水、无冰雪，同时要清除测试道路上没有影响视觉图像采集的沙土等杂物。

(2)测试步骤

①将测试车辆就位于测试区间起点前一定距离，以保证到达测试区域时能够达到测试要求的稳定车速，启动测试设备并将其调整至工作状态。

②设定测试系统参数，输入线路名称、起点桩号、测试车道等信息。

③测试时应分车道测试，保持测试车中心线与车道中心线重合，测试系统自动记录被测

试车道的路面损坏状况。

④测试结束,保存数据。

⑤采用自动化或者人机交互的方式识别路面损坏图像,并读取裂缝长度、损坏面积等。

▶ 8.1.3　数据处理

①测试沥青路面损坏时,计算测试路段的裂缝总长度、其他路面损坏的总面积,根据需要可计算破损率、裂缝率等指标。

裂缝是路面最主要的破坏形式之一,对于裂缝损坏可单独进行统计。沥青路面的裂缝率按下式计算:

$$C_K = \frac{C_A + L \times B}{A} \tag{8.1}$$

式中　C_K——沥青路面裂缝率,m^2/1 000 m^2;

L——纵、横裂缝长度总和,m;

C_A——龟裂及块裂面积总和,m^2;

A——测试路段路面面积,以 1 000 m^2 计;

B——将裂缝长度换算成面积的影响宽度,一般取 0.2 m。

在进行路面技术状况评价时,可根据需要计算路面破损率 DR。路面破损率 DR 按下式计算:

$$DR = 100 \times \frac{\sum_{i=1}^{i_0} w_i A_i}{A} \tag{8.2}$$

式中　DR——路面破损率,%;

A_i——第 i 类路面损坏的累计面积,m^2;

A——路面检测或调查面积,m^2;

w_i——第 i 类路面损坏的权重或换算系数,参见《公路技术状况评定标准》(JTG 5210—2018)中表 7.4.6-1、表 7.4.6-2;

i——路面损坏类型,包括损坏程度(轻、中、重);

i_0——损坏类型总数,沥青路面取 21。

②测试水泥混凝土路面损坏时,计算测试路段损坏长度或面积,根据需要可计算破损率、断板率等指标。

水泥混凝土路面的断板率按下式计算:

$$B_D = \frac{S_D}{S} \times 100 \tag{8.3}$$

式中　B_D——水泥混凝土路面的断板率,%;

S_D——已完全折断成两块及以上的水泥混凝土路面板块总数;

S——测试路段的面板总块数。

水泥混凝土路面的破损率 DR 方法与沥青路面相同,但 i_0 取 20。

检测数据应以文本或电子表格格式保存。路面病害自动化检测数据文件格式可采用表

8.1、表 8.2 所示两种方式。

表 8.1　路面病害自动化检测数据文件格式(1)

里程桩号	车道位置	病害类型	长度/面积	宽度/mm
K0 +000	命令方式:左 1	横向裂缝	1.2 m	3
K0 +010	—	灌缝修补	2.5 m^2	—
K0 +030	—	坑槽	0.5 m^2	—

表 8.2　路面病害自动化检测数据文件格式(2)

序　号	里程桩号/km	车道位置	病害类型	长度/m 或面积/m^2	宽度或深度/mm
1					
2					

8.2　路面错台及跳车测试方法

► 8.2.1　路面错台

不同构造物或相邻水泥混凝土板块接缝间出现的高程突变(以 mm 计)称为路面错台。在人工构造物端部接头、水泥混凝土路面或桥梁的伸缩缝以及沥青路面裂缝两侧由于沉降都容易产生错台病害,直接影响路面行车的舒适性与安全性。路面错台也可以通过路面表观损坏测试方法中的三维激光图像法得到,使用者可根据实际情况选用。

1)仪具与材料技术要求

①基准尺:3 m 直尺或 2 m 直尺。

②量尺:

a. 深度尺:分辨率不大于 0.5 mm。

b. 钢直尺:量程不小于 200 mm。

c. 钢卷尺:量程不小于 5 m。

d. 塞尺:分度值不大于 0.5 mm。

③水准仪或全站仪:

a. 水准仪:精度 DS_3。

b. 全站仪:测角精度 2″,测距精度 $\pm(2mm + 2 \times 10^{-6}s)$($s$ 为测距)。

2)方法与步骤

(1)准备工作

测试前,应对测试位置进行清理,保证无浮砂、污泥等影响测试结果的污染物。

(2)测试步骤

选择需要测试的断面,记录位置、桩号,描述错台的情况。路面错台的测试位置应选在接缝高差最大处,根据需要也可选择其他有代表性的位置。根据实际情况选择以下测试方法:

①基准尺法。将基准尺垂直跨越接缝并平放于高出的一侧,用塞尺或钢直尺量测接缝处基准尺下基准面与位置较低板块的高差,即为该处的错台高度 D,精确至 1 mm。

②深度尺法。将深度尺垂直置于高出的一侧,将测头顶出至与沉降面接触为止,稳定后并读数,即为该处的错台高度 D,精确至 1 mm。测点的选择应避开水泥混凝土板块崩边的位置。

③水准仪(全站仪)法。将水准仪(全站仪)架设于路面平顺处调平,沿接缝在选定测点的两侧分别量测相对高程,精确至 1 mm。塔尺(棱镜)应放置在平整处,避开路面凸起和凹陷的位置。

3)数据处理

①基准尺法和深度尺法的测试结果直接作为错台高度 D,精确至 1 mm。

②水准仪(全站仪)法需计算接缝间的相对高程、差值的绝对值作为错台高 D,精确至 1 mm。

▶ 8.2.2 路面跳车

由路面异常突起或沉陷等损坏引起的车辆突然颠簸称为路面跳车。路面跳车病害使得公路局部过早损坏,缩短公路的使用寿命,严重影响公路的通行能力和行驶舒适度,也给行驶车辆带来安全隐患。长期以来,路面跳车的判别主要依靠人工检测,危险度高、效率低及准确性无法保证。采用车载式激光断面仪测试路面跳车,可实现快速、方便、大面积的测试,其原理仍然是利用激光所走行程的时间间隔来反求实际距离,检测指标为路面跳车 PB。

1)设备要求

①路面跳车自动化检测应采用激光断面类检测装置。

②采样间距不应大于 0.01 m。

2)方法步骤

(1)准备工作

①测试条件确认:确认现场检测状况,路面应无积水、泥浆或杂物等明显污染,行进路线上无任何障碍物。

②测线布置:道路路面沿车辆轮迹带进行测线布置。

③胎压检测:检查测试车轮胎气压,应达到车辆轮胎规定的标准胎压,车胎应清洁,不应黏附杂物。

④设备检查:确保机械紧固装置安装牢固,螺丝无松动,检查激光测距装置镜面,确保无污染物附着。

⑤系统启动:打开系统电源,启动控制程序,检查各部分工作状态,设置检测参数,输入路线名称、起/终点桩号、检测车道、检测方向和检测时间、检测人员等引导信息。

(2)相关规定

①应根据交通量、路面状况等实际情况,确定合适的检测速度,宜为 50~80 km/h,不得低

于 30 km/h,并至少提前 50 m 保持稳定行驶状态。

②检测轨迹的中心线应与车道中心线基本吻合。必须并线超车时,应平稳回到原行驶车道,不得急加速。在机场道面检测中,在测试过程中应及时准确地将测试区域的起终点和其他需要特殊标记的位置输入测试数据记录中。

③应实时监控路面平整度检测值变化,出现异常时应及时寻找原因并做好记录,必要时应停止检测。

④检测过程中应避免频繁起步停车、急转弯或者突然加速等检测情况。

⑤应根据现场检测情况,做好检测工作记录。

⑥通过检测路段终点后,应保持检测状态继续采集至少 50 m 数据。

3)数据处理

①路面跳车根据路面纵断面高差 Δh 确定,Δh 按以下公式计算。

$$\Delta h = \max\{h_1, h_2, \cdots, h_i, \cdots, h_{100}\} - \min\{h_1, h_2, \cdots, h_i, \cdots, h_{100}\} \tag{8.4}$$

式中 Δh——路面纵断面高差,cm,路面纵断面高差应为 10 m 路面纵断面最大高程和最小高程之差;

h_i——第 i 点的路面纵断面高程;

I——第 i 个路面纵断面高程数据,每 0.1 m 计一个高程,10 m 路面纵断面共计 100 个高程数据。

②路面跳车每 10 m 计算 1 个统计数;路面跳车按处计算,10 m 路面纵断面高差 $\Delta h \geqslant$ 2 cm,计 1 处路面跳车。

③输出结果包括检测里程和路面纵断面高差 Δh,并按文本或电子表格格式保存,数据文件格式可采用表 8.3 的形式。

表 8.3 路面跳车自动化检测数据文件格式

桩号	左路面纵断面高差 Δh/cm	右路面纵断面高差 Δh/cm	路面纵断面高差 Δh/cm	跳车数量

④路面跳车自动化检测的复核:

a. 当纵断面数据出现异常或纵断面数据不完整时,应从二维或三维视图中确认该断面情况。若为非正常跳车,则该处视为无效数据。当无效断面数超出计算单元内总数的 5% 时,该计算单元的路面跳车结果应无效。

b. 应检查原始数据、数据分析系统输出的纵断面图、前景视频采集系统、现场检测工作记录、路线编码、桩号范围、上下行、检测里程是否一致。不一致时应核实查找原因,结合现场检测记录进行修正。

4)准确性验证

路面跳车自动化检测的准确性验证包括相关性、等速重复性以及不同速度重复性验证,准确性验证要求应符合表 8.4 的规定。

准确性验证的周期不得超过一年,当年度累计检测里程超过 10 000 km、设备硬件发生变化或检测结果出现异常时,应重新验证。

表 8.4 路面跳车自动化检测的准确性验证要求

验证项目	准确性验证要求
等速重复性	变异系数 $C_v \leqslant 5\%$
不同速度重复性	变异系统 $C_v \leqslant 5\%$

路面跳车自动化检测应按下列方法进行重复性验证:

①选择 320 m 长的路面跳车均匀分布的路段。

②以 50 km/h 匀速重复测试 10 次,计算测试路段的 10 m 单元路面纵断面高差 Δh 为路段等速重复性测试结果。

③分别以 30 km/h、50 km/h、80 km/h 匀速重复测试 3 次,计算各次测试路段 10 m 单元路面纵断面高差 Δh,作为路段不同速度重复性测试结果。

④分别计算等速重复性测试结果和不同速度重复性测试结果的变异系数 C_v,变异系数应符合表 8.4 的要求。

8.3 探坑法测试路面结构病害方法

探坑法是以逐层开挖的方式检查路面结构内部损坏状况,可为路面的养护维修决策提供依据。

► 8.3.1 仪具与材料技术要求

①主要开挖设备:

a. 风镐:配有多种型号钎子的手持式空压风镐破碎机;空气压缩机,压力 0.55 MPa 时,最小流量不小于 118 L/s。

b. 切割机:电机功率大于 4 kW,刀片直径大于 500 mm,切缝深度大于 240 mm,推进速度大于 0.5 m/min。

②量尺:5 m 和 30 m 钢卷尺、0.5 m 钢尺等。

③其他:铁锹、凿子、锤子、小铲扫帚或毛刷、吹风机等。

► 8.3.2 方法与步骤

(1)准备工作

①在调查区域内根据路面典型病害的类别和检查目的确定代表区域,作为测试点。

②确定检查部位的路面结构层数。

(2)测试步骤

①测试观察部位,若路面不清洁妨碍观测时,应采用扫帚或毛刷清扫路面,并用路用吹风机吹干净病害位置的灰尘。

②观测描述测试部位路表病害，并记录破损情况。

③根据病害严重程度确定开挖矩形形状的边长 $L_{纵}$、$L_{横}$。在病害位置（主要指裂缝或车辙病害，若为坑槽或龟裂病害，应在病害边缘位置）沿路线横断面进行画线，确定开挖边长为 $L_{横}$，须大于严重病害在横断面位置的包络宽度；沿 $L_{横}$ 两端且与其垂直的病害方向纵向画线（2 条），确定开挖的另一边长 $L_{纵}$，其长度不小于病害在路线纵向的长度；最后将两条 $L_{纵}$ 端点连接，形成要开挖的矩形框，其中底层长度和宽度不小于 400 mm。

④沿画线位置用手持式空压风镐小心将上面层材料开挖干净，表面层的开挖深度以达到下一层的顶面为宜，注意尽可能不要触碰到下面层，特别是在裂缝位置。

⑤用风镐或凿子、锤子将上面层四周修理到位，用铁锹或小铲将废料铲出，用毛刷或吹风机将开挖的第一层坑槽底部及四周的浮尘和松散废料清理干净。

⑥完成第一层的开挖及测试后，观测描述第二层表面病害特征并记录破损情况。

⑦重复上述步骤至病害消失的层位为止。第二层以后的各层开挖宜每边比上一层对应边长缩短 150 mm，即开挖成台阶状，台阶宽度不宜小于 100 mm。开挖后的断面示意图及平面示意图如图 8.2、图 8.3 所示。

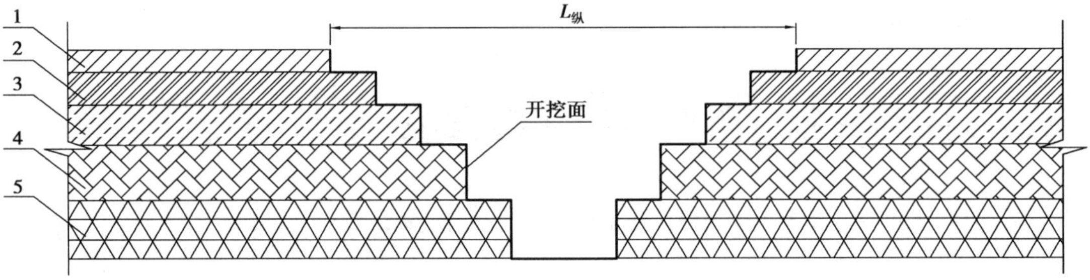

图 8.2　断面示意图（1、2、3、4、5 指路面各结构层）

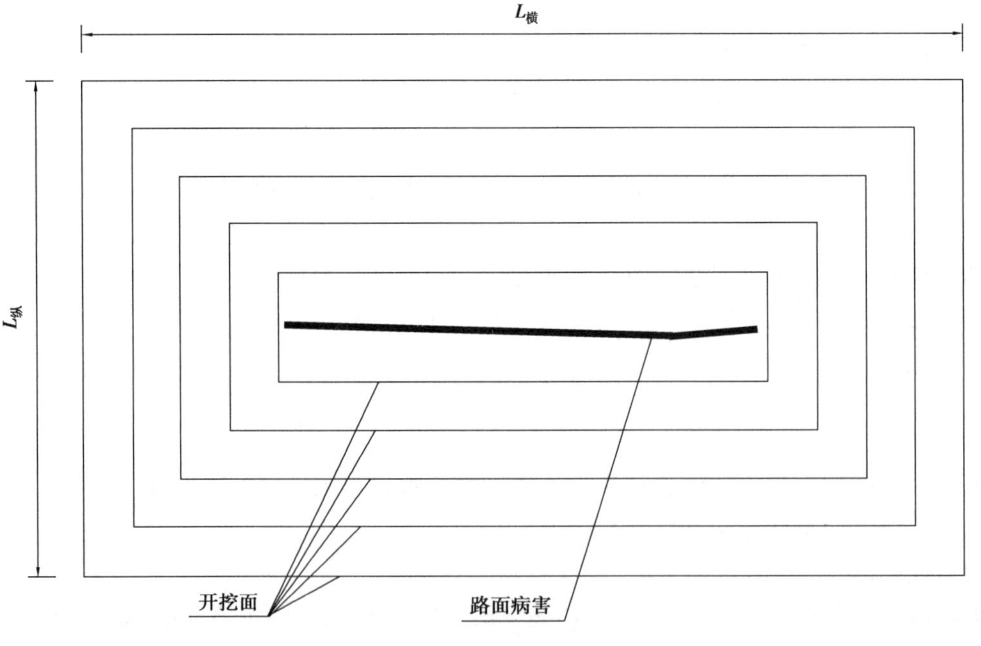

图 8.3　平面示意图

⑧记录各层厚度时,可用500 mm 的钢尺沿坑槽四角及每边中间部位测量其不同断面的厚度,取所测厚度的平均值作为该层的厚度,精确至1 mm;调查车辙病害时,采用路面切缝机垂直车辙方向横向切割整个面层,使之形成一个光滑的横断面,用钢尺测量断面上、中、下面层不同位置的厚度值,精确至1 mm。

⑨开挖过程中,也可以根据需要测试相应层位的材料模量、含水率等指标。

⑩完成各层开挖及测试,直到测试并记录完最后一层的测试数据。根据需要整个测试过程可拍摄照片或录像备查。

▶ 8.3.3 结果处理

统计各测试位置的病害情况,以此作为整个调查区域的病害测试结果,并给出报告,包括以下内容:

①测试位置信息(桩号、路面结构类型等)。

②路面结构病害测试记录、开挖剖面图和图像资料。

③相应测试层位的材料模量、含水率等指标。

8.4 弯沉法测试水泥混凝土路面脱空方法

水泥混凝土路面板底脱空严重影响其使用性能和疲劳寿命,也是旧水泥混凝土路面加铺沥青层前最难处治的一类病害,因此路面水泥板脱空的测试和判别既是路面使用性能判定的重要参考,也是为做好路面的脱空处治需要完成的工作。对板底脱空的评定方法已有多种,按照检测工具的不同,可分为外观评定法、贝克曼梁弯沉检测法、基于FWD的脱空判别方法、探地雷达法、声振法等方法。由于板底脱空必然影响结构的强度与刚度,因此,比较实际弯沉和理论弯沉可确定板下是否存在脱空及其大小。参考美国AASHTO路面设计指南,将荷载等级设置为6、9、12 klp,利用FWD多级加载后进行线性回归,当截距达到50 μm时可表明板下存在脱空。

▶ 8.4.1 仪具与材料技术要求

①落锤式弯沉仪:符合落锤式弯沉仪测试弯沉方法的技术要求。

②贝克曼梁和加载车:采用5.4 m 贝克曼梁,并符合《公路路基路面现场测试规程》(JTG 3450—2019)中贝克曼梁测试路基路面回弹弯沉方法中的技术要求。

③百分表及表架。

④其他:钢卷尺等。

▶ 8.4.2 方法与步骤

1)落锤式弯沉仪法

(1)准备工作

①收集水泥路面材料、结构、厚度等路面资料信息。

②确定测试桩号，并标识测点位置。当测试板角或板边位置时，承载板边缘应距纵、横缝不大于200 mm。当测试板中位置时，承载板中心与板中距离偏差应不大于200 mm，承载板位置摆放如图 8.4 所示。

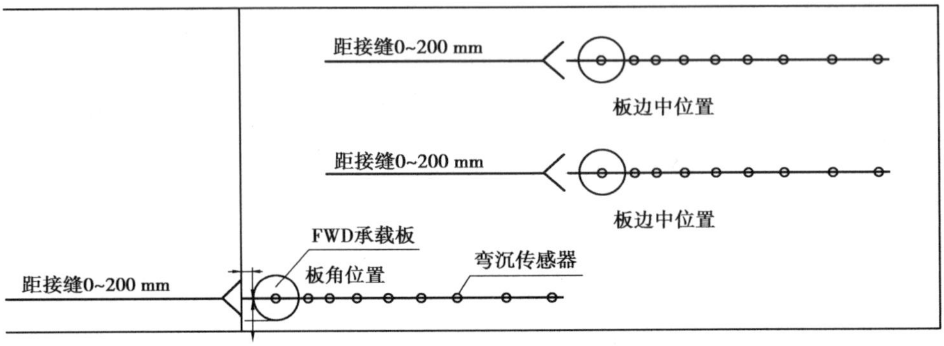

图 8.4　FWD 承载板位置摆放平面示意图

③清扫水泥路面，使测试点位置无明显砂粒、积泥。

④脱空测试应避开晴天正午前后温度较高及显著负温度梯度（夜晚或清晨）时段，宜选择在早晚板块上下表面温差较小时段，或者凉爽多云、阴天温差变化不大的天气进行测试。

（2）测试步骤

按照落锤式弯沉仪测试弯沉方法的过程检测测试位置的弯沉。采用截距值判定板底脱空时，应测试板角弯沉，并对同一测点施加 3 级荷载进行测试。采用弯沉比值判定板底脱空时，应采用同一恒定荷载对板角、板中和板边进行弯沉测试。

2）贝克曼梁弯沉仪法

①指挥测试车使其后轮摆放于要求测点处。当测试板角或板边位置时，后轴轮胎外侧边缘应距纵缝 100 ~ 200 mm。

②当只测试受荷板的板角弯沉时，可将贝克曼梁测头放置于距接缝 50 ~ 100 mm 处，贝克曼梁的支座与测点不应在同一块板上。弯沉车车轮和贝克曼梁测头摆放如图 8.5 所示。

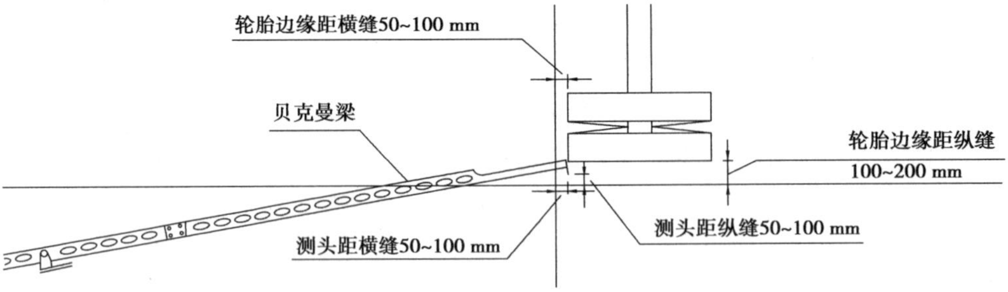

图 8.5　弯沉车车轮和贝克曼梁测头摆放平面示意图

③安放百分表于弯沉仪的测定杆上，用手指轻轻叩打弯沉仪，检查百分表能否稳定回位。百分表回位稳定后，记录初始读数 L_1，精确到 0.01 mm。

④测试者发令指挥汽车以 5 km/h 左右的速度缓缓前进驶离测试混凝土板块，待表针回转稳定后，读取终读数 L_2，精确到 0.01 mm。

⑤承载车向前移动至下一个测点,重复上述步骤①~④进行测试。

▶ 8.4.3 数据处理

1)落锤式弯沉仪法

当采用落锤式弯沉仪进行脱空测试时,可采用截距值法和弯沉比值两种测试方法之一进行脱空判定,具体计算方法如下:

①通过 FWD 测试出不同荷载等级的弯沉值,按照线性回归统计方法,计算得到下式中的回归系数 a、b。

$$W = aP + b \tag{8.5}$$

式中 W——弯沉值,0.001 mm;

P——荷载值,kN;

a——回归曲线斜率;

b——回归曲线截距值。

当测点的线性回归截距值 $b > 50$ μm 时可判定为脱空。

②通过 FWD 测试出水泥混凝土板块不同位置的弯沉值,按下列公式计算弯沉比值 λ_1、λ_2。

$$\lambda_1 = W_{板角}/W_{板中} \tag{8.6}$$

$$\lambda_2 = W_{板边}/W_{板中} \tag{8.7}$$

式中 λ_1——板角弯沉/板中弯沉的比值;

λ_2——板边中点弯沉/板中弯沉的比值;

$W_{板角}$——水泥混凝土板角处弯沉值,0.001 mm;

$W_{板边}$——水泥混凝土板边中处弯沉值,0.001 mm;

$W_{板中}$——水泥混凝土板中处弯沉值,0.001 mm。

采用 FWD 分别测试同一板块板中、板边中点和板角位置的弯沉。当 $\lambda_1 > 3.0$ 且 $\lambda_2 > 2.0$ 时,可判定为脱空。

2)贝克曼梁弯沉法

路面测点的回弹弯沉值按式(8.8)计算:

$$L_t = (L_2 - L_1) \times 2 \tag{8.8}$$

式中 L_t——路面回弹弯沉值,0.01 mm;

L_1——百分表的初读数,0.01 mm;

L_2——百分表的终读数,0.01 mm。

采用单点弯沉测值进行脱空判定时,当弯沉值大于 0.2 mm 可判定为该处脱空。

8.5 探地雷达法测试路基空洞方法

对于探测结构内部缺陷,探地雷达法应用广泛,可用于路面板底脱空的判断。当路基空洞等具有一定的规模尺寸，且与周边介质之间存在介电性质差异时，探地雷达也可用于测试路基空洞。

▶ 8.5.1 设备要求

探地雷达由发射天线、接收天线、控制单元、距离测量装置和牵引装置等组成，具体要求如下：

①天线应具备抗干扰功能，宜采用多通道天线阵；

②牵引装置宜采用具备安全行驶防护设施机动车辆；

③扫描速率最高宜为 300 线/s；

④系统增益不应小于 150 dB，检测时窗宜为 0 ~ 1 024 ns；

⑤信噪比不应低于 110 dB，动态范围不应小于 120 dB；

⑥距离测量装置（DMI）分辨率不应大于 0.5 mm，采样间距不应大于 0.01 m。测距误差应小于或等于 0.1%。

最大检测深度与天线中心频率的理论对应关系如表 8.5 所示。

表 8.5 最大检测深度与天线中心频率的理论对应关系

最大检测深度/m	中心频率/MHz
1.0	>500
1.0 ~ 2.0	200 ~ 500
2.0 ~ 5.0	100 ~ 200

▶ 8.5.2 方法与步骤

1）检测准备工作

①根据前期收集的基础资料，应有针对性地制订检测方案，基础资料包括检测道路路线位置图、路基路面设计施工资料等。

②测线布设应符合下列规定：

a. 在道路上进行探测时，测线宜沿车道行进方向布设；

b. 在非道路区域进行探测时，测线宜沿测区长边方向布设；

c. 普查时，测线横向间距不宜大于 2.0 m，详查时测线间距不宜大于 1.0 m；

d. 检测范围应达到检测区域全面覆盖的目标，道路交叉口、渠化岛弯道、小区出入口等区域宜适当扩大检测范围；

e. 测线末端宜超过检测区域边缘 10 m。

③在现场检测工作开始前，应办理占道施工许可证，对全部检测人员进行检测方案技术及施工安全交底。

④检测工作应避免路面有积水或其他覆盖物干扰，检测环境温度应为 −10 ~ 50 ℃。

2）数据采集

①检测开始前，应进行设备调试，确定雷达通道、探测时窗、采样频率等参数。在数据采

集过程中,可根据干扰情况、图像效果调整采集参数。

②连续测量时,天线应按测线方向匀速移动,并应与仪器的扫描率相匹配。

③应记录采集数据对应的车道、方向及检测环境情况状况等,以便必要时进行数据补测工作。

④应及时记录信号异常出现的位置范围信息,必要时进行详细复测。

⑤检测中遇到局部不满足探测条件时,应记录其位置和范围,后续应补充探测。

⑥检测工作进行时,应做好必要的安全防护措施。

3)现场采集数据质量检查和评价

现场采集数据质量检查和评价应符合下列规定:

①探测数据的信噪比应满足数据处理、解释的需要;

②重复观测的数据与原数据应一致性良好;

③现场记录信息应完整,且与数据保持一致;

④数据信号削波部分不宜超过全剖面的5%;

⑤数据剖面上不应出现连续的坏道。

► 8.5.3 数据处理

1)数据处理步骤

①数据处理前,应检查核对原始数据是否完整、可靠、有效,发现问题应重新检测或补测;

②宜进行零点校正,明确地面反射点的位置;

③应对自由连续采集的数据进行水平距离归一化处理;

④可根据需要选取增益调整、频率滤波、背景消除、反褶积、偏移归位、空间滤波、数据平滑、地形校正等处理方法;

⑤当采用多通道雷达时,应检查多通道雷达数据之间的相关性;

⑥应比对地标特征和雷达数据,排除外在环境干扰;

⑦原始数据应及时按要求备份保存,保证能够归档溯源。

2)资料解释方法和流程

资料解释方法和流程应符合下列规定:

①解释成果应采用专业语言描述,用于成果解释的雷达图像应清晰、信噪比高;

②宜根据信号的同相轴及振幅、相位和频率等属性特征提取异常;

③应结合现场记录和调查资料、排除干扰异常;

④路基空洞宜结合地面变形、管线破损和历史塌陷等调查资料及测区地质资料进行;

⑤路基空洞的位置、范围和规模宜结合相邻测线对比分析确定;

⑥应在雷达剖面图上标明路基空洞的位置和范围。

3)检测数据记录

完成检测数据记录(表8.6),还可采用内窥设备记录路基空洞影像。

表 8.6 探地雷达检测记录

序 号	检测路段	测线编号	病害描述	病害位置(起止桩号)	埋深/m	备注(异常情况)

4)验证路基检测成果

对路基空洞检测的成果,如病害体的分布范围、埋深等,进行验证。验证方法宜选用钻探、挖探、钎探等方法;当不具备这些作业条件时,可选用其他探测方法进行验证;验证点宜布设在路基空洞的探测异常反应最强部位或中心部位;当验证路基空洞边界时,宜在路基空洞边缘增设验证点。

8.6 路面评价指标体系

公路技术状况指数(*MQI*)由路基技术状况指数(*SCI*)、路面技术状况指数(*PQI*)、桥隧构造物技术状况指数(*BCI*)和沿线设施技术状况指数(*TCI*)共同组成。路面技术状况指数 *PQI* 用于综合评价公路路面使用性能,*PQI* 指标又由路面损坏状况指数 *PCI*、路面行驶质量指数 *RQI*、路面车辙深度指数 *RDI*、路面跳车指数 *PBI*、路面磨耗指数 *PWI* 和路面抗滑性能指数 *SRI* 以及路面结构强度指数 *PSSI* 按不同权重来确定。原交通部最早在 2002 年发布《高速公路养护质量检评方法(试行)》规范高速公路路面评价方法,随后为统一高速公路和普通公路技术状况评定方法。原交通部主持并于 2007 年完成了《公路技术状况评定标准》(JTG H20—2007)的编写,目前我国公路路面的评价是参照《公路技术状况评定标准》(JTG 5210—2018)执行。

▶ 8.6.1 路面技术状况指数调查方法

路面技术状况检测与调查以 1 000 m 路段长度为基本检测(或调查)单元,按上行(桩号递增方向)和下行(桩号递减方向)两个方向分别实施,二、三、四级公路可不分上下行检测与调查。在路面类型、交通量、路面宽度和养管单位等变化处,检测(或调查)单元的长度可不受 1 000 m 的限制,其评定单元长度通常为 100 ~ 1 900 m。

路面技术状况检测与调查的最低检测与调查频率,如表 8.7 所示。有条件的省(区、市)可根据实际需要,增加部分或全部指标的检测与调查频率。为满足路面养护需要,科学规划公路网路面结构强度检测比例和检测路线,准确掌握公路网的路面结构性能,路面结构强度年度最低检测规模不小于列养里程的 20%,每 2 ~ 5 年完成一次整个公路网所有路线路面结构强度的全面检测。

路面技术状况检测与调查需要采用先进的检测与调查技术,不适宜自动化检测的路线或路段可采用人工调查方式,但人工调查也应采用具有可现场记录和现场实时无线数据传输功能的便携设备,包括移动终端等。

表 8.7 路面技术状况检测与调查频率

检测与调查内容		沥青路面		水泥混凝土路面	
		高速、一级公路	二、三、四级公路	高速、一级公路	二、三、四级公路
路面 *PQI*	路面损坏	1 年 1 次	1 年 1 次	1 年 1 次	1 年 1 次
	路面平整度	1 年 1 次	1 年 1 次	1 年 1 次	1 年 1 次
	路面车辙	1 年 1 次	—	—	—
	路面跳车	1 年 1 次	—	1 年 1 次	—
	路面磨耗	1 年 1 次	—	1 年 1 次	—
	路面抗滑性能	2 年 1 次	—	2 年 1 次	—
	路面结构强度	抽样检测	抽样检测	—	—

► 8.6.2 路面技术状况指标

1)路面损坏状况评价指标

路面损坏包括裂缝、坑槽、沉陷和松散等各种表面破坏和损伤。路面表面各种类型的损坏通过其对路面使用性能的影响程度加权累积计算换算损坏面积,换算损坏面积与调查面积之比(路面破损率),可直接用来衡量路面的损坏状态,也可通过路面损坏状况指数(*PCI*)来评价路面表面的技术状况,*PCI* 按下式计算:

$$PCI = 100 - a_0(DR)^{a_1} \tag{8.9}$$

$$DR = 100 \times \frac{\sum_{i=1}^{i_0} w_i A_i}{A} \tag{8.10}$$

式中 DR——路面破损率,%;

a_0——沥青路面采用 15.00,水泥混凝土路面采用 10.66;

a_1——沥青路面采用 0.412,水泥混凝土路面采用 0.461;

A_i——第 i 类路面损坏的累计面积,m^2;

A——路面检测或调查面积,m^2;

w_i——第 i 类路面损坏的权重或换算系数,查相关表得出;

i——路面损坏类型,包括损坏程度(轻、中、重);

i_0——损坏类型总数,沥青路面取 21,水泥混凝土路面取 20。

自动化检测时,A_i 应按式(8.11)计算:

$$A_i = 0.01 \times GN_i \tag{8.11}$$

式中 GN_i——含有第 i 类路面损坏的网格数;

0.01——面积换算系数,一个网格的标准尺寸为 0.1 m×0.1 m。

根据路面破损情况,将路面质量分为优、良、中、次、差 5 个等级,其评定标准如表 8.8 所示。

表 8.8　路面损坏状况等级划分标准

评定指标	优	良	中	次	差
PCI(高速公路)	≥92	≥80,<92	≥70,<80	≥60,<70	<60
PCI(其他公路)	≥90	≥80,<90	≥70,<80	≥60,<70	<60

2)路面行驶质量评价指标

路面行驶质量采用路面行驶质量指数(*RQI*)作为评价指标,*RQI* 由国际平整度指数(*IRI*)计算,通过下式计算路面行驶质量指数 *RQI*:

$$RQI = \frac{100}{1 + a_0 e^{a_1(IRI)}} \tag{8.12}$$

式中　*IRI*——国际平整度指数,m/km;

a_0——高速公路和一级公路采用 0.026,其他等级公路采用 0.018 5;

a_1——高速公路和一级公路采用 0.65,其他等级公路采用 0.58。

根据检测结果,将路面行驶质量分为优、良、中、次、差 5 个等级,其评定标准如表 8.9 所示。

表 8.9　路面行驶质量等级划分标准

评定指标	优	良	中	次	差
RQI(水泥混凝土路面公路)	≥88	≥80,<88	≥70,<80	≥60,<70	<60
RQI(其他公路)	≥90	≥80,<90	≥70,<80	≥60,<70	<60

3)路面车辙评价指标

路面车辙采用路面车辙深度指数 *RDI* 反映,*RDI* 按下式计算:

$$RDI = \begin{cases} 100 - a_0 RD & (RD \leqslant RD_a) \\ 90 - a_1(RD - RD_a) & (RD_a < RD \leqslant RD_b) \\ 0 & (RD > RD_b) \end{cases} \tag{8.13}$$

式中　*RD*——车辙深度,mm;

RD_a——车辙深度参数,采用 10.0;

RD_b——车辙深度参数,采用 40.0;

a_0——模型参数,采用 1.0;

a_1——模型参数,采用 3.0。

按路面车辙深度指数(*RDI*)的大小,路面相关技术等级也分为优、良、中、次、差 5 级,评定标准如表 8.10 所示。

表 8.10　路面车辙深度指数等级评定标准

评定指标	优	良	中	次	差
RDI	≥90	≥80,<90	≥70,<80	≥60,<70	<60

4)**路面跳车评价指标**

采用路面跳车指数 *PBI* 反映路面跳车情况,路面跳车指数 *PBI* 是路面跳车数和路面跳车程度(轻度、中度、重度)的函数,计算公式如下:

$$PBI = 100 - \sum_{i=1}^{i_0} a_i PB_i \tag{8.14}$$

式中 PB_i——第 i 类程度的路面跳车数。

a_i——第 i 类程度的路面跳车单位扣分,按表 8.11 的规定取值;

i——路面跳车程度;

i_0——路面跳车程度总数,取 3。

表 8.11 路面跳车扣分标准

类别 i	跳车程度	计量单位	单位扣分
1	轻度	处	0
2	中度		25
3	重度		50

路面跳车指数 *PBI* 也分为优、良、中、次、差 5 级,评定标准如表 8.12 所示。

表 8.12 路面跳车指数等级评定标准

评定指标	优	良	中	次	差
PBI	≥90	≥80,<90	≥70,<80	≥60,<70	<60

5)**路面表面磨损状况评价指标**

路面磨耗指数 *PWI* 是行车道三线位置(左轮迹带、右轮迹带及车道中线)路面构造深度最大差值的函数,用于描述路面表面磨损状况。路面构造深度的基准值为无磨损的车道中线路面构造深度检测数据。车道中线路面表面有明显磨损时,可采用同一断面同质路肩的路面构造深度检测数据为基准值。交工验收时的路面构造深度检测数据也可以作为路面构造深度的基准值。*PWI* 计算式如下:

$$PWI = 100 - a_0 WR^{a_1} \tag{8.15}$$

$$WR = 100 \times \frac{MPD_C - \min\{MPD_L, MPD_R\}}{MPD_C} \tag{8.16}$$

式中 WR——路面磨耗率,%;

a_0——模型参数,采用 1.696;

a_1——模型参数,采用 0.785;

MPD——路面构造深度,mm;

MPD_C——路面构造深度基准值,采用无磨损的车道中线路面构造深度,mm;

MPD_L——左轮迹带的路面构造深度,mm;

MPD_R——右轮迹带的路面构造深度,mm。

路面表面磨损状况分为优、良、中、次、差5级，分级标准中路面磨耗指数（PWI）临界值同样依次对应于90、80、70、60。水泥混凝土路面表面刻槽可能导致MPD检测数据无效，因此有刻槽的水泥混凝土路面不做PWI评定。

6）路面抗滑性能评价指标

路面抗滑性能用路面抗滑性能指数（SRI）评价，其计算关系式如下：

$$SRI = \frac{100 - SRI_{\min}}{1 + a_0 e^{a_1(SFC)}} + SRI_{\min} \tag{8.17}$$

式中 SFC——横向力系数；

$SRI_{\min}$——标定参数，采用35.0；

a_0——模型参数，采用28.6；

a_1——模型参数，采用-0.105。

路面抗滑性能的评价仍然分为优、良、中、次、差5级，分级标准中对应的临界值同样依次为90、80、70、60。

7）路面结构强度评价指标

路面弯沉是路面结构强度的函数。路面结构强度可通过路面回弹弯沉反映，用路面结构强度指数（$PSSI$）评价。路面结构强度指数$PSSI$计算公式如下：

$$PSSI = \frac{100}{1 + a_0 e^{a_1(SSR)}} \tag{8.18}$$

$$SSR = \frac{l_R}{l_0} \tag{8.19}$$

式中 SSR——路面结构强度系数，为路面容许弯沉与路面实测代表弯沉之比；

l_R——路面容许弯沉，mm，路面容许弯沉计算依据《公路沥青路面设计规范》（JTG D50—2017）；

l_0——路面实测代表弯沉，mm；

a_0——模型参数，采用15.71；

a_1——模型参数，采用-5.19。

路面抗滑性能的评价依然分为优、良、中、次、差5级，分级标准中对应的临界值还是依次为90、80、70、60。

▶ 8.6.3 路面技术状况（PQI）评定

沥青路面技术状况评定应包括路面损坏、路面平整度、路面车辙、路面跳车、路面磨耗、路面抗滑性能和路面结构强度7项内容。水泥混凝土路面技术状况评定则包括路面损坏、路面平整度、路面跳车、路面磨耗和路面抗滑性能5项内容。路面技术状况应采用路面技术状况指数（PQI）评定。PQI按式（8.20）计算：

$$PQI = W_{PCI}PCI + W_{RQI}RQI + W_{RDI}RDI + W_{PBI}PBI + W_{PWI}PWI + W_{SRI}SRI + W_{PSSI}PSSI \tag{8.20}$$

式中 W_{PCI}——PCI在PQI中的权重，按表8.13的规定取值；

W_{RQI}——RQI在PQI中的权重，按表8.13的规定取值；

W_{RDI}——RDI在PQI中的权重，按表8.13的规定取值；

W_{PBI}——*PBI* 在 *PQI* 中的权重,按表 8.13 的规定取值;
W_{PWI}——*PWI* 在 *PQI* 中的权重,按表 8.13 的规定取值;
W_{SRI}——*SRI* 在 *PQI* 中的权重,按表 8.13 的规定取值;
W_{PSSI}——*PSSI* 在 *PQI* 中的权重,按表 8.13 的规定取值。

表 8.13 *PQI* 各分项指标权重

路面类型	权　重	高速公路、一级公路	二、三、四级公路
沥青路面	W_{PCI}	0.35	0.60
	W_{RQI}	0.30	0.40
	W_{RDI}	0.15	—
	W_{PBI}	0.10	—
	$W_{SRI(PWI)}$	0.10	—
	W_{PSSI}	—	—
水泥混凝土路面	W_{PCI}	0.50	0.60
	W_{RQI}	0.30	0.40
	W_{PBI}	0.10	—
	$W_{SRI(PWI)}$	0.10	—

计算 *PQI* 时,路面抗滑性能指数 *SRI* 和路面磨耗指数 *PWI* 实质一致,应二者取一。同时,路面结构强度指数 *PSSI* 也不参与 *PQI* 评定;路面结构强度为抽样检测指标,单独计算与评定,抽样检测的路线或路段应按需要确定,最低抽样比例不得低于规定值,如养护中为路网列养里程的 20%。

路面是公路技术状况评价的核心内容,在路况总体评定中的权重也占到 70%。路面技术状况调查与评定将是道路现场检测最为重要的内容,反映路面的整体使用性能。路面技术状况分级标准如表 8.14 所示,其中,"优"表示路面平整,路面没有或有少量裂缝,除了灌缝外通常不需要修复,根据路面技术路况可做磨耗层恢复等预防养护;"良"表示路面基本平整,有一定数量的裂缝和少量变形类损坏,除了灌缝和坑槽修补外还可根据交通状况等进行必要的功能性修复;"中"表示路面平整度不良,路面上有较多的裂缝和变形类损坏,有结构性和功能性修复需求;"次、差"表示路面上同时存在功能性损坏和结构性损坏,路面上有大面积的裂缝类、变形类及其他类损坏,路面需要结构性修复。

表 8.14 路面技术状况等级划分标准

评定指标	优	良	中	次	差
PQI	≥90	≥80,<90	≥70,<80	≥60,<70	<60

思考练习题

8.1　路面使用性能包括哪几方面？分别采用哪些指标表征？如何测定相关指标？

8.2　分析沥青路面的主要病害及产生原因，指出检测方法的发展方向。

8.3　分析水泥混凝土路面的主要病害及产生原因，结合养护和维修方法，指出存在的可行检测方法。

8.4　什么是路面管理系统？如何在其中更好地应用路面检测结果？

下篇 桥梁结构试验检测

9

桥梁工程试验检测总论

9.1 桥梁工程试验检测的任务、目的及分类

9.1.1 桥梁试验检测的任务

桥梁工程试验检测是一门直接服务于工程实践的技术学科,涉及桥梁设计计算理论、施工方法工艺、建筑材料及用量、检测测试技术、仪器仪表性能、数理统计分析、现场试验组织等各方面,具有较强的综合性、应用技能性、复杂性。

桥梁检测主要是通过检查掌握桥梁的技术状况及缺陷和损伤的性质、部位、严重程度及发展趋势,弄清出现缺陷和损伤的主要原因,以便能分析、评价既存缺陷和损伤对桥梁质量、使用承载能力的影响,并为桥梁维修和加固设计提供可靠的技术数据和依据。因此,桥梁检查是进行桥梁养护、维修与加固的先导工作,是决定维修与加固方案可行和正确与否的可靠保证。它是桥梁评定、养护、维修与加固工作中必不可少的重要组成部分。

一般情况下,桥梁工程检测分为 3 个阶段:准备规划阶段、加载观测阶段、分析总结阶段。

(1)准备规划阶段

根据检测项目及目的,主要工作内容包括资料准备、器械准备、现场以及编制桥梁检测方案等内容。

(2)加载观测阶段

加载观测阶段又称为桥梁外业检测阶段,主要工作内容包括桥梁外观病害检查、桥梁结

构材料检测和桥梁荷载验。该阶段是整个检测阶段的中心环节，应按照设计的检测方案与程序，分步进行操作，运用各种观察仪器进行桥梁质量检测。

(3)分析总结阶段

在该阶段对原始检测记录进行综合分析，对大量的数据、图形、图像进行处理，去伪存真，去粗取精，提取有价值的资料用来揭示客观存在的某种规律并编写桥检报告。

桥梁分析报告一般包括试验与检测概况、试验目的、试验对象的简介及考察、试验方法及依据、试验情况及问题、试验成果处理及分析、技术结论、附录。

对桥梁的检测要由表及里、由浅入深地进行，才能全面了解和判断桥梁的实际工作状况，为桥梁的日常养护和加固维修提供科学的依据。

► 9.1.2 桥梁试验检测的目的

通过检查掌握桥梁的技术状况及缺陷和损伤的性质、部位、严重程度及发展趋势，弄清出现缺陷和损伤的主要原因，以便能分析、评价既存缺陷和损伤对桥梁质量、使用承载能力的影响，并为桥梁维修和加固设计提供可靠的技术数据和依据。

(1)对桥梁结构材料状况的评价结论

根据桥梁结构材料的检测结果，对桥梁结构材料的现行状况进行分析，并给出明确的评定。其重点是混凝土强度、钢筋锈蚀和桥梁外观破损情况。

(2)对桥梁承载力的评价结论

通过对桥梁的检测和检算，对桥梁的现行承载力进行评定，给出明确的结论并分类。

(3)对桥梁工作状态的预测和建议

通过对桥梁现状检测结果的分析，对桥梁今后工作状态进行预测，指出可能的发展趋势，为今后桥梁养护提供建议。

► 9.1.3 桥梁试验检测的分类

在实际工作中，桥梁试验检测的种类很多，根据试验的目的和要求分类，可分为科学研究性试验与生产鉴定性试验。科学研究性试验的目的是建立或验证结构设计计算理论和经验公式，或验证某一结构理论体系中的科学假设判断的可靠性，探索桥梁检测的新理论、新方法、新技术，为建立新结构、新工艺、新规范提供依据。科学研究性试验一般把对结构或构件的主要影响因素作为试验参数，试验结构的设计与数量均应按照具体研究目的的需要确定。根据实际情况，试验可在原型结构上进行，也可在模型结构上进行。

科学研究性试验主要是要解决科研和生产中探索开创性问题，针对性较强，在进行试件设计、决定测试方法、选择测量仪器时都要突出主要问题，因此一般多采用模型结构，在专门的试验室内进行，利用特定的加载装置，以消除或减少外界因素的干扰影响，同时反映研究的主要因素。通过系统的模型试验，对测试资料数据加以分析论证，从而揭示出具有普遍意义的规律。生产鉴定性试验具有直接服务于生产实践的意义，一般以原型结构作为试验对象，在现场进行试验，根据一定的规范、标准的要求，按照有关设计文件，通过试验来确定结构的实际承载能力、使用性能和使用条件，检验设计、施工质量，提出桥梁养护、加固、改建、限载对策，有效地保证桥梁结构的安全使用。生产鉴定性试验，也即狭义上的桥梁检测，包括静载试验、动载试验、无损检测与长期监控测试 4 个方面。在桥梁检测试验中，原型试验存在费用高、期限长、测试精度受环境影响大等不利因素，如对一些大型桥梁进行多因素的研究性试验，有时是难以实现的。因此，结合原型桥梁进行模型试验是一种有效手段，可以更为方便全面地研究主要影响因素之间的关系，探索结构行为的普遍规律，推动新结构、新材料、新工艺的发展与应用。

以试验对结构产生的后果划分，桥梁试验检测可分为破坏性试验与非破坏性试验。通常而言，生产鉴定性试验多为非破坏性试验。但在某些情况下为了达到预定的试验目的，也需要进行破坏性试验，以获得试验结构由弹性阶段进入塑性阶段甚至破坏阶段时的结构行为、破坏形态等试验资料。原型结构的破坏试验，虽然对于评价实际结构的质量、检验设计理论都比较直接可靠，但是在物质或技术上存在问题。因此，破坏试验一般是以模型结构为对象，在实验室内进行，以便能够较为方便可行地进行加载、控制、量测、分析，从而总结出具有普遍意义的规律，并推广应用于原型结构。

按试验持续时间的长短，桥梁试验检测可分为长期试验与短期试验。生产鉴定性试验和一般性的研究试验多采用短期试验方法，只有那些需要进行长期观测的现象，如混凝土结构的收缩和徐变性能、桥梁基础的沉降等，才采用长期试验方法。此外，对于大型桥梁结构或新型桥梁结构经常要求长期观测或组织定期的检测，以积累相关结构长期使用性能的资料。

9.2 桥梁工程试验检测的内容和依据

▶ 9.2.1 桥梁试验检测的内容

1)按桥梁建设寿命周期

根据桥梁建设寿命周期，可将桥梁试验检测的内容分别概括为施工准备阶段、施工阶段、施工完成后阶段以及服役阶段的试验检测项目。

(1)施工准备阶段的试验检测项目

①桥位放样测量；

②钢材原材料试验；

③钢结构连接性能试验；

④预应力锚具、夹具和连接器试验；

⑤水泥性能试验；

⑥混凝土粗细集料试验；

⑦混凝土配合比试验；

⑧砌体材料性能试验；

⑨台后压实标准试验；

⑩其他成品、半成品试验检测。

(2)施工阶段的试验检测

①地基承载力试验检测；

②基础位置、尺寸和标高检测；

③钢筋位置尺寸和标高检测；
④钢筋加工检测；
⑤混凝土强度抽样试验；
⑥砂浆强度抽样试验；
⑦桩基检测；
⑧墩、台位置、尺寸和标高检测；
⑨上部结构(构件)位置、尺寸检测；
⑩预制构件张拉、运输和安装强度控制试验；
⑪预应力张拉控制检测；
⑫桥梁上部结构标高、变形、内力(应力)监测；
⑬支架内力、变形和稳定性监测；
⑭钢结构连接加工检测；
⑮钢构件防护涂装检测。
(3)施工完成后阶段的试验检测
①桥梁总体检测；
②桥梁荷载试验；
③桥梁使用性能监测。
(4)服役阶段的试验检测
①桥梁几何形态参数测定；
②桥梁结构恒载变异状况调查；
③桥梁结构构件材质强度检测与评定；
④混凝土中钢筋锈蚀电位的检测；
⑤混凝土中氯离子含量的测定。

2)按桥梁检测工作程序

根据桥梁检测工作程序，主要将桥梁检测分为准备阶段、桥梁外业检测和分析报告阶段，其中桥梁外业检测主要包括桥梁外观病害检查、桥梁结构材料检测和桥梁荷载验。

(1)桥梁外观病害检查

根据《公路桥梁技术状况评定标准》(JTG/T H21—2011)、《公路桥涵养护规范》(JTG H11—2004)，对桥梁进行外观病害检查打分，其目的是对桥梁结构的外观损坏状况有一个初步和基本的了解，并根据桥梁损坏状况打分、评定类别，为下一步桥梁结构材料检测提供依据。

桥梁外观检查共有10余项，检查方法主要是现场人工检测，根据损坏状况打分。检查重点是桥梁主要承重构件的裂缝和破损情况。

(2)桥梁结构材料检测

在桥梁外观病害检查的基础上，对外观损坏较严重的桥梁做进一步的桥梁结构材料检测，其目的是深入了解桥梁结构材料的工作状态及潜在的不利影响，并预测发展趋势，为判断桥梁耐久性和可靠性提供技术依据。桥梁结构材料检测的重点是桥梁结构钢筋锈蚀情况和混凝土强度检测。

①钢筋锈蚀检测。检测内容包括钢筋锈蚀电位、混凝土氯离子含量、混凝土电阻率以及混凝土碳化深度。钢筋锈蚀检测是通过对钢筋所处环境情况(如混凝土中氯离子含量、混凝土电阻率和碳化深度等)和钢筋本身自然电位的检测结果,综合评定桥梁结构中钢筋锈蚀状况。

②混凝土强度检测。主要采用回弹法或超声-回弹法进行。

混凝土强度检测是通过用回弹仪检测混凝土表面回弹值,用超声仪检测混凝土内声速,再根据混凝土强度(R)与回弹值和超声波在混凝土中的传播速度(V)之间的相关关系,推算混凝土强度。采用回弹法时,要考虑碳化深度的影响。混凝土强度是进行桥梁结构评定的重要指标。

(3)桥梁荷载试验(动静载试验)

在对桥梁进行外观病害检查和结构材料检测后,根据检测结果,对破损严重、结构材料状况差的桥梁进行桥梁荷载试验。其目的是通过对桥梁按设计荷载直接加载,测试桥梁在最不利荷载作用下的实际响应,以进一步分析和了解桥梁的工作状态,从而判断桥梁结构的实际承载能力。

通过动载试验可测定桥梁结构动力特性参数和在动力荷载作用下的强迫振动响应,确定桥梁在车辆荷载作用下的动力效应及使用条件。

静载试验则根据不同桥型、不同设计荷载,按等效原则设计不同的加载工况,通过对桥梁实际加载,检测桥梁最不利截面的变形和受力状态,从而推断桥梁结构在荷载作用下的实际工作状态和使用承载能力。

桥梁荷载试验的方法,是在桥梁结构主要控制截面安装各种传感器,在规定荷载作用下,通过仪器记录桥梁受力和变形数据。

桥梁荷载试验的实施分4个阶段:方案设计阶段、试验准备阶段、加载试验阶段和分析报告阶段。其内容为:

①方案设计阶段:通过资料分析和现场勘察,编写出详细的桥梁试验检测方案,明确试验目的和具体试验内容,以指导桥梁检测。

②试验准备阶段:现场安装各种传感器和仪器设备。

③加载试验阶段:加载试验,采集数据。

④分析报告阶段:数据统计、计算和分析,编写桥检报告。

▶ 9.2.2 桥梁试验检测依据

公路桥涵工程试验检测应以国家和交通运输部颁布的有关工程的法规、技术标准、设计、施工规范和材料试验规程为依据进行。我国结构工程的标准和规范可以分为4个层次:

①第一层次:综合基础标准,如《公路工程结构可靠性设计统一标准》(GB 2120—2020),是指导制定专业基础标准的国家统一标准。

②第二层次:专业基础标准,如《公路工程技术标准》(JTG B01—2014),是指导专业通用标准和专业专用标准的行业统一标准。

③第三层次:专业通用标准,如《公路桥涵设计通用规范》(JTG D60—2015)。

④第四层次:专业专用标准,如《公路桥梁抗风设计规范》(JTG/T 3360-01—2018)。

目前,桥梁工程试验检测依据的规范主要包括《公路桥梁承载能力检测评定规程》(JTG/T J21—2011)、《公路桥梁技术状况评定标准》(JTG/T H21—2011)、《公路桥梁荷载试验规程》(JTG/T J21-01—2015)、《公路桥涵养护规范》(JTG H11—2004)、《公路桥涵施工技术规范》(JTG/T 3650—2020)、《公路桥涵地基与基础设计规范》(JTG 3363—2019)、《公路钢筋混凝土及预应力混凝土桥涵设计规范》(JTG 3362—2018)、《公路钢结构桥梁设计规范》(JTG D64—2015)、《公路钢混组合桥梁设计与施工规范》(JTG/T D64-01—2015)、《公路斜拉桥设计规范》(JTG/T 3365-01—2020)、《公路悬索桥设计规范》(JTG/T D65-05—2015)等。

9.3　桥梁工程试验检测质量评定

1)桥梁评定

桥梁评定分为一般评定和适应性评定。

①一般评定是依据桥梁定期检查资料,通过对桥梁各部件技术状况的综合评定,确定桥梁的技术状况等级,提出各类桥梁的养护措施。

②桥梁适应性评定包括以下内容:根据桥梁定期及特殊检测资料,结合试验与结构受力分析,评定桥梁的实际承载能力、通行能力、抗洪能力,提出桥梁养护、改造方案。

③一般评定由定期检查者进行,适应性评定应委托有相应资质及能力的单位进行。

2)全桥总体技术状况等级评定

全桥总体技术状况等级评定,宜采用考虑桥梁各部件权重的综合评定方法,也可按重要部件最差的缺损状况评定,或对照桥梁技术状况评定标准进行评定。

桥梁各部件技术状况的评定方法如下:

a.根据缺损程度(大小、多少或轻重)、缺损对结构使用功能的影响程度(无、小、大)和缺损发展变化状况(趋向稳定、发展缓慢、发展较快)等3个方面,以累加评分方法对各部件缺损状况做出等级评定,如表9.1所示。

表9.1　桥梁部件缺损状况评定方法

缺损状况及标准			组合评定标准					
缺损状况及标准		程度	小→大					
			少→多					
			轻度→严重					
		标准		0	1	2		
缺损对结构使用功能的影响程度	无、不重要	0				0	1	2
	小、次要	+1				1	2	3
	大、重要	+2				2	3	4

续表

<table>
<tr><td colspan="2">缺损状况及标准</td><td></td><td colspan="6">组合评定标准</td></tr>
<tr><td colspan="2">以上两项评定组合标度</td><td></td><td></td><td>0</td><td>1</td><td>2</td><td>3</td><td>4</td></tr>
<tr><td rowspan="3">缺损发展变化状况的修正</td><td>趋向稳定</td><td>-1</td><td></td><td></td><td>0</td><td>1</td><td>2</td><td>3</td></tr>
<tr><td>发展缓慢</td><td>0</td><td></td><td></td><td>1</td><td>2</td><td>3</td><td>4</td></tr>
<tr><td>发展较快</td><td>+1</td><td></td><td>1</td><td>2</td><td>3</td><td>4</td><td>5</td></tr>
<tr><td colspan="2">最终评定结果</td><td></td><td>0</td><td>1</td><td>2</td><td>3</td><td>4</td><td>5</td></tr>
<tr><td colspan="3" rowspan="2">桥梁技术状况及分类</td><td>完好</td><td>良好</td><td>较好</td><td>较差</td><td>差的</td><td>危险</td></tr>
<tr><td colspan="2">一类</td><td>二类</td><td>三类</td><td>四类</td><td>五类</td></tr>
</table>

注:“0”表示完好状态,或表示没有设置的构造部件,当缺损程度标度为“0”时,不再进行叠加;“5”表示危险状态或表示原未设置,而调查表明需要补设的构件。

b. 重要部件(如墩台与基础、上部承重构件、支座)以其中缺损最严重的构件评分,其他部件根据多数构件缺损状况评分。

c. 各部件权重可参考表9.2,各地区也可根据本地区的环境条件和养护要求,采用专家评估法修订各部件的权重。

表9.2 桥梁各部件权重及综合评定方法

<table>
<tr><td>序号</td><td>部件名称</td><td>权重 W_i</td><td>桥梁技术状况评定方法</td></tr>
<tr><td>1</td><td>翼墙、耳墙</td><td>1</td><td rowspan="17">①综合评定采用下列计算式:
$$D_r = 100 - \sum_{i=1}^{n} R_i W_i / 5$$
式中 R_i——按相关规范方法对各部件确定的评定标度(0 ~ 5);
W_i——各部件权重,$\sum W_i = 100$;
D_r——全桥结构技术状况评分(0 ~ 100),评分高表示结构状况好,缺损少。
②评分分类采用下列界限:
$D_r \geqslant 88$:一类
$88 > D_r \geqslant 60$:二类
$60 > D_r \geqslant 40$:三类
$40 > D_r$:四类、五类
($D_r \geqslant 60$ 的桥梁,并不排除其中有评定标度 $R_i \geqslant 3$ 的部件,仍有维修的需要)</td></tr>
<tr><td>2</td><td>锥坡、护坡</td><td>1</td></tr>
<tr><td>3</td><td>桥台及基础</td><td>23</td></tr>
<tr><td>4</td><td>桥墩及基础</td><td>24</td></tr>
<tr><td>5</td><td>地基冲刷</td><td>8</td></tr>
<tr><td>6</td><td>支座</td><td>3</td></tr>
<tr><td>7</td><td>上部主要承重构件</td><td>20</td></tr>
<tr><td>8</td><td>上部一般承重构件</td><td>5</td></tr>
<tr><td>9</td><td>桥面铺装</td><td>1</td></tr>
<tr><td>10</td><td>桥头与路堤连接部</td><td>3</td></tr>
<tr><td>11</td><td>伸缩缝</td><td>3</td></tr>
<tr><td>12</td><td>人行道</td><td>1</td></tr>
<tr><td>13</td><td>栏杆、护栏</td><td>1</td></tr>
<tr><td>14</td><td>灯具、标志</td><td>1</td></tr>
<tr><td>15</td><td>排水设施</td><td>1</td></tr>
<tr><td>16</td><td>调治构造物</td><td>3</td></tr>
<tr><td>17</td><td>其他</td><td>1</td></tr>
</table>

d. 桥梁技术状况评定等级分为一类、二类、三类、四类、五类。

3)桥梁适应性评定

桥梁适应性评定是指对桥梁的承载能力、通行能力、抗洪能力周期性地进行评定。评定周期一般为3~6年。评定工作可与桥梁的定期检查、特殊检查结合进行。

承载能力、通行能力的评定一般采用现行荷载标准及交通量,也可考虑使用期预测交通量。承载力、通行能力评定方法见《公路桥梁承载能力检测评定规程》(JTG/T J21—2011)。

思考练习题

9.1 桥梁工程试验检测的目的和任务主要是什么?

9.2 桥梁工程试验检测的意义是什么?

9.3 根据桥梁试验检测的范围、深度和检查结果的用途等,一般将桥梁检测如何分类?

9.4 桥梁试验检测的阶段和主要内容有哪些?

9.5 桥梁工程试验检测的质量检验和等级评定有哪些内容?评定标准主要是什么?

9.6 实测项目检测项目评分常用的方法有哪些?

9.7 某桥总体和桥面分部工程的5个分项工程:桥梁总体、桥面铺装、伸缩缝安装、栏杆安装、人行道铺设,质量评定得分分别为87分、84分、86分、83分和86分,对其分部工程进行质量评定。

10

桥梁承载力试验检测

桥梁承载力试验主要是一种通过桥梁荷载试验对桥梁结构物进行直接加载测试的特殊的科学试验工作,它是衡量桥梁结构所能承受的最大使用负荷的关键安全指标,是结构或构件在材料强度、结构刚度、稳定性和抗裂性等方面性能的综合反映。对公路桥梁实施荷载试验用于检测和评定其承载能力和实际状况,应遵循内外相统一的因果规律,通过由现象到本质、由表及里地深化认识和跟踪,从检测和现场荷载试验入手,寻求桥梁现状和承载力的定性关系,从而确定桥梁具体测试方案、测试孔跨及其测试部位,并按逐级加载的多工况实施静态测试、按不同车速进行动态测试。

10.1　荷载试验的目的及主要内容

▶　10.1.1　荷载试验的目的

桥梁荷载试验的目的是当通过检算分析尚无法明确评定桥梁承载能力时,通过加载试验,测定桥梁结构在试验荷载作用下的结构响应,并据此确定检算系数重新进行承载能力检算评定或直接判定桥梁承载能力是否满足要求,为桥梁结构技术状况及承载能力评定和日后养护、维修、加固的决策提供科学依据和支持。新建桥梁和进行加固或改建后的桥梁,可通过荷载试验来检验桥梁结构的正常使用状态和承载能力是否符合设计要求。在对桥梁进行外观病害检查和结构材料检测之后,根据检测结果,对破损严重、结构材料状况差的桥梁进行桥梁荷载试验。

▶ 10.1.2 荷载试验的主要内容

桥梁荷载试验按试验荷载可以分为静载试验和动载试验。静载试验是指通过在桥梁结构上施加与控制荷载等效的静态外加荷载,利用检测仪器设备测试桥梁结构控制部位与控制截面的力学效应的现场试验;动载试验主要是测试桥梁结构或构件在动荷载激振和环境荷载作用下的受迫振动特性和自振特性的现场试验。

桥梁荷载试验的方法,是在桥梁结构主要控制截面安装各种传感器,在规定荷载作用下,通过仪器记录桥梁受力和变形数据。整个试验过程应遵循科学、客观、严谨、安全的原则。

桥梁荷载试验的实施分4个阶段:方案设计阶段、试验准备阶段、现场试验阶段和分析报告阶段。

1)方案设计阶段

方案设计阶段主要收集和研究有关的设计原始资料、设计计算书、施工、监理及养护等方面的技术资料,需对桥梁结构进行实地考察以检查结构物的设计质量和施工质量,并需详细了解结构物的使用情况和当前技术状况或主要存在问题,在经过必要的检算后方可拟订试验大纲或方案。

2)试验准备阶段

试验准备阶段工作的好坏以及充分与否直接影响到试验能否顺利进行和能获得试验结果的多少。特别是在现场鉴定性试验中,试验准备工作很复杂,工作条件也很差,即使极小的疏忽大意也会使试验不能取得预期的结果或使试验结果不够理想,因此切勿低估准备工作阶段的复杂性和重要性,应细致、认真地做好每一项准备工作。试验准备阶段工作应包括以下内容:

(1)资料准备

资料准备工作一般通过走访建设单位、管理单位及设计单位等,收集与桥梁荷载试验相关的技术资料。试验过程应收集的资料包括:

①设计资料:设计图纸、变更设计图纸和作为设计依据的其他原始资料。

②施工和监理资料:材料性能试验报告、各分项或分部工程验收报告等。

③施工监控资料:施工监控报告、成桥线形、内力(应力)、索力(杆力)等。

④竣工资料:竣工图纸、工程验收报告等。

(2)现场调查

主要调查桥梁结构的总体尺寸、主要构件截面尺寸、主要部位的高程、桥面平整度、支座工作状况、材料的物理力学性能,以及结构物的裂缝、缺陷、损伤和钢筋锈蚀状况等。

(3)测试孔选择

对拟试验桥联(座)进行现场踏勘和外观检查,选择代表性桥孔作为测试孔,同时宜考虑便于支架搭设或检测车操作,加载方便,仪器设备连接容易实现等。

(4)方案编制

根据试验控制荷载作用下的结构内力、变位及结构基频等的理论计算结果,结合测试内容,按等效原则拟定试验荷载大小、试验工况、加载位置及方法,制订试验加载、测点布设及测试方案等。

3)现场试验阶段

现场试验阶段是整个试验工作的中心环节,应按照预定的试验计划进行各项具体的试验内容,运用各种配备得当的测试仪器和设备,观测结构受载后的工作状况,并记录观测数据和资料,重要的量测数据应在加载试验中随时整理分析并与事先估算的数值做比较,发现有反常情况时应及时查明原因,待问题弄清后才能继续试验。现场实施阶段工作应包括以下内容:

①现场准备。包括试验测点放样和布置、荷载组织、现场交通组织及试验测试系统安装调试等。

②预加载试验。正式实施加载试验前,应先进行预加载试验,检验整个试验测试系统工作状况,并进行调试。

③正式加载试验。按照预定的荷载试验方案进行加载试验,并记录各测点测值和相关信息。

④过程监控。监测主要控制截面最大效应实测值,并与相应的理论计算值进行分析比较,关注结构薄弱部位的力学指标变化、既有病害的发展变化情况,判断桥梁结构受力是否正常,再加载是否安全,确定可否进行下一级加载。

4)分析报告阶段

分析报告阶段主要包括两部分工作:一是将所有的原始资料整理完善,即原始资料的整理及归档的过程;二是进行数据处理,即通过科学的分析处理,去伪存真,去粗取精。通过对试验测试结果的分析研究,应对试验得出的规律和一些重要现象做出解释,将试验结果和理论值进行比较,分析产生差异的原因并得出结论,写出试验总结报告,并提出试验中发现的新问题以及进一步的研究计划。试验结果分析阶段工作应包括以下内容:

①理论计算。按照实际施加荷载情况对桥梁结构内力、应力(应变)和变形进行理论计算。必要时尚应对裂缝宽度、动力响应等进行分析。

②数据分析。对原始测试记录进行分析处理,提取有价值的信息。

③报告编制。根据理论计算和测试数据对比分析,对试验结果做出判断与评价,形成荷载试验报告。

▶ 10.1.3 荷载试验的试验环境

桥梁的荷载试验应安排在开放交通前进行,整个加载试验期间必须封闭交通,试验过程中禁止行人、车辆通行。

桥梁荷载试验期间,高温、强光、强风、大浪、高湿度等极端天气或冲击、振动、磁场等强干扰因素均会对试验的实施产生一定的影响。因此,荷载试验不宜在强风下进行,特别是对于悬索桥、斜拉桥、大跨径桁架拱桥及特高墩桥梁等,宜在3级及3级以下实施。而对处于风力较大地区的特大跨径桥梁,荷载试验时宜对风环境进行检测,不能满足试验要求时应暂停试验。

为了减少温度变化对试验结果造成的影响,荷载试验应在气温平稳的时段进行。当气温低于5 ℃或高于35 ℃时，不宜进行荷载试验。当气温较低或较高时，应根据仪器设备正常工作的温度范围，确定是否进行荷载试验。同时，大、中雨及大雾天气也不宜进行荷载试验，小雨天气进行桥梁荷载试验时，应做好仪器设备及传输线路的防雨措施。

10.2 试验设备及技术要求

桥梁荷载试验参数主要包括静力参数和动力参数，二者分别由桥梁静载试验和动载试验测试而得。由于桥梁荷载试验是通过各类传感器记录荷载作用下桥梁的受力变形情况，因此桥梁荷载试验仪器设备的选用和技术要求至关重要。测试设备应具备足够的量程和动态要求，同时也要满足精度的要求，对所有被选用的仪器设备进行系统检查，逐一开机，从整机到通道，一一调试，逐个检查各类表具，保证现场所用的仪器设备质量完好，工作正常。

▶ 10.2.1 静力参数测试设备

荷载试验测试的桥梁静力参数主要包括应变(应力)、变位、裂缝、倾角和索(杆)力，同时还需观察试验过程中结构的反应，综合评判桥梁静力荷载试验下的结构响应，为桥梁承载能力评价提供依据。

1)应变(应力)测试

桥梁结构应变(应力)主要包括拉、压应变(应力)和主应力。应变(应力)测试设备可采用机械式、电阻式、振弦式或光纤式应变计；测试用传感器可采用引伸计、电阻应变计、振弦式应变计或光纤应变计。其技术要求如表10.1所示。

引伸计是机械式应变测试设备，采用这种方法测量应变时，可利用千分表0.001 mm的读数精度，将其装配成测试结构应变的千分表引伸计。

采用电阻应变计测量时，应将电阻应变计粘贴在被测构件上，通过电阻应变测量装置，测得应变值。采用振弦式应变计测量时，应预先标定“力-频率”关系曲线，再通过钢弦自振频率变化测得应变值。采用光纤光栅应变计测量时，应标定光纤光栅周期或纤芯折射率与力或应变的变化关系，再通过光纤光栅周期或纤芯折射率的变化得到应变值。

桥梁结构应变的测量重点在于电阻应变片的布置，只有合理地布置安装电阻应变片，才能得到准确可靠的测量结果。电阻应变片的布置应根据现场温度、湿度等条件选择贴片及防潮工艺，尽量选用与观测应变部位相同的材料而设补偿片。补偿片应尽量靠近工作片位置，配置相应的应变测试分析系统。采用千分表观测结构表面应变时，在不影响观测的前提下，应尽量使千分表轴线靠近结构表面，以减小测试误差。振弦式应变计安装定位后，应及时量测仪器初值，根据仪器编号和设计编号做好记录并存档。光纤光栅应变计应与专用底座配套使用，采用特制的紧固螺钉将底座固定在结构表面，荷载试验结束后可拆卸重复使用。

2)变位测试

桥梁结构变位主要包括竖向变位(挠度)和水平变位，水平变位包括纵向变位和横向变位。变位测试设备可采用机械式或基于电(声、光)原理的测试仪器。机械式测试仪器是指各种用于非电量测试的仪表、器具或设备。这类设备需人工读取测值，主要包括千分表、百分表、连通管和挠度计；电（声、光）测试仪器可自动记录测值，其精度高、更新快、量程也比较大，主要包括电测变形计、水准仪、经纬仪、全站仪、测距仪和机电百（千）分表。目前，也可利用卫星定位系统进行变位测试，可以极大提高测试效率。变位测试仪器技术要求如表10.2所示。

表10.1 应变（应力）测试设备技术要求

量测内容	仪表名称	最小分划值/με	常用量测范围/με	数据采集分析系统		备注
				仪器名称	技术参数	
应变	千分表	2	±(5~2 000)	—	—	配附件
	杠杆引伸仪	2	±(50~200)	—	—	配附件
	手持应变仪	5	+(100~20 000)	—	—	配表脚
	电阻应变仪	1	±20 000	应变测试分析系统	①测量应变范围：±20 000 με；②分辨率：1 με	贴电阻片
	振弦式应变计	1	±3 000	振弦式传感器、频率测量仪或综合测试仪	①测量范围：振弦频率400~6 000 Hz；②测量精度：频率精度0.05 Hz	表面粘贴
	光纤光栅式应变计	2	±6 000	光纤光栅式解调仪	可接入传感单元>64；扫描频率>60 Hz；波长分辨率不大于1 pm	表面粘贴、埋设

注：当测量对象为钢构件或混凝土内钢筋的应变时，宜采用标距不大于6 mm的小标距应变计；测混凝土结构表面应变时，宜选用标距不小于80~100 mm的大标距应变计。

表10.2 变位测试设备技术要求

量测内容	仪表名称	最小分划值及精度	常用量测范围	备注
变形	千分表	—	0~10 mm	配置安装配件
	百分表	—	1~50 mm	
	精密水准仪	—	—	
	全站仪	测角：精度为0.5″； 测距：标准测量精度1.0 mm + $10^{-6}L$	—	监测使用时大气环境，必要时进行修正
	位移计	—	20~100 mm	—
	经纬仪	mm	—	配置安装配件
	连通管	—	<300 mm	配备测读仪器
	卫星定位系统	坐标测量：水平为5 mm + $10^{-6}L$； 垂直为10 mm + $2\times10^{-6}L$	—	满足大跨度桥梁形变测量需要

注：L为观测距离。

3）裂缝测试

桥梁结构荷载试验裂缝主要包括荷载试验前结构上的既有裂缝和试验中出现的新裂缝，裂缝的特征量包括长度、宽度、深度、走向和分布范围等。由于裂缝特征的表现形式复杂，一般通过现场描绘结构表面的裂缝图表示。

荷载试验前应对既有裂缝的长度、宽度、分布及走向进行观测、记录，并将其标注在结构上；进行荷载试验时，应针对结构承受拉力较大部位及原有裂缝较长、较宽部位进行，随时观测新裂缝的长度、宽度及既有裂缝发展状况，并描绘出结构表面的裂缝分布及走向。通常情况下，裂缝长度、分布和走向可直接观测得到。对于肉眼难以清晰观测到的裂缝宽度，可以采用刻度放大镜、裂缝计及裂缝宽度探测仪测量，必要时，可采用取芯法或其他无损方法量测裂缝的深度。裂缝测试设备技术要求如表 10.3 所示。

表 10.3　裂缝测试设备技术要求

量测内容	仪表名称	最小分划值	常用量测范围	备　注
裂缝	刻度放大镜	0.01 mm	—	—
	裂缝计	0.01 mm	<200 mm	配置安装配件
	千分表	0.001 mm	0 ~ 10 mm	

4）倾角测试

静载试验测试倾角主要包括水平倾角和竖向倾角。通常采用的倾角测试设备主要包括水准式倾角仪、光纤光栅式倾角计、数显倾角仪或双轴倾角仪等。其测试设备技术要求如表 10.4 所示。

表 10.4　倾角测试设备技术要求

量测内容	仪表名称	最小分划值	常用量测范围	备　注
倾角	水准式倾角仪	2.5′	20′ ~ 1°	固定支架
	光纤光栅式倾角计	5′	±10°	配置安装配件
	数显倾角仪	1′	±1° ~ ±18°	铁质安装界面
	双轴倾角仪	1′	±30°	配置安装配件

5）索（杆）力测试

桥梁索（杆）力应包括斜拉桥的斜拉索索力、中下承式拱桥吊索（杆）力、系杆力、悬索桥主缆缆力及吊索索力。

测试桥梁结构斜拉索、吊索（杆）、系杆力及主缆索力的索力时，先估算不同拉索的振动频率，选择频响特性合适的拾振器，将其绑扎在拉索上，采用环境随机振动或人工激振法使拉索振动，测出拉索的横向振动频率，经分析得出索力。由于减振器安装后会使得拉索自由长度减小，分析时应对索的长度进行修正。为与合龙索力比较，宜选择与合龙时温度一致的时段进行量测，其温差宜控制在 ±5 ℃范围内。

桥梁索力测量系统主要包括：

①测量系统一般由传感器、放大器、信号采集与分析仪器组成。

②传感器、放大器及信号采集系统应有足够的灵敏度，可测量索在自然环境激励或人工激振下的横向振动信号。

③测量系统的频响范围应能满足不同索的自振频率测量要求，其带宽应充足。

④信号采集与分析仪器，应有抗混叠滤波和频率分析功能，频率分辨率应至少达到0.01 Hz。

测试过程中的注意要点包括：

①可采用随机环境激励的测量方法，采集索在环境激励下的振动信号。当测试系统灵敏度不够时，可采用人工激振。

②测量时应临时解除索的外置阻尼器。

③传感器应采用专用夹具或绑带固定在索股上，安装位置宜远离索股锚固端，测量索的面外横向振动。

④采样频率应大于或等于索股第5阶自振频率的5倍，宜不低于100 Hz。记录时间宜大于5 min。现场采集数据时应注意观察信号质量。

⑤一般采用自谱分析方法，获取索的多阶自振频率，宜获取前5～10阶自振频率。应按随机信号处理的规定，合理选取分析数据长度、分析带宽、谱线数、重叠率、窗函数及谱平均次数等分析参数，以减少分析误差，并具有不大于0.01 Hz的频率分辨率。

⑥应判断实测自振频率的阶次及漏频情况。可根据实测的多阶自振频率中相邻阶的频率差值来判断。当各相邻阶的频率差值近似相等，且和测得的第1阶频率接近时，不存在漏频现象；否则，存在漏频现象。

▶ 10.2.2 动力参数测试设备

桥梁荷载试验测试的动力参数主要包括结构自振特性参数和动力响应参数。结构自振特性参数，也称动力特性参数或振动模态参数，主要包括结构的自振频率（自振周期）、阻尼比和振型。桥梁动力响应参数指桥梁在特定动荷载作用下的动应力、动挠度、加速度、动力放大系数、冲击系数。

1）结构自振特性参数测试

桥梁结构自振特征参数包括结构自振频率（自振周期）、阻尼比和振型。测试自振特征参数的测试设备包括测振传感器（拾振器）、放大器及记录仪等。桥梁振型测量时，须事先分析理论振型，测点数目要足以连接曲线并尽可能布在控制断面上。由于每次试验用的拾振器数量总是有限的，所以要在桥上选择合适的参考点（可将一个拾振器放在参考点上始终不动），分批搬动其他拾振器得到所有测点，用放大特性相同的多路放大器和记录特性相同的多路记录仪，同时测记各测点的振动响应信号。因为振型是考虑同一时刻波形的幅值和相位差得到的，所以测量前要把测振仪器系统放在参考点上标定，要注意标定以后的仪器系统（拾振器、导线，记录通道）的变更。利用各通道的系统灵敏度，换算得到实测的幅值关系并归一化后，得到最大坐标值为1时的振型曲线。桥梁自振特性测试设备技术要求如表10.5所示。

表 10.5 桥梁自振特性参数测试设备技术要求

<table>
<tr><th rowspan="2">测量内容</th><th colspan="2">测量系统</th><th colspan="2">数据采集分析系统</th><th rowspan="2">备注</th></tr>
<tr><th>仪器名称</th><th>适用范围</th><th>仪器名称</th><th>技术参数</th></tr>
<tr><td rowspan="5">动力特性参数</td><td>磁电式拾振器及放大器</td><td>①测量范围:位移 ±20 mm,加速度 ±0.5 g;
②频率响应:0.3 ~ 20 Hz;
③可用于行车试验、脉动试验</td><td rowspan="5">由计算机与相应软件构成的采集系统</td><td rowspan="5">①输入电压范围:0 ~ ±5(10)V;
②频率响应:0 ~ 5 kHz;
③采样频率不低于 1 kHz</td><td rowspan="5"></td></tr>
<tr><td>应变式加速度计及动态应变仪</td><td>①测量范围:±5 g;
②频率响应:0 ~ 100 Hz;
③可用于行车试验</td></tr>
<tr><td>压电式加速度计及电荷放大器</td><td>①测量范围:±100 g;
②频率响应:0.5 ~ 1 kHz;
③可用于行车试验、索力测量,高灵敏度的也可用于脉动试验</td></tr>
<tr><td>伺服式加速度计及放大器</td><td>①测量范围:±5 g;
②频率响应:0 ~ 100 Hz;
③可用于行车试验、脉动试验</td></tr>
<tr><td>电容式加速度计及放大器</td><td>①测量范围:±5 g;
②频率响应:0 ~ 100 Hz;
③可用于行车试验、脉动试验</td></tr>
</table>

2)结构动力响应特性参数测试

桥梁结构动力响应参数主要包括结构动位移、动应变、动力放大系数和冲击系数。动位移可采用位移传感器和测量放大器,或光电变形测量仪等进行测试;动应变可采用电阻应变计、动态应变仪或光纤应变计和调制解调器等进行测试;动力放大系数和冲击系数由分析计算得出。进行动力响应测试时,测点应布置在结构变位和应变较大的部位。桥梁结构动力响应测试设备技术要求如表 10.6 所示。

表 10.6　动力响应测试设备技术要求

测量内容	测量系统		数据采集分析系统		备　注
	仪器名称	适用范围	仪器名称	技术参数	
应变	电阻应变计(片)及动态应变仪	①测量范围：±15 000 με； ②频率响应：0～10 kHz； ③可用于行车试验	由计算机与相应软件构成的采集系统	①桥压范围：0～±5(10)V； ②频率响应：0～5 kHz； ③采样频率不低于1 kHz	可预埋或后装
	光纤光栅式应变计及调制解调器	①测量范围：±6 000 με； ②分辨率1 με； ③可用于行车试验	光纤光栅式解调仪	采样频率：不低于100 Hz	
位移	电阻应变式位移计及动态应变仪	①测量范围：±15 000 με； ②频率响应：0～20 Hz； ③可用于低速行车试验	由计算机与相应软件构成的采集系统	①桥压范围：0～±5(10)V； ②频率响应：0～5 kHz； ③采样频率不低于1 kHz	接触式测量，需要表架
	光电位移测量装置	①测量距离：500 m； ②测量范围：±2.5 m(当最大测距时)； ③频率响应：20 Hz； ④可用于行车试验			非接触式测量
	光电动挠度仪	①测量距离：5～500 m； ②测量精度：±0.02～+0.03，与测量距离有关	—	—	非接触式测量

10.3　静载试验

桥梁结构静载试验前，应在桥梁调查、检算的基础上制订桥梁静载试验方案，主要包括测试截面、试验工况、测试内容、试验荷载、测点布置、试验过程控制和试验数据分析等内容。整个试验过程应在保证桥梁结构整体及局部受力安全的情况下进行，并选择针对结构的内力、应力和位移的控制截面进行。

▶ 10.3.1　试验方案和测点布置

1）静载试验主要内容

静载试验的测试内容应反映桥梁结构内力、应力及变位等在最不利控制截面的力学特征。应变(应力)观测主要是针对测试截面的受拉和受压区。可沿截面高度或横向位置分布测点,以测试结构的应力分布特征。变形测试包括主梁控制截面的挠度、水平或横向变形、主塔三维坐标等测试,反映了桥梁结构整体或局部的刚度特性。倾角既可以用来计算难以直接测试的变形,也可反映桥塔等结构的竖直度。试验荷载下的索(杆)力增量及其分布反映了结构的受力特点。通过观测结构的裂缝变化、异常振动及响声等试验现象,可以帮助了解结构或构件在试验过程中的表观状况。除此之外,还应对试验所处的环境进行观测,如环境温度等。为全面反映桥梁的受力特性,根据结构形式可增加以下观测内容:桥跨结构挠度沿桥长或沿控制截面桥宽的分布,结构控制截面应变分布,行车道板或结构上翼缘板控制截面挠度或应变,组合构件控制截面的结合面上、下缘应变,支点附近构件斜截面的主应力。

2)试验工况及测试截面选择

为满足鉴定桥梁承载能力要求,静载试验应按照桥梁结构的最不利受力原则和代表性原则确定试验工况及测试截面。测试截面选择时,应按照桥梁结构的内力包络图,并考虑应力分布,按照最不利受力原则选定截面,然后拟订相应的试验工况。简单结构宜选 1 ~3 个测试截面,复杂结构应适当增加测试截面。进行各荷载工况布置时,可参照截面内力(或变形)影响线、桥梁结构体系的具体情况进行,一般设两三个主要荷载工况及若干个附加荷载工况。常规桥梁静载试验工况及测试截面可按表 10.7 确定。其中,主要工况应为必做工况,附加工况可视具体情况由试验检测者确定是否进行。测试最大正弯矩产生的应变时,宜同时测试该截面的位移。

表 10.7 常见桥梁静载试验工况及测试截面

桥型	试验工况		测试截面
简支梁桥	主要工况	跨中截面主梁最大正弯矩工况	跨中截面
	附加工况	①$L/4$ 截面主梁最大正弯矩工况; ②支点附近主梁最大剪力工况	①$L/4$ 截面; ②梁底距支点 $h/2$ 截面内侧向上 45°斜线与截面形心线相交位置
连续梁桥	主要工况	①主跨支点位置最大负弯矩工况; ②主跨跨中截面最大正弯矩工况; ③边跨主梁最大正弯矩工况	①主跨(中)支点截面; ②主跨最大弯矩截面; ③边跨最大弯矩截面
	附加工况	主跨(中)支点附近主梁最大剪力工况	计算确定具体截面位置
悬臂梁桥	主要工况	①墩顶支点截面最大负弯矩工况; ②锚固孔跨中最大正弯矩工况	①墩顶支点截面; ②锚固孔最大正弯矩截面
	附加工况	①墩顶支点截面最大剪力工况; ②挂孔跨中最大正弯矩工况; ③挂孔支点截面最大剪力工况; ④悬臂端最大挠度工况	①计算确定具体截面位置; ②挂孔跨中截面; ③挂孔梁底距支点 $h/2$ 截面向上 45°斜线与挂孔截面形心线相交位置; ④悬臂端截面

续表

桥型	试验工况		测试截面
连续刚构桥	主要工况	①主跨墩顶截面主梁最大负弯矩工况; ②主跨跨中截面主梁最大正弯矩及挠度工况; ③边跨主梁最大正弯矩及挠度工况	①主跨墩顶截面; ②主跨最大正弯矩截面; ③边跨最大正弯矩截面
	附加工况	①墩顶截面最大剪力工况; ②墩顶纵桥向最大水平位移工况	①计算确定具体截面位置; ②墩顶截面
斜拉桥	主要工况	①主梁中孔跨中最大正弯矩及挠度工况; ②主梁墩顶最大负弯矩工况; ③主塔塔顶纵桥向最大水平位移与塔脚截面最大弯矩工况	①中跨最大正弯矩截面; ②墩顶截面; ③塔顶截面(位移)及塔脚最大弯矩截面
	附加工况	①中孔跨中附近拉索最大拉力工况; ②主梁最大纵向漂移工况	①典型拉索; ②加劲梁两端(水平位移)
悬索桥	主要工况	①加劲梁跨中最大正弯矩及挠度工况; ②加劲梁 $3L/8$ 截面最大正弯矩工况; ③主塔塔顶纵桥向最大水平位移与塔脚截面最大弯矩工况	①中跨最大弯矩截面; ②中跨 $3L/8$ 截面; ③塔顶截面(位移)及塔脚最大弯矩截面
	附加工况	①主缆锚跨索股最大张力工况; ②加劲梁梁端最大纵向漂移工况; ③吊杆(索)活载张力最大增量工况; ④吊杆(索)张力最不利工况	①主缆锚固区典型索股; ②加劲梁两端(水平位移); ③典型吊杆(索); ④最不利吊杆(索)

注:L 为桥梁计算跨,h 为主梁梁高。

3)试验荷载的确定

(1)控制荷载的确定

为了保证荷载试验的效果,必须先确定试验的控制荷载,静载试验应根据试验目的确定试验控制荷载。交(竣)工验收荷载试验,应以设计荷载作为控制荷载;否则,应以目标荷载作为控制荷载。目标荷载是指事先设定的期望桥梁能够承受的荷载。

荷载试验应尽量采用与控制荷载相同的荷载。当客观条件所限,采用的试验荷载与控制荷载有差别的,为保证试验效果,在选择试验荷载的大小和加载位置时采用静载试验效率 η_q 进行控制。

(2)静载试验效率

静载试验效率按下式计算:

$$\eta_q = \frac{S_s}{S(1+\mu)} \tag{10.1}$$

式中 S_s——静载试验荷载作用下,某一加载试验项目对应的加载控制截面内力或位移的最大计算效应值;

S——控制荷载产生的同一加载控制截面内力或位移的最不利效应计算值;

μ——按规范采用的冲击系数,对于平板挂车、履带车、重型车辆,取 $\mu=0$;

η_q——对于交(竣)工验收荷载试验,η_q 宜为 0.85~1.05;否则,η_q 宜为 0.95~1.05。

荷载试验宜选择温度稳定的季节和天气进行。当温度变化对桥梁结构内力影响较大时,应选择温度内力较不利的季节进行荷载试验,否则应考虑用适当增大静载试验效率 η_q 来弥补温度影响对结构控制截面产生的不利内力。

当控制荷载为挂车或履带车而采用汽车荷载加载时,考虑到汽车荷载的横向应力增大系数较小,为了使截面的最大应力与控制荷载作用下截面最大应力相等,可适当增大静载试验效率 η_q。

(3)加载设备的选择

静载试验加载设备可根据加载要求及具体条件选用,一般有以下两种加载方式:

①车辆加载。采用车辆加载时,一般选用可装载重物的汽车或平板车,也可就近利用施工机械车辆。选择装载重物时,要考虑车厢能否容纳得下,装载是否方便,装载的重物应置放稳定,以避免车辆行驶时因摇晃而改变重物的位置。采用车辆加载优点很多,如便于调运和加载布置、加卸载迅速等。采用汽车荷载既能做静试验,又能做动载试验,这是较常采用的一种方法。

②重物直接加载。一般可按控制荷载的着地轮迹先搭设承载架,再在承载架上堆放重物或设置水箱进行加载。如加载仅为满足控制面内力要求,也可采取直接在桥面堆放重物或设置水箱的方法加载。承载架的设置和加载物的堆放应安全、合理,能按要求分布和加载重量,且不使加载设备与桥梁结构共同承载而形成"卸载"现象。

重物直接加载准备工作量大,加卸载所需周期一般较长,交通中断时间亦较长,且试验时,温度变化对测点的影响较大,因此宜安排夜间进行试验。

此外,其他一些加载方式也可根据加载要求因地制宜采用。

(4)加载重物的称量

可根据不同的加载方法和具体条件选用以下方法,对所加载进行称量。

①称重法。当采用重物直接在桥上加载时,可将重物化整为零称重后,按逐级加载要求分堆置放,以便加载取用。

当采用车辆加载时,可将车辆逐轴开上称重台进行称重。如没有现成可供利用的称重台,可自制专用称重台进行称重。

②体积法。如采用水箱加载,可通过测量水体积来换算水的重力。

③综合计算法。先根据车辆出厂规格确定空车轴重(注意考虑车辆零配件的更换和添减,以及汽油、水、乘员重力的变化),再根据装载重物的重力及其重心将其分配至各轴。装载

物最好采用规则外形的物体整齐码放或采用松散均匀料在车厢内摊铺平整，以便准确确定其重心位置。

无论采用何种确定加载物重力的方法，均应做到准确可靠，其称量误差最大不得超过5%，最好能采用两种称重方法互相校核。

4）测点布置

（1）主要测点的布设

测点的布设不宜过多，但要保证观测质量。有条件时，同一测点可用不同的测试方法进行校对。一般情况下，对主要测点的布设，应能控制结构的最大应力（应变）和最大挠度（或位移）。几种常用桥梁体系的主要测点布设如下：

①简支梁桥：跨中挠度、支点沉降、跨中截面应变；

②连续梁桥：跨中挠度、支点沉降、跨中和支点截面应变；

③悬臂梁桥：悬臂端部挠度、支点沉降、支点截面应变；

④拱桥：跨中、$\frac{l}{4}$处挠度、拱顶$\frac{l}{4}$和拱脚截面应变。

挠度观测测点一般布置在桥中轴线位置。截面抗弯应变测点应设置在截面横桥向应力可能分布较大的部分，沿截面上、下缘布设，横桥向测点设置一般不少于3处，以控制最大应力的分布。

当采用测点混凝土表面应变的方法来确定钢筋混凝土结构中钢筋承受的拉力时，考虑到混凝土表面已经和可能产生的裂缝对观测的影响，测点的位置应合理进行选择。如凿开混凝土保护层直接在钢筋上设置拉应力测点，但在试验完后必须修复保护层。

（2）其他测点的布设

根据桥梁调查和检算工作的深度，综合考虑结构特点和桥梁目前状况等可适当加设以下测点：

①挠度沿桥长或沿控制截面桥宽方向分布；

②应变沿控制截面桥宽方向分布；

③应变沿截面高分布；

④组合构件的结合面上、下缘应变；

⑤墩台的沉降、水平位移与转角，连拱桥多个墩台的水平位移。

▶ 10.3.2 试验过程控制及记录

1）分级加载与控制原则

①试验荷载应分级施加。

②加载级数应根据荷载量和加载最小荷载增量而定。试验荷载应按控制截面最大内力或位移分成4～5级施加。受条件所限时，至少也应分成3级施加。

③当桥梁的技术资料不全或技术状况较差时，应增加分级。

④加载过程中，应确保非控制截面内力或变形不超过控制荷载作用下的最不利值。

⑤当重点测试桥梁在荷载作用下的响应规律时，可适当加密加载分级。

⑥当试验条件限制时，附加控制截面可只进行最不利加载。

⑦加载时间间隔必须满足结构反应稳定的时间要求。在前一荷载阶段内结构反应相对稳定,进行了有效测试及记录后方可进入下一荷载阶段。当进行主要控制截面最大内力(变形)加载试验时,分级加载的稳定时间不应少于 5 min;对尚未投入营运的新桥,首个工况的分级加载稳定时间不宜少于 15 min。

⑧试验加载过程中,须有专门人员严格按照试验方案中拟定的加载程序指挥实施加载,并做好停止加载或卸载的准备。

⑨应根据各工况的加载分级,对各加载过程结构控制点的应变(或变形)、薄弱部位的破损情况等进行观测与分析,与理论计算值对比,提出控制加载的依据。

2)加载程序

加载应在指挥人员指挥下严格按计划程序进行。采用重物加载时按荷载分级逐级施加,每级荷载堆放位置准确、整齐稳定。荷载施加完毕后,逐级卸载。采用车辆加载时,先由零加至第一级荷载,卸载至零;再由零加至第二级荷载,卸至零……,直至所有荷载施加完毕(有时为了确保试验结果准确无误,每一级荷载重复施加 1 ~2 次)。每一级荷载施加次序为纵向先施加重车,后施加两侧标准车;横向先施加桥中心的车辆,后施加外侧的车辆。

3)加载稳定时间控制

为控制加卸载稳定时间,同一级荷载内,结构最大变形测点在最后 5 min 内的变形增量小于第一个 5 min 变形增量的 15%,或小于量测仪器的最小分辨值时即认为结构基本稳定,可进行各观测点读数。某些桥梁(如拱桥),有时当拱上建筑或桥面系参与主要承重构件的受力,因连接较弱或变形缓慢,造成测点观测值稳定时间较长,如结构的实测变位(或应变)值远小于计算值,可将加载稳定时间定为 20 ~30 min。

4)加载过程的观察

加载试验过程中,应对结构控制点位移(或应变)、结构整体行为和薄弱部位破损实行监控,并将结果随时汇报给指挥人员,作为控制加载的依据。随时将控制点位移与计算结果比较,如实测值超过计算值较多,则应暂停加载,待查明原因再决定是否继续加载。试验人员如发现其他测点的测值有较大的反常变化也应查找原因,并及时向试验指挥人员报告。加载过程中,应指定人员随时观察结构各部位可能产生的新裂缝,注意观察构件薄弱部位是否有开裂、破损,组合构件的结合面是否有开裂错位,支座附近混凝土是否开裂,横隔板的接头是否拉裂,结构是否产生不正常的响声,加载时墩台是否发生摇晃现象等。如发生这些情况,应报告试验指挥人员,以便采取相应的措施。

5)终止加载控制条件

当试验过程中发生下列情况之一时,应停止加载,查清原因,采取措施后再确定是否进行试验:

①控制测点实测应力、变位(或挠度)已达到或超过计算的控制应力值时;

②结构裂缝的长度或缝宽急剧增加,或新裂缝大量出现,或缝宽超过允许值的裂缝大量增多时;

③拱桥沿跨长方向的实测挠度曲线分布规律与计算结果相差过大时;

④发生其他影响桥梁承载能力或正常使用的损坏时。

10.3.3 试验数据整理分析和评定

1)试验数据整理

(1)试验资料的修正

①测值修正。根据各类仪表的标定结构进行测试数据的修正,如考虑机械式仪表校正系数、电测仪表率定系数、灵敏系数、电阻应变观测的导线电阻影响等。当这类因素对测值的影响小于1%时,可不予修正。

②温度影响修正。温度对测试的影响比较复杂。结构构件的各部位不同的温度变化、结构的受力特性、测试仪表或元件的温度变化、电测元件的温度敏感性、自补性等均会对测试精度造成一定的影响,逐项分析这些影响是困难的。一般可采用综合分析的方法来进行温度影响修正,即利用加载试验前进行的温度稳定观测数据,建立温度变化(测点处构件表面温度或空气温度)和测点测值(应变和挠度)变化的线性关系,然后按下式进行温度修正计算:

$$S = S' - \Delta t \cdot K_t \tag{10.2}$$

式中 S——温度修正后的测点加载测值变化;

S'——温度修正前的测点加载测值变化;

Δt——相应于 S' 观测时间段内的温度变化,℃;

K_t——空载时温度上升1 ℃,测点测值变化量;

$$K_t = \frac{\Delta S}{\Delta t_1} \tag{10.3}$$

式中 ΔS——空载时某一时间区段内测点测值变化量;

Δt_1——相应于 ΔS 同一时间区段内温度变化量。

温度变化量的观测,对应变宜采用构件表面温度,对挠度宜采用气温。温度修正系数 K_t 应采用多次观测的平均值,如测值变化与温度变化关系不明显时则不能采用。

由于温度影响修正比较困难,一般不进行这项工作,而采取缩短加载时间、选择温度稳定性较好的时间进行试验等办法尽量减小温度对测试精度的影响。

③支点沉降影响的修正。当支点沉降量较大时,应修正其对挠度值的影响,修正量 C 可按下式计算:

$$C = \frac{l - x}{l} \cdot a + \frac{x}{l} \cdot b \tag{10.4}$$

式中 C——测点的支点沉降影响修正量;

l——A 支点到 B 支点的距离;

x——挠度测点到 A 支点的距离;

a——A 支点沉降量;

b——B 支点沉降量。

(2)各测点变化(挠度、位移、沉降)与应变的计算

根据量测数据作下列计算:

总变位(或总应变):$S_t = S_1 - S_i$ (10.5)

弹性变位(或弹性应变):$S_e = S_1 - S_u$ (10.6)

残余变位(或残余应变):$S_p = S_t - S_e = S_u - S_i$　(10.7)

式中　S_i——加载前测值;

S_t——加载达到稳定时测值;

S_u——卸载后达到稳定时测值。

引入相对残余变位(或应变)的概念描述结构整体或局部进入塑性工作状态的程度。相对残余变位(或应变)按下式计算:

$$S'_p = \frac{S_p}{S_t} \times 100\% \tag{10.8}$$

式中　S'_p——相对残余变位(或应变),S_p、S_t意义同前。

采用实测位移(或应变)最大值 S_{emax},与横向各测点实测位移(或应变)平均值$\overline{S_e}$,按式(10.9)计算实测横向增大系数。

$$\xi = \frac{S_{emax}}{\overline{S_e}} \tag{10.9}$$

式中　ξ——横向增大系统。

(3)应力计算

根据测量到的测点应变,当结构处于线弹性工作状态时可以利用应力应变关系计算测点的应力。

①单向应力状态:

$$\sigma = E\varepsilon \tag{10.10}$$

②平面应力状态:当主应力方向已知时,有:

$$\sigma_1 = \frac{E}{1 - \nu^2}(\varepsilon_1 + \nu\varepsilon_2) \tag{10.11}$$

$$\sigma_2 = \frac{E}{1 - \nu^2}(\varepsilon_2 + \nu\varepsilon_1) \tag{10.12}$$

式中　E——构件材料弹性模量;

ν——构件材料泊松比;

$\varepsilon_1,\varepsilon_2$——方向相互垂直的主应变;

σ_1,σ_2——方向相互垂直的主应力。

主应力方向未知时需用应变花测量其应变计算主应力。应变花的常见形式为直角形或等边形,如图 10.1(a)、(b)、(c)所示,由 3 个应变片组成;也可以增加校核片,布置为扇形和伞形,如图 10.1(d)、(e)所示。采用图 10.1 中的 5 种应变花时测点主应力可以表示为:

$$\sigma_1 = \left(\frac{E}{1 - \nu}\right)A + \left(\frac{E}{1 + \nu}\right)\sqrt{B^2 + C^2} \tag{10.13}$$

$$\sigma_2 = \left(\frac{E}{1 - \nu}\right)A - \left(\frac{E}{1 + \nu}\right)\sqrt{B^2 + C^2} \tag{10.14}$$

$$\tau_{max} = \left(\frac{E}{1 + \nu}\right)\sqrt{B^2 + C^2} \tag{10.15}$$

$$\phi_0 = \frac{1}{2}\arctan\frac{C}{B} \tag{10.16}$$

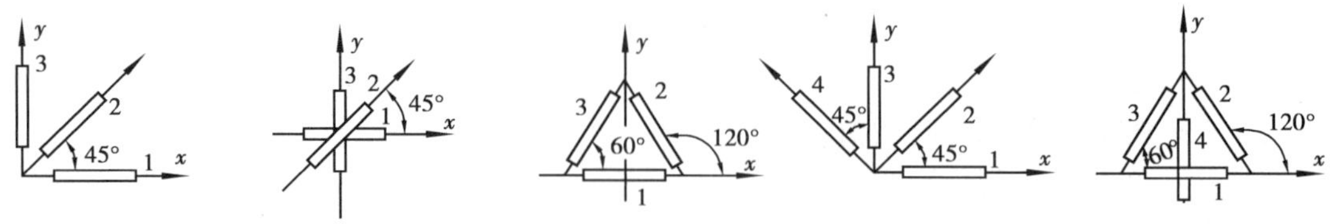

(a)直角形 (b)直角交叉形 (c)等边形 (d)扇形 (e)伞形

图 10.1 常用应变花形式

其中参数 A,B,C 由应变花的形式而定,前述 5 种形式应变花的参数如表 10.8 所示。

表 10.8 应变花参数

测量平面上一点主应变时应变计的布置		A	B	C
应变花名称	应变花形式			
45°直角应变花	图 10.1(a)	$\frac{\varepsilon_0+\varepsilon_{90}}{2}$	$\frac{\varepsilon_0-\varepsilon_{90}}{2}$	$\frac{2\varepsilon_{45}-\varepsilon_0-\varepsilon_{90}}{2}$
60°等边三角形应变花	图 10.1(c)	$\frac{\varepsilon_0+\varepsilon_{60}+\varepsilon_{120}}{3}$	$\varepsilon_0-\frac{\varepsilon_0+\varepsilon_{60}+\varepsilon_{120}}{3}$	$\frac{\varepsilon_{60}-\varepsilon_{120}}{\sqrt{3}}$
伞形应变花	图 10.1(e)	$\frac{\varepsilon_0+\varepsilon_{90}}{2}$	$\frac{\varepsilon_0-\varepsilon_{90}}{2}$	$\frac{\varepsilon_{60}-\varepsilon_{120}}{\sqrt{3}}$
扇形应变花	图 10.1(d)	$\frac{\varepsilon_0+\varepsilon_{45}+\varepsilon_{90}+\varepsilon_{135}}{4}$	$\frac{1}{2}(\varepsilon_0-\varepsilon_{90})$	$\frac{1}{2}(\varepsilon_{135}-\varepsilon_{45})$

(4)试验曲线绘制

试验曲线的绘制应包括下列主要内容:各加载工况下主要测点实测位移(或应变)与相应的理论计算值的对照表,并绘制出其关系曲线;各加载工况下主要控制点的位移(或应变等)与荷载或荷载效率的关系曲线;各加载工况下控制截面位移(或应变)分布图、沿纵(横)桥向挠度图、截面应变沿高度(宽度)分布图等。

试验曲线能直观地反映试验结果。一般通过试验曲线来表示实测应变和理论计算值的比较情况、主要控制点的变形(应变)与荷载的历程曲线、挠度及应变分布情况。通过这些曲线,能够对试验结果进行评价,判断异常点、结构工作状态、应变(变形)分布是否符合一般规律等。

2)试验数据分析

(1)校验系数 η

校验系数包括应变(或应力)校验系数及挠度校验系数,其值按下式计算。

$$\eta=\frac{S_e}{S_s} \tag{10.17}$$

式中 S_e——试验荷载作用下量测的弹性变位(或应变)值;

S_s——试验荷载作用下的理论计算变位(或应变)值。

S_e 与 S_s 的比较可用实测的横截面平均值与计算值比较,也可考虑荷载横向不均匀分布而选用实测最大值与考虑横向增大系数的计算值进行比较。横向增大系数最好采用实测值,如无实测值也可采用理论计算值。

常见桥梁结构试验的应变(或应力)、挠度校验系数应符合表10.9所示的常值范围。

表10.9　常见桥梁结构试验校验系数常值表

桥梁类型	应变(或应力)校验系数	挠度校验系数
钢筋混凝土板桥	0.20~0.40	0.20~0.50
钢筋混凝土梁桥	0.40~0.80	0.50~0.90
预应力混凝土桥	0.60~0.90	0.70~1.00
圬工拱桥	0.70~1.00	0.80~1.00
钢筋混凝土拱桥	0.50~0.90	0.50~1.00
钢桥	0.75~1.00	0.75~1.00

同类桥型校验系数越小,结构的安全储备越大。校验系数过大或过小应从多方面分析原因。过大可能因为组成结构的材料强度或弹性模量较低,结构各部分连接性能较差,刚度较低等;过小可能因为材料的强度或弹性模量较高,桥面铺装及人行道等与主梁(肋)共同受力,拱上建筑与拱圈共同作用,计算理论或简化图式的影响等。试验时加载物的称量误差、仪表的观测误差等也对校验系数有一定影响。一般来说,新建桥梁的校验系数较小,旧桥的校验系数较大。校验系数超出常值范围时,通常结合动载试验成果进行综合分析判断。

(2)相对残余变位或相对残余应变S_p'

主要控制测点的相对残余变形(或应变)S_p'越小,说明结构越接近弹性工作状况。S_p'不宜大于20%。当S_p'大于20%时,表明桥梁结构的弹性状态不佳,应分析原因,必要时再次进行荷载试验加以确定。

(3)裂缝

试验荷载作用下新桥裂缝宽度不应超过《公路钢筋混凝土及预应力混凝土桥涵设计规范》(JTG 3362—2018)规定的容许值,卸载后其扩展宽度应闭合到容许值的1/3;在用桥梁的裂缝宽度不宜超过《公路桥梁承载能力检测评定规程》(JTG/T J21—2011)的规定。超过规定时,应结合校验系数的计算结果,分析原因,采取措施。

(4)测点位移

处于线弹性工作状况的结构,测点实测位移(或应变)与其理论值应呈线性关系。

(5)应变分布

对于常规结构,实测的结构或构件主要控制截面应变沿高度分布应符合平截面假定。

3)试验结果评定

当出现下列情况之一时,应判定桥梁承载能力不满足要求:

①主要测点静力荷载试验校验系数大于1。

②主要测点相对残余变位或相对残余应变超过20%。

③试验荷载作用下裂缝扩展宽度超过《公路桥梁承载能力检测评定规程》(JTG/T J21—2011)规定的限值,且卸载后裂缝闭合宽度小于扩展宽度的2/3。

④在试验荷载作用下,桥梁基础发生不稳定沉降变位。

主要测点静力荷载试验结构校验系数大于1,表明桥梁实际工作状况要差于理论状况;主要测点发生较大的相对残余变位或相对残余应变,以及结构裂缝超限且闭合状况不良,表明结构在试验荷载作用下有较大的不可恢复变位或应变。这都表明结构实际状况与理想状况相比偏于不安全,因此可直接依据试验结果判定承载能力不能满足要求。另外,对在用桥梁而言,由于地基在长期荷载作用下已趋于稳定,如在试验荷载作用下,发生基础不稳定沉降变位,可直接判定其承载能力不满足要求。

在其他情况下,应取主要测点应变校验系数或变位校验系数较大值,确定检算系数 Z_2,代替 Z_1 按《公路桥梁承载能力检测评定规程》(JTG/T J21—2011)的有关规定进行承载能力评定。当检算的荷载效应与抗力效应的比值小于1.05时,应判定桥梁承载能力满足要求,否则应判定桥梁承载能力不满足要求。

▶ 10.3.4 静载试验报告编写

在全部试验资料整理与分析的基础上,提出桥梁结构静载试验报告,其内容应该包括下列各项:

①试验概况。主要内容是简要介绍被试验的桥梁结构的形式、构造特点、施工概况。对于鉴定性试验,还要说明在施工设计中存在的技术问题以及其对使用的影响等。对于科研性试验,还要说明设计中需要解决的问题。文中要适当附上必要的简图。

②试验的目的。根据试验对象的特点,要有针对性地说明结构静载试验所要达到的目的和要求。

③试验方案设计。这一部分要说明根据试验目的确定的测试项目和测试的方法、仪器配备、测点布置情况,并附以简图。同时要说明试验荷载的情况,如试验荷载的形成(是标准列车或汽车荷载,还是模拟的等代荷载)以及加载的程序。

④试验日期及试验的过程。说明具体组织桥梁静载试验的起讫日期、试验准备阶段的情况、整个试验阶段特殊的问题及其解决办法。

⑤各项试验达到的精度。将本次试验中使用的各种仪器、仪表的类型、精度(最小读数)列表说明,同时还要说明试验中可能使用的夹具对试验精度的影响程度。

⑥试验成果与分析。根据桥梁结构试验项目,将理论值、实测值以及有关的参考限值进行对比,说明理论与实践两者的符合程度,从中得出试验结构所具有的实际承载能力、抗裂性和使用的安全度,以及从试验中发现的新问题。从现场检查的综合情况,说明试验结构的施工质量。对于一些科研性试验,还要从综合分析中说明设计计算理论的正确性和实用性,以及尚存在未解决的问题。如果材料丰富,很有可能从综合分析中,提出简化计算公式等。

⑦试验记录摘录。将试验中所得的实测的控制数据,以列表或以曲线的形式表达出来。

⑧技术结论。根据综合分析的结果,得出最后的技术结论,对试验结构做出科学的评价,同时根据存在的问题,提出改进设计或者加强维修养护方面的建议。

⑨经验教训。从结构试验的角度,总结本次试验的计划、程序、测试方法等方面存在的不足之处,并提出改进的意见。

⑩有关图表、照片。

10.4　桥梁动载试验

桥梁的动力特性(频率、振型和阻尼比)是评价桥梁承载力状态的重要参数,因此,桥梁动载试验应测试桥跨结构的自振频率和冲击系数。当实际情况存在以下情形之一时,动载试验应增加测试桥跨结构的振型和阻尼比;必要时,还应测试桥梁结构的动挠度和动应变,并掌握车辆振源特性:

①单跨跨径超过 80 m 的梁桥、T 形刚构桥、连续刚构桥和单跨跨径超过 60 m 的拱桥、斜拉桥、悬索桥及其他组合结构桥梁。

②存在异常振动的桥梁。

③仅依据静载试验不能系统评价结构性能时。

▶ 10.4.1　试验工况和测点位置的确定

1)试验工况的确定

桥梁动载试验工况应根据具体的测试参数和采用的激振方法确定。激振方法可根据结构特点、测试的精度要求、方便性及现场实际情况确定,宜采用环境随机激振法、行车激振法和跳车激振法,也可采用起振机激振法或其他激振方法。

(1)环境随机激振法

环境随机激振法也称脉动法,是指在桥面无任何交通荷载以及桥址附近无规则振源的情况下,通过测定桥梁由风荷载、地脉动、水流等随机激励引起的微幅振动来识别结构自振特性参数的方法。对大跨度悬吊结构,如悬索桥、斜拉索桥跨结构、塔墩以及具有分离式拱肋的大跨度下承式或中承式拱桥,可利用结构由外界各种因素所引起的微小而不规则的振动来确定结构动力特性,它由附近的车辆、机器等振动或附近地壳的微小破裂和远处的地震传来的脉动所产生。该方法需对采集的长样本信号进行能量平均,以便消除随机因素的影响。对悬索桥、斜拉桥等自振频率较低的桥型,为保证频率分辨率和提高信噪比,采集时间一般不小于 30 min。对于小跨径桥梁,采集时间可以酌情减少。环境随机激振法更适合大跨柔性桥梁。

(2)行车激振法和跳车激振法

行车激振法,是利用车辆驶离桥面后引起的桥梁结构余振信号来识别结构自振特性参数,对小阻尼桥梁效果较好。为提高信噪比,获取尽可能大的余振信号,可采用不同的车速进行多次试验,或在桥跨特征截面设置弓形障碍物进行激振(有障碍行车激振)。通常结合行车动力响应试验统筹考虑获取余振信号。

跳车激振法,是通过让单辆载重汽车的后轮在指定位置从三角形垫块上突然下落对桥梁产生冲击作用,激起桥梁的振动。该方法更适用于其他方法不易激振、刚度较大的桥梁,如石拱桥、小跨径梁式桥等。

梁式桥采用跳车激振法时,一般进行车辆自重附加质量影响的修正。研究表明,对跨径小于 20 m 的简支梁桥,车辆自重的影响是不可忽略的。

(3)起振机激振法

起振机激振法,是指利用起振机采用可控的定点正弦激励或正弦扫描激励使结构产生稳态振动。该方法测试精度高,但需要较为庞大的起振机设备,运输不方便。同时,安装起振机对桥面将产生一定的损伤。在需要高精度识别桥梁结构动力特性时,可以采用此方法。

动力响应试验工况应包括下列主要内容:

①无障碍行车试验:宜在 5 ~80 km/h 范围内取多个大致均匀分布的车速进行行车试验。车速在桥联(孔)上宜保持恒定,每个车速工况应进行 2 ~3 次重复试验。

②有障碍行车试验:可设置弓形障碍物模拟桥面坑洼进行行车试验,车速宜取 5 ~20 km/h,障碍物宜布置在结构冲击效应显著部位。

③制动试验:车速宜取 30 ~50 km/h,制动部位应为动态效应较大的位置。对漂浮体系桥梁,应测试主梁纵向位移等项目。

由于桥面无障碍行车试验的车速根据设计车速、路幅宽度、桥面线形、路况等因素综合考虑,采用测速仪或由实测时程信号在特征部位的起讫时间确定实际车速。在保证安全的情况下,通常取较大的车速范围。冲击系数是与桥面平整度、车-桥耦合振动等相关的随机变量,单次试验的随机性较大,影响评价的客观性,因此每个车速工况通常进行 2 ~3 次重复试验。

2)测定截面和测点位置的确定

测试截面及测点布置应符合下列规定:

①桥梁动载试验的测试截面应根据桥梁结构振型特征和行车动力响应最大的原则确定。一般可根据桥梁结构规模按跨径 8 等分或 16 等分简化布置。桥塔或高墩,宜按高度分 3 ~4 个节段分段布置。

②对于常见的简支梁桥及连续梁桥,根据具体情况可参照表 10.10 至表 10.12 选择测试截面。

③大型桥梁振型测试可将结构分成几个单元分别测试,整个试验布置一固定参考点(应避开振型节点),每次测试都应包含固定参考点。将几个单元的测试数据通过参考点关联,拟合得到全桥结构振型图。

④测试桥梁结构行车响应时,应选择桥梁结构振动响应幅值最大部位为测试截面。简单结构宜选择跨中 1 个测试截面,复杂结构应增加测试截面。

⑤用于冲击效应分析的动挠度测点每个截面应至少布置 1 个。采用动应变评价冲击效应时,每个截面在结构最大活载效应部位的测点数不宜少于 2 个。

表 10.10 简支梁桥前 5 阶模态的传感器布置方案

模态阶数	至少需要传感器数	测点布设位置
1	1	$L/2$
2	2	$L/4$、$3L/4$
3	3	$L/6$、$L/2$、$5L/6$
4	4	$L/8$、$3L/8$、$5L/8$、$7L/8$
5	5	$L/10$、$3L/10$、$L/2$、$7L/10$、$9L/10$

注:L 为简支梁桥的计算跨径。

表 10.11 两等跨连续梁前 4 阶模态的传感器布置方案

模态阶数	至少需要传感器数	测点布设位置
1	2	$L/4$、$3L/4$
2	4	$L/8$、$3L/8$、$5L/8$、$7L/8$
3	6	$L/12$、$L/4$、$5L/12$、$7L/12$、$3L/4$、$11L/12$
4	8	$L/16$、$3L/16$、$5L/16$、$7L/16$、$9L/16$、$11L/16$、$13L/16$、$15L/16$

注:L 为桥梁跨径总长。

表 10.12 三等跨连续梁前 3 阶模态的传感器布置方案

模态阶数	至少需要传感器数	测点布设位置
1	3	$L/6$、$L/2$、$5L/6$
2	6	$L/12$、$L/4$、$5L/12$、$7L/12$、$3L/4$、$11L/12$
3	9	$L/18$、$L/6$、$5L/18$、$7L/18$、$L/2$、$11L/18$、$13L/18$、$5L/6$、$17L/18$

注:L 为桥梁跨径总长。

▶ 10.4.2 动载试验测定内容

1)桥梁自振特性

桥梁自振特性试验应包括竖平面内弯曲、横向弯曲自振特性以及扭转自振特性的测试,应根据试验目的和需要确定测试纵桥向竖平面内弯曲自振特性。桥梁的测试阶次应不少于表 10.13 的规定。桥梁结构的动力响应测试应包括动挠度、动应变、振动加速度、速度及冲击系数。

表 10.13 桥梁的测试阶次表

桥 型	简支梁桥	非简支梁桥、拱桥	斜拉桥、悬索桥
测试阶次	1 阶	3 阶	9 阶

2)结构自振频率

结构自振频率可采用波形分析法、频谱分析法或模态分析法得到。自振频率宜取用多次试验、不同分析方法的结果相互验证。单次试验的实测值与均值的偏差不应超过 ±3%。

①波形分析法适用于单一频率自振信号。取若干周期自振波形,通过时间坐标计算自振频率均值。当测试信号包含多阶自振信号叠加时,通常利用带通滤波进行信号分离,得到单一频率的自振信号,再进行频率计算。

②频谱分析法通常用于确定自振信号的各阶频率。用于分析的数据块中不包含强迫振动成分。

③采用跳车激振法时,对跨径小于 20 m 的桥梁,通常需要对实测结构自振频率进行修正。

④采用行车激振法激励时,通常要确定车辆驶离桥梁的准确时刻,以免将强迫振动当作自由振动进行处理,导致自振频率误判。一般根据同时采集的动挠度、动应变实测信号中静态分量的起始位置判定余振起点,再利用分析仪中的数据截断功能将强迫振动响应舍弃。截断后的数据块长度通常要满足频率分辨率的要求。

3)桥梁结构阻尼

桥梁结构阻尼可采用波形分析法、半功率带宽法或模态分析法得到。结构阻尼参数宜取用多次试验所得结果的均值,单次试验的实测结果与均值的偏差不应超过 ±20%。

①波形分析法。多阶自振信号叠加的波形通常首先分离为单一频率的自振信号,再计算阻尼参数。

②半功率带宽法是在自振频谱图上对每一阶自振频率采用半功率点带宽求取阻尼参数的方法。采用此方法时,频率分辨率 Δf 一般不大于 1% 的自振频率值,以保证插值计算的精度。

振型参数宜采用环境激振等方法进行模态参数识别。宜采用专用软件进行分析,可同时得到振型、固有频率及阻尼比等参数。

▶ 10.4.3 试验荷载的确定

动载试验无障碍行车可采用与静载试验的加载车辆相同的载重车辆,车辆轴重产生的局部效应不应超过车辆荷载效应,避免对横系梁、桥面板等局部构件造成损伤。

为保证试验效果,在选择荷载试验大小和加载位置时采用动载试验效率 η_d 加以控制。

$$\eta_d = \frac{S_d}{S} \tag{10.18}$$

式中 S_d——动载试验荷载作用下控制截面最大计算内力值;

S——标准汽车荷载作用下控制截面最大计算内力值(不计入汽车荷载冲击系数)。

η_d 值一般采用 1,动载试验的效率不仅取决于试验车型及车重,而且取决于实际跑车时的车间距。因此,在动载试验跑车时应注意保持试验车辆之间的间距,并采用实际测定跑车时的车间距作为修正动载试验效率 η_d 的计算依据。

对于大型桥梁,单辆车的荷载效率可能偏低,通常采用多辆车横向并列一排同步行驶进行行车试验,在行驶过程中宜保持车辆的横向间距不变。为保证试验的安全性,在纵桥向一般不安排车队。在实际操作中,为保证试验安全,荷载效率可酌情降低。

在桥梁结构的正常运营条件下,经常地作用于结构上的动力荷载是各类车辆荷载。在进行桥梁的动载试验中,首先应考虑采用车辆荷载作为试验荷载,以便确定桥梁在使用荷载作用下的动力特性及响应。对需要考虑风动荷载或地震荷载的桥梁,应结合桥梁的结构形式做进一步的研究。

▶ 10.4.4 试验过程控制和记录

试验过程控制和记录应包括下列内容:

①正式试验前应进行预加载试验,对测试系统进行稳定性检查。桥梁空载状态下,动应变、动挠度信号在预定采集时间内的零点漂移不宜超过预计最大值的 5%。

②宜根据预加载试验具体情况对试验方案或测试设备参数设置做调整。按照调整确定的试验方案与试验程序进行加载试验，观测并记录各测试参数，并采取措施避免电磁场以及对讲机、手机等对测试结果的影响。

③正式试验过程中，应根据观测和测试结果，实时判断结构状态是否正常，测试数据是否异常，是否需要终止试验，确保试验安全。各工况试验完成后，应对测试数据进行检查和确认。如发现幅值异常或突变、零点严重偏离、异常电磁干扰、噪声过大等，应在排除故障后重新进行试验。

④应保证记录的试验荷载参数，如传感器规格、灵敏度、编号、连接通道号，适配器、采集器采样频率、滤波频率、换算系数等信息的完整性。

⑤全部试验完成后，应在现场对主要的测试数据进行检查和初步分析，确保测试数据的准确性和完整性。

动载试验测试系统的性能应满足试验对量程、精度、分辨率、稳定性、幅频特性、相频特性的要求。传感器安装应与主体结构保持良好接触，无相对振动。用于冲击系数计算分析的动挠度、动应变信号的幅值分辨率不应大于最大实测幅值的1%。进行数据采集和频谱分析时，应合理设置采样、分析参数，频率分辨率不宜大于实测自振频率的1%。采样频率宜取10倍以上的最高有用信号频率。信号采集时间宜保证频谱分析时的谱平均次数不小于20次。在行车激振或跳车激振等强迫振动下，宜直接测试桥梁结构振动的加速度、速度和变形。

▶ 10.4.5　试验数据整理与分析

桥梁结构的动力特性（如结构的固有频率、阻尼系数和振型等）只与结构本身的固有性质有关（如结构的组成形式、刚度、质量分布和材料的性质等），而与荷载等其他条件无关。结构的动力特性是结构振动系统的基本特性，是进行结构动力分析所必需的参数。

对于比较简单的结构，一般只需结构的一阶频率；对于较复杂的结构动力分析，还应考虑第二、第三甚至更高阶的固有频率及相应的振型。至于系统的阻尼特性只能通过试验的方法确定。

1）结构固有频率

按照前面叙述的激振方法，使桥梁产生的自由振动，通过测试系统实测记录结构的衰减振动波形，如图10.2所示。在记录的振动波形曲线上，可根据时标符号直接计算出结构的固有频率f_0：

$$f_0 = \frac{Ln}{t_1 S} \tag{10.19}$$

式中　L——两个时标符号间的距离，mm；

n——波数；

S——n个波长的距离，mm；

t_1——时标的间隔（常用1 s，0.1 s，0.01 s 3种标定值）。

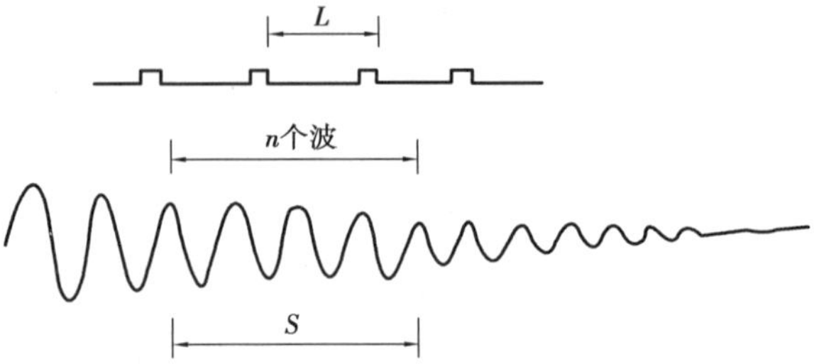

图 10.2　由衰减振动曲线求固有频率

在计算频率时，为消除冲击荷载的影响，开始的一二个波形应舍弃，从第三个波形开始计算分析。

当使用激振器时，结构产生连续的周期性强迫振动，在激振器振动频率与结构的固有频率一致时，结构出现共振现象，振幅达到最大值，共振波峰处的频率即为结构的固有频率，如图 10.3 所示。

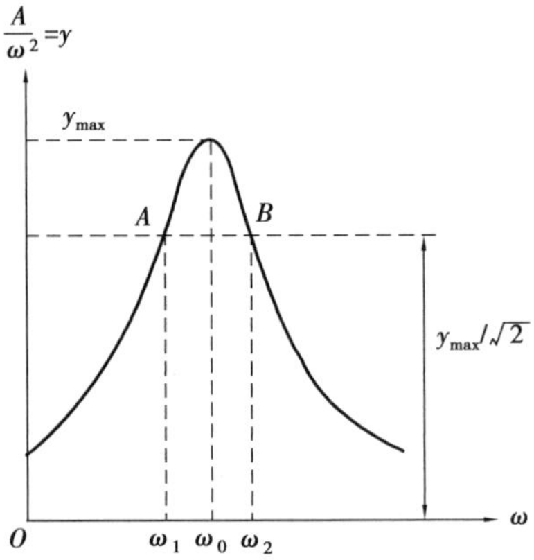

图 10.3　共振曲线

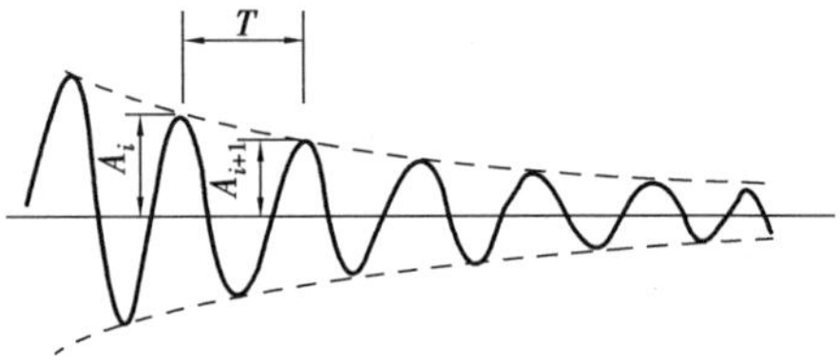

图 10.4　由衰减振动曲线求阻尼特性

2）结构阻尼

桥梁结构的阻尼特性，一般用对数衰减率 δ 或阻尼比 D 来表示。实测的振动衰减曲线如图 10.4 所示，由振动理论知，对数衰减率为：

$$\delta = \ln \frac{A_i}{A_{i+1}} \tag{10.20}$$

式中　A_i, A_{i+1}——相邻两个波的振幅值，可直接从衰减曲线上量取。

实践中，常从衰减曲线上量取 m 个波形，求得平均的衰减率：

$$\delta_a = \frac{1}{m}\ln \frac{A_i}{A_{i+m}} \tag{10.21}$$

由振动理论知，对数衰减率 δ 与阻尼比 D 的关系为：

$$\delta = \frac{2\pi D}{\sqrt{1 - D^2}} \tag{10.22}$$

对于一般材料的阻尼比都很小，因此：

$$D \approx \frac{\delta}{2\pi} \tag{10.23}$$

在实测的共振曲线上也可推算阻尼比，如图 10.3 所示。具体做法是取 $y_{max}/\sqrt{2}$ 值作一水平线,同曲线相交于 A,B 两点,其对应的横坐标为 ω_1,ω_2。

$$\text{阻尼系数} \quad n = \frac{1}{2}(\omega_2 - \omega_1) \tag{10.24}$$

$$\text{阻尼比} \quad D = \frac{n}{\omega_0} = \frac{\omega_2 - \omega_1}{2\omega_0} \tag{10.25}$$

式中 ω_0——结构的固有频率。

3)振型

结构的振型是结构相应于各阶固有频率的振动形式,一个振动系统振型的数目与其自由度数目相等。桥梁结构是一个具有连续分布质量的体系。也就是说,桥梁是一无限多自由度体系,因此,其固有频率及相应的振型也有无限多个。但是,对于一般的桥梁结构,第一固有频率即基频,对结构的动力分析才是重要的。对于较复杂的动力分析问题,也仅需分析前面几个固有频率。也就是说,通常情况下,一般低阶振型才是重要的。图 10.5 表示具有分布质量的各种梁的振型。

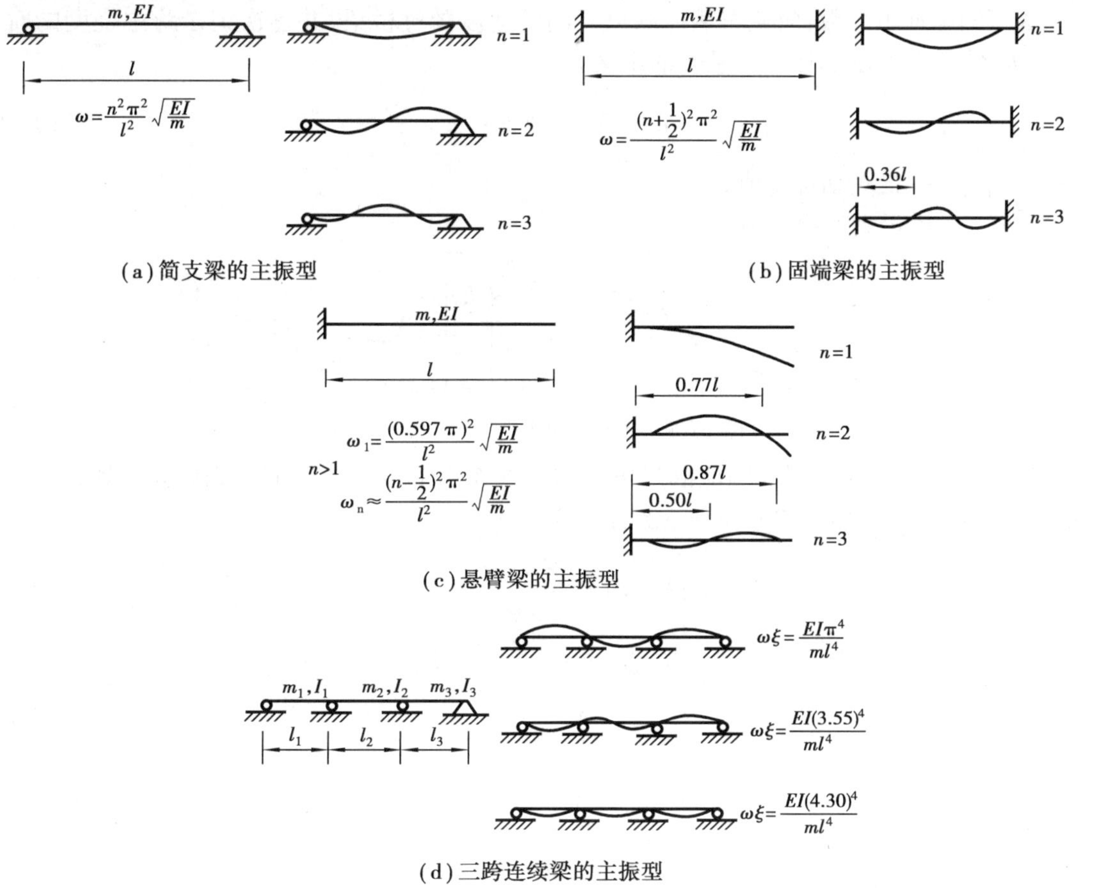

图 10.5 具有分布质量的各种梁的振型

采用共振法测定振型时,将若干传感器安装在结构各有关部位。当激振装置激发结构共振时,同时记录结构各部位的振幅和相比,比较各测点的振幅及相位便可绘出振型曲线。

传感器的测点布置视结构形式而定,一般要根据理论分析,估计振型的大致形状,然后在变位较大的部位布点,以便能较好地连接出振型曲线。

振型的测定一般采用两种方法：一是在结构上同时安装许多传感器，这时必须保证预先要精确标定所有传感器的灵敏度，在用多路放大器时，还要求放大器的特性相同；另一种方法只用一个传感器，测试时要不断改变它的位置，以便测出各点的振幅。这种方法需要对传感器多次拆卸和安装，并且还需要有一个作用参考点不能移动的传感器，各次测定值均应同参考点对应比较。

4）结构动力响应

在动力荷载作用下，桥梁结构某些部位的振动参数（如振幅、频率、位移、应力等）的测定，可根据试验的具体要求和结构的形式布置测点，采用适当的仪表进行测试。动力荷载作用于结构上产生的动挠度，一般较同样的静荷载所产生的相应静挠度要大。动挠度与静挠度的比值称为活荷载冲击系数。由于挠度反映了桥跨结构的整体变形，是衡量结构刚度的主要指标，因此，活荷载冲击系数综合反映了荷载对桥梁的动力作用。活荷载冲击系数与结构的形式、车辆运行速度和桥面的平整度等有关。

为了测定冲击系数，应使车辆荷载以不同的速度驶过桥梁，并逐次记录跨中挠度的时历曲线，如图10.6所示。按冲击系数的定义有：

$$1+\mu=\frac{Y_{\mathrm{dmax}}}{Y_{\mathrm{smax}}}\text{或}1+\mu=\frac{\delta_{\mathrm{dmax}}}{\delta_{\mathrm{smax}}} \tag{10.26}$$

式中　Y_{dmax}——最大动挠度值；

Y_{smax}——最大静挠度值。

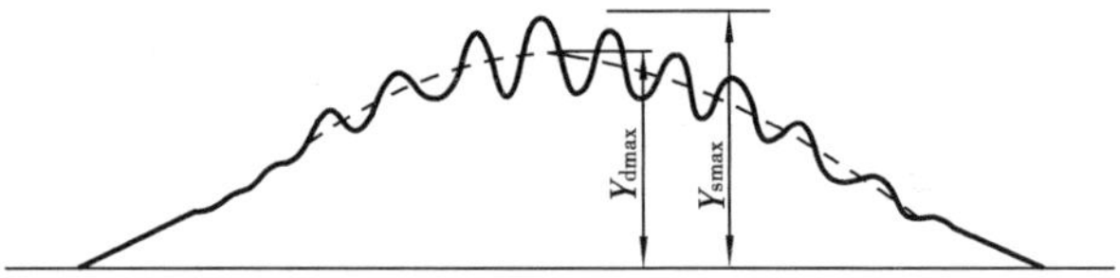

图10.6　移动荷载作用下结构变形曲线

若对所有局部“波谷”动响应值与相应“静”载作用下该点响应值之比计算得到的冲击系数进行加权处理，可得到如下冲击系数计算式：

$$\begin{cases}1+\mu_i=\dfrac{Y_{\mathrm{max}i}}{Y_{\mathrm{mean}i}}\\ Y_{\mathrm{mean}i}=\dfrac{1}{2}(Y_{\mathrm{max}i}+Y_{\mathrm{min}i})\\ \alpha_i=\dfrac{Y_{\mathrm{max}i}}{\sum\limits_{i=1}^{n}Y_{\mathrm{max}i}}\\ \mu=\sum\limits_{i=1}^{n}\mu_i\alpha_i\end{cases} \tag{10.27}$$

式中　$Y_{\mathrm{max}i}$——车辆荷载过桥时动挠度或动应变时程曲线上的一个“波谷”值；

$Y_{\mathrm{min}i}$——与$Y_{\mathrm{max}i}$相应的“波峰”动响应值；

$Y_{\mathrm{mean}i}$——相应的“静”载作用下该点的响应值；

μ_i——“波谷”处所对应的局部冲击系数；

α_i——权重。

该方法虽然计算较为复杂，但可真实反映车辆的全程冲击作用。

5）资料整理与判定

分析计算和资料整理应包括下列内容：

①动载试验荷载效率。

②各试验工况下动挠度、动应变、加速度等的时域统计特性，包括最大值、最小值、均值和方差等。

③典型工况下主要测点的实测时程曲线。

④典型的自振频谱图。

⑤实测自振频率与计算频率列表比较。

⑥冲击系数-车速相关曲线图或列表。

⑦其他必要的图表、曲线、照片等数据或资料。

桥梁结构性能分析通过下列方法进行：

①比较实测自振频率与计算频率，实测频率大于计算频率时，可认为结构实际刚度大于理论刚度，反之则实际刚度偏小。

②比较自振频率、振型及阻尼比的实测值与计算数据或历史数据，可根据其变化规律初步判断桥梁技术状况是否发生变化。

③比较实测冲击系数与设计所用的冲击系数，实测值大于设计值时应分析原因。

自振频率与结构刚度有着明确的关系。自振频率容易精确测量，利用自振频率评价桥梁的刚度也具有较高的可靠性。结构部件出现缺损时，一般自振频率会降低，振型出现变异。桥梁结构存在或出现缺损时，一般会造成振型的变异。一般来讲，变异区段即为缺损所在区段。阻尼比参数，可以通过和同一座桥的历史数据对比，或同类桥梁历史经验数据对比，粗略判断桥梁结构的技术状况是否出现劣化，如阻尼比明显偏大，则桥梁结构技术状况可能存在缺损或出现劣化。

思考练习题

10.1　桥梁荷载试验的目的和意义是什么？

10.2　根据试验荷载的不同，桥梁荷载试验的主要内容包括哪些？其中桥梁结构的动力试验主要包括哪些内容？

10.3　常见的传感器的基本原理是什么？主要类型有哪些？

10.4　什么是应变片的温度效应？温度效应的应变值如何组成，如何处理？

10.5　采用百分表及千分表检测挠度注意事项是什么？

10.6　电阻应变片测应变的工作原理是什么？

10.7　有一根钢筋试件，$E=2.1\times10^5$ MPa，其中间部位用 $R=120\ \Omega$、$K=2.02$ 的应变片沿受拉方向粘贴。当试件上应变为 1 000 $\mu\varepsilon$ 时，应变片的阻值是多少？试件的应力是多少？（120.2 Ω、210 MPa）

10.8　桥梁静载试验的荷载一般如何选用？当采用车辆加载时的分级方法是什么？

10.9　不同桥型下的桥梁静载试验的试验工况和测试截面有什么不同？其测试内容分别是什么？

10.10　控制静载试验效率的取值有什么作用？一般情况下其取值为多少？

10.11　高速公路上某小桥为1-6.0 m钢筋混凝土简支梁桥，计算跨径5.8 m，汽车单向行驶。桥面净宽 $W=10$ m，无人行道，请计算静载试验控制荷载作用下控制截面最不利内力值。

10.12　某装配式钢筋混凝土简支梁桥，计算跨径为19.5 m，边梁跨中截面设计弯矩为1 608.75 kN·m；挂车作用时，边梁的荷载横向分布系数为0.45。若采用挂车-100级进行加载是否能满足静载试验的要求？

10.13　某预应力混凝土间支梁桥标准跨径为30 m，计算跨径为29.30 m，桥面净宽 $W=12.0$ m，车辆单向行驶，无人行道。已知设计跨径中计算内力为5 652 kN·m，现用挂-100加载，请计算静载试验效率系数 η_g。

10.14　什么是桥梁结构动力特性？结构动力特性包括哪些参数？测定方法有哪几种？这些方法适用于什么情况下的测试以及所能测定的参数是什么？

10.15　振源动力特性的直接测定法和间接测定法各自的适用条件是什么？

10.16　根据图10.7所示桥梁结构变形记录图，求该桥梁结构的动力系数。

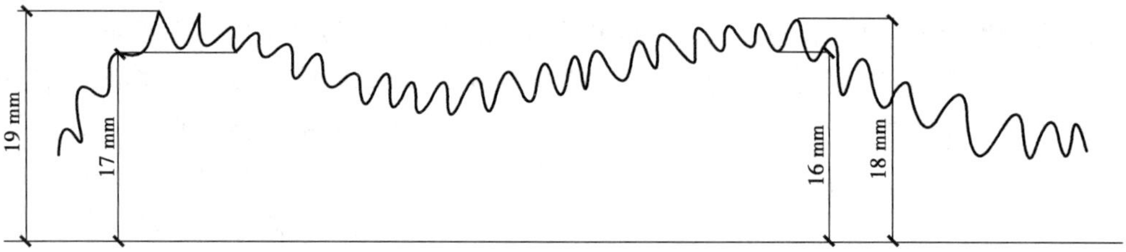

图10.7　习题10.16图

10.17　如图10.8所示，在采用激振法时，由东风牌重车驶过三角垫木后，所记录的桥梁结构产生衰减振动的波形。已知 $t=0.1$ s，$\varepsilon_0=300$ με，求该桥梁的最大正应变和最大负应变、应变频率、应变周期、平均对数衰减率、临界阻尼比。

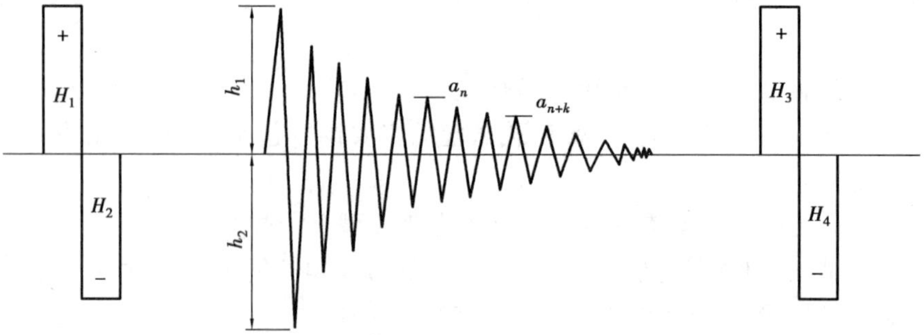

图10.8　习题10.17图

11 桥梁材质状况检测

11.1 混凝土强度和碳化深度检测

11.1.1 结构混凝土强度等级评定

1)混凝土立方体试件的取样原则

结构混凝土立方体试验制取组数是以不同等级及不同配合比的浇筑地点或拌和地点随机制取,浇筑一般体积的结构物(如基础、墩台)时,每一单元结构应制取2组;连续浇筑大体积结构时,每80 m^3 或每一工作班应制取2组。桥梁上部构造主要构件长度在16 m以下时,应制取1组;16~30 m时,应制取2组;31~50 m长时,应制取3组;50 m以上者,不少于5组。

对小型构件,每批或每个工作班至少应制取2组;对于钻孔桩,每条至少应制取2组;当桩长在20 m以上时,不少于3组;对桩径大、灌桩时间很长时不少于4组。另外,还要根据施工的需要,再制取几组作为拆模、张拉和吊装等施工阶段强度依据。

2)结构混凝土强度评定

结构混凝土强度的合格标准评定的常规方法是以浇筑或拌和现场制取试件,以28 d龄期的极限抗压强度值进行统计评定。规范规定,对于大桥等重要工程及中小桥、涵洞工程的取样试件大于或等于10组,应以数理统计方法按下述条件评定:

$$\overline{R}_n - K_1 S_n \geqslant 0.9R \tag{11.1}$$

$$R_{\min} \geqslant K_2 R \tag{11.2}$$

式中　n——同批混凝土试件组数；

$\overline{R}_n$——同批 n 组试件强度的平均值，MPa；

S_n——同批 n 组试件强度的标准差，MPa，当 $S_n < 0.06$ MPa 时，取 $S_n = 0.06R$；

R——混凝土的设计强度等级，MPa；

$R_{\min}$——n 组试件中强度最低的一组值，MPa；

K_1，K_2——合格判定系数，如表 11.1 所示。

表 11.1　K_1，K_2 值表

n	10～14	15～24	>25
K_1	1.70	1.65	1.60
K_2	0.9	0.85	

对于中小桥及涵洞工程，同批混凝土试件少于 10 组时，可用非数理统计方法按下述条件进行评定：

$$\overline{R}_n \geqslant 1.15R \tag{11.3}$$

$$R_{\min} \geqslant 0.95R \tag{11.4}$$

▶　11.1.2　钻芯取样法检验混凝土强度

钻芯取样法检验混凝土强度指从混凝土结构中钻取芯样和检查芯样，测定混凝土的劈裂抗拉强度或抗压强度，作为评定结构的主要品质指标。但是由于结构或构件部位的条件、所处位置及受力状态的影响，钻取芯样的数量通常比较少，在一定程度上可作为抽检混凝土抗压强度、均匀性和内部缺陷的指标。

1）芯样钻取

在钻取芯样前，应考虑钻芯可能导致对结构的不利影响，应尽可能避免在靠近混凝土构件的接缝或边缘钻取，且基本上不应带有钢筋。

芯样直径应为混凝土所有集料最大粒径的 3 倍，一般为 150 mm 或 100 mm。任何情况下不小于集料最大粒径的 2 倍。

钻出后的每个芯样应立即清楚地标上记号，并记录芯样在混凝土结构中钻取的位置。钻的芯样数量应满足下列规定：

①按单个构件检验时，每个构件钻取芯样数不少于 3 个，较小构件至少应取 2 个；

②对构件局部区域检验时，应由要求检验的单位确定取芯位置及数量。

2）钻取芯样检查

每个芯样应详细描述有关裂缝、分层、麻面或离析等，并估计集料的最大粒径、形状种类及粗细集料的比例与级配，检查并记录存在的气孔的位置、尺寸与分布情况，必要时应进行拍照。在芯样的中间及两端 1/4 处按两个垂直方向测量 3 对数值确定芯样的平均直径 d，精确至 1 mm。

取芯样直径两端侧面测定钻取后芯样的长度及端面加工后的长度，其尺寸误差应在

0.25 mm之内，取平均值作为试件平均长度 L，精确至 1.0 mm。

如有必要，应测定芯样的表观密度。

3）试件的制作

抗压试验用的试件长度（端部加工后）不应小于直径，也不应大于直径的 2 倍。芯样端面必须平整，必要时应磨平或用抹顶等方法处理。

4）芯样抗压强度

芯样抗压强度 f_{cu}^{c} 按下式计算，结果计算精确至 0.1 MPa：

$$f_{cu}^{c} = \alpha \cdot \frac{P}{A} = \alpha \cdot \frac{4P}{\pi d^2} \tag{11.5}$$

式中 f_{cu}^{c}——混凝土芯样抗压强度，MPa；

P——极限荷载，N；

A——受压面积，mm^2；

d——芯样截面的平均直径，mm；

α——不同高径比芯样试件的混凝土强度换算系数，如表 11.2 所示。

表 11.2 抗压强度尺寸修正系数表

长度与直径（L/d）	修正系数 α	说 明
2.00	1.00	当 L/d 为表列中间值时，修正系数可用插入法求得
1.75	0.98	
1.50	0.96	
1.25	0.93	
1.00	0.89	

混凝土圆柱体强度与立方体强度的关系如表 11.3 所示。

表 11.3 圆柱体试件与方块试件抗压强度关系表

混凝土等级	28 d 抗压强度/MPa	
	圆柱体 ϕ150 mm×300 mm	方块 150 mm×150 mm×150 mm
C2.5/2.5	2.0	2.5
C4/5	4.0	5.0
C6/7.5	6.0	7.5
C8/10	8.0	10.0
C10/12.5	10.0	12.5
C16/20	16.0	20.0
C20/25	20.0	25.0
C25/30	25.0	30.0
C30/35	30.0	35.0

续表

混凝土等级	28 d 抗压强度/MPa	
	圆柱体 ϕ150 mm×300 mm	方块 150 mm×150 mm×150 mm
C35/40	35.0	40.0
C40/45	40.0	45.0
C45/50	45.0	50.0
C50/55	50.0	55.0

注:表中中间值换算时,可直线插入。

11.1.3 回弹法检验混凝土强度

1)回弹法的基本原理

回弹法是采用回弹仪的弹簧驱动重锤,通过弹击杆弹击混凝土表面,并以重锤被反弹回来的距离(称回弹值,指反弹距离与弹簧初始长度之比)作为强度相关指标来推算混凝土强度的一种方法。

2)回弹法检测混凝土强度的原则

回弹法检验混凝土强度是对常规检验的一种补充。当对构件产生怀疑时,例如,试件与结构中混凝土质量不一致,或对试件的检验结果有怀疑或供检验用的试件数量不足时,可采用回弹法检测,并将检测结果作为处理混凝土问题的一个主要依据。

另外,在施工阶段,如构件拆模、预应力张拉或移梁、吊装时,回弹法可作为评估混凝土强度的依据。

回弹法的使用前提,是要求被测结构或构件混凝土的内外质量基本一致。因此,当混凝土表层与内部质量有明显差异,如遭受化学腐蚀或火灾、硬化期间遭受冻伤等或内部存在缺陷时,不能用回弹法评定混凝土强度。回弹法检测的混凝土的抗压强度和龄期也不应超过相应技术规程限定的范围。

3)回弹法的测强曲线

回弹法测定结构混凝土强度的基本依据,是回弹值与混凝土抗压强度之间的相关性。这种相关性以基准曲线或经验公式的形式予以确定。

基准曲线的制定方法,是在试验室中制作一定数量的,考虑不同强度、不同原材料条件、不同期龄等各种因素的立方体试块,测定其回弹值、碳化深度及抗压强度等参数,然后进行回归分析,求得拟合程序最好,相关系数大的回归方程,作为经验公式或画出基准曲线。因为混凝土强度与回弹值、碳化深度的相关关系,受许多因素的影响,在制定曲线的过程中,所考虑的影响因素越多,曲线的适应性和覆盖面越大,但其离散性也越大,推算混凝土强度的误差也越大。当被测试的结构混凝土的各种条件越接近于制定基准曲线时所顾及的各种条件,测试误差越小。

为了提高回弹法测强的精度,目前常用的基准曲线可分为3种类型:

(1)专用测强曲线

专用测强曲线是针对某一工程、某一预制厂或某一商品混凝土供应区的特定的原材料质量、成型和养护工艺、测试龄期等条件而制定的基准曲线。由于专用曲线所考虑的条件可以较好地与被测混凝土相吻合,因此,影响因素的干扰较少,推算强度的误差也较小。

当被测结构混凝土的各种条件与专用曲线一致时,应优先使用专用曲线进行强度推定。

(2)地区测强曲线

地区测强曲线是针对某一省、自治区、市或条件较为类似的特定地区而制定的基准曲线。它适应于某一地区的情况,所涉及的影响因素比专用曲线广泛,因此,其误差也稍大。

(3)通用测强曲线

为了便于应用,在允许的误差范围内,应尽量扩大基准曲线的覆盖面。我国在制定《回弹法检测混凝土抗压强度技术规程》(JGJ/T 23—2011)时,在全国广泛布点进行了研究。最后选定的回归方程和有关指标如下:

$$R_n = 0.025\,0\overline{N}^{2.010\,8} \times 10^{-0.035\,8\overline{L}} \tag{11.6}$$

式中 R_n——测区混凝土的抗压强度,MPa,精确至0.1 MPa;

$\overline{N}$——测区混凝土平均回弹值,精确至0.1;

$\overline{L}$——测区混凝土平均碳化深度,mm,精确至0.1 mm。

全国通用测强曲线所列测区混凝土强度换算表(附录Ⅲ)应为符合下列条件的混凝土:

①符合普通混凝土用材料、拌和用水的质量标准;

②不掺外加剂或仅掺非引气型外加剂;

③采用普通成型工艺;

④采用符合《混凝土结构工程施工质量验收规范》(GB 50204—2015)规定的钢模、木模及其他材料制作的模板;

⑤自然养护或蒸气养护出池后以自然养护7 d以上,且混凝土表层为干燥状态;

⑥龄期为14~1 000 d;

⑦抗压强度为10~50 MPa。

制定该表所依据的统一测强曲线,其强度误差值为:

平均相对误差:$\delta \leqslant \pm 15.0\%$

相对标准差:$e_r \leqslant 18.0\%$

当有下列情况之一时,不得按附录Ⅲ换算测区混凝土强度值,但可制定专用测强曲线或通过试验进行修正:

①粗集料最大粒径大于60 mm;

②特种成型工艺制作的混凝土;

③检测部位曲率半径小于250 mm;

④潮湿或浸水混凝土。

由于泵送混凝土在原材料、配合比、搅拌、运输、浇筑、振捣、养护等环节与传统的混凝土都有很大的区别,泵送混凝土的测强曲线方程另采用幂函数曲线方程:

$$f = 0.034\,488R^{1.940\,0} \times 10^{(-0.017\,3d_m)} \tag{11.7}$$

式中　d_m——碳化深度平均值；

R——回弹平均值。

4)专用测强曲线的制定方法

①制定专用测强曲线的单位，需具有一级试验室的资质。

②制定专用测强曲线的试件应与欲测结构或构件在原材料（含品种、规格）的成型工艺与养护方法等方面条件相同。

③试件的制作和养护：

a.按最佳配合比设计5个强度等级，每一强度等级每一龄期制作6个150 mm立方体试件，同一龄期试件宜在同一天内成型完毕。

b.在成型后的第二天，将试件移至与被测结构或构件相同的硬化条件下养护，试件拆模日期宜与结构或构件的拆模日期相同。

④试件的测试：

a.将到达龄期的试件表面擦净，将其两个相对测面置于压力机的上下承压板之间，加压30～80 kN（低强度试件取低吨位加压）。

b.在试件保持30～80 kN的压力下，用符合规定的标准状态的回弹仪和规定的操作方法，在试件的另外两个相对侧面上分别选择均匀分布的8个点进行弹击。

c.从每一试件的16个回弹值中分别剔除其中3个最大值和3个最小值，然后再求余下的10个回弹值的平均值，计算精确至0.1，即得该试件的平均回弹值R_m。

d.将试件加荷直至破坏，然后计算试件的抗压强度换算值f_{cu}^c（MPa）。

⑤专用测强曲线的计算：

a.专用测强曲线的回归方程，应按每一试件求得的R_m和f_{cu}^c数据，采用最小二乘法原理计算。

b.推荐采用的回归方程如下：

$$f_{cu}^c = AR_m^B \tag{11.8}$$

c.计算回归方程式的强度平均相对误差δ和强度相对标准差e_r。当δ和e_r均符合规定时，即可报请上级主管部门审批。

如需制定具有较宽龄期范围的专用测强曲线，则应在试验及回归分析时引入碳化深度变量，并求得碳化深度修正系数。

$$\delta = \pm \frac{1}{n}\sum_{i=1}^{n}\left|\frac{f_{cu,i}}{f_{cu,i}^c - 1} - 1\right| \times 100\% \tag{11.9}$$

$$e_r = \sqrt{\frac{1}{n-1}\sum_{i=1}^{n}\left(\frac{f_{cu,i}}{f_{cu,i}^c - 1} - 1\right)^2} \times 100\% \tag{11.10}$$

式中　δ——回归方程式的强度平均相对误差，%，精确至0.1；

e_r——回归方程式的强度相对标准差，%，精确至0.1；

$f_{cu,i}$——由第i个试件抗压试验得出的混凝土抗压强度值，MPa，精确至0.1 MPa；

$f_{cu,i}^c$——由同一试件的平均回弹值R_m按回归方程式算出的混凝土强度值，MPa，精确至0.1 MPa；

n——制定回归方程式的试件数。

5）回弹法测试混凝土强度的原则

①检测结构或构件混凝土强度可采用单个检测和批量检测两种方式，其适用范围及构件数量应符合下列规定：

a. 单个检测，适用于单独的结构或构件的检测。

b. 批量检测，适用于在相同的生产工艺条件下，混凝土强度等级相同，原材料、配合比、成型工艺、养护条件基本一致且龄期相近的同类构件。按批进行检测的构件，抽检数量不得少于同批构件总数的30%且测区数量不得少于100个。抽检构件时，有关方面应协商一致，使所选构件具有一定的代表性。

②每一构件的测区，应符合下列要求：

a. 对长度不小于3 m的构件，其测区数不少于10个；对长度小于3 m且高度低于0.6 m的构件，其测区数量可适当减少，但不应少于5个。

b. 相邻两测区的间距应控制在2 m以内，测区离构件边缘的距离不宜大于0.5 m。

c. 测区应选在使回弹仪处于水平方向，检测混凝土浇筑侧面。当不能满足这一要求时，可选在使回弹仪处于非水平方向，检测混凝土浇筑侧面、表面或底面。

d. 测区宜选在构件的两个对称可测面上，也可选在一个可测面上，且应均匀分布。在构件的受力部位及薄弱部位必须布置测区，并应避开预埋件。

e. 测区的面积宜控制在0.04 m^2。

f. 检测面应为原状混凝土面，并应清洁、平整，不应有疏松层和杂物，且不应有残留的粉末或碎屑。

g. 对于弹击时会产生颤动的薄壁、小型构件，应设置支撑固定。

③结构或构件的测区应标有清晰的编号，必要时应在记录纸上描述测区布置示意图和外观质量情况。

④当检测条件与测强曲线的适用条件有较大差异时，可采用同条件试件或钻取混凝土芯样进行修正，试件数量应不少于6个。计算时，测区混凝土强度换算值应加上强度修正量。

⑤检测时，回弹仪的轴线应始终垂直于结构或构件混凝土检测面，缓慢施压，准确读数，快速复位。

⑥测点宜在测区范围内均匀分布，相邻两侧点的净距一般不小于20 mm，测点距构件边缘或外露钢筋、预埋件的距离一般不小于30 mm，测点不应在气孔或外露石子上，同一测点只允许弹击一次。每一测区应记取16个回弹值，每一测点的回弹值读数精确至1。

⑦回弹值测量完毕后，应选择在有代表性的位置上测量碳化深度值。

6）混凝土碳化状况检测

混凝土碳化是混凝土所受到的一种化学腐蚀。空气中CO_2气渗透到混凝土内，与其碱性物质起化学反应后生成碳酸盐和水，使混凝土碱度降低的过程称为混凝土碳化，又称为中性化。其化学反应为$Ca(OH)_2+CO_2=CaCO_3+H_2O$。

对于钢筋混凝土来说，碳化会使混凝土的碱度降低，同时，增加混凝土孔溶液中氢离子数量，因而会使混凝土对钢筋的保护作用减弱。

以下情况下须进行混凝土碳化状况检测：

①采用回弹法或超声回弹综合法对混凝土强度换算值进行修正时；

②主要构件或主要受力部位的钢筋锈蚀电位评定标度值为3、4、5时。

混凝土碳化深度值测量应按下列规定进行：

①用回弹法测量混凝土强度时，碳化测点不应少于3个或混凝土强度测区数的30%，取其平均值为碳化深度代表值。当碳化深度值极差大于2.0 mm时，应在每一测区测量碳化深度值。

②在混凝土表面布置测孔，可采用适当的工具在测区表面形成直径约15 mm的孔洞，也可根据预估的碳化深度选择测孔直径，其深度应大于混凝土的碳化深度。

③孔洞中的粉末和碎屑应除净且不得用水擦洗。

④应采用浓度为1%的酚酞试液滴在孔洞内壁的边缘处，滴在孔洞内的酚酞试液量应使表面均匀湿润但不流淌。

⑤当已碳化与未碳化界线清楚时，再用深度测量工具测量已碳化与未碳化混凝土交界面到混凝土表面的垂直距离，测量不应少于3次，取其平均值，每次读数精确至0.5 mm。

7）回弹值的计算

①计算测区平均回弹值时，应从该测区的16个回弹值中剔除3个最大值和3个最小值，然后将余下的10个回弹值按下列公式计算：

$$R_m = \frac{\sum_{i=1}^{10} R_i}{10} \tag{11.11}$$

式中 R_m——测区平均回弹值，精确至0.1；

R_i——第i个测点的回弹值。

②回弹仪非水平方向检测混凝土浇筑侧面时，应按下列公式修正：

$$R_m = R_{ma} + R_{aa} \tag{11.12}$$

式中 R_{ma}——非水平方向检测时测区的平均回弹值，精确至0.1；

R_{aa}——非水平方向检测时回弹值的修正值，如表11.4所示。

③回弹仪水平方向检测混凝土浇筑表面时，应按下列公式修正：

$$R_m = R_m^t + R_a^t \tag{11.13a}$$

$$R_m = R_m^b + R_a^b \tag{11.13b}$$

式中 R_m^t,R_m^b——水平方向检测混凝土浇筑表面、底面时，测区的平均回弹值，精确至0.1；

R_a^t,R_a^b——混凝土浇筑表面、底面回弹值的修正值，按表11.5查用。

④如检测时仪器非水平方向且测试面非混凝土的浇筑侧面，则应先对回弹值进行角度修正，然后再对修正后的值进行浇筑面修正。

表11.4 非水平方向检测时回弹值的修正值

R_{ma}	检测角度							
	向上				向下			
	90	60	45	30	-30	-45	-60	-90
20	-6.0	-5.0	-4.0	-3.0	+2.5	+3.0	+3.5	+4.0

续表

R_{ma}	检测角度							
	向上				向下			
	90	60	45	30	-30	-45	-60	-90
21	-5.9	-4.9	-4.0	-3.0	+2.5	+3.0	+3.5	+4.0
22	-5.8	-4.8	-3.9	-2.9	+2.4	+2.9	+3.4	+3.9
23	-5.7	-4.7	-3.9	-2.9	+2.4	+2.9	+3.4	+3.9
24	-5.6	-4.6	-3.8	-2.8	+2.3	+2.8	+3.3	+3.8
25	-5.5	-4.5	-3.8	-2.8	+2.3	+2.8	+3.3	+3.8
26	-5.4	-4.4	-3.7	-2.7	+2.2	+2.7	+3.2	+3.7
27	-5.3	-4.3	-3.7	-2.7	+2.2	+2.7	+3.2	+3.7
28	-5.2	-4.2	-3.6	-2.6	+2.1	+2.6	+3.1	+3.6
29	-5.1	-4.1	-3.6	-2.6	+2.1	+2.6	+3.1	+3.6
30	-5.0	-4.0	-3.5	-2.5	+2.0	+2.5	+3.0	+3.5
31	-4.9	-4.0	-3.5	-2.5	+2.0	+2.5	+3.0	+3.5
32	-4.8	-3.9	-3.4	-2.4	+1.9	+2.4	+2.9	+3.4
33	-4.7	-3.9	-3.4	-2.4	+1.9	+2.4	+2.9	+3.4
34	-4.6	-3.8	-3.3	-2.3	+1.8	+2.3	+2.8	+3.3
35	-4.5	-3.8	-3.3	-2.3	+1.7	+2.3	+2.8	+3.3
36	-4.4	-3.7	-3.2	-2.2	+1.7	+2.2	+2.7	+3.2
37	-4.3	-3.7	-3.2	-2.2	+1.6	+2.2	+2.7	+3.2
38	-4.2	-3.6	-3.1	-2.1	+1.6	+2.1	+2.6	+3.1
39	-4.1	-3.6	-3.1	-2.1	+1.6	+2.1	+2.6	+3.1
40	-4.0	-3.5	-3.0	-2.0	+1.5	+2.0	+2.5	+3.0
41	-4.0	-3.5	-3.0	-2.0	+1.5	+2.0	+2.5	+3.0
42	-3.9	-3.4	-2.9	-1.9	+1.4	+1.9	+2.4	+2.9
43	-3.9	-3.4	-2.9	-1.9	+1.4	+1.9	+2.4	+2.9
44	-3.8	-3.3	-2.8	-1.8	+1.3	+1.8	+2.3	+2.8
45	-3.8	-3.3	-2.8	-1.8	+1.3	+1.8	+2.3	+2.8
46	-3.7	-3.2	-2.7	-1.7	+1.2	+1.7	+2.2	+2.7
47	-3.7	-3.2	-2.7	-1.7	+1.2	+1.7	+2.2	+2.7

续表

R_{ma}	检测角度							
	向上				向下			
	90	60	45	30	-30	-45	-60	-90
48	-3.6	-3.1	-2.6	-1.6	+1.1	+1.6	+2.1	+2.6
49	-3.6	-3.1	-2.6	-1.6	+1.1	+1.6	+2.1	+2.6
50	-3.5	-3.0	-2.5	-1.5	+1.0	+1.5	+2.0	+2.5

注:①R_{ma}小于20或大于50时,均分别按20或50查表。

②表中未列入的相应于R_{ma}的修正值R_{aa},可用内插法求得,精确至0.1。

表11.5　不同浇筑面上回弹值的修正值

R_m^t 或 R_m^b	表面修正值 R_a^t	底面修正值 R_a^b	R_m^t 或 R_m^b	表面修正值 R_a^t	底面修正值 R_a^b
20	+2.5	-3.0	36	+0.9	-1.4
21	+2.4	-2.9	37	+0.8	-1.3
22	+2.3	-2.8	38	+0.7	-1.2
23	+2.2	-2.7	39	+0.6	-1.1
24	+2.1	-2.6	40	+0.5	-1.0
25	+2.0	-2.5	41	+0.4	-0.9
26	+1.9	-2.4	42	+0.3	-0.8
27	+1.8	-2.3	43	+0.2	-0.7
28	+1.7	-2.2	44	+0.1	-0.6
29	+1.6	-2.1	45	+0	-0.5
30	+1.5	-2.0	46	+0	-0.4
31	+1.4	-1.9	47	+0	-0.3
32	+1.3	-1.8	48	+0	-0.2
33	+1.2	-1.7	49	+0	-0.1
34	+1.1	-1.6	50	+0	0
35	+1.0	-1.5			

注:①R_m^t 或 R_m^b 小于20或大于50时,均分别按20或按50查表。

②表中有关混凝土浇筑表面的修正系数,指一般原浆抹面的修正值。

③表中有关混凝土浇筑底面的修正系数,是指构件底面与侧面采用同一类模板在正常浇筑情况下的修正值。

④表中未列入的相应于 R_m^t 或 R_m^b 的 R_m^b 值,可用内插法求得,精确至0.1。

8)混凝土强度的推算

①结构或构件第 i 个测区混凝土强度换算值,可按式(11.12)或式(11.13a)、式(11.13b)

求得的平均回弹值 R_m 及求得的平均碳化深度值 d_m，由附录Ⅲ查得。有地区或专用测强曲线时，混凝土强度换算值应按地区或专用测强曲线换算得出。

②由各测区的混凝土强度换算值可计算得出结构或构件混凝土的强度平均值。当测区数不少于 10 个时，还应计算强度标准差。平均值及标准差应按下列公式计算：

$$m_{f_{cu}^c} = \frac{1}{n}\sum_{i=1}^{n} f_{cu,i}^c \tag{11.14}$$

$$S_{f_{cu}^c} = \sqrt{\frac{\sum_{i=1}^{n}(f_{cu,i}^c)^2 - n(m_{f_{cu}^c})^2}{n-1}} \tag{11.15}$$

式中 $m_{f_{cu}^c}$——构件混凝土强度平均值，MPa，精确至 0.1 MPa；

n——对于单个检测的构件，取一个构件的测区数；对于批量检测的构件，取被抽取构件测区数之和；

$S_{f_{cu}^c}$——构件混凝土强度标准差，MPa，精确至 0.01 MPa。

③构件混凝土强度推定值 $f_{cu,e}$ 的确定。构件的混凝土强度推定值指相应于强度换算值总体分布中保证率不低于 95% 的构件中混凝土抗压强度值。

a. 当构件测区数少于 10 个时，应以最小值作为该构件的混凝土强度推定值：

$$f_{cu,e} = f_{cu,min}^c \tag{11.16}$$

b. 当构件的测区强度值中出现小于 10.0 MPa 时，应按下式确定：

$$f_{cu,e} < 10.0 \text{ MPa} \tag{11.17}$$

c. 当构件测区数不少于 10 个时，应按下式计算：

$$f_{cu,e1} = m_{f_{cu}^c} - 1.645 S_{f_{cu}^c} \tag{11.18}$$

d. 当按批量检测时，应按下列公式计算：

$$f_{cu,e1} = m_{f_{cu}^c} - k S_{f_{cu}^c} \tag{11.19}$$

式中 k——推定系数，宜取 1.645。当需要进行推定强度区间时，可按国家现行有关标准的规定取值。

④对于按批量检测的构件，当该批构件混凝土强度标准差出现下列情况之一时，则该批构件应全部按单个构件检测：

a. 当该批构件混凝土平均值小于 25 MPa、$S_{f_{cu}^c}$ >4.5 MPa 时；

b. 当该批构件混凝土强度平均值不小于 25 MPa 且不大于 60 MPa、$S_{f_{cu}^c}$ >5.5 MPa 时。

▶ 11.1.4 超声回弹综合法检验混凝土强度

超声回弹综合法是采用带波形显示器的低频超声波检测仪，并配置频率为 50 ~ 100 kHz 的换能器，测量混凝土中的超声波声速值，结合采用标准能量为 2.207 J 的混凝土回弹仪测量回弹值，根据实测声速值和回弹值综合推定混凝土强度的方法。超声回弹综合法是 20 世纪 60 年代研究开发出来的一种无损检测方法。该方法采用回弹仪和混凝土超声检测仪，在结构混凝土同一测区，测量反映混凝土表面硬度的回弹值 R，并测量超声波穿透试件内部的声速值 v，然后用已建立起来的测强公式综合推定该测区混凝土抗压强度。这样能有效减少龄期和含水率的影响，综合回弹和超声两者的优点，能比较全面地反映结构混凝土的实际质量。

与单一方法比较，超声回弹综合法具有测试精度高、适用范围广的特点，受到工程界的广泛认可，已在我国建工、市政、铁路、公路系统广泛应用。

超声回弹综合法检测混凝土强度也是对常规检验补充的一种办法。当对结构的混凝土强度有怀疑时，可按此办法进行检验，以推定混凝土的强度，作为处理其质量问题的依据。超声回弹综合法对原材料质量满足现行国家标准、强度10～70 MPa、自然养护、龄期7～2 000 d的水泥混凝土适用，但仍不能适用于表里性能不一致的结构混凝土。

1）仪具与材料技术要求

①超声波检测仪：有良好的稳定性，具有示波屏显示及手动游标测读功能。声显示应清晰稳定，声时范围应为0.5～9 999 μs，测试精度为0.1 μs；超声波在空气中传播的计算声速与实测声速值相比，误差不大于±0.5%；在1 h内每5 min测读一次的声时最大允许误差不超过±0.2 μs。

②换能器：频率为50～100 kHz，实测频率与标称频率相差不大于±10%。

③耦合剂：采用易于变形，有较大的声阻，有较好黏性且不流淌的材料，通常采用黄蜡油、凡士林等。

④回弹仪：应符合现行规程的有关要求。

⑤手持砂轮。

⑥其他：油污清洗剂、毛刷、抹布等。

2）测区回弹值及声速值的测量原则

①测区布置规定：

a. 当按单个构件检测时，应在构件上均匀布置测区，每个构件上的测区数不应少于10个；

b. 对同批构件按批抽样检测时，构件抽样数应不少于同批构件的30%，且不少于10件，每个构件测区数不应少于10个；

c. 对长度小于或等于2 m的构件，其测区数可适当减少，但不应不少于3个。

②当按批抽样检测时，符合下列条件的构件才可作为同批构件：

a. 混凝土强度等级相同；

b. 混凝土原材料、配合比、成型工艺、养护条件及龄期基本相同；

c. 构件种类相同；

d. 在施工阶段所处状态相同。

③构件的测区，应满足下列要求：

a. 测区优先布置在构件混凝土浇筑方向的侧面。

b. 测区均匀分布，相邻两测区的间距不宜大于2 m。

c. 测区避开钢筋密集区和预埋件。

d. 测区尺寸为200 mm×200 mm。

e. 测试面应清洁、平整、干燥，不应有接缝、饰面层、浮浆和油垢，并避开蜂窝、麻面部位，必要时可用砂轮片清除杂物和磨平不平整处，并擦净残留粉尘。

f. 对测试时可能产生颤动的薄壁、小型构件，应进行固定。结构或构件上的测区应注明编号,并记录测区位置和外观质量情况。

④结构或构件的每一测区,宜先进行回弹测试,后进行超声测试。

⑤非同一测区内的回弹值及超声声速值,在计算混凝土强度换算值时不得混用。

3)回弹值的计算

超声回弹综合法中,回弹值的测试和计算与回弹法相同。

4)超声声速值的测量与计算

①超声测点应布置在回弹测试的同一测区内,每一测区布置3个测点。超声测试宜优先采用对测。当被测构件不具备对测条件时,可采用角测。

②测量超声声时值时,应保证换能器与混凝土耦合良好。

③先测定声时初读数 t_0,再进行声时测量,读数应精确至0.1 μs;超声测距测量应精确至1.0 mm,且测量误差不应超过±1%;检测过程中如更换换能器或高频电缆,应重新测定声时初读数 t_0。

④当在混凝土浇筑方向的侧面对测时,测区混凝土中声速代表值应根据该测区中3个测点的混凝土中声速值,按下列公式计算:

$$v = \frac{1}{3}\sum_{i=1}^{3}\frac{l_i}{t_i - t_0} \tag{11.20}$$

式中 v——测区混凝土中声速代表值,km/s,精确至0.01 km/s;

l_i——第 i 个测点的超声测距,mm,角测时测距按相应规程计算;

t_i——第 i 个测点的声时读数,μs;

t_0——声时初读数,μs。

⑤在混凝土浇筑的顶面或底面测试时,测区声速代表值应按下列公式修正:

$$v_a = \beta \cdot v \tag{11.21}$$

式中 v_a——修正后的测区混凝土中声速代表值,km/s;

β——超声测试面的声速修正系数,在混凝土浇筑的顶面和底面间对测或角测时,β 取1.034。

5)混凝土强度的推定

①结构或构件中第 i 个测区的混凝土抗压强度换算值,在求得修正后的测区回弹代表值 R_{ai} 和声速代表值 v_{ai} 后,采用规定的测强曲线换算而得。

②混凝土强度换算值可采用专用测强曲线、地区测强曲线、全国测强曲线计算。当无专用或地区测强曲线时,可由混凝土抗压强度换算表换算,也可按全国统一测区混凝土抗压强度换算公式计算:

$$f_{cu,i}^{c} = 0.032\,7 v_{ai}^{1.919} R_{ai}^{1.154} \tag{11.22}$$

式中 $f_{cu,i}^{c}$——第 i 个测区混凝土抗压强度换算值,MPa,精确至0.1 MPa。

③当结构或构件所采用的材料及其龄期与制定测强曲线所采用的材料及其龄期有较大差异时,可采用在构件上钻取的混凝土芯样或同条件试块对测区混凝土强度换算值进行修正。对同一强度等级混凝土修正时,芯样数量不应少于6个,公称直径宜为100 mm,高径比应为1。芯样应在测区内钻取,每个芯样应只加工一个试件。同条件试块修正时,试块数量不

应少于6个,试块边长应为150 mm。测区混凝土强度换算值的修正应按下式计算:

$$f_{cu,i1}^{c} = f_{cu,i0}^{c} + \Delta_{tot} \tag{11.23}$$

式中 $f_{cu,i0}^{c}$——第 i 个测区修正前的混凝土换算值,MPa,精确至0.1 MPa;

$f_{cu,i1}^{c}$——第 i 个测区修正后的混凝土换算值,MPa,精确至0.1 MPa;

Δ_{tot}——测区混凝土强度修正量,MPa,精确至0.1 MPa。

④结构或构件混凝土抗压强度推定值 $f_{cu,e}$,应按下列规定确定:

a.当结构或构件的测区抗压强度换算值中出现小于10.0 MPa时,该构件的混凝土抗压强度推定值 $f_{cu,e}$ 取小于10.0 MPa。

b.当结构或构件中测区数少于10个时,应按下列公式计算:

$$f_{cu,e} = f_{cu,min}^{c} \tag{11.24}$$

式中 $f_{cu,min}^{c}$——结构或构件最小的测区混凝土抗压强度换算值,MPa,精确至0.1 MPa。

c.当结构或构件中测区数不少于10个或按批量检测时,应按下列公式计算:

$$m_{f_{cu}^{c}} = \frac{1}{n}\sum_{i=1}^{n} f_{cu,i}^{c} \tag{11.25}$$

$$S_{f_{cu}^{c}} = \sqrt{\frac{\sum_{i=1}^{n} (f_{cu,i}^{c})^2 - n(m_{f_{cu}^{c}})^2}{n-1}} \tag{11.26}$$

$$f_{cu,e} = m_{f_{cu}^{c}} - 1.645 S_{f_{cu}^{c}} \tag{11.27}$$

式中 $f_{cu,i}^{c}$——结构或构件第 i 个测区的混凝土抗压强度换算值,MPa,精确至0.1 MPa;

$m_{f_{cu}^{c}}$——结构或构件测区混凝土抗压强度换算值的平均值,MPa,精确至0.1 MPa;

$S_{f_{cu}^{c}}$——结构或构件测区混凝土抗压强度换算值的标准差,MPa,精确至0.01 MPa;

n——测区数,对于单个检测的构件,取该构件的测区数;对批量检测的构件,取所有被抽检构件测区数之总和。

⑤对按批量检测的构件,当该批构件的测区混凝土抗压强度标准差出现下列情况之一时,该批构件应全部按单个构件进行强度推定:

a.该批构件的混凝土抗压强度平均值 $m_{f_{cu}^{c}} < 25.0$ MPa,标准差 $S_{f_{cu}^{c}} > 4.50$ MPa;

b.该批构件的混凝土抗压强度平均值 $m_{f_{cu}^{c}} \leq 50$ MPa 且 ≥ 25.0 MPa,标准差 $S_{f_{cu}^{c}} > 5.50$ MPa;

c.该批构件的混凝土抗压强度平均值 $m_{f_{cu}^{c}} > 50.0$ MPa,标准差 $S_{f_{cu}^{c}} > 6.50$ MPa。

11.2 混凝土缺陷检测

混凝土内部缺陷,是指它的存在与发生破坏了混凝土的连续性和完整性,局部或整体降低了混凝土的功能特性,影响工程质量,如由于混凝土浇筑质量差导致的不密实区域,混凝土内部形成的空洞区域,或者在混凝土中夹杂有泥沙、杂物等。混凝土结构或构件内缺陷检测是桥梁内部缺陷检测主要项目之一。

混凝土内部缺陷可采用超声法、冲击回波法和雷达法等非破损检测方法进行检测(表

11.6)。敲击锤、内窥镜等辅助检测工具可配合非破损检测仪器使用。不同仪器设备,检测原理不同,针对不同类型的结构和构件,应选择合适的仪器,采用合适的方法,并避免结构与构件的构造条件对检测结果产生影响。采用无损检测方法检测桥梁混凝土结构内部缺陷时,可根据结构类型及特点选择适当方法进行检测。

表 11.6 桥梁混凝土结构内部缺陷检测方法

序号	检测方法	测试量	测试方法	适用条件	影响因素
1	超声法	声时、波高、波形、频谱、反射回波	双面、单面、钻孔	墩柱,板、梁,大体积混凝土构件	耦合状态、钢筋影响、水分
2	冲击回波法	冲击弹性波及回波的速度、波形和主频频率等	单面	墩柱,板、梁,大体积混凝土构件	耦合状态、构件厚度、构件表面、清洁程度
3	雷达法	雷达波反射位置	剖面法、宽角法、多天线法、天线阵列法、环形法	墩柱,板、梁,混凝土构件,桥面板,混凝土及其他非金属构件检测	耦合状态、多层钢筋影响、水分、波纹管材质、钢筋直径及间距与排布方式

对于桥梁内部缺陷的检测,对怀疑存在内部缺陷的构件或区域需优先进行全数检测。当不具备全数检测条件,可根据约定抽样原则选择重要的构件或结构重要部位、外观缺陷严重的构件或部位进行检测。由于混凝土内部缺陷从外观无法准确判定,大范围全数检测实际中很难实现,因此,宜通过现场施工记录资料、外观缺陷严重部位或者已经在使用中出现了质量问题,大致确定可疑缺陷区域,再根据可疑缺陷区域的特征进行详细测试。

▶ 11.2.1 超声法检测混凝土缺陷

超声法(超声脉冲法)是指采用带波形显示功能的超声波检测仪,测量超声脉冲波在混凝土中的传播速度(简称“声速”)、首波幅度(简称“波幅”)和接收信号主频率(简称“主频”)等声学参数,并根据这些参数及其相对变化,判断混凝土中的缺陷情况。当结构混凝土中存在缺陷或损伤时,超声脉冲通过缺陷时产生绕射,传播的声速要比相同材质无缺陷混凝土的传播声速要小,声时偏长。更由于在缺陷界面上产生反射,因而能量显著衰减,波幅和频率明显降低,接收信号的波形平缓甚至发生畸变。综合声速、波幅和频率等参数的相对变化,与同条件下的混凝土进行比较,可判断和评定混凝土的缺陷和损伤情况。

1)仪具与材料技术要求

①超声波检测仪:可采用模拟式或数字式,应符合国家现行有关标准的要求,并应在法定计量检定有效期内使用。

②换能器:可选择厚度振动方式或径向振动方式的。厚度振动式换能器的频率宜采用20~250 kHz;径向振动式换能器的频率宜采用20~60 kHz,直径不宜大于32 mm。

③耦合剂:宜采用易于变形、有较大的声阻,有较好黏性且不流淌的材料,宜采用黄蜡油,也可使用凡士林、蜡泥。

④钻芯机。

⑤其他:钢尺等。

2)准备工作

①检测前应取得下列有关资料:工程名称、检测目的与要求、混凝土原材料品种和规格、混凝土浇筑和养护情况、构件尺寸和配筋施工图或钢筋隐蔽图、构件外观质量及存在的问题。

②根据检测要求和测试操作条件确定缺陷测试的部位,简称测位。

③测位混凝土表面应清洁、平整,必要时可用砂轮磨平或用高强度的快凝砂浆抹平。抹平砂浆必须与混凝土黏结良好。

④在满足首波幅度测读精度的条件下,应选用较高频率的换能器。

⑤换能器应通过耦合剂与混凝土测试表面保持紧密结合,耦合层不得夹杂泥沙或空气。

⑥检测时应避免超声传播路径与附近钢筋轴线平行,如无法避免,应使两个换能器连线与该钢筋的最短距离不小于超声测距的1/6。

⑦换能器的布置方法:接收换能器检测出最早到达的脉冲分量。这一分量通常是纵向振动的前缘。尽管所传播的最大能量的方向是垂直发射换能器的表面,但是可能在其他的一些方向检测到通过混凝土传播的脉冲。因此,可以按下面3个方式之一来布置两只换能器以测量脉冲速度:

a.两只换能器对面布置(直接传播),如图11.1(a)所示,称为直穿法;

b.两只换能在相邻面布置(半直接传播),如图11.1(b)所示,称为斜穿法;

c.两只换能器布置在同一表面(间接传播或表面传播),如图11.1(c)所示,称为平测法。

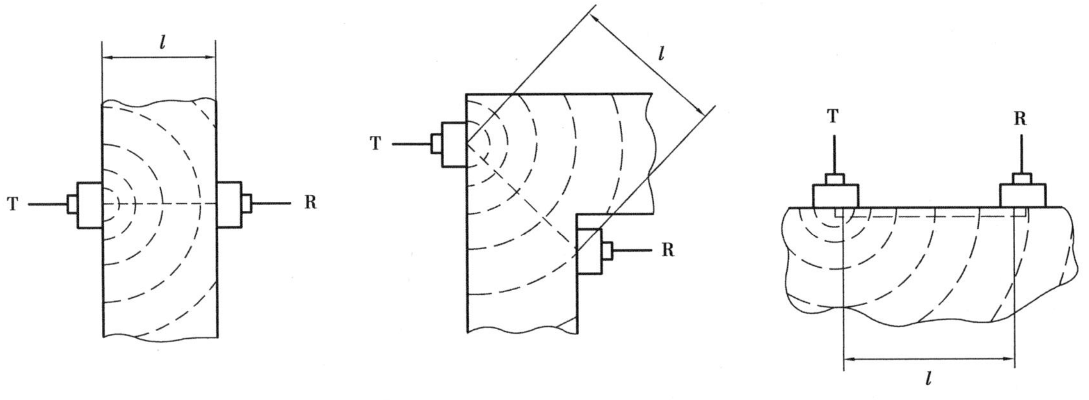

(a)直穿法　(b)斜穿法　(c)平测法

图11.1　换能器探头的布置方法

3)不密实区和空洞检测

(1)测试方法

①混凝土内部的不密实区和空洞采用超声法进行检测时,混凝土的被测部位应满足下列要求:

a.被测部位应具有一对或两对相互平行的测试面;

b.测试范围除应大于有怀疑的区域外,还应与同条件的正常混凝土进行对比,且对比测点数不应少于20个。

②当构件具有两对相互平行的测试面时,宜采用对测法,应在测试部位两对相互平行的测试面上,分别画出间距为200~300 mm的等间距网格线(图11.2)。

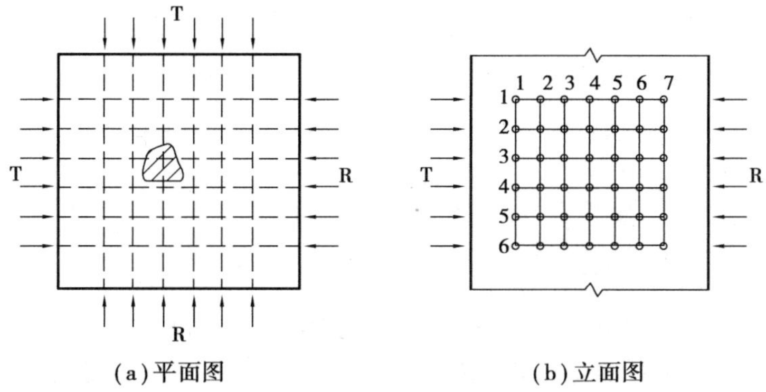

图 11.2　两对平行测试面对测法示意图

③当构件具有一对相互平行的测试面时,宜采用对测法和斜测法相结合的方法,应在测试部位两对相互平行的测试面上,分别画出间距为 200～300 mm 的等间距网格线,在对测的基础上进行交叉斜测(图 11.3)。

④当构件只具有一个测试面时,宜采用钻孔和表面测试相结合的方法,应在测试面中心钻孔,孔中放置径向振动式换能器作为发射点,以钻孔中心不同半径的圆周上布置平面换能器的接受测点,同一圆周上测点间距一般为 200～300 mm,同一圆周上的测点作为同一个构件数据进行分析(图 11.4)。

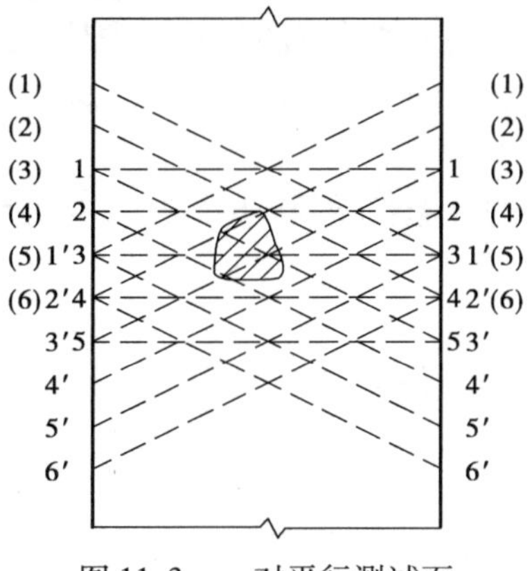

图 11.3　一对平行测试面斜测法示意图

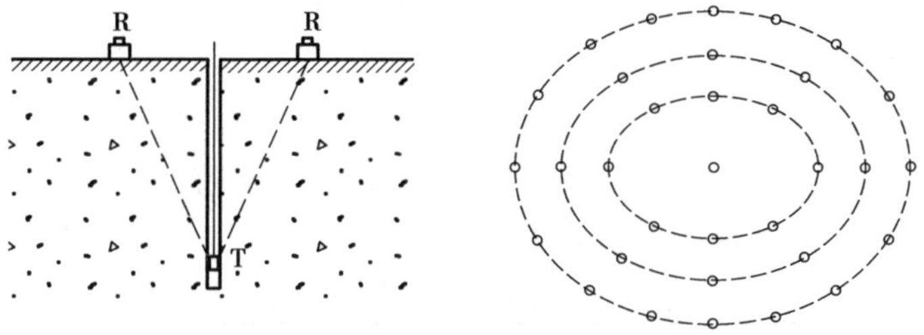

图 11.4　钻孔法与表面测试相结合示意图

⑤当测距较大时,可采用钻孔或预埋声测管法,应用两个径向振动式换能器分别置于平行的测孔或声测管中进行测试,可采用双孔平测、双孔斜测、扇形扫测的检测方式(图 11.5)。

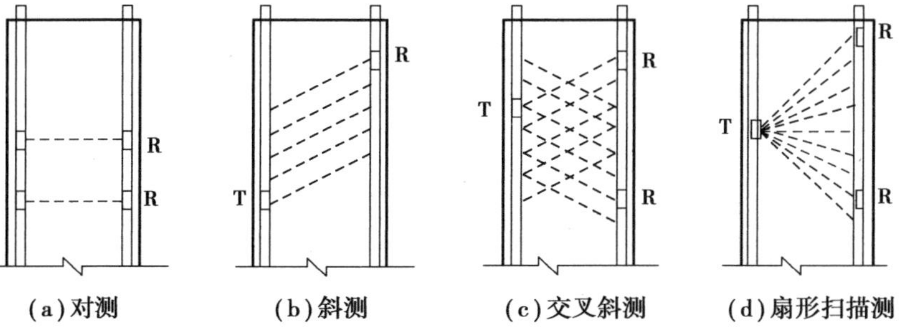

图 11.5　钻孔法示意图

⑥当测距较大时,也可采用钻孔与构件表面对测相结合的方法,钻孔中径向振动式换能器发射,构件表面的平面换能器接受,可采用对测、斜测、扇形扫测的检测方式(图 11.6)。

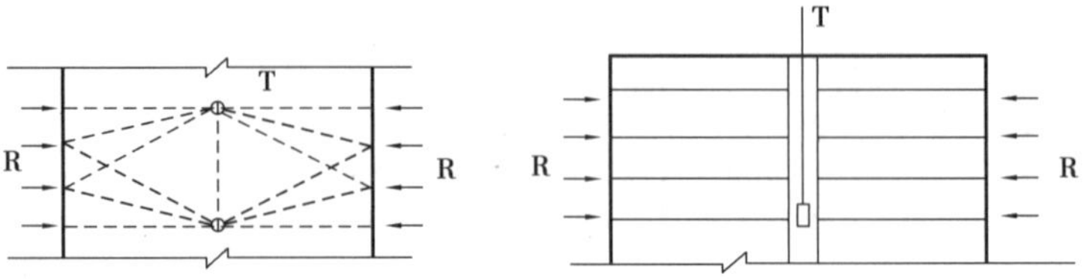

图 11.6 钻孔法与表面对测结合法示意图

⑦当构件测试面不平行而是具有一对相互垂直或有一点夹角的测试面时,应在一对测试面上分别画上等间距的网格,网格间距一般为 200 ~ 300 mm,测线应尽可能与测试面垂直且尽可能均匀分布地穿过被测部位。

(2)结果处理

①声学参数:计算测位混凝土声学参数的平均值 m_x 和标准差 S_x。

②异常数据判别:将各测点的波幅、声速或主频值等超声参数 X_i 由大到小按顺序排列,将排在后面的明显小的数据视为可疑,再将这些可疑数据中最大的一个 X_n 前面的数据计算平均值、标准差,并按下式计算异常情况判断值:

$$X_0 = m_x - \lambda_1 \cdot S_x \tag{11.28}$$

将 X_0 同 X_n 进行比较,如果 $X_n \leqslant X_0$,则 X_n 及排列其后的数据均为异常值,并且去掉 X_n,对 $X_1 \sim X_{n-1}$再次进行计算和判别,直至比较的结果没有异常值为止。当 $X_n > X_0$ 时,则应将 X_{n+1}放进去重新进行计算和判别。

③邻位情况:当测位中判出异常测点时,可根据异常测点的分布情况,按下式进一步判别其相邻测点是否异常:

$$X_0 = m_x - \lambda_2 \cdot S_x \text{ 或 } X_0 = m_x - \lambda_3 \cdot S_x \tag{11.29}$$

当测点布置为网格状时,取 λ_2;当单排布置测点时(如在声测孔中检测),取 λ_3。

λ_1、λ_2、λ_3 取值如表 11.7 所示。

表 11.7 统计数的个数 n 与对应的 λ_1、λ_2、λ_3 值

n	20	22	24	26	28	30	32	34	36	38
λ_1	1.65	1.69	1.73	1.77	1.80	1.83	1.86	1.89	1.92	1.94
λ_2	1.25	1.27	1.29	1.31	1.33	1.34	1.36	1.37	1.38	1.39
λ_3	1.05	1.07	1.09	1.11	1.12	1.14	1.16	1.17	1.18	1.19
n	40	42	44	46	48	50	52	54	56	58
λ_1	1.96	1.98	2.00	2.02	2.04	2.05	2.07	2.09	2.10	2.12
λ_2	1.41	1.42	1.43	1.44	1.45	1.46	1.47	1.48	1.49	1.49
λ_3	1.20	1.22	1.23	1.25	1.26	1.27	1.28	1.29	1.30	1.31
n	60	62	64	66	68	70	72	74	76	78
λ_1	2.13	2.14	2.15	2.17	2.18	2.19	2.20	2.21	2.22	2.23
λ_2	1.50	1.51	1.52	1.53	1.53	1.54	1.55	1.56	1.56	1.57

续表

λ_3	1.31	1.32	1.33	1.34	1.35	1.36	1.36	1.37	1.38	1.39
n	80	82	84	86	88	90	92	94	96	98
λ_1	2.24	2.25	2.26	2.27	2.28	2.29	2.30	2.30	2.31	2.31
λ_2	1.58	1.58	1.59	1.60	1.61	1.61	1.62	1.62	1.63	1.63
λ_3	1.39	1.40	1.41	1.42	1.42	1.43	1.44	1.45	1.45	1.45
n	100	105	110	115	120	125	130	140	150	160
λ_1	2.32	2.35	2.36	2.38	2.40	2.41	2.43	2.45	2.48	2.50
λ_2	1.64	1.65	1.66	1.67	1.68	1.69	1.71	1.73	1.75	1.77
λ_3	1.46	1.47	1.48	1.49	1.51	1.53	1.54	1.56	1.58	1.59

④缺陷判断：当测位中某些测点的声学参数被判为异常值时，可结合异常测点的分布及波形状况确定混凝土内部存在不密实区和空洞的位置及范围。

当判定缺陷是空洞，可按规定估算空洞的当量尺寸。

4）结合面质量检测

（1）测试方法

①混凝土结合质量宜采用超声法检测，可采用对测或斜测的方法（图11.7）。

②测试前应查明结合面的位置及走向，明确被测部位及范围。

③构件的被测部位应具有使声波垂直或斜穿结合面的测试条件。

④布置测点时应符合下列要求：

a.对于发射换能器（简称T换能器）和接收换能器（简称R换能器），各对T-R_1（声波传播不经过结合面）和T-R_2（声波传播经过结合面）换能器连线的倾斜角测距应相等。

b.测点的间距视构件尺寸和结合面外观质量情况而定，宜为100～300 mm。

c.使测试范围覆盖全部结合面或有怀疑的部位。

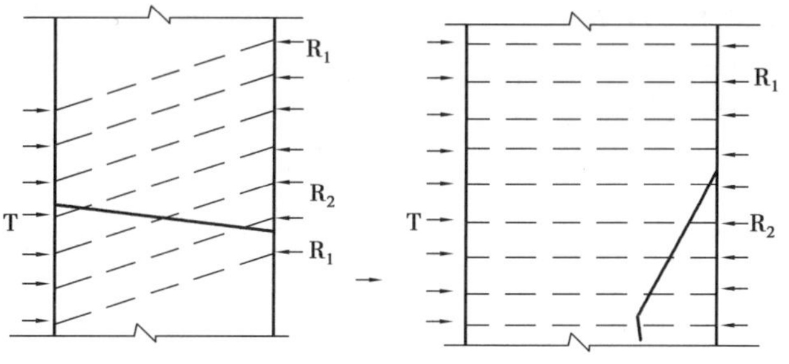

（a）斜测法　　（b）对测法

图11.7　混凝土结合面质量检测示意图

（2）结果处理

①声学参数的计算、统计和判断。

②当通过结合面的某些测点的数据被判为异常，且查明无其他因素影响时，可判定混凝

土结合面在该部位结合不良。

③当测点数无法满足统计法判断时，可将 T-R_2 的声速波幅等声学参数与 T-R_1 进行比较。若 T-R_2 的声学参数比 T-R_1 显著低时，则该点可判为异常测点。

5)裂缝深度检测

(1)测试方法

①当结构的裂缝部位只有一个可测表面，估计裂缝深度又不大于 500 mm 时，可采用单面平测法。平测时，应在裂缝的被测部位以不同的测距按跨缝和不跨缝布置测点进行检测，布置测点时应避开钢筋的影响。其检测步骤为：

a. 不跨缝的声时测量：将 T 和 R 换能器置于裂缝附近同一侧，以两个换能器内边缘间距(l')等于 100、150、200、250 mm…分别读取声时值(t_i)。绘制时距坐标图(图 11.8)或用回归分析的方法求出声时与测距之间的回归直线方程：

$$l_i = a + bt_i \tag{11.30}$$

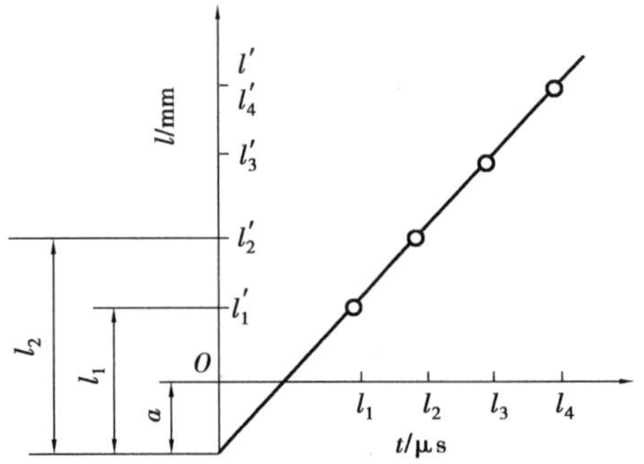

图 11.8　平测时距图

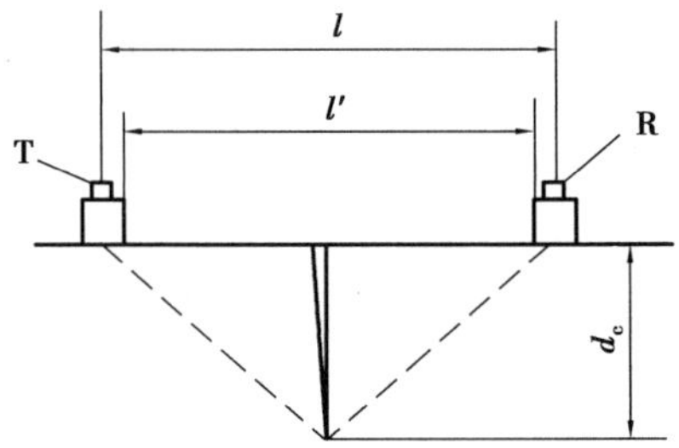

图 11.9　绕过裂缝测试图

b. 跨缝的声时测量：如图 11.9 所示，将 T、R 换能器分别置于以裂缝为对称的两侧，l'取 100、150、200、250 mm…分别读取声时值 t_i^0，同时观察首波相位的变化。

②当结构的裂缝部位具有两个相互平行的测试表面时，可采用双面穿透斜测法检测。测点布置如图 11.10 所示，将 T、R 换能器分别置于两测试表面对应测点 1、2、3…的位置，读取相应声时值 t_i、波幅值 A_i 及主频率 f_i。

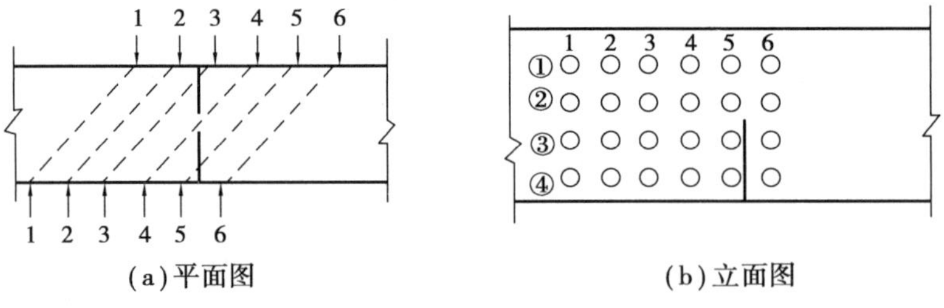

图 11.10　斜测裂缝测点布置示意图

③对于大体积混凝土，预计深度在 500 mm 以上的裂缝检测，钻孔对测法适用。钻孔对测法需要在被测混凝土上钻孔。测试孔孔径应比所用换能器直径大 5 ~ 10 mm，孔深超过预计裂缝深度深 700 mm；对应的两个测试孔(A、B)必须始终位于裂缝两侧，并保持轴线平行，间距宜为 2 000 mm；在同一检测对象，各对测孔间距应保持相同。

钻孔对测法宜在裂缝一侧多钻一个孔距相同但较浅的孔(C),通过两孔测试无裂缝混凝土的声学参数(图 11.11)。裂缝深度检测应选用频率为 20 ~ 60 kHz 的径向振动式换能器。测试前应清理干净孔中粉末碎屑并向测试孔中注满清水,然后将 T、R 换能器分别置于裂缝两侧的对应孔中,以相同高程等间距(100 ~ 400 mm)从上到下同步移动,逐点读取声时、波幅和换能器所处的深度。

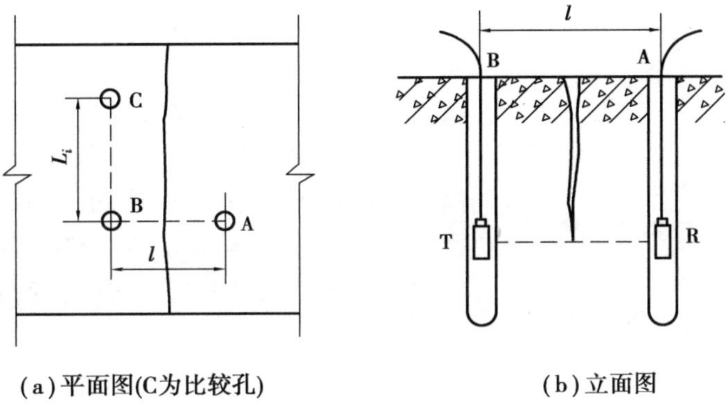

图 11.11　钻孔测裂缝深度

(2)结果处理

①单面平测法:

a. 声学参数计算。

不跨缝时,每测点超声波实际传播距离 l_i 为:

$$l_i = l' + |a| \tag{11.31}$$

式中　l_i——第 i 点的超声波实际传播距离,mm;

l'——第 i 点的 R、T 换能器内边缘间距,mm;

a——时距图中 l'轴的截距或回归直线方程的常数项,mm。

不跨缝平测的混凝土声速值为:

$$v = (l'_n - l'_1)/(t_n - t_1)(\text{km/s}) \text{ 或 } v = b(\text{km/s}) \tag{11.32}$$

式中　l'_n、l'_1——第 n 点和第 1 点的测距,mm;

t_n、t_1——第 n 点和第 1 点读取的声时值,μs;

b——回归系数。

b. 裂缝深度计算按下式进行:

$$h_{ci} = \frac{l_i}{2}\sqrt{\left(\frac{t_i^0 v}{l_i}\right)^2 - 1} \tag{11.33}$$

$$m_{hc} = \frac{1}{n} \cdot \sum_{i=1}^{n} h_{ci} \tag{11.34}$$

式中　l_i——不跨缝平测时第 i 点的超声波实际传播距离,mm;

h_{ci}——第 i 点计算的裂缝深度值,mm;

t_i^0——第 i 点跨缝平测的声时值,μs;

m_{hc}——各测点计算裂缝深度的平均值,mm;

n——测点数。

c. 裂缝深度的确定。跨缝测量中当在某测距发现首波反相时,可用该测距及两个相邻测距的测量值的平均值作为该裂缝的深度值 h_c;如难以发现首波反相,则以不同测距计算 h_{ci} 及其平均值 m_{hc}。将各测距 l'_i 与 m_{hc} 相比较,凡测距小于 m_{hc} 或大于 $3m_{hc}$,应剔除该组数据,然后取余下 h_{ci} 的平均值作为该裂缝的深度值 h_c。

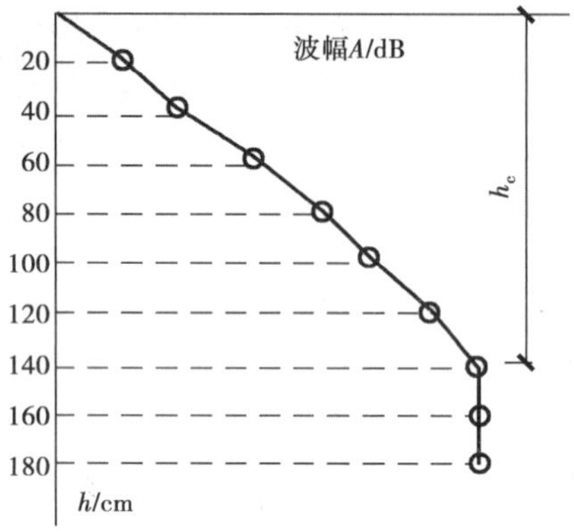

图 11.12　h-A 坐标图

②双面斜测法。裂缝深度判定:当 T-R 换能器的连线通过裂缝,根据波幅、声时和主频的突变可以判定裂缝深度以及是否在所处断面内贯通。

③钻孔对测法。以换能器所处深度 h 与对应的波幅值 A 绘制 h-A 坐标图,如图 11.12 所示。随换能器位置的下移波幅逐渐增大,换能器下移至某一位置后,波幅达到最大并基本稳定,该位置所对应的深度便是裂缝深度 h_c。

6)表面损伤层检测

(1)测试方法

①根据构件的损伤情况和外观质量选取有代表性的部位布置测位,且构件被测表面应平整并处于自然干燥状态且无接缝和饰面层。另外,测试结果宜作局部破损验证。

②选用频率较低的厚度振动式换能器,并耦合好。

③T 换能器保持不动,将 R 换能器依次耦合在间距为 30 mm 的测点 1、2、3…位置上,如图 11.13 所示,读取相应的声时值 t_1、t_2、t_3…并测量每次 T、R 换能器内边缘之间的距离 l_1、l_2、l_3…每一测位的测点数不得少于 6 个。当损伤层较厚时,应适当增加测点数。当构件的损伤层厚度不均匀时,应适当增加测位数量。

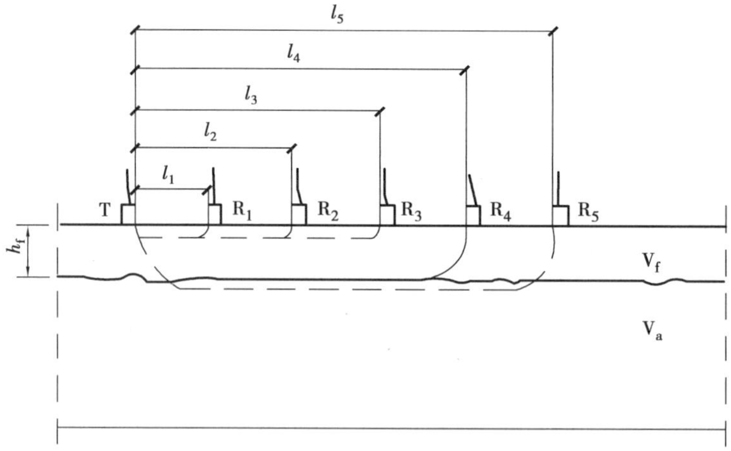

图 11.13　混凝土表面损伤层厚度检测

(2)结果处理

①求损伤和未损伤混凝土的回归直线方程。用各测点的声时值 t_i 和相应测距值 l_i 绘制时距坐标图,如图 11.14 所示。由图可得到声速改变所形成的转折点,该点前后分别表示损伤和未损伤混凝土的 l 与 t 相关直线。用回归分析方法分别求出损伤与未损伤混凝土的回归

直线方程。

损伤混凝土：

$$l_f = a_1 + b_1 t_f \tag{11.35}$$

未损伤混凝土：

$$l_a = a_2 + b_2 t_a \tag{11.36}$$

式中 l_f——拐点前各测点的测距，mm，对应于图中的 l_1、l_2、l_3；

t_f——对应于图中 l_1、l_2、l_3 的声时 t_1、t_2、t_3，μs；

l_a——拐点后各测点的测距，mm，对应于图中的 l_4、l_5、l_6；

t_a——对应于测距 l_4、l_5、l_6 的声时 t_4、t_5、t_6，μs；

a_1、b_1、a_2、b_2——回归系数，即图 11.14 中损伤和未损伤混凝土直线的截距和斜率。

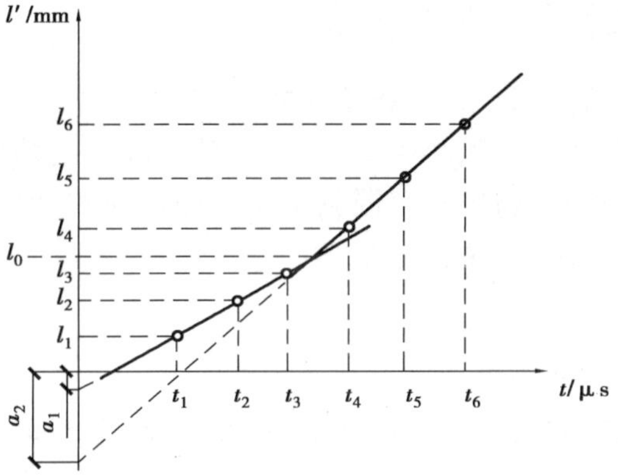

图 11.14 损伤层检测时距图

②损伤层厚度应按下式计算：

$$l_0 = (a_1 b_2 - a_2 b_1)/(b_2 - b_1) \tag{11.37}$$

$$h_f = l_0/2 \cdot \sqrt{(b_2 - b_1)/(b_2 + b_1)} \tag{11.38}$$

式中 h_f——损伤层厚度，mm。

7）钢管混凝土填充密实度超声检测

（1）测试方法

①超声检测方法仅适用于管壁与混凝土胶结良好的钢管混凝土缺陷检测；检测过程中应注意防止首波信号经由钢管壁传播；同时，要注意所用钢管的外表面应光洁，无严重锈蚀。

②钢管混凝土检测应采用径向对测的方法，如图 11.15 所示。布置测点时，可先测量钢管实际周长，再将圆周等分。在钢管测试部位画出若干根母线和等间距的环向线，线间距宜为 15～30 cm。测点布置在钢管与混凝土胶结良好的部位。

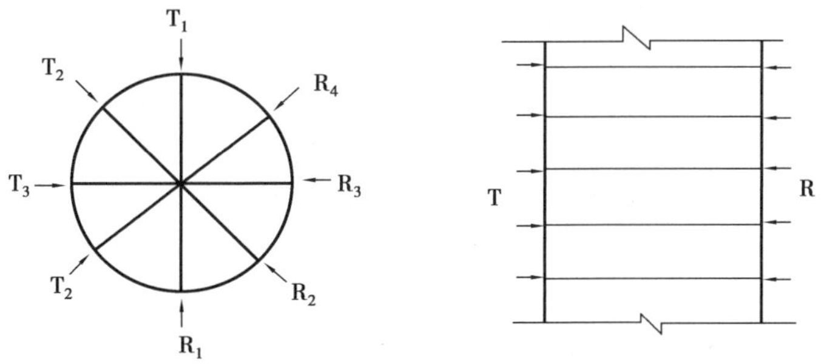

图 11.15 钢管混凝土检测示意图

③检测时可先作径向对测,在钢管混凝土每一环线上保持 T、R 换能器连线通过圆心,沿环向测试,逐点读取声时、波幅和主频。

(2)结果处理

①计算同一测距的声时、波幅和频率,判别异常值。

②当同一测位的测试数据离散性较大或数据较少时,可将怀疑部位的声速、波幅、主频与相同直径钢管混凝土的质量正常部位的声学参数相比较,综合分析判断所测部位的内部质量。

▶ 11.2.2 冲击回波法检测混凝土缺陷

冲击回波法是通过冲击方式产生瞬态冲击弹性波并接收冲击弹性波信号,通过分析冲击弹性波及回波的速度、波形和主频频率等参数变化,判断混凝土结构的厚度或内部缺陷的方法。冲击回波法可采用单点式、扫描式对混凝土缺陷进行检测,但不宜在有机械振动和高振幅电噪声干扰环境下采用,环境温度宜为 0 ~ 40 ℃。

1)仪器设备

①冲击回波仪应符合下列要求:

a. 冲击器应根据检测构件的厚度配备产生不同冲击频率的钢球型冲击器或电磁激振的圆柱形冲击器。

b. 冲击回波仪应根据不同的测试对象选择适当的冲击方式。

c. 接收传感器应为能测量表面振动的高性能宽频带接收传感器,可为位移传感器或加速度传感器,工作频率带宽宜为 800 Hz ~ 100 kHz。

d. 数据采集仪应具备信号放大功能,采集通道增益应可调;宜配有双通道或更多通道数据采集卡,采集卡电压范围和电压分辨率应该与传感器、放大器的输出相匹配。采集仪参数应符合表 11.8 要求。

表 11.8 采集仪技术参数要求

频率带宽	100 ~ 500 kHz
采样频率	≥500 kHz
A/D 采样间隔	≤2 μs
A/D 采样位数	≥16 位
采样频率精度	≥0.01%
采集仪连续工作时间	≥4 h

e. 采集及分析软件应可实时显示每次冲击时传感器的输出信号,包括相对应的时间和电压的读数,且具有时间域窗口选择、数字滤波、时域分析、频率幅值谱(FFT)分析功能,宜具有三维图形等分析功能。

f. 连接电缆和接头应紧密,电缆应具有屏蔽层。

②其他:毛刷或扫帚等。

2)准备工作

①调查、收集检测项目的相关资料。

②制订检测方案,包括具体测试方法、步骤、数量、位置及进度,测区划分、测线布置,安全、文明及环保措施。

③检测前对仪器设备进行状态核查。

3)测试步骤

①根据检测对象调试数据采集系统,正确设置采集系统参数。

②冲击回波测试结构或构件缺陷前,各测区混凝土表观波速测试。

③采用单点式冲击回波检测系统检测时,按下列要求进行:

a.测区选择:对于尺寸较小的结构或构件,不宜少于 3 个测区;对于尺寸较大的结构构件,可按高程等将构件的某个区域作为一个测区,不宜少于 6 个测区,且测区应具有代表性,覆盖怀疑存在内部缺陷的区域。

b.测点布置:每一测区测点布置可选取等间距方式布置测点,一般布置 10 个测点,不应少于 6 个测点。

c.标明构件的测点和测区编号和位置。

d.使传感器与混凝土面间耦合,接收传感器应置于测点上。当冲击装置冲击混凝土表面时,冲击点位置与传感器的间距、测点或测区中的测线距构件边缘间距小于设计厚度的 40%;传感器和冲击器应位于沟槽或表面裂缝同侧。

④采用扫描式冲击回波检测系统检测时,按下列进行:

a.测区的布置:要求与单点式相同。

b.测线的位置和测线网格的疏密:考虑预估缺陷的位置、大小等因素,对于预应力混凝土构件,还应考虑预应力管道的走向,对于隧道衬砌背后注浆缺陷,宜沿隧道纵向与环向分别布置测线进行检测。测线的布置应位于沟槽或表面裂缝的同侧。测区中的测线距构件边缘间距不小于所测构件实际厚度的 30%。

c.移动扫描器:紧贴混凝土表面匀速滚动,移动速度不大于 0.1 m/s。

⑤观察时域曲线和振幅谱图的波形变动情况,保存有效波段和振幅谱,必要时应进行复测。

4)数据处理与判断

①确定与构件厚度对应的频域曲线主频率峰值 f(Hz):构件测试区域平面内选取 3 个部位,每个部位应测试 3 个以上测点。在波形有效的情况下,分析出各有效主频峰值,各有效主频峰值与平均值的差小于规定值。振幅谱图中构件厚度对应的主频峰值 f 为各测点有效主频峰值的平均值。

②分析有效波段的振幅谱图,从振幅谱图中找出实测主频峰值,与计算主频峰值进行比较。对于主频峰之外的频率峰应结合检测结构构件形状、钢筋直径、保护层厚度、管线布设情况、预埋件位置等情况综合分析判断,确定出内部缺陷位置。

③若测试系统具备三维图、厚度-距离图分析功能,可结合测试系统的三维图、厚度-距离图分析振幅谱图中的典型频率峰。

a. 当振幅谱图中只有单峰形态且主频率峰值与 f 接近时，若厚度-距离图显示构件厚度值随测试的距离无明显变化，则可判定混凝土密实。

b. 当振幅谱图中主频峰数值与 f 相差较大、振幅谱中频率峰呈不对称双峰或多峰形态、且设计构件厚度对应的峰值的特征频率值向低频移动时，可判定混凝土内部有缺陷。

c. 若实测波形信号复杂，波动衰减极其缓慢，无法对其进行准确分析与评价，宜结合其他检测方法进行综合测试，对于判别困难的区域，可采取成孔或钻芯进行核实。

d. 内部缺陷位置估算值按下式进行计算：

$$T = \frac{v_{\mathrm{p}}}{2f} \tag{11.39}$$

式中 T——厚度计算值，m，精确至 0.001 m；

v_{p}——混凝土表观波速，m/s，精确至 1 m/s；

f——振幅谱图中缺陷波峰对应的频率值，Hz，精确至 0.1 Hz。

► 11.2.3 雷达法检测混凝土缺陷

雷达法是近年来迅速发展起来的一种无损检测技术，具有快速、无损、能连续检测、检测结果直观等特点。该方法已经越来越广泛地应用于土木工程的各个领域。雷达法检测的原理是：以超高频电磁波作为探测场源，由一个发射天线向被测结构发射一定中心频率的无载波电磁脉冲波，另一天线接收由被测结构不同介质界面产生的反射回波，电磁波在介质中传播时，其传播时间、电磁场强度与波形将随所通过介质的电性质（如介电常数）及测试目标体的几何形态的差异而产生变化，根据接收的回波旅行时间、幅度和波形等信息，可探测地下目的体的结构和位置信息。

通过合理布置测线，正确选取天线频率和测试参数，雷达法可有效检测出各类钢筋混凝土缺陷的位置、规模及发育程度，其测试原理和基本组成如图 11.16 所示。

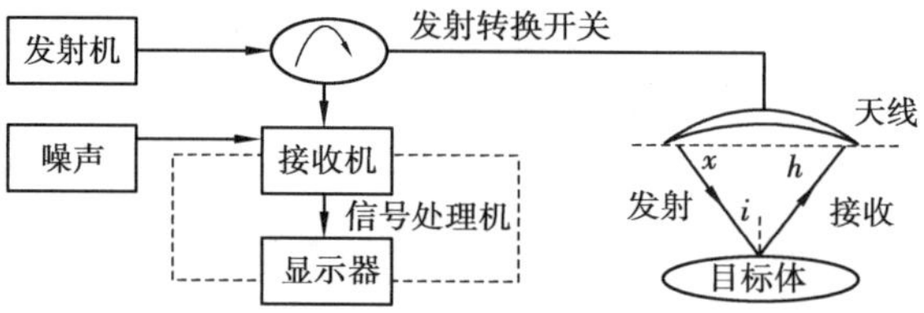

图 11.16　雷达法工作原理及基本组成示意图

1）雷达法的数据与图像处理

①数据处理前，检查原始数据的完整性与可靠性，对雷达信号进行增益处理。

②采集的数据进行零线设定，按相关方法进行滤波处理，并有选择地进行反滤波处理、时域偏移处理等。

③单道雷达波形分析：确定反射波组的界面特征、识别干扰反射波组、识别正常介质界面反射波组、确定反射层信息。

④依据入射波和反射波的振幅、相位特征和同相轴形态特征识别雷达图像。

⑤雷达图像分析：

a. 结合多个相邻剖面单道雷达波形，找到数据之间的相关性；

b. 结合现场的实际情况，将检测区域表面情况和测得的雷达图像进行比对分析；

c. 将测得的雷达图像与经过验证的雷达图像进行比对分析。

2）结果分析

①单个雷达图像的缺陷识别宜符合下列规定：

a. 根据孔洞缺陷典型雷达图像识别孔洞位置与分布；

b. 根据裂缝缺陷典型图像特征识别裂缝位置；

c. 根据不密实缺陷典型图像特征判定不密实区。

②缺陷判定按下列方法进行：

a. 将检测到缺陷的单张雷达图像和典型的经过验证的缺陷雷达图像进行比对分析，初步判断缺陷的性质、位置和埋深；

b. 通过比对分析目标物上方多条相邻测线的雷达图像判定结果；

c. 必要时选取部分待判定的缺陷部位采取钻芯方法进行验证。

③对于单张雷达图中的钢筋和缺陷，可利用单道波形图与雷达剖面图相结合的方法进行识别。

④根据缺陷判读结果绘制缺陷平面图。

由于桥梁结构较为复杂，钢筋密集，所以在很多情况下雷达法检测不适用，检测效果很差。在以下情况不建议使用雷达方法：

①多层钢筋覆盖下的病害查找（双层钢筋可以用小型天线阵雷达系统检测，三层及以上不建议雷达方法检测）；

②操作空间限制，天线无法以合适方式检测；

③检测目标物尺寸和埋深与天线频率不匹配时；

④精确确定被测物，需要用已知目标物或取样坐标定来修正测量值。

11.3　钢筋位置、钢筋直径和保护层厚度的检测方法

▶ 11.3.1　概述

各类桥梁结构混凝土中钢筋分布检测主要可分为钢筋种类和直径、钢筋数量和间距、钢筋位置和直径等项目。目前，常用的钢筋配置检测方法为电磁法，其基本原理为电磁感应。当探头探测面靠近钢筋或其他铁磁物质时，探头输出的电信号增加，该信号被放大及补偿处理后，由探测仪直接显示检测结果。根据实践经验，该仪器在确定钢筋位置及保护层厚度时比较准确，但在确定钢筋直径时则有一定误差。当钢筋直径的检测结果涉及结构安全或对测试结果有争议时，应采用其他测试手段进行验证。

混凝土保护层与结构耐久性联系密切，是《混凝土结构工程施工质量验收规范》（GB 50204—2015）规定中重要部位结构重点检测的两项内容。钢筋保护层厚度检验，需要对重要构件，特别是悬挑梁和板构件，以及易发生钢筋位移、易露筋的部位，采用非破损（用先进的钢筋保护层厚度测定仪）或局部破损的方法检验。钢筋保护层厚度检测部位应包括：主要构件

或主要受力部位、钢筋锈蚀电位测试结果表明钢筋可能锈蚀活化的部位、发生钢筋锈蚀胀裂的部位、布置混凝土碳化测区的部位。

无论是新建的还是旧混凝土结构,为了提高检测的精度,应尽可能地获得相关钢筋直径、保护层厚度及钢筋布置图等原始资料。

▶ 11.3.2 仪具与材料技术要求

①钢筋探测仪:必须具有制造厂的产品合格证及有效的测试结果证书。除应具有测量、显示功能外,宜具有记录、存储等功能。

②钢筋探测仪应满足下列要求:

a. 钢筋保护层厚度的测量精度应不大于 1 mm;

b. 钢筋直径的测量精度应不大于 2 mm;

c. 在钢筋最小净间距 t 与钢筋保护层厚度 c 之比不小于 1 的条件下,检测仪器对相邻的钢筋应能够分辨;

d. 应能在 −10 ~ +40 ℃环境条件下正常使用。

③钢筋探测仪具有下列情况之一时,应进行校准:

a. 新仪器启用前;

b. 达到或超过校准时效期限;

c. 仪器维修后;

d. 对仪器测量结果怀疑时;

e. 仪器比对试验出现异常时。

▶ 11.3.3 方法与步骤

1)测试要求

①采用本方法时,钢筋最小净间距 t 与钢筋保护层厚度 c 之比应不小于 1;

②当钢筋保护厚度在 60 mm 以内时,同一位置三次测定值的最大值与最小值的偏差应不大于 2 mm;

③钢筋检测时,应避开多层、网络状钢筋交叉点及钢筋接头位置;

④钢筋检测时,应避开混凝土中预埋设铁件、金属管等铁磁性物质;

⑤检测面应为混凝土表面,且应清洁、平整,当混凝土表面粗糙不平影响测量精度时,应使混凝土表面达到混凝土验收标准的要求后进行测量;

⑥钢筋检测时,应避开强交变电磁场(如电机、电焊机等)以及测点周边较大金属结构对检测结果的影响;

⑦混凝土中钢筋严重锈蚀时,不应采用电磁感应法检测钢筋保护层厚度;

⑧钢筋保护层厚度小于 10 mm 时,应加垫非铁磁性垫块进行检测;

⑨现场长时间工作时,为了提高精度,应在一段时间后,将探头放在空气中进行清零,以确保数据准确度。

2)钢筋位置与检测部位的确定

①初步确定钢筋位置:将探头放置在被检测部位表面,沿被测钢筋走向的垂直方向匀速

缓慢移动探头，根据信号提示判定钢筋位置，在对应钢筋位置的混凝土表面处做出标记，每根钢筋应至少用3个标记初步确定其位置。

②确定箍筋或横向钢筋位置：避开被测钢筋，在中间部位沿与被测钢筋垂直方向用①的方法检测与被测钢筋垂直的箍筋或横向钢筋，并标记出其位置。

③确定被测钢筋的检测部位：在相邻箍筋或横向钢筋的中间部位，沿被测钢筋的垂直方向进行检测。

3）钢筋直径的测定

①设计图纸不详，需要测定已有桥梁结构内的钢筋直径，或对工程中钢筋的直径有怀疑时，可采用本方法检测钢筋直径；

②钢筋直径测量允许偏差为 ±2 mm；

③检测钢筋直径，应首先确定钢筋准确位置；

④每一测点应重复测试3次，取最小值作为测量结果；

⑤钢筋直径应按测量结果和钢筋规格等级确定；

⑥检测钢筋直径时，应辅以其他测试手段进行验证，如采用局部剔凿确认。

4）钢筋保护层厚度的测定

①如果钢筋直径已知，应精确预置钢筋直径后再检测钢筋保护层厚度；如果钢筋直径未知，应本节“3）”的要求测定钢筋直径后再检测钢筋保护层厚度。

②钢筋保护层厚度测量允许偏差应符合以下规定：

a. 钢筋保护层厚度在40 mm（含）以下时，测量允许偏差为 ±1 mm；

b. 钢筋保护层厚度在40～60 mm（含）时，测量允许偏差为 ±2 mm；

c. 钢筋保护层厚度在60 mm以上时，其测量允许偏差应不大于钢筋保护层厚度设计值的10%。

③每一构件的钢筋保护层厚度检测应符合下列规定：

a. 被测构件的全部受力钢筋，均应测定其钢筋保护层厚度，每一根钢筋应检测1点；

b. 对每根钢筋测点，应选取钢筋保护层厚度有代表性的部位，且宜选在结构构件受力的不利部位；

c. 多根钢筋保护层厚度测定时，应在被测构件的同一断面上进行；

d. 每一测点应重复测试3次，取最小值为该测点的钢筋保护层厚度。

④钢筋保护层厚度的检测，可根据工程实际情况采用其他测试手段进行验证。

⑤单个测点钢筋保护层厚度合格判定：纵向受力钢筋保护层厚度的允许偏差，对梁类、柱类构件为 +10 mm、-7 mm，对板类、墙类构件为 +8 mm、-5 mm。

⑥钢筋保护层厚度检测结果中，不合格点的最大偏差不应大于第②条规定允许偏差的1.5倍。

▶ 11.3.4 计算

钢筋位置、保护层厚度及钢筋直径的检测结果评定应按《公路桥梁承载能力检测评定规程》（JTG/T J21—2011）等规定执行。

▶ 11.3.5 报告

报告应包含钢筋的位置、钢筋直径和该位置处的保护层厚度等测量数据，同时要包含这些数据的平均值。

11.4 混凝土钢筋锈蚀参数检测

混凝土的密实度、渗水性、含水率、含氯盐量、碳化深度、保护层厚度不足和开裂等缺损，是导致钢筋锈蚀诸多因素，反之，钢筋锈蚀又促使混凝土进一步破损。对钢筋锈蚀的评定技术可分为直接评定和间接评定两种。直接评定钢筋锈蚀技术主要包括预埋探测元件、线性极化电流测量、半电池电位测量、局部破损质量损失测量等；间接评定钢筋锈蚀技术主要包括混凝土电阻率测量、氯离子含量测量、透气性测量以及前文的碳化深度测量、保护层厚度测量等。

▶ 11.4.1 混凝土中钢筋锈蚀状况检测

1）概述

钢筋锈蚀状况的检测，要针对不同的桥梁结构类型和检测评定目标，确定混凝土中钢筋锈蚀状况的重点检测部位和测区布置，钢筋锈蚀电位每一测区的测点数不应少于 20 个。检测方法可根据测试条件和测试要求选择剔凿检测方法、半电池电位法、综合分析判断法。这些方法适用于桥梁工程中普通混凝土结构及构件中钢筋锈蚀性状的检测，不适用于带涂层的钢筋以及混凝土已饱水和接近饱水的构件检测。

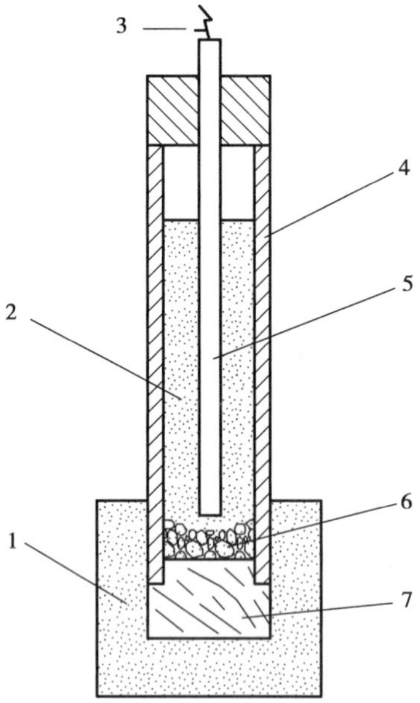

图 11.17　铜-硫酸铜半电池剖面

1—电连接垫（海绵）；2—饱和硫酸铜溶液；3—与电压仪导线连接的插头；4—刚性管；5—铜棒；6—少许硫酸铜结晶；7—多孔塞（软木塞）

本节主要介绍半电池电位法的检测过程。半电池电位法是利用"$Cu + CuSO_4$"饱和溶液形成的半电池与"钢筋 + 混凝土"形成的半电池构成一个全电池系统。由于"$Cu + CuSO_4$ 饱和溶液"的电位值相对恒定，而混凝土中钢筋因锈蚀产生的化学反应将引起全电池的变化。因此，电位值可以评定钢筋锈蚀状态。采用钢筋锈蚀状况的半电池电位法，应配合剔凿检测方法进行验证与综合分析判断。

2）仪具与材料技术要求

（1）半电池电位法钢筋锈蚀检测仪

半电池电位法钢筋锈蚀检测仪（以下简称钢筋锈蚀检测仪）：钢筋锈蚀检测仪应由铜-硫酸铜半电池（以下简称半电池，形状和构造如图 11.17 所示）、电压仪和导线构成，且满足以下要求：

①饱和硫酸铜溶液应采用分析纯硫酸铜试剂晶体溶解于蒸馏水中制备。应使刚性管的底

部积有少量未溶解的硫酸铜结晶体,溶液应清澈且饱和。

②半电池的电连接垫应预先浸湿,多孔塞和混凝土构件表面应形成电通路。

③电压仪应具有采集、显示和存储数据的功能,满量程不宜小于1 000 mV。在满量程范围内的测试允许误差为±3%。

④用于连接电压仪与混凝土中钢筋的导线宜为铜导线,其总长度不宜超过150 m、截面面积宜大于0.75 mm^2,在使用长度内因电阻干扰所产生的测试回路电压降不应小于0.1 mV。

⑤钢筋锈蚀检测仪使用后,应及时清洗刚性管、铜棒和多孔塞,并应密闭盖好多孔塞。

⑥铜棒采用稀释的盐酸溶液轻轻擦洗,并用蒸馏水清洗干净。不得用钢毛刷擦洗铜棒及刚性管。

⑦硫酸铜溶液应根据使用时间给予更换,更换后宜采用甘汞电极进行校准。在室温(22±1)℃时,铜-硫酸铜电极与甘汞电极之间的电位差应为(68±10)mV。

(2)钢筋探测仪

技术要求与前文相同。

3)方法与步骤

①测点布置。在混凝土结构及构件上可布置若干测区,测区面积不宜大于5 m×5 m,并应按确定的位置编号。每个测区应采用矩阵式(行、列)布置测点,根据被测结构及构件的尺寸,宜用100 mm×100 mm~500 mm×500 mm划分网格,网格的节点应为电位测点。

②准备工作。当测区混凝土有绝缘涂层介质隔离时,应清除绝缘涂层介质。测点处混凝土表面应平整、清洁。必要时应采用砂轮或钢丝刷打磨,并应将粉尘等杂物清除。

测区混凝土应预先充分浸湿。可在饮用水中加适量(约2%)家用液态洗涤剂配制成导电溶液,在测区混凝土表面喷洒,半电池的电连接垫与混凝土表面测点应良好的耦合。

③导线与钢筋的连接应按下列步骤进行:

a.采用钢筋探测仪检测钢筋的分布情况,并应在适当的位置剔凿出钢筋。

b.导线一端应接于电压仪的负端,另一端应接于混凝土中钢筋上。

c.连接处的钢筋表面应除锈或清除污物,并保证导线与钢筋有效连接。

d.测区内的钢筋(钢筋网)必须与连接点的钢筋形成电通路。

④导线与半电池的连接应按下列步骤进行:

a.连接前应检查各种接口,接触应良好。

b.导线一端应连接到半电池接线插头上,另一端应连接到电压仪的正输入端。

⑤半电池检测系统稳定性应符合下列要求:

a.在同一测点,用相同半电池重复2次测得该点的电位差值应小于20 mV;

b.在同一测点,用两只不同的半电池重复2次测得该点的电位差值应小于20 mV。

⑥半电池电位的检测应按下列步骤进行:

a.测量并记录环境温度。

b.应按测区编号,将半电池依次放在各电位测点上,检测并记录各测点的电位值。

c.检测时,应及时清除电连接垫表面的吸附物,半电池多孔塞与混凝土表面应形成电通路。

d.在水平方向和垂直方向上检测时,应保证半电池刚性管中的饱和硫酸铜溶液同时与多孔塞和铜棒保持完全接触。

e. 检测时应避免外界各种因素产生的电流影响。

⑦当检测环境温度在(22±5)℃之外时,应按下列公式对测点的电位值进行温度修正:

$$V = 0.9 \times (T - 27.0) + V_R (T \geqslant 27\ ℃)$$
$$V = 0.9 \times (T - 17.0) + V_R (T \leqslant 17\ ℃) \tag{11.40}$$

式中 V——温度修正后电位值,精确至1 mV;

V_R——温度修正前电位值,精确至1 mV;

T——检测环境温度,精确至1 ℃;

0.9——系数,mV/℃。

4)数据处理

①可采用电位等值线图表示被测结构及构件中钢筋的锈蚀性状。

②宜按合适比例在结构及构件图上标出各测点的半电池电位值,可通过数值相等的各点或内插等值的各点绘出电位等值线。电位等值线的最大间隔宜为100 mV。

③根据表11.9评定混凝土桥梁钢筋发生锈蚀的概率或锈蚀活动性,并应按照测区锈蚀电位水平最低值,确定钢筋锈蚀电位评定标度。

表11.9 混凝土桥梁钢筋锈蚀电位评定标准

电位水平/mV	钢筋状况	评定标度
≥-200	无锈蚀活动性或锈蚀活动性不确定	1
(-200,-300]	有锈蚀活动性,但锈蚀状态不确定,可能坑蚀	2
(-300,-400]	有锈蚀活动性,发生锈蚀的概率大于90%	3
(-400,-500]	有锈蚀活动性,严重锈蚀的可能性极大	4
<-500	构件存在锈蚀开裂区域	5

5)报告

报告应包含钢筋的位置、电位等值线图等测量数据及钢筋锈蚀评定标度。

▶ 11.4.2 电阻率法

1)概述

对桥梁结构构件钢筋锈蚀电位评定标度值为3、4、5的主要构件或主要受力部位,应进行混凝土电阻率测量。需要针对不同的桥梁结构类型和检测评定目标,确定混凝土电阻率的重点检测部位,且被测构件或部位的测区数量不宜少于30个。

混凝土电阻率反映了混凝土的导电性能,可间接评判钢筋的可能锈蚀速率;电阻率宜采用四电极法检测。通常混凝土电阻率越小,混凝土导电的能力越强,钢筋锈蚀发展速度越快。但电阻率法不适合在混凝土表面宽度小于150 mm,或者混凝土不平整或表层空鼓的情况下应用。

2）**仪具与材料技术要求**

①混凝土电阻率测试仪：测量范围宜为 0 ~ 199.9 kΩ，精度不大于 ±1 kΩ；

②钢筋探测仪；

③其他：水容器、连接线、海绵等。

3）**方法与步骤**

（1）准备工作

①混凝土的电阻率会随含水率的变化而变化，因此在测试时应考虑混凝土所处环境温度和含水率的影响。

②如果在含有钢筋的混凝土区域进行测量，应使用钢筋探测仪进行精确定位钢筋的位置，然后尽量保持探头远离钢筋。

③必须保证电极与混凝土表面之间密切接触，否则应使用特殊垫圈加以改善。

（2）测试步骤

①测量前将仪器充满电。

②将海绵塞进传感器。为获得准确的结果，应保持传感器的海绵清洁。测试前后应使用仪器自带的水容器清洗海绵。将海绵浸在水中，然后将其塞进水容器的 4 个孔中。使用后，取出海绵用自来水清洗。应经常用水容器清洗海绵。

③将传感器连接到主机上。先将电缆一头连接到传感器，然后将另一头连接到主机上。连接电缆前不要开主机，连接后方可打开主机。

④混凝土表面准备。如果混凝土表面太干、太湿或表面脏污时，会导致很大的误差，因此，尽可能保持混凝土表面条件良好。如果混凝土表面涂有油漆或涂有水性涂料，应该在混凝土表面钻 2 ~ 3 mm 的孔，在混凝土内部进行测量。

⑤电阻率测定。打开电源，选定测定范围，将传感器与混凝土表面密切接触，读取读数。测试完成后关闭电源。

4）**结果判定**

根据表 11.10 评定钢筋锈蚀速率，按照测区电阻率最小值确定混凝土电阻率评定标度。

表 11.10　混凝土电阻率评定标准

电阻率/（Ω · cm）	可能的锈蚀速率	评定标度
≥20 000	很慢	1
[15 000,20 000)	慢	2
[10 000,15 000)	一般	3
[5 000,10 000)	快	4
<5 000	很快	5

5）**报告**

报告应包含现场的温度、湿度、混凝土的含水率、电阻率等测量数据，以及钢筋可能的锈蚀速率指标。

11.4.3 氯离子含量法

1)概述

水泥水化的强碱性环境使混凝土内钢筋表面产生一层致密的钝化膜。该钝化膜中含有Si-O键,它对钢筋有很强的保护能力。然而该钝化膜只有在强碱性环境中才是稳定的,当pH值小于11.5时,这层钝化膜就开始变得不稳定;当pH值小于9.88时,已经生成的钝化膜逐渐被破坏,新的钝化膜也很难生成。氯离子是一种很强的去钝化剂,当进入混凝土到达钢筋表面吸附于局部钝化膜处时,可使该处的pH值迅速降至4以下,从而破坏钝化膜。氯离子不仅促成钢筋表面腐蚀电池的形成,而且强化离子通路、加速电池的作用。氯离子与阳极反应生成的铁离子结合生成氯化铁,将阳极产物及时带走,使阳极反应加速进行。而氯化铁是可溶的,遇到氢氧根就能生成氢氧化亚铁,将氯离子置换出来。由于不是消耗掉,凡是进入混凝土中的氯离子将长期存在于混凝土中,周而复始地起到破坏作用,危害极大。因此,混凝土中的氯离子可诱发并加速钢筋锈蚀,测量混凝土中氯离子含量可间接评判钢筋锈蚀活化的可能性。

2)仪具与材料技术要求

①钻芯机:钻芯机应具有足够的刚度、操作灵活、固定和移动方便,并应有水冷却系统。

②金刚石或人造金刚石薄壁钻头:钻头胎体不得有肉眼可见的裂缝、缺边、少角、倾斜及喇叭口变形。钻头胎体对钢体的同心偏差不得大于0.3 mm,钻头的径向跳动不大于1.5 mm。

③钢筋定位仪。

④天平:配置天平两台,其中一台称量宜为2 000 g、感量应为0.01 g;另一台称量宜为200 g、感量应为0.000 1 g。

⑤试验试剂:化学纯—硝酸银、分析纯—氯化钠等。

⑥其他:试验电炉、电位测量仪器滴定管、容量瓶、移液管、烧杯等。

3)方法与步骤

(1)取样方法

①钻取混凝土芯样检测氯离子含量时,相同混凝土配合比的芯样应为一组,每组芯样的取样数量不应少于3个。当结构部位已经出现钢筋锈蚀、顺筋裂缝等明显裂化现象时,每组芯样的取样数量应增加一倍,同一结构部位的芯样应为同一组。

②氯离子含量检测的取样深度不应小于钢筋保护层厚度。

③取得的样品应密封保存和运输,不得被其他物质污染。

④检测应从同一组混凝土芯样中取样。应从每个芯样内部各取不少于200 g、等质量的混凝土试样,去除混凝土试样中的石子后,应将3个试样的砂浆砸碎后混合均匀,并应研磨至全部通过筛孔公称直径为0.15 mm的筛,用磁铁吸出研磨后的砂浆粉末试样中的金属铁屑,然后置于(105 ± 5)℃烘箱中烘2 h,取出后应放入干燥器冷却至室温备用。

(2)检测方法

①针对不同的桥梁结构类型和检测评定目标,确定混凝土氯离子含量的重点检测部位;

对桥梁结构构件钢筋锈蚀电位评定标度值为3、4、5的主要构件或主要受力部位，也应布置测区测定混凝土中氯离子含量及其分布。

②确定测区数量：每一被测构件测区数量不应少于3个。

③对在结构构件上钻取的不同深度的混凝土粉末样品，采用化学分析测定混凝土中的氯离子含量。

④化学分析测定方法按照《混凝土中氯离子含量检测技术规程》(JGJ/T 322—2013)的方法进行检测，也可以采用氯离子含量测定仪进行检测。

4)结果判定

根据混凝土中钢筋处氯离子含量，按表11.11评判其诱发钢筋锈蚀的可能性，并应按照测区最高氯离子含量值，确定混凝土氯离子含量评定标度。

表11.11　混凝土氯离子含量评定标准

氯离子含量 (占水泥含量的百分比)	诱发钢筋锈蚀的可能性	评定标度
<0.15	很小	1
[0.15,0.40)	不确定	2
[0.40,0.70)	有可能诱发钢筋锈蚀	3
[0.70,1.00)	会诱发钢筋锈蚀	4
≥1.00	钢筋锈蚀活化	5

5)报告

报告应包含取样的位置、芯样的质量、氯离子含量等测量数据，以及钢筋锈蚀的可能性描述。

11.5　钢结构材质状况检测

制造钢结构桥梁所用材料的品种、规格、性能等应符合设计文件的要求和现行国家标准的规定。进场材料除应有生产厂家的质量证明书外，还应按相关标准的规定对其进行抽样检验，检验合格后方可使用。

钢材应按同一厂家、同一材质、同一板厚、同一出厂状态，每10个炉(批)号抽验一组试件。若订货为探伤钢板，尚应抽取每种板厚的10%(至少一块)进行超声波探伤。当钢材表面有锈蚀、麻点或划痕等缺陷时，其深度不得大于该钢材厚度允许偏差值的1/2。钢材表面的锈蚀等级应符合现行国家标准的规定。钢材端边或断口处不应有分层、夹渣等缺陷。

焊接材料原则上应与设计选用的钢材相匹配。焊接材料的质量及检验应符合现行国家和行业相关标准的规定。首次使用的焊接材料应按相关标准进行化学成分和熔敷金属力学性能检验；同一型号焊接材料在更换厂家后，首个批号也应进行化学成分和熔敷金属力学性能检验。涂装材料的质量及检验应符合现行国家标准的规定。每个品种的涂装材料应按不同生产批号各抽取一组样品进行检验,检验结果中有某项指标存在争议时,允许在该批涂装材料中再随机抽取一个样品,重新进行检验。

高强度螺栓连接副材料的质量及检验应符合《钢结构用高强度大六角头螺栓》(GB/T 1228—2006)、《钢结构用高强度大六角螺母》(GB/T 1229—2006)、《钢结构用高强度垫圈》(GB/T 1230—2006)、《钢结构用高强度大六角头螺栓、大六角螺母、垫圈技术条件》(GB/T 1231—2006)及《钢结构用扭剪型高强度螺栓连接副》(GB/T 3632—2008)的规定。

▶ 11.5.1 钢材焊缝表面缺陷检测

焊接接头的外观检测是一种手续简便而应用广泛的经验方法,是焊后成品检验的一项重要内容。这种方法有时也使用在焊接过程中,如厚壁焊件做多层焊时,每焊完一层焊道便采用这种方法进行检查,以防止前道焊层的缺陷被带到下一层焊道中去。外观检查主要是发现焊缝表面的缺陷和尺寸上的偏差。

这种检查一般是通过肉眼观察,借助标准样板、量规和放大镜等工具进行检验,故称为肉眼观察或目视法。

检查之前,必须将焊缝附近 10 ~ 20 mm 基本金属上的所有飞溅及其他污物清除干净。在清除焊接渣时,要注意焊渣覆盖的情况。一般来说,根据熔渣覆盖的特征和飞溅的分布情况,可粗略地预料在该处会出现何种缺陷。例如,贴焊缝面熔渣表面有裂纹痕迹,往往在焊缝中也有裂纹;若发现有飞溅成线状集结在一起,则可能因电流产生磁场磁化工件后,金属微粒堆积在裂纹上。因此,应在该处仔细地检查是否有裂纹。

对合金钢的焊接产品做外部检查,必须进行两次,即紧接着焊接后和经过 15 ~ 30 d。这是因为有些合金钢内产生的裂纹形成得很慢,以致在第二次检查时才能发现裂缝。

对未填满的弧坑应特别仔细检查,因该处可能会有星形散射状裂纹。

若焊缝表面出现缺陷,焊缝内部便有存在缺陷的可能。如焊缝表面出现咬边或满溢,则内部可能存在未焊透或未熔合;焊缝表面多孔,则焊缝内部也可能会有气孔或非金属夹杂物存在。

焊缝经外观检查合格后方可进行无损检测,无损检测应在焊接 24 h 后进行。磁粉探伤应符合《焊缝无损检测　磁粉检测》(GB/T 26951—2011)和《焊缝无损检测　焊缝磁粉检测验收等级》(GB/T 26952—2011)的规定。

磁粉检测的原理:铁磁性材料和工件被磁化后,由于不连续性的存在,工件表面和近表面的磁力线发生局部畸变,而产生漏磁场,吸附施加在工件表面的磁粉,形成在合适光照下目视可见的磁痕,从而显示出不连续性的位置、形状和大小。

▶ 11.5.2 钢材焊缝内部缺陷无损探伤

1)超声波探伤

(1)探伤原理

人耳可听得见的声波的频率范围为 20 Hz ~ 20 kHz。频率比 20 kHz 更高的声波称为超声波。超声波脉冲(通常为 1.5 MHz)从探头射入被检测物体,如果其内部有缺陷,缺陷与材料之间便存在界面,则一部分入射的超声波在缺陷处被反射或折射,则原来单方向传播的超声能量有一部分被反射,通过此界面的能量就相应减少。这时,在反射方向可以接到此缺陷处的反射波;在传播方向接收到的超声能量会小于正常值,这两种情况的出现都能证明缺陷的存在。在探伤中,利用探头接收脉冲信号的性能也可检查出缺陷的位置及大小。前者称为反射法,后者称为穿透法。

(2)探伤方法

①脉冲反射法。图 11.18 所示为用单探头(一个探头兼作反射和接收)探伤的原理图。

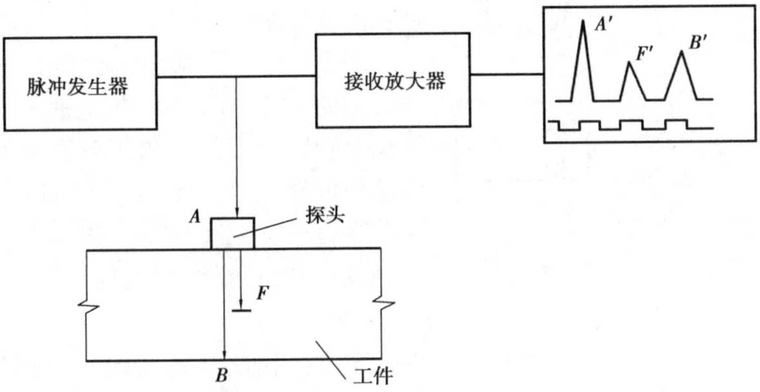

图 11.18　脉冲反射法探伤原理

图 11.18 中,脉冲发生器所产生的高频电脉冲激励探头的压电晶片振动,使之产生超声波。超声波垂直入射到工件中,当通过界面 A、缺陷 F 和底面 B 时,均有部分超声波反射回来,这些反射波各自经历了不同的往返路程回到探头上,探头又重新将其转变为电脉冲,经接收放大器放大后,即可在荧光屏上显现出来。其对应各点的波形分别称为始波(A')、缺陷波(F')和底波(B')。当被测工件中无缺陷存在时,则在荧光屏上只能见到始波 A' 和底波 B'。缺陷的位置(深度 AF)可根据各波型之间的间距之比等于所对应的工件中的长度之比求出。

$$AF = \frac{AB}{A'B'} \times A'F' \tag{11.41}$$

其中,AB 是工件的厚度,可以测出;$A'B'$ 和 $A'F'$ 可从荧光屏上读出。缺陷的大小可用当量法确定。

由于图 11.18 所示的探伤方法的超声波脉冲的振动方向与传播方向相同(为纵波),故称为纵波探伤或直探头探伤。

当入射角不等于零的超声波入射到固体介质中,且超声波在此介质中的纵波和横波的传播速度均大于在入射介质中的传播速度时,则同时产生纵波和横波。又由于材料的弹性模量 E 总是大于剪切模量 G,因而纵波传播速度总是大于横波的传播速度。根据几何光学的折射规律,纵波折射角也总是大于横波折射角。当入射角取得足够大时,可以使纵波折射角大于或等于 90°,从而使纵波在工件中消失,这时工件中就得到了单一的横波(这时超声波脉冲的振动方向与传播方向相垂直),故称为横波脉冲反射探伤。图 11.19 所示为单探头横波探伤的情况。横波入射工件后,遇到缺陷时便有一部分被反射回来,即可以从荧光屏上见到脉冲信号,如图 11.19(a)所示;若探头离工件端面很近,会有端反射,如图 11.19(b)所示,因此应该注意与缺陷区分;若探头离工件端面很远且横波又没有遇到缺陷,有可能由于过度衰减而出现图11.19(c)的情况(超声波在传播中存在衰减)。

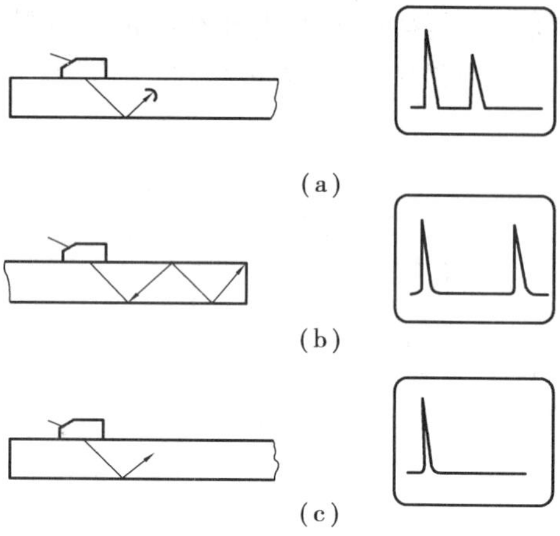

(a)

(b)

(c)

图11.19　横波脉冲反射法波型示意图

横波探伤的定位在生产中采用标准试块调节或三角试块比较法。缺陷的大小同样用当量法确定。

钢结构构件焊缝的超声波探伤必须由持证专业人员按现行规范进行,并根据图纸技术要求和行业标准确定验收。

②穿透法。穿透法是根据超声波能量变化情况来判断工件内部状况的,它是将发射探头和接收探头分别置于工件的两相对表面。发射探头发射的超声波能量是一定的,在工件不存在缺陷时,超声波穿透一定工件厚度后,在接收探头上所接收到的能量也是一定的;而工件存在缺陷时,由于缺陷的反射使接收到的能量减小,从而断定工件存在缺陷。

根据发射波的不同种类,穿透法有脉冲波穿透探伤法和连续波穿透探伤法两种,如图11.20和图11.21所示。

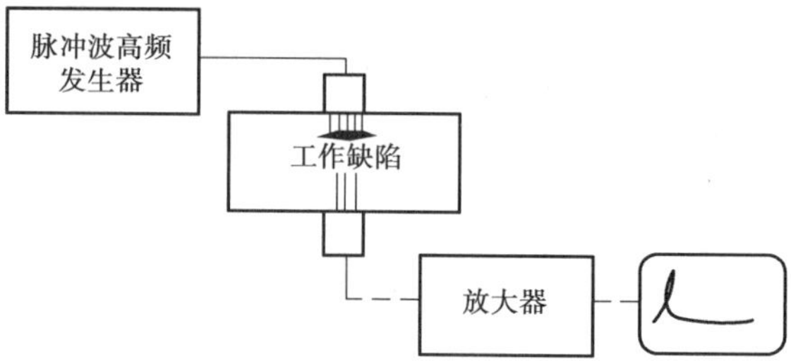

图11.20　脉冲波穿透探伤法示意图

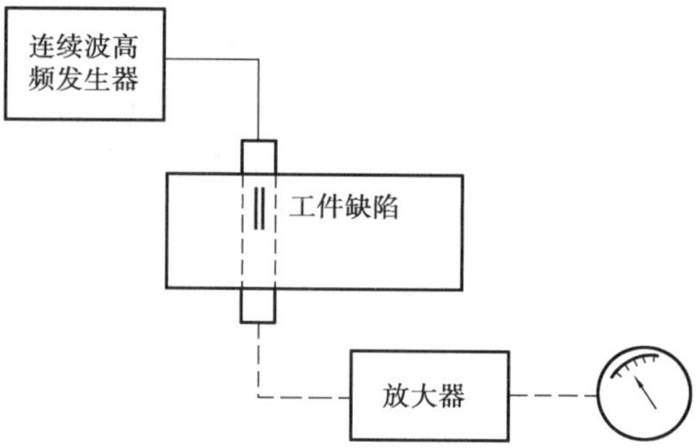

图11.21　连续波穿透探伤法示意图

穿透法探伤的灵敏度不如脉冲反射法高,且受工件形状的影响较大,但较适宜检查成批生产的工件。如板材一类的工件,可以通过接收能量的精确对比得到高的精度,宜实现自动化。

2)射线探伤

射线探伤是利用射线可穿透物质和在物质中有衰减的特性来发现缺陷的一种探伤方法。按探伤所用的射线不同,射线探伤可以分为X射线、γ射线和高能射线探伤3种。由于显示缺陷的方法不同,每种射线探伤又有电离法、荧光屏观察照相法和工业电视法等。运用最广的是X射线照相法,下面介绍其探伤原理和过程。

(1)X射线照相法的探伤原理

照相法探伤是利用射线在物质中的衰减规律和对某些物质产生的光化及荧光作用为基础进行探伤的。如图11.22(a)所示为平行射线束透过工件的情况。从射线强度的角度看,若照射在工件上的射线强度为 J_0，由于工件材料对射线的衰减，穿过工件的射线被减弱至 J_c。当工件存在缺陷时，如图 11.22(a)所示的 A、B 点，因该点的射线透过的工件实际厚度减少，则穿过的射线强度 J_a、J_b 比没有缺陷的 C 点的射线强度大一些。从射线对底片的光化作用角度看，射线强的部分对底片的光化作用强烈，即感光量大。感光量较大的底片经暗室处理后变得较黑，如图 11.22(b)中 A、B 点比 C 点黑。因此，工件中缺陷通过射线在底片上产生黑色的影迹，这就是射线探伤照相法的探伤原理。

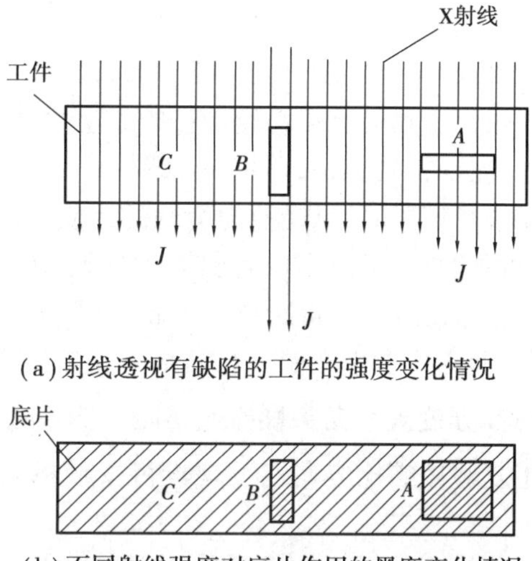

(a)射线透视有缺陷的工件的强度变化情况

(b)不同射线强度对底片作用的黑度变化情况

图 11.22 射线透过工件的情况和与底片作用的情况

(2)X 射线探伤照相法的工序

①确定产品的探伤位置和对探伤位置进行编号。在探伤工作中，抽查的焊缝位置一般选在以下位置：可能或常出现缺陷的位置，危险断面或受力最大的焊缝部位，应力集中的位置。

对选定的焊缝探伤位置，必须按一定的顺序和规律进行编号，以便容易找出翻修位置。

②选取软片、增感屏和增感方式。探伤用的软片一般要求反差高、清晰度高和灰雾少。增感屏和增感方式可根据软片或探伤要求选择。

③选取焦点、焦距和照射方向。照射方向尤其重要，一定选择最佳透照角度。

④放置铅字号码、铅箭头及象质计。一定按《焊缝无损检测　射线检测　第 1 部分：X 和伽马射线的胶片技术》(GB/T 3323.1—2019)要求放置。

⑤选定曝光规范。曝光规范要根据探伤机型事先作出，探伤时按工件的厚度和材质选取。

⑥进行暗室处理。

⑦焊缝质量的评定。由专业人员按《焊缝无损检测　射线检测　第 1 部分：X 和伽马射线的胶片技术》(GB/T 3323.1—2019)进行评定，射线探伤必须由持证的专业人员按《焊缝无损检测　射线检测　第 1 部分：X 和伽马射线的胶片技术》(GB/T 3323.1—2019)进行，根据图纸中的技术要求或行业标准确定验收。

射线探伤成本高、操作程序复杂、检测周期长，尤其是钢结构中大多为 T 形接头和角接头，射线检测的效果差，且射线探伤对裂纹、未熔合等危害性缺陷的检出率低。超声波探伤则正好相反，操作程序简单、快速，对各种接头形式的适应性好，对裂纹、未熔合的检测灵敏度高，因此世界上很多国家对钢结构内部质量的控制采用超声波探伤，一般不采用射线探伤。

▶ 11.5.3 紧固件连接工程材质状况检测

1)螺栓实物最小载荷检验

①测定螺栓实物的抗拉强度应符合《紧固件机械性能　螺栓、螺钉和螺柱》(GB/T 3098.1—2010)的规定。

②采用专用卡具将螺栓实物置于拉力试验机上进行拉力试验。为避免试件承受横向载荷,试验机的夹具应能自动调正中心,试验时夹头张拉的移动速度不应超过 25 mm/min。

③螺栓实物的抗拉强度应按螺纹应力截面积(A_s)计算确定,其取值应按《紧固件机械性能　螺栓、螺钉和螺柱》(GB/T 3098.1—2010)的规定取值。

④进行试验时,承受拉力荷载的未旋合的螺纹长度应为 6 倍以上螺距。当试验拉力达到《紧固件机械性能　螺栓、螺钉和螺柱》(GB/T 3098.1—2010)中规定的最小拉力载荷($A_s\sigma_b$,σ_b 为抗拉强度)时不得断裂。当超过最小拉力荷载直至拉断时,断裂位置应发生在杆部或螺纹部分,而不应发生在螺头与杆部的交接处。

2)高强度大六角头螺栓连接副扭矩系数的复验方法

①复验用螺栓应在施工现场待安装的螺栓批中随机抽取,每批应抽取 8 套连接副进行复验。

②连接副扭矩系数复验用的计量器具应在试验前进行标定,误差不得超过 2%。

③每套连接副只应做一次试验,不得重复使用。

④连接副扭矩系数的复验应将螺栓穿入轴力计,在测出螺栓预拉力 P 的同时,应测定施加于螺母的施拧矩值 T,并应按下式计算扭矩系数 K。

$$K = \frac{T}{Pd} \tag{11.42}$$

式中　T——施拧扭矩,N·m;

d——高强度螺栓的螺纹规格(螺纹大径),mm;

P——螺栓预应力,kN。

⑤检验方法和结果应符合国家现行标准规定。高强度大六角头螺栓的扭矩系数平均值及标准偏差应符合表 11.12 的规定。

表 11.12　高强度大六角头螺栓连接副扭矩系数平均值和标准偏差值

连接副表面状态	扭矩系数平均值	扭矩系数标准偏差
符合《钢结构用高强度大六角头螺栓、大六角螺母、垫圈技术条件》(GB/T 1231—2006)的规定	0.11 ~ 0.15	≤0.010 0

3)高强度螺栓连接抗滑移系数试验方法

①检验批可按分部工程(子分部工程)所含高强度螺栓用量划分:每 5 万个高强度螺栓用量的钢结构为一批,不足 5 万个高强度螺栓用量的钢结构视为一批。选用两种及以上表面处理(含有涂层摩擦面)工艺时,每种处理工艺均需检验抗滑移系数,每批 3 组试件。

②抗滑移系数试验应采用双摩擦面的二栓拼接的拉力试件(图 11.23)。试件与所代表的钢结构构件应为同一材质、同批制作、采用同一摩擦面处理工艺和具有相同的表面状态(含有涂层),在同一环境条件下存放,并应用同批同一性能等级的高强度螺栓连接副。

试件钢板的厚度 t_1、t_2 应考虑在摩擦面滑移前,试件钢板的净截面始终处于弹性状态,且 $2t_2 \geqslant t_1$;宽度 b 可参照表 11.13 的规定取值,L_1 应根据试验机夹具的要求确定。

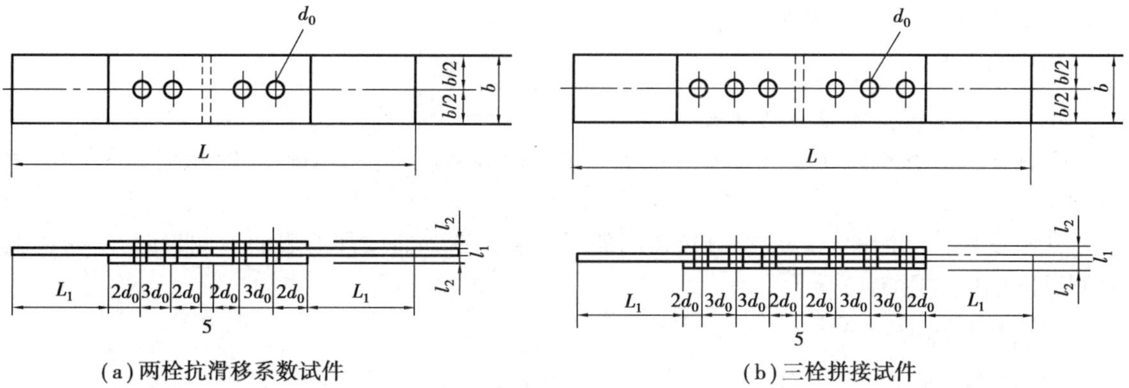

图 11.23　抗滑移系数试件的形式和尺寸

L—试件总长度;L_1—试验机夹紧长度

表 11.13　试件板的宽度

螺栓直径 d/mm	16	20	22	24	27	30
板宽 b/mm	100	100	105	110	120	120

③试验用的试验机误差应在 1% 以内。试验用贴有电阻片的高强度螺栓、压力传感器和电阻应变仪应在试验前用试验机进行标定,其误差应在 2% 以内。

④紧固高强度螺栓应分初拧、终拧。初拧应达到螺栓预拉力标准值的 50% 左右。终拧后,每个螺栓的预拉力值应在 $0.95P \sim 1.05P$(P 为高强度螺栓设计预拉力值)。

⑤加荷时,应先加 10% 的抗滑移设计荷载值,停 1 min 后,再平稳加荷,加荷速度为 3 ~ 5 kN/s,直拉至滑动破坏,测得滑移荷载 N_v。

抗滑移系数 μ 应根据试验所测得的滑移荷载 N_v 和螺栓预拉力 P 的实测值,按下式计算。

$$\mu = \frac{N_v}{n_f \sum_{i=1}^{m} P_i} \tag{11.43}$$

式中　N_v—— 由试验测得的滑移荷载,kN;

n_f—— 摩擦面面数,取 $n_f = 2$;

$\sum_{i=1}^{m} P_i$—— 试件滑移一侧高强度螺栓预拉力实测值(或同批螺栓连接副的预拉力平均值) 之和(取 3 位有效数字),kN;

m—— 试件一侧螺栓数。

▶ 11.5.4　漆膜厚度现场检测

桥梁的钢构件涂装方案应符合设计文件要求,并应符合《公路桥梁钢结构防腐涂装技术条件》(JT/T 722—2008)的规定。漆膜厚度测试一般有两种方法,即杠杆千分尺法和磁性测厚仪法。下面介绍磁性测厚仪法的主要步骤。

磁性测厚仪法检测防腐涂层厚度应在涂层干燥后进行,检测时构件的表面不应有结露。

使用涂层测厚仪检测时,也应避免电磁干扰。

1)仪具与材料技术要求

本方法需要仪具为涂层测厚仪:

①其最大量程不应小于 1 200 μm,最小分辨率不应大于 2 μm,示值相对误差不应大于3%。

②测试构件的曲率半径应符合仪器的使用要求。在弯曲试件的表面上测量时,应考虑其对测试准确度的影响。

2)方法与步骤

(1)外观检测

对防腐涂层进行外观检查,外观检查合格后方可进行防腐涂层厚度检测。

(2)测区布置

同一构件应检测 5 处,每处应检测 3 个相距 50 mm 的测点。测点部位的涂层应与钢材附着良好。

(3)检测步骤

①确定的检测位置应有代表性,在检测区域内分布宜均匀。检测前应清除测试点表面的防火涂层、灰尘、油污等。

②检测前对仪器应进行自校准。校准宜采用二点校准,经校准后方可测试。

③应使用与被测构件基体金属具有相同性质的标准片对仪器进行校准,也可用待涂覆构件进行校准。检测期间关机再开机后,应对仪器重新校准。

④测试时,测点距构件边缘或内转角处的距离不宜小于 20 mm。探头与测点表面应垂直接触,接触时间宜保持 1 ~2 s,读取仪器显示的测量值,对测量值应进行打印或记录。

3)报告

每处 3 个测点的涂层厚度平均值为该处检测值,同一构件上 5 处 15 个测点的涂层厚度平均值为该构件的检测值。

11.6 预应力混凝土工程材质状况检测

11.6.1 预应力混凝土工程材质基础检测

预应力混凝土结构所采用的钢丝、钢绞线、螺纹钢筋等材料的性能和质量,应符合现行国家标准的规定。钢丝应符合《预应力混凝土用钢丝》(GB/T 5223—2014)的规定;钢绞线应符合《预应力混凝土用钢绞线》(GB/T 5224—2014)的规定;螺纹钢筋应符合《预应力混凝土用螺纹钢筋》(GB/T 20065—2016)的规定。有涂层的预应力筋应符合相应的现行国家标准的规定。热处理钢筋、预应力钢丝、预应力钢绞线外观检查和力学性能试验也是预应力混凝土结构试验检测的重要组成部分。

预应力混凝土工程中锚具、夹具和连接器应按设计规定采用,其性能和质量应符合《预应力筋用锚具、夹具和连接器》(GB/T 14370—2015)的规定。与后张预应力筋用锚具或连接器配套的锚垫板和局部加强钢筋,在规定的局部承压试件尺寸及混凝土强度下,应满足传力性能要求。

预应力混凝土工程管道的性能要求应符合以下规定:刚性管道应是壁厚不小于2 mm的平滑钢管,且应具有光滑的内壁并可被弯曲成适当的形状而不出现卷曲或被压扁;半刚性管道应是波纹状的金属管或高密度聚乙烯塑料管,且金属波纹管宜采用镀锌钢带制作,壁厚宜不小于0.3 mm。金属波纹管的性能和质量应符合《预应力混凝土用金属波纹管》(JG/T 225—2020)的规定;塑料波纹管的制作材料、性能和质量应符合《预应力混凝土桥梁用塑料波纹管》(JT/T 529—2016)的规定。管道进场时,除应按合同检查出厂合格证和质量保证书,核对其类别、型号、规格及数量外,尚应对其外观、尺寸、集中荷载下的径向刚度、荷载作用后的抗渗漏及抗弯曲渗漏等进行检验。检验试验方法应分别符合《预应力混凝土用金属波纹管》(JG/T 225—2020)和《预应力混凝土桥梁用塑料波纹管》(JT/T 529—2016)的规定。

预应力筋的张拉采用穿心式双作用千斤顶,整体张拉或放张宜采用具有自锚功能的千斤顶;张拉千斤顶的额定张拉力宜为所需张拉力的1.5倍,且不得小于1.2倍。与千斤顶配套使用的压力表应选用防振型产品,其最大读数应为张拉力的1.5~2.0倍,标定精度应不低于1.0级。张拉机具设备应与锚具产品配套使用,并应在使用前进行校正、检验和标定。预应力筋的张拉顺序和张拉控制应力应符合设计规定。

先张法预应力筋放张时构件混凝土的强度和弹性模量(或龄期)应符合设计规定;设计未规定时,混凝土的强度应不低于设计强度等级值的80%;弹性模量应不低于混凝土28 d弹性模量的80%,当采用混凝土龄期代替弹性模量控制时应不少于5 d。

后张法预应力筋的张拉和锚固应满足相关规定,包括以下内容:

①预应力张拉前,宜对不同类型的孔道进行至少一个孔道的摩阻测试,通过测试确定值对设计张拉控制应力的修正。

②张拉时,结构或构件混凝土的强度、弹性模量(或龄期)符合设计规定;设计未规定时,混凝土的强度应不低于设计强度等级值的80%,弹性模量应不低于混凝土28 d弹性模量的80%,当采用混凝土龄期代替弹性模量控制时不少于5 d。

③预应力筋的张拉顺序应符合设计规定。

后张孔道压浆应在48 h内完成,以避免预应力筋锈蚀;孔道压浆所用原材料品质的要求与高性能混凝土所用原材料的品质要求一致。

无粘结预应力筋的性能和质量应符合《无粘结预应力钢绞线》(JG/T 161—2016)的规定;制作无粘结预应力筋的钢绞线,其质量应符合《预应力混凝土用钢绞线》(GB/T 5224—2014)的规定。无粘结预应力筋的护套应采用挤塑型高密度聚乙烯管,其性能和质量应符合《聚乙烯(PE)树脂》(GB/T 11115—2009)的规定。护套表面应光滑,无裂缝、凹陷、可见钢绞线轮廓、气孔及机械损伤等缺陷。防腐润滑脂应符合《无粘结预应力筋用防腐润滑脂》(JG/T 430—2014)的规定。

体外预应力筋选用高强度低松弛预应力钢绞线时,其性能和质量应符合《预应力混凝土用钢绞线》(GB/T 5224—2014)的规定。体外束的外套管选用高密度聚乙烯管或镀锌钢管时,其性能和质量应符合相应产品标准的规定。外套管和连接接头应完全密闭防水,在使用期应有可靠的耐久性；外套管应与预应力筋和防腐蚀材料具有良好的兼容性，且应能抵抗运输、安装和使用过程中所受的各种作用力而不被损坏。防腐蚀材料的耐久性能应与体外束所处的环境类别和使用年限一致；防腐蚀材料在加工、运输、安装及张拉过程中，应能保持其稳定性、柔性且不产生裂缝，并在所要求的温度范围内不流淌。

▶ 11.6.2 预应力体系检测

预应力体系检测包括预应力管道定位、预应力管道注浆饱满度和预应力锚头锈蚀情况检测。桥梁混凝土结构预应力管道定位及其注浆饱满度检测的无损检测方法分全长普查类方法和侧面扫查类方法两种。其中，声波透射法和声波反射法属于全长普查类方法，声波剖面法、冲击回波法、地质雷达法属于侧面扫查类方法。采用无损检测方法时，应配合钻孔及内窥镜检测进行验证。

1）预应力管道定位、注浆饱满度检测

（1）检测原理

预应力混凝土桥梁中预应力管道位置的确定是预应力混凝土桥梁耐久性检测和评估的重要内容（图11.24）。检测预应力管道位置比较可行的方法有扫描式冲击回波法和探地雷达法，这些方法已用在混凝土内部缺陷检测及路面厚度等检测中。

冲击回波的基本检测原理：用1个小锤或冲击器作为激振源在预应力管上方混凝土表面冲击来产生压缩波，然后该压缩波向下传播，如果板内没有管道，则该波直接传播到板底后反射回来被传感器接收；如果板中有预应力管，则该压缩波向下传播时会发生扰动，传播时间变长，测试主频变小，测试出的厚度变大。根据主频和厚度的变化情况，可确定管道位置。

对于探地雷达法，由于电磁波在特定介质中的传播速度不变，因此根据探地雷达记录的地面反射波与地下反射波的时间差，即可算出目标物的埋藏深度。

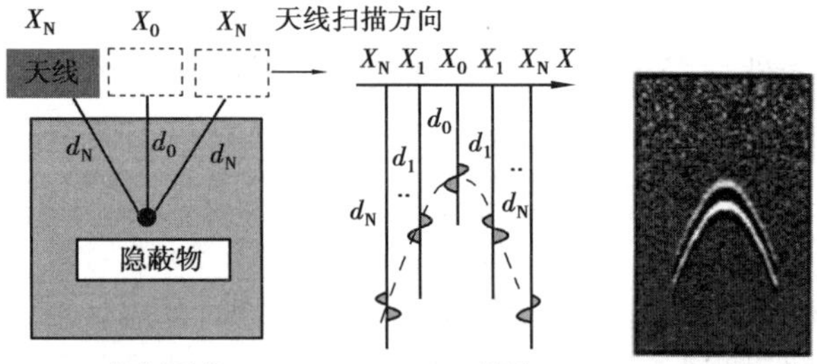

（a）数据采集　（b）双曲线　（c）雷达图

图11.24　预应力管道定位示意图

预应力管道注浆饱满度无损检测原理与混凝土内部缺陷检测一致。

（2）预应力管道注浆饱满度检测要求

桥梁混凝土结构预应力管道注浆饱满度检测的无损检测详细规定可参考《桥梁混凝土结构无损检测技术规程》（T/CECS. G：J50-01—2019）的相关规定，具体要求如下：

①塑料预应力管道对冲击弹性波的阻碍超过金属管道，会使得冲击弹性波更趋向绕行塑料管道到达底板，从而让塑料管道板的厚度频率较金属管道板的厚度频率向低频发生更大漂移，试验验证含塑料管道的板的波峰频率值均小于含相同尺寸金属管道的板的相应波峰频

率值。

②若测线布置沿预应力管道，则检测前，宜采用雷达法等其他非破损检测方法进行预应力管道的定位。为提高冲击回波检测的重复性和可靠性，同时减少精确定位管道的要求，测线或测点宜采用沿垂直管道方向进行检测。

③一般情况下，不会从小直径（小于 25 mm）钢筋处反射回来的应力波在振幅谱中产生明显峰值，但是大直径（不小于 25 mm）的钢筋和较短的接触时间，会出现从钢筋处反射回来的冲击弹性波将在振幅谱中产生峰值，条件允许下宜避开钢筋进行检测。同时，试验证明当冲击接触时间适当增大时，振幅谱中钢筋的影响将减小甚至难以辨别，所以可考虑采取加大冲击接触时间的方法来避开普通钢筋的影响。

④冲击回波方法不适用于管道上方有缺陷或混凝土与管道外壁黏结不良或脱空情况下的预应力管道注浆缺陷检测。预应力管道的大小、混凝土板的截面形式（高宽比）、管道埋深、管道间距、预应力放置情况及波纹管材质等因素都会对冲击回波法检测管道内缺陷情况产生影响。宜反复测试，综合分析进行判定。

⑤在记录数据前，应通过选择合适的冲击能量、冲击接触时间和设置合适的增益来提高信噪比。数据判定时，应只选择真正的底面回波信号做时间域信号的快速傅里叶变换，而且通过设置合适的滤波方式和滤波范围对频域信号做进一步的处理，以剔除对检测结果有影响的噪声信号。

⑥管道上方有缺陷或混凝土与管道外壁黏结不良而脱空时，都会造成冲击弹性波在缺陷或脱空上方反射，从而无法正确地检测管道和管道内部，不能判断其内部压浆情况。

⑦注浆料龄期太短，注浆材料未充分硬化，强度低，会给检测结果带来一定的误差，难以检测注浆不密实缺陷。

⑧要求混凝土具备一定的强度，达到 C25 以上。表面无缺陷及灰尘，保证耦合效果。

⑨测试时尽量避免边界效应，由于边界反射的存在，太靠近结构边界的测点很难进行数据分析处理。预应力管道不能太浅也不能太深，最好是埋在结构中间位置，且管径与结构厚度比应大于 0.2。

⑩雷达法检测混凝土结构技术只适用于被测结构中钢筋分布不是很密集的情况下。如箱梁腹板的钢筋网间距很小，采用雷达法无法进行检测。雷达属于电磁波，对金属比较敏感，很容易发现钢筋的存在，但是当钢筋很密时，雷达电磁波很难穿透进去，所以，雷达测试方法不适合钢筋比较密的结构，如桥梁的梁板缺陷、金属波纹管内的压浆饱满度等。

（3）预应力管道注浆饱满度的检测步骤

预应力管道注浆饱满度应按照以下步骤进行：

①根据桥梁结构设计图纸，确定拟检测预应力管道的基本位置；

②用雷达或超声回波仪对预应力管道进行现场定位；

③沿预应力管道进行压浆饱满度的扫查；

④根据扫查结果确定抽检部位和抽检数量；

⑤在确定的抽检点附近，通过雷达进行钢筋和钢束扫描并标记钻孔部位；

⑥采用冲击钻进行打孔，注意不要损坏预应力钢筋；

⑦注意观察钻孔是否有流水情况，采用内窥镜进行压浆质量的观测和拍照。

2）预应力锚头锈蚀情况检测

预应力锚头锈蚀情况检测参照钢筋锈蚀检测方法进行，方法主要分为物理分析法、电化学检测法、综合分析法3类。

物理检测法主要通过测量钢筋锈蚀引起电阻、电磁、热传导、声波传播等物理特性的变化来反映钢筋锈蚀情况。其特点是操作方便，易于现场的原位检测，受环境的影响小，主要有电阻探头法、声发射探测法、涡流探测法、射线法、红外热像法、光纤传感器法、近场微波反射法等。物理方法检测钢筋的锈蚀情况，其重点都在测定钢筋的锈蚀量或钢筋锈蚀随时间的变化，但这些方法容易受到混凝土中其他损伤因素的干扰，而且建立物理测定指标与钢筋锈蚀量之间的对应关系比较困难，所以物理检测方法只能提供定性的结论。

电化学检测方法是通过测定钢筋混凝土锈蚀体系的化学特性来确定混凝土中钢筋的锈蚀程度和锈蚀速度，主要包括半电池电位法、极化电阻法、电阻率法、交流阻抗谱法、恒流脉冲法、电化学噪声法等。电化学测量是反映钢筋锈蚀本质过程的有力手段。电化学检测方法的优点是测试速度快、灵敏度高、可连续跟踪和原位测量等，因此电化学检测方法在钢筋锈蚀研究领域得到很大的重视和发展，是今后混凝土中钢筋锈蚀非破损检测的重要发展方向。

综合分析法是根据影响钢筋锈蚀的直接或间接因素的测量与分析，定性推断钢筋的锈蚀程度。这种推断反映的是钢筋锈蚀可能达到的程度，而不是实际测量出的锈蚀程度，因而带有一定的主观分析和经验判断成分。根据混凝土中性化深度和构件表面裂缝分布、宽度来判断钢筋的锈蚀程度就属于综合分析法。

11.7　缆系结构桥梁材质状况检测

缆索结构体系桥梁，也称缆索承重桥，是由承压的塔、受拉的缆索结构体系（斜拉索或主缆与吊索）与承弯的梁体组合起来的一种桥梁，斜拉桥和悬索桥是目前大跨度桥梁常用的两种桥型。主梁的线形、应力和索张拉力是该类桥梁结构控制的主要方面，需要保证结构的几何线形和内力在设计要求范围内，保证结构安全。

由于斜拉桥、悬索桥跨径大、部（构）件多，结构复杂，且各部件的易损性、可更换性、设计使用年限均不同，采用某些全桥统一的检查规定不符合此类桥梁的实际情况。但受拉的缆索结构体系检测始终是该类桥梁的重要内容。大桥的钢索索力状态（包括悬索、吊索、斜拉索和稳定索等）是衡量悬吊体系大桥是否处于正常运行状态的一个重要标志。定期对钢索索力进行检测，不仅能为从总体上评估大桥的安全性和耐久性提供依据，同时也能在一定程度上判断钢索的锚固系统、防护系统是否完好，或钢索是否发生锈蚀等。

▶　11.7.1　拉（吊）索内部检测：局部有损检测方法

拉（吊）索是缆索结构体系桥梁传递桥面系恒载及活载的关键受力构件，其服役情况直接关系到桥梁结构安全。鉴于目前大多数拉索使用寿命短，普遍不足20年，服役期间易出现病害，拉索的专项检测和日常维护至关重要。

1)仪具与材料技术要求

①开槽工具。

②其他:照相机、放大镜等。

2)方法与步骤

①对拉(吊)索外套破损处,凿开保护套,检查内部是否有锈蚀、断丝、积水等现象。

②对缺陷应进行标示并拍照、记录。

③检测作业过程中,不得对拉(吊)索造成损伤;禁止采用可能对拉(吊)索造成损伤的工具进行开槽作业,检测后应及时恢复。

3)报告

报告应包含如下内容:

①缺陷位置及数量描述、外观病害照片;

②其他需要说明的事项,对于无法用文字表达清楚的内容,应附简图。

▶ 11.7.2 索力测试方法

钢缆索索力测量目前方法众多,不同的测量原理产生不同的测量方法。根据不同的分类标准,有直接检测和间接检测、有损检测与无损检测、施工安装检测和在线安装检测,但是有些尚处于实验研究阶段,并未达到实际工程的要求,仍需进一步完善。目前,工程实践普遍采用的索力测量方法主要有压力传感器测量法、频率振动测定法、光纤光栅测量法、磁特性检测法等。

1)频率振动测定法

频率振动测定法是依据索力与缆索振动频率之间存在对应关系的特点,在已知缆索长度、两端约束情况、分布质量等参数时,将高灵敏度的拾振器绑在缆索上,获取缆索在环境振动激励下的振动信号,经过滤波、信号放大、A/D 转换和频谱分析即可测出缆索的自振频率,进而由索力与缆索自振频率之间的关系获得索力。

频率振动测定法是一种间接测量方法,测定频率精度可达到0.005 Hz,测量方法简单、方便,目前得到广泛的实际应用。但是频率振动测定法的测量精度受缆索的弯曲刚度、缆索长度和缆索线密度等参数的影响比较严重。测量 n 阶振动频率需要安装拾振器使缆索起振,使得有关 f_n 的测量难度加大。因此,在对索力测量精度要求较高的场合,频率振动测定法难以满足测量要求。

(1)仪具与材料技术要求

①测振传感器:频响范围应为0.1~100 Hz。

②动态数据信号采集系统:应有抗混叠滤波功能。

③其他。

(2)方法与步骤

①索的自振频率可采用随机环境激励法测量,如有必要也可采用人工激振。

②测量时宜临时解除索的外置阻尼器。

③将传感器用专门的夹具固定在索股上;测量索的振动时,安装位置在安装能力范围内

应尽量靠近索股中部。

④由信号采集仪器记录索股在环境激励或人工激振下的振动信号,采样频率应大于或等于索股第5阶自振频率的4~5倍,一般设置为100 Hz,记录时间一般为5~8 min,同时注意观察信号质量。

⑤进行信号分析时,合理采用频谱分析法,获得索的前多阶自振频率(建议前5阶),以减少误差。

(3)索力计算

计算索力时,应通过信号处理分析获得索的前多阶自振频率(建议前5阶),按每一阶自振频率计算索力,取其平均值作为最终索力。

①当索的抗弯刚度不可以忽略时,对于长索(索长和直径之比大于100),可将两端固支的拉索振动模型等效成两端铰接的拉索振动模型,计算公式如下:

$$T_n = \frac{4Wl^2f_n^2}{n^2g} - \frac{n^2EI\pi^2}{l^2} \tag{11.44}$$

$$T = \frac{1}{5}\sum_{n=1}^{5} T_n \tag{11.45}$$

式中 T——实测索力值;

W——单位索长的质量;

l——索的长度;

n——索的振动阶次;

f_n——索的第n阶振动频率;

EI——索的抗弯刚度;

g——重力加速度。

②当抗弯刚度可以忽略时,可使用简化公式:

$$T_n = \frac{4Wl^2f_n^2}{n^2g} \tag{11.46}$$

$$T = \frac{1}{5}\sum_{n=1}^{5} T_n \tag{11.47}$$

③索力偏差率K_t可按下式计算:

$$K_t = \frac{T - T_d}{T_d} \times 100\% \tag{11.48}$$

式中 T——实测索力值;

T_d——设计索力值。

④每根索索力平行测试3次,采用3次的平均值作为该索索力值,索力偏差率超过±10%时应分析原因。

⑤得出索频率检测记录表。

2)锚索计测量法

当钢缆索受到张拉时,张拉力通过连接杆传到缆索锚具,如果在连接杆上套一穿心式压力传感器,张拉时压力传感器受压后就输出电信号,就可在配套的千斤顶上读出拉力数值。

在桥面和固定锚具之间加上索孔垫板和弹性材料,如图 11.25 所示。当缆索受力时将全部作用在弹性材料上,弹性材料发生形变,在弹性材料上安装应变片传感器即可测量出弹性形变,进而可以换算出索力大小。

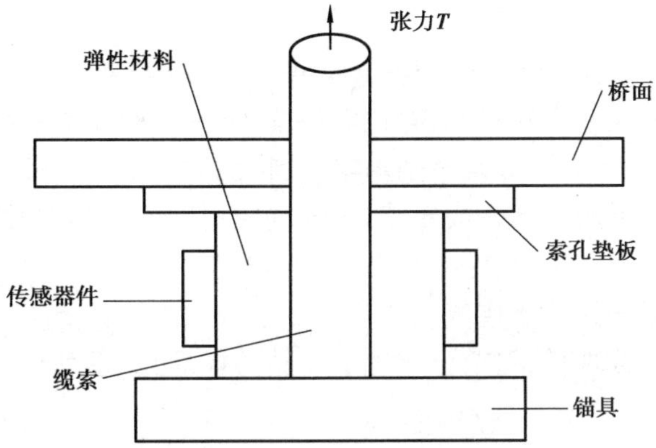

图 11.25 压力传感器测量法

压力传感器的缺点是传感器需要在施工时完成安装,而对已经建造好的桥梁不能使用压力传感器实现索力测量。

(1)仪具与材料技术要求

①压力传感器及数据采集仪:量程小于 1 000 kN,精度为 0.1 kN;量程大于 1 000 kN,精度为 1 kN;不同量程下精度均为量程的 1%。

②其他。

(2)方法与步骤

①索张拉时,千斤顶的张拉力通过连接杆传递到拉索锚具上,在连接杆上套一个穿心式压力传感器。张拉时,处在千斤顶张拉活塞和连接杆螺母之间的传感器,在受压后就输出电信号,在配套的二次仪表上读出千斤顶的张拉力。

②如需长期测试索力,也可以将穿心式压力传感器放在锚具和索孔垫板之间,进行长期监测。

(3)报告

报告应包含如下内容:

①索力值、外观病害照片;

②其他需要说明的事项,对于无法用文字表达清楚的内容,应附简图。

11.8 桥梁支座和伸缩装置检验

▶ 11.8.1 桥梁支座

桥梁支座设置在梁板式体系中主梁与墩台之间,其主要功能是将上部结构的各种荷载传递给墩台,并能适应上部结构的荷载、温度变化、混凝土收缩等各种因素所产生的变形(水平位移及转角),使上部结构的实际受力情况符合设计计算图式。

桥梁工程常用的支座有以下 5 种:

①油毛毡或平板支座(石棉板或铅板支座):一般用于低等级公路中标准跨径 10 m 以内的简支梁(板)桥。

②板式橡胶支座:一般用于中、小跨径(L_0 <40 m)梁(板)桥。

③盆式橡胶支座:常用于大跨径、大吨位的箱梁桥、斜拉桥和悬索桥。

④球型支座:常用于大跨径、大吨位的箱梁桥,特别适用于曲线桥、宽桥和坡道上斜桥。

⑤钢支座:适用于标准跨径大于或等于 25 m 的梁桥。现已基本被板式橡胶支座取代,目前多用于钢结构桥梁上。

此外,还有钢筋混凝土摆式支座等。

橡胶支座构造简单、成本低,目前已实现了产品的标准化、系列化。本节主要介绍板式橡胶支座的检测。

1)板式桥梁橡胶支座构造特性

板式桥梁橡胶支座通常由若干层橡胶片与以薄钢板为刚性加劲物组合而成,各层橡胶与上下钢板经加压硫化牢固地黏结成为一体。支座在竖向荷载作用下,具有足够的刚度,主要是由于嵌入橡胶片之间的钢板限制橡胶的侧向膨胀。在水平力作用下,支座的水平位移量取决于橡胶片的净厚度。在运营期间为防止嵌入钢板的锈蚀,支座的上下面及四边都有橡胶保护层。

2)板式桥梁橡胶支座的技术要求

《公路桥梁板式橡胶支座》(JT/T 4—2019)规定了桥梁板式橡胶支座标准系列规格,其设计参数、支座成品力学性能指标及质量要求应符合规定要求(表 11.14)。标准系列规格以外形式的支座应根据试验结果自行确定设计参数。

表 11.14　支座成品力学性能指标

项　目		指　标
极限抗压强度 R_0/MPa		≥70
实测抗压弹性模量 E_1/MPa		$E \pm E \times 20\%$
实测抗剪弹性模量 G_1/MPa		$G \pm G \times 15\%$
实测老化后抗剪弹性模量 G_2/MPa		$G_1 \pm G \times 15\%$
抗剪黏结性能($\tau = 2$ MPa 时)		无橡胶开裂和脱胶现象
实测转角正切值 $\tan\theta$	混凝土桥	≥1/300
	钢桥	≥1/500
实测滑板与不锈钢板表面摩擦系数 $\mu\pm$(加硅脂时)		≤0.03

3)板式橡胶支座检验方法

桥梁橡胶支座检验有型式检验、出厂检验和使用前检验 3 个质量控制环节。型式检验是指厂家在投产、胶料配方改变、工艺和结构形式改变及正常生产中质检部门或国家监督机构定期检测。出厂检验必须由厂家质量管理部门进行检验,确认合格后才可出厂,供货时必须附有产品质量合格证。而桥涵工程使用前抽检是指针对具体支座的设计要求,以行业标准为依据,进行常规性检验、支座成品解剖检验和外观、几何尺寸检验等。

抗压弹性模量、极限抗压强度试验数量为 3 块;抗剪弹性模量试验、抗剪黏结性、抗剪老化、四氟板与不锈钢板摩擦系数、容许转角的试样每两块组成 1 组,数量为 3 对。

(1)抗压弹性模量检验

试验方法为通过中心受压试验,得出橡胶支座的应力应变曲线,并据此求出支座的抗压弹性模量,实测出使用应力下支座的最大压缩量,并观察支座在受压情况下的工作状态。

$$E_1 = (\sigma_{10} - \sigma_4)/(\varepsilon_{10} - \varepsilon_4) \tag{11.49}$$

式中 E_1——试样实测的抗压弹性模量计算值,精确至 1 MPa;

σ_4、ε_4——4 MPa 级试验荷载下的压应力和累积压缩应变值;

σ_{10}、ε_{10}——10 MPa 级试验荷载下的压应力和累积压缩应变值。

(2)抗剪弹性模量检验

橡胶支座水平位移量的大小主要取决于橡胶片的净厚度,也就是说支座的剪切位移是靠橡胶层的变形产生的。橡胶支座双剪试验测抗剪弹性模量关系式如下:

$$G_1 = (\tau_{1.0} - \tau_{0.3})/(\gamma_{1.0} - \gamma_{0.3}) \tag{11.50}$$

式中 G_1——试样的实测抗剪弹性模量计算值,精确至 1%,MPa;

$\tau_{1.0}$、$\gamma_{1.0}$——1.0 MPa 级试验荷载下的剪应力和累计剪切应变值,MPa;

$\tau_{0.3}$、$\gamma_{0.3}$——0.3 MPa 级试验荷载下的剪应力和累计剪切应变值,MPa。

(3)抗剪黏结性能

整体支座抗剪黏结性能试验方法与抗剪弹性模量试验方法相同,将压应力以 0.03 ~ 0.04 MPa/s速率连续地增至平均压应力 σ,绘制应力-时间图,并在整个试验过程中保持不变。然后以 0.002 ~ 0.003 MPa/s 的速率连续施加水平力,当剪应力达到 2 MPa,持荷 5 min 后,水平力以连续均匀的速度连续卸载,在加、卸载过程中绘制应力-应变图。试验中随时观察试件受力状态及变化情况,水平力卸载后试样是否完好无损。

(4)抗剪老化试验

将试样置于老化箱内,在 70 ℃ ±2 ℃温度下经 72 h 后取出,将试样在标准温度 23 ℃ ± 5 ℃下,停放 48 h,再在标准试验室温度下进行剪切试验,试验与标准抗剪弹性模量试验方法步骤相同。老化后抗剪弹性模量 G_2 的计算方法与标准抗剪弹性模量计算方法相同。

(5)摩擦系数试验

将四氟滑板支座与不锈钢板试样按规定摆放,对准试验机承载板中心位置。将压应力以 0.03 ~ 0.04 MPa/s 的速率连续地增至平均压应力 σ,绘制应力-时间图;以 0.002 ~ 0.003 MPa/s的速率连续施加水平力,直至不锈钢板与四氟滑板试样接触面间发生滑动为止,记录此时的水平剪应力作为初始值。摩擦系数按下列公式计算:

$$\mu_f = \tau/\sigma \tag{11.51a}$$

$$\tau = H/A_0 \tag{11.51b}$$

$$\sigma = R/A_0 \tag{11.51c}$$

式中　μ_f——四氟滑板与不锈钢板表面的摩擦系数,精确至0.01;

T——接触面发生滑动时的平均剪应力,MPa;

δ——支座的平均压应力,MPa;

H——支座承受的最大水平力,kN;

R——支座最大承压力,kN;

A_0——支座有效承压面积,mm^2。

(6)转角检验

在外荷载作用下,支座在发生竖向压缩的同时,梁体的挠曲作用使支座产生转动。支座转动时,试样边缘产生压缩与回弹两个相反的变形。由转动产生的支座边缘的变形必须小于由垂直荷载和强制转动共同作用下的压缩变形。

(7)极限抗压强度试验

橡胶支座的极限抗压强度不小于70 MPa。以每分钟0.1 MPa/s的加载速度加到极限抗压强度为止,注意观察,支座完好无损的,其指标为合格。

(8)判定规则

试样的抗压弹性模量与规定值的偏差在±20%之内,认为满足要求。

试样的抗剪弹性模量与规定值的偏差在±15%之内,认为满足要求。

在双倍剪应力作用下,橡胶层未被剪坏,中间层钢板未断裂错位;卸载后,支座变形恢复正常,认为抗剪黏结性能满足要求。

试样老化后的抗剪弹性模量与规定值的偏差在±15%范围之内,认为满足要求。

在不小于70 MPa的压应力下,橡胶层未被挤坏,中间层钢板未断裂,四氟板与橡胶未发生剥离,则试样的极限抗压强度满足要求。

试样的摩擦系数符合相关规定(≤0.03),认为满足要求。

试样的容许转角正切值,混凝土、钢筋混凝土桥在1/300,钢桥在1/500时,试样边缘最小变形值大于或等于零时,认为试样容许转角满足要求。

随机抽取3块(或3对)试样中,有两块(对)不能满足要求时,则认为该批产品不合格。若有一块(对)试样不能满足要求时,则应从该批产品中随机再抽取双倍支座对不合格项目进行复检,若仍有一项不合格,则认为该批产品不合格。

▶ 11.8.2　桥梁橡胶伸缩装置检验

1)桥梁橡胶伸缩装置的作用及分类

桥梁橡胶伸缩装置的主要作用是满足桥梁上部结构变形的需要,并保证车辆通过桥面时平稳。桥梁橡胶伸缩装置按照伸缩体结构不同可划分为4类。

①纯橡胶式伸缩装置。伸缩体完全由橡胶组成的(包括异型钢梁高度不大于50 mm与密封橡胶带组成单缝)称为纯橡胶式伸缩装置,它适用于伸缩量不大于60 mm的公路桥梁工程。

②板式伸缩装置。伸缩体由橡胶、钢板或角钢硫化为一体的称为板式伸缩装置,它适用于伸缩量小于60 mm的公路桥梁工程。

③组合式伸缩装置。伸缩体由橡胶板和钢托板组合而成的称为组合式伸缩装置,它适用于伸缩量不大于120 mm的公路桥梁工程。

④模数式伸缩装置。伸缩体由异型钢梁与单元橡胶密封带组合而成的称为模数式伸缩装置,它适用于伸缩量为80~1 200 mm的公路桥梁工程。

2)桥梁橡胶伸缩装置技术要求

桥梁橡胶伸缩装置除使用的材料、工艺应符合我国的现行规范外,成品力学性能外观质量及解剖检验等应符合交通运输部颁布的现行标准。

①成品力学性能试验。伸缩装置成品力学性能试验应符合规范要求。

②成品尺寸偏差及外观质量检验。橡胶伸缩体的尺寸偏差应满足下列要求:

a.不论伸缩量大小,每延米长度偏差为-1.0~2.0 mm。

b.宽度、厚度偏差应满足规范要求。

c.在自然状态下,伸缩装置中使用的单元密封橡胶带尺寸(不包括锚固部分)的公差应满足规范要求。

d.橡胶伸缩体外观质量应满足规范要求。

③成品解剖检验。板式伸缩装置成品解剖检验,每200块或每批任取一块,将其沿垂直方向锯开,进行规定项目检验,检验结果应符合规范要求。

3)桥梁橡胶伸缩装置检验原则

①桥梁橡胶伸缩装置的检验,除投产鉴定、质量监督机构定期检测和出厂检验外,高等级公路桥梁大修或大中桥往往在施工阶段仍需进行逐个检查外观及几何尺寸,必要时还应进行成品力学性能检验。

②成品力学性能试验,原则上要求试验设备能对整体组装后的伸缩装置成品进行力学性能试验。如试验设备所限,可对纯橡胶式、板式和组合式伸缩装置截取1 m试样进行试验,而对模数式伸缩装置取样应不小于4 m,并具有4个单元的组装试样进行力学性能试验。

③成品力学性能试验应在专用的试验平台上完成,两边用定位螺栓或其他有效方法将伸缩装置试样与锚固板联结,然后使试验装置模拟拉伸、压缩与纵向、竖向、横向错位,实测拉、压过程中水平摩阻力、变位均匀性。

④对模数式伸缩装置试样按实际荷载测定中梁、横梁及其他重要构件应力、应变值。有条件时,应对试样进行震动冲击试验。

⑤对单组、多组模数式伸缩装置橡胶密封带,应进行防水试验。

⑥所有型式伸缩装置应做零部件安装、更换方便性试验。

⑦伸缩装置的平面、厚度等外形尺寸,应用标定的钢尺、游标卡尺、平整度仪、水准仪测量。每延米纯橡胶式、板式、组合式伸缩装置试样平面尺寸除测量四边长度外,还应测量对角线尺寸。测量厚度时应在四边测量8点,取其平均值,其偏差应满足相应的标准规定。模数式伸缩装置偏差除应满足相应的标准规定外,还应每2 m长度内取一点,并取其各点的平均值。

4)判定规则

①成品力学性能试验应满足规定要求。

②几何尺寸及外观应满足规定要求。

③解剖检验应满足规定要求。

④黏结剂、聚四氟乙烯材、硅脂应满足相关规定。

⑤使用钢板、型钢、异型钢材、螺栓等钢件和不锈钢板应满足有关材料的技术要求。

⑥检验不合格时,应再取双倍试样对不合格项目进行复试,复试后仍有项目不合格,则该批产品为不合格,不合格产品不得使用。

思考练习题

11.1　桥梁材质状况检测主要包括哪些内容?

11.2　钻芯取样法检验混凝土强度的适用范围是什么?怎样用劈裂强度试验方法对混凝土进行测试?

11.3　回弹法测试混凝土强度的原则和技术要点是什么?

11.4　简述用回弹法检测混凝土构件强度的步骤。

11.5　对于回弹法的测强曲线,常用的基准曲线分为哪几种类型?适用条件是什么?

11.6　简述测量碳化深度方法。

11.7　计算测区平均值回弹值的公式是什么?哪些情况下应进行修正?

11.8　回弹法混凝土强度推算的方法和原则是什么?

11.9　超声回弹综合法测混凝土的强度较回弹法有何优点?建立超声回弹基准曲线的试块应注意些什么问题?

11.10　10 片钢筋混凝土空心板(跨径 10 m)各进行了一组混凝土试件抗压试验(表 11.15),试评定该批空心板混凝土强度等级是否合格?(设计强度为 30 MPa,试块尺寸为 100 mm 立方体)

表 11.15　习题 11.10 表

测　区	1	2	3	4	5	6	7	8	9	10
测值/MPa	38.0	32.3	30.2	29.2	30.5	32.6	34.2	34.1	34.3	30.7
	36.7	35.0	34.0	31.1	33.4	34.2	33.8	35.5	32.8	34.0
	33.3	41.2	41.0	30.9	32.8	35.8	34.6	36.1	36.7	38.3

11.11　某构件采用钻芯取样法评定混凝土强度,共钻取了 3 个芯样。芯样直径均为 50.00 mm;1#芯样的长度为 55.00 mm,测得其破坏荷载为 50.48 kN;2#芯样的长度为 52.50 mm,测得其破坏荷载为 42.58 kN;3#芯样长度为 90.0 mm,测得其破坏荷载为 42.58 kN。试由此评定该构件混凝土强度。

11.12　某桥制取混凝土试样共 20 组(设计强度为 30 MPa),其中测试强度为 30 MPa 的 6 组,32 MPa 的 4 组,38 MPa 的 4 组,40 MPa 的 6 组。试评定该桥混凝土强度是否满足要求?

11.13　一钢筋混凝土空心板,各测区回弹平均值和碳化深度列于表 11.16 中(检测面为侧面),试由此评定混凝土强度。

表 11.16 习题 11.13 表

测 区	1	2	3	4	5	6	7	8	9	10
回弹平均值	46	45	46	43	42	44	42	44	47	46
碳化深度/m	3.0	2.0	3.0	3.0	4.0	3.0	3.0	3.0	2.0	2.0

11.14 简述用超声法检测浅裂缝时的原理和条件要求。

11.15 简述超声波检测缺陷的基本依据。

11.16 某构件某测区各测点声速值按大小排列为:4.51、4.50、4.50、4.49、4.48、4.46、4.45、4.44、4.44、4.43、4.41、4.40、4.39、4.37、4.05、4.00、3.95、390。试评判出异常测值。

11.17 钢结构质量检测的主要内容有哪些?

11.18 钢结构超声波探伤的原理是什么？主要的探伤方法有哪些?

11.19 某一钢筋试件直径 $d=20$ mm,标距长度为 200 mm。在进行拉伸试验时,屈服荷载为 75 360 N,破坏荷载为 125 600 N,拉断后试件标距长度为 252 mm,试计算该试件的屈服强度抗拉强度和伸长率。

11.20 预应力钢绞线的力学性能检测有哪些内容?

11.21 对钢绞线进行预应力张拉,先张法直线布筋,张拉长度为 20 m,张拉控制应力为 1 090 MPa,预应力钢绞线截面积为 973 mm^2,$E_y=1.9\times105$ MPa。张拉到控制应力时,实测伸长值为 10.20 cm。试计算理论伸长值,并评价是否符合要求。

12 桥梁表观状态检测

表观检测包括桥梁整体与局部构造几何尺寸的量测、结构病害的检查与量测等,表观检测的项目和要求对不同的桥型有不同的侧重点。表观检测要达到可以定量反映桥梁结构状况,依据相关规范评定桥梁技术等级的要求。表观检测是桥梁检查的重点内容之一,尤其当结构形态明显变化、表面存在裂缝以及裂缝露筋时,将对桥梁的安全使用造成极大的威胁。

表观检测旨在通过借助专业的检测仪器,对结构进行基本状况的直观检查。同时,它也是在桥梁结构状态检测时判断是否存在缺陷的重要手段。该方法依据工程技术人员通过外业检测,根据自身经验及相关公路技术标准、规范等对结构进行全面检测,并通过外业记录表格或图片对检测过程中发现的结构劣化或损害部位进行排查,排查的结果根据公路技术标准及规范规定进行评估,最后可依据损伤情况计算各构件的得分得出结构的整体评估分数。表观检测法因具有简捷、直观的评定方式,而被较为广泛地运用于目前结构检测领域,对全面排查结构的基本性能和运营状况有较大的帮助,对桥梁普查分级也能较好地适用。因此,表观检测作为结构检测的一种常用方法,可较为方便地运用于工程实践当中。

12.1 结构尺寸与几何形态检测

12.1.1 概述

桥梁结构尺寸与几何形态检测主要包括桥梁总体尺寸、构件与断面尺寸、梁式桥跨中挠度、拱式桥主拱圈变形及拱角位移、悬索桥主缆线型及锚碇沉降与水平位移、主塔倾斜变形、高墩垂直度检测等项目。相应的检测方法为采用钢卷尺、测距仪、水准仪等进行测量,测量程序及方法可参考《工程测量规范》(GB 50026—2007)。

1)桥梁总体、构件与断面尺寸

①桥梁长度、跨径可在桥面上按桥跨结构中心线和行车道上、下游边缘线3条线进行测量。

②桥梁宽度可沿桥纵向分断面采用钢尺进行量测,量测断面每跨不宜少于3个。

③构件长度与截面尺寸可采用钢尺进行测量,对桥跨结构,跨径小于40 m的桥梁两侧断面单跨不得少于5个,跨径大于或等于40 m的桥梁量测断面单跨不得少于9个断面。对桥梁墩台、主塔等下部主要承重构件,量测断面不得少于3个。截面突变处应布设测量断面。

④桥梁底板、腹板厚度等,可通过通风孔等预留孔道通过钢尺进行测量。对于难以测量和判断的,可采用冲击回波法检测。

2)梁式桥跨中挠度与线形

①对于定期检查或在超载重车造成损伤后,应进行梁体线形的检查,以及支座是否沉降导致竖曲线变化。

②可在桥上建立永久性水准点,使用精密水准仪或全站仪检测墩台顶、梁体支座顶以及跨中选定的固定测点的高程,检测完成后应整理并画出桥梁线形。

③桥梁跨中挠度、线形应在每季度平均最高气温和最低气温时进行检测。

④桥梁跨中挠度、线形检测的连续观测应确保水准点不遭受破坏,保证水准点的长期稳定性。

⑤桥梁跨中挠度、线形检测时,原则上应在封闭交通的情况下进行。确因交通压力无法进行封闭的,应选择在交通流量小、干扰小的时段或夜间进行。

⑥桥梁跨中挠度、线形检测时,应提前关注桥梁环境温度,宜在温度变化较小的时间段进行,且测量时间要尽可能地短。

⑦在保证测量数据稳定、准确、精度满足要求的前提下,鼓励采用新型且受环境、人为等影响较小的智能化传感器的实时测量工作。

3)拱式桥主拱圈变形及拱角位移

①对于结构复杂的拱桥,应对其主拱圈变位、拱脚位移、桥面线形等进行检测。

②应在拱桥墩台处、主拱圈关键截面、拱座处设置固定观测点,且固定观测点设置应牢固可靠,应按永久性测量标志设定。

③对主拱圈变位、拱脚位移、桥面线形进行检测前,应建立可靠的桥梁检测基准,包括高程基准和平面位移基准,以确保连续观测时基准点的稳定性和准确性,并定期对基准点进行检测校准。

④主拱圈变位、拱脚位移、桥面线形等检测应选择在夜间至凌晨桥面车辆少的时间段内进行。桥墩沉陷、倾斜、桥面线形等观测点的高程测定均应闭合在已知高程的基准点上。

⑤对于拱肋的检测,应进行连续跟踪观测,观测时间间隔视车流量的大小而定,白天的时间间隔不宜过长,夜间可适当长点。

⑥现场线形及变形测试内容包括主缆和加劲梁竖曲线及主塔塔顶变位。

4)悬索桥主缆线形及锚碇沉降与水平位移

①现场线形及变形测试内容包括主缆和加劲梁竖曲线及主塔塔顶变位。

②主缆线形测量时，悬索桥上应无活荷载、无风荷载，且宜在温度变化不大的时间内进行，还应考虑温度修正。

5）主塔倾斜变形

①墩、台顶的水平变位或塔顶水平变位，一般采用悬挂垂球方法、极坐标或其他可靠方法进行测量。

②主塔塔顶的变位观测，可利用大桥施工时的高程控制网，用全站仪按三角高程或极坐标观测法做四测回观测，并将观测数据与竣工观测数据比较。

6）高墩垂直度检测

①高墩垂直度检测，应根据桥梁现场情况，采用全站仪或者激光垂准仪和全站仪相结合的方法进行。

②高墩垂直度检测控制网的布设按照测量规范要求进行，应符合垂直度质量控制标准的要求。

③高墩垂直度检测方法的选取，应根据桥梁的具体情况确定。施工过程中的检测和运营期桥梁的检测，应根据桥梁地形和通视条件以及桥墩的构造特点进行方法的选取与测点的布置。

7）在役桥梁基础的变位检测

①存在以下情况的基础，必须进行变位检测定：相邻墩台顶部高差超过规范要求的桩基础；基础周边周土体存在开挖深度大于 2 m 或高度大于 3 m 的堆填现象的基础。

②冲刷深度超过设计值时的基础，有条件时应进行变位检测。

③根据桩基础桩位和桩顶高程测定结果，结合工程建设、养护等资料，确定桩基础的竖向和水平向变位。

▶ 12.1.2 桥跨结构纵向线形测量方法

1）仪具与材料技术要求

①水准仪及塔尺：精度应符合相关等级水准测量规范要求，宜选用电子水准仪和条码塔尺。

②全站仪及棱镜：精度应符合相关等级水准测量规范要求。

③钢卷尺：精度应符合相关等级水准测量规范要求。

④其他：钢钉、红油漆、记号笔等。

2）方法与步骤

（1）永久性水准点或相对基准点设置

①进行桥跨结构纵向线形测量时，应设置永久性水准点。当永久性水准点与国家大地测量网联络有困难时，可设置相对基准点建立独立的基准测量系统。大桥及特大桥应在桥梁两侧至少各设置 2 个永久性水准点或相对基准点，中桥在桥梁两侧至少各设置 1 个永久性水准点或相对基准点，小桥至少设置 1 个永久性水准点或相对基准点。

②如仅需观测或长期监测桥跨结构纵向线形的变化情况，可直接设置相对基准点。

③永久性水准点或相对基准点宜设置在桥梁两侧桥台附近，且应选择在土质坚实、观测方便、利于长期保存的地方。

④永久性水准点或相对基准点标石类型，应按表12.1选用。

表12.1　标石的类型及适用地区

序　号	标石类型	适用地区
1	混凝土普通水准标石	土层不冻或冻土深度小于0.8 m的地区
2	岩层普通水准标石	岩层出露或埋入地面不深于1.5 m处
3	混凝土柱普通水准标石	冻土深度大于0.8 m的地区
4	钢管普通水准标石	

⑤永久性水准点或相对基准点标石埋设应注意以下几点：

a.标石柱体可先行预制，底盘应在现场浇灌。

b.标石顶面的水准标志，采用加接铁质根络的铜或不锈钢半球顶的标志，也可采用玻璃钢或石质标志。

c.标志埋设后，应现场记录所有测绘点的详图。

(2)线形观测点的设置

线形观测点分为永久观测点和临时观测点两种。按单幅桥跨结构布设观测点，当进行线形长期监测或按公路桥涵养护规范进行控制检测时，应设置永久观测点；当进行临时性测量时，可设置临时观测点。

①永久观测点设置：宜采用ϕ20 mm的不锈钢棒，长度不小110 mm，埋置在固定测点上，钢棒露出外面部分需要磨圆处理，如图12.1所示。

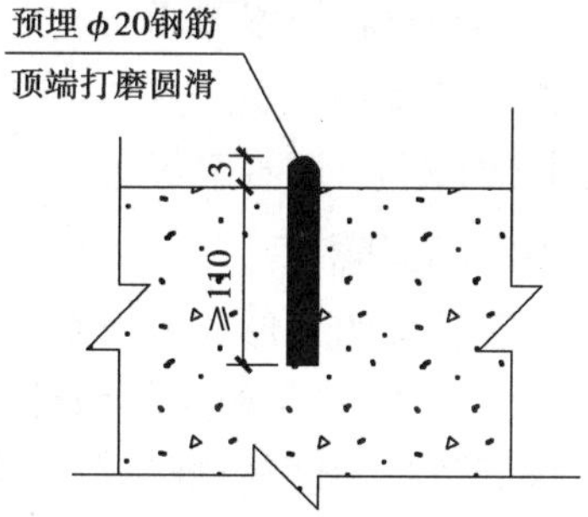

图12.1　永久观测点示意图(单位:mm)

②临时观测点设置：一次性观测点，可采用红色油漆或者油性记号笔做临时标记。

(3)现场准备工作

①以道路前进方向为正方向，利用钢尺在桥面上找出桥台、桥墩的具体位置，用红油漆或油性记号笔做上标记，依据设计资料对墩(台)进行编号。

②梁跨结构纵向线形测量，宜沿桥纵向分断面布设测点，横向(按单幅桥跨结构)分桥跨轴线和车道上下游边缘线3条线。

③观测点宜布置在桥跨或桥面结构的跨径等分点截面上。单孔跨径小于40m的孔跨，纵向布置宜在每跨桥梁的支点和4分点处；单孔跨径大于或等于40 m且小于100 m的孔跨，纵向布置宜在每跨桥梁的支点和8分点处，根据需要可适当加密；单孔跨径大于或等于100 m的孔跨，纵向布置宜在每跨桥梁的支点和16分点处，根据需要可适当加密。横向布置宜设置在距两侧路缘石5～10 cm处和桥跨中心线处。

(4)现场测量

①按表12.2选择水准测量等级,相关测量规范进行闭合水准测量。

表12.2 水准测量等级

多跨桥梁总长/m	单跨桥梁跨径/m	其他构造物	测量等级
$L\geqslant3\ 000$	$L_K\geqslant500$	—	二等
$1\ 000\leqslant L<3\ 000$	$150\leqslant L_K<500$	—	三等
$L<1\ 000$	$L_K<150$	高架桥	四等

②宜在桥梁封闭的状态下进行线形测量。

(5)报告

报告应包含如下内容:

①永久性水准点或相对基准点位置图及高程;

②线形观测点布置图,并标注实测高程;

③水准测量等级、各测点高程列表及闭合差。

▶ 12.1.3 主要结构尺寸测量方法

1)仪具与材料技术要求

①钢卷尺:精度1 mm。

②其他:粉笔、记号笔等。

2)方法与步骤

①对于桥梁的矩形或方形构件,测量其结构尺寸时,钢卷尺应沿测试方向,且应垂直于另一方向的中心线;对于桥梁的墩柱等圆形构件的直径测量,可沿构件圆周方向进行周长测量,根据周长进行直径推算;现场测量时,应保持钢卷尺与被测构件表面完全紧密贴合。测量读数均以m为单位,精确至0.001 m。

②测量桥梁混凝土构件尺寸时,同一个构件的同一个检测项目应选择不同部位重复测试3次,取其平均值作为该构件的测试结果。当最大值与最小值的差大于0.01 m时,宜对该构件测试结果做详尽说明。

③进行混凝土构件截面尺寸测量时,应选取有代表性的截面进行测量:

a.当构件截面尺寸相同时,应在构件的中部和两端选取3个截面量取尺寸,取平均值;

b.当构件截面尺寸不同时,应选取构件截面突变的位置以及构件最小、最大截面处量取尺寸。在检测结果中应给出构件截面变化情况,必要时可用简图描述。

3)报告

报告应包含如下内容:

①测量位置示意图(可附照片);

②实测值、设计值及偏差值汇总表,用"+、-"号标明正负偏差,低于设计值为负、高于设计值为正;

③计算偏差值的平均值、标准差及变异系数。

12.2　混凝土结构表观缺陷检测

公路桥梁混凝土结构表观缺陷类型主要包括混凝土蜂窝、麻面、剥落、掉角、空洞、孔洞、露筋、施工接缝质量缺陷、错台等。

▶ 12.2.1　混凝土表观结构缺陷检测:常见缺陷

对混凝土结构蜂窝与麻面、剥落与掉角、空洞与孔洞类、露筋、钢筋锈胀类表观缺陷的现场检测,可按下列方法检测和记录:

①用钢尺、卷尺或激光测距仪量测此类缺陷的位置和范围,精确到0.01 m。

②根据现场条件,为清晰醒目反映病害,必要时可以用记号笔圈画出病害范围,并标示出缺陷的面积(0.01 m^2)、空洞直径与深度、露筋长度等参数,精确到0.01 m,常见表观缺陷标记与记录的参数如表12.3所列。

表12.3　常见缺陷现场标记和记录参数

序　号	蜂窝、麻面	剥落、掉角	空洞、孔洞	露筋、钢筋锈胀
1	面积 S	面积 S	面积 S	面积 S
2	—	深度 H	深度 H	长度 L
3	精度0.01 m^2	精度0.01 m	精度0.01 m	精度0.01 m

③若病害需要拍照记录,照片应包含反映病害实际尺寸的对比参照物,且照片反映的病害特征宜与桥梁结构的关键构件和位置建立对应关系。如果一张照片反映不清楚,宜拍摄2张或多张照片,来反映病害的局部特征以及位置参照情况。

④新技术在满足通过技术鉴定,并与成熟的方法进行对比试验,具有相应的检测实施细则等规定保证该技术方法的可靠性和准确性的前提下,可以采用智能化、信息化新技术设备,对混凝土表观缺陷的数据采集通过人工识别与智能记录相结合的方式实现。

⑤对于经常检查,可按照《公路桥涵养护规范》(GTG H11—2004)规定的"桥梁经常检查记录表"进行记录。

⑥对于定期检查,利用混凝土结构表观缺陷记录表进行现场记录。要对缺陷所处的结构部位、构件名称与编号、病害类型、病害的准确位置、病害特征、病害的严重程度(定性评定标度)进行描述。

▶ 12.2.2　混凝土表观结构缺陷检测:其他问题

对公路桥梁混凝土结构渗水、泛碱、杂物填充、杂物堆积、积水等其他缺陷的现场检测,可按下列方法检测和记录:

①要对缺陷所处的位置、病害类型、病害特征、病害对结构的影响程度等进行描述。

②根据现场条件,对渗水、泛碱缺陷面积,以及杂物填充、杂物堆积的体积、积水面积及深

度等必要的参数进行记录。

③若病害需要拍照记录，照片应包含反映病害实际尺寸的对比参照物，且照片反映的病害特征宜与桥梁结构的关键构件和位置建立对应关系。如果一张照片反映不清楚，宜拍摄2张或多张照片，来反映病害的局部特征以及位置参照情况。

④对于定期检查，需要利用混凝土结构表观缺陷记录表。

对悬臂浇筑混凝土桥梁的节段接缝质量缺陷，可按下列方法检测和记录：

①对箱梁节段接缝处混凝土，通过锤击根据声音判断混凝土浇筑质量，并用手锤剔凿掉节段接缝处松散混凝土。

②可用直尺测量节段接缝处错台高度。

③若病害需要拍照记录，照片应包含反映病害实际尺寸的对比参照物，且照片反映的病害特征宜与桥梁结构的关键构件和位置建立对应关系。如果一张照片反映不清楚，宜拍摄2张或多张照片，来反映病害的局部特征以及位置参照情况。

④利用混凝土结构表观缺陷记录表进行现场记录。

对于在役桥梁基础的表观缺陷检测，应符合下列规定：

①应检查桩身混凝土是否存在剥落露筋、钢筋锈蚀、破碎、开裂、冻融、冲蚀等病害。

②对于水位变化水域中的桥梁桩基础，由于桩基顶面容易受到冲蚀，对桩基础和承台结合处的桩头部位应进行重点检测。

③位于水中的基础，还应检查基础冲刷深度、基底掏空范围，以及河底铺砌是否有冲刷、掏空或损坏。当桩基础有冲刷、掏空、冲蚀时，应记录基础冲空面积和累计冲蚀面积及占构件面积的比例。

④桥梁桩基础表观缺陷检测可采用人工目视检测和水下检测成像技术。

▶ 12.2.3 表观缺陷检查现场分析与结果处理

公路桥梁混凝土结构现场检测记录内容应包含病害所在的构件编号、病害在构件上的相对位置、病害特征描述、病害照片及备注信息。对于定期检查，还应给记录病害标度。病害的特征描述记录，应能反映病害的数量、病害的大小，记录的参数应齐全。

检测人员需根据桥梁设计资料、施工资料、以往检测养护维修资料、桥梁结构特点及环境特点，利用自己的知识和经验，对结构普遍性病害、施工质量问题、外力破坏或者结构耐久性损伤等缺陷产生的原因在现场进行综合分析与判断。对于定期检查，宜现场给出病害的标度。

12.3 混凝土结构裂缝检测

▶ 12.3.1 混凝土结构裂缝

桥梁的混凝土结构裂缝，可分为受力裂缝和非受力裂缝。

受力裂缝是由于结构承受荷载产生的裂缝，典型的受力裂缝可分为受弯区的弯曲裂缝、受剪区的剪切裂缝、剪扭构件的剪扭裂缝。

非受力裂缝是指由于混凝土材料的收缩变形、温度变化以及混凝土内钢筋锈蚀等原因引起的裂缝，典型的非受力裂缝包括结构表面收缩裂缝、沿预应力钢筋管道的纵向裂缝、普通钢筋的锈胀裂缝。

公路桥梁混凝土结构裂缝现场检测，应根据裂缝分布特点、形态和发展变化状态区分受力裂缝和非受力裂缝，受力裂缝是检测的重点。

不同类型桥梁结构裂缝的重点检查部位和主要裂缝特征如表12.4所示。

表12.4 各类桥型的混凝土结构裂缝重点检测部位

桥梁形式	重点检测部位	裂缝特征
预制装配式梁桥	跨中附近	梁板底面横向裂缝，或延伸至侧面
	梁端靠近支座	自支座侧向跨中斜向上开展，与水平方向呈30°~60°
	柱式墩台的盖梁	盖梁墩顶竖向裂缝，上宽下窄；靠桥墩斜向上发展斜向裂缝，与水平呈30°~60°
	柱式桥墩、桥墩与墩帽连接处、墩底	环向裂缝、竖向裂缝
连续梁桥	跨中截面及其附近	底面横向裂缝、腹板竖向裂缝
	反弯点处（一般约为跨径1/5处）及其附近	顶面横向裂缝、腹板斜裂缝
	桥墩处梁上部及其附近	局部承压裂缝、腹板斜裂缝、沿预应力管道的纵向裂缝
连续刚构桥	墩梁固结区段的梁顶板和腹板	腹板斜裂缝和竖向裂缝、顶板横向裂缝
	跨中截面及其附近	底面横向裂缝、腹板竖向裂缝
	反弯点及其附近	顶面横向裂缝、腹板斜裂缝
拱桥	主拱圈的拱板或拱肋	拱板、拱肋底面横向裂缝，拱肋横梁裂缝
	拱上立柱（或立墙）上下端	立柱下端裂缝、立柱竖向开裂
	桁架拱桥的拱脚节点、桁架节点、桁架受拉腹杆、桁架拼装段	拱脚与台帽连接处开裂、拱脚处下弦杆及侧面环向开裂
	刚架拱桥的拱脚、横梁	拱脚上缘及侧面环向开裂、横梁与刚架连接处开裂
斜拉桥	索塔	主塔竖向裂缝、塔-梁部位局部裂缝
	拉索锚固区	局部裂缝
悬索桥	索塔	主塔竖向裂缝
	锚室	局部裂缝

公路桥梁结构混凝土结构裂缝现场检测,一般情况应对全桥范围内存在裂缝的构件进行全数检测。当不具备全数检测条件或较多构件存在裂缝时,现场对裂缝全数检测存在困难,可以选择结构的重要部位或重要、特殊的构件进行重点检测。

▶ 12.3.2 混凝土结构裂缝检测

1)准备工作

①熟悉结构历年检测报告,对裂缝分布和开展情况进行整理记录,以便和现场情况进行对照,确认需要重点连续观察的重点结构受力裂缝。

②检测时对裂缝类型进行现场判断,对受力裂缝和典型的非受力裂缝进行统一编号。非新发现的此类裂缝应沿用以往的裂缝编号,对裂缝参数(长度、宽度和深度)进行检测。

③对于发展较快且对结构受力有重要影响的裂缝,应对裂缝进行连续观测(观测周期一般可为3~6个月),重点检测裂缝参数的变化情况,测量方法和记录方式应保持一致。

2)检测步骤

①结合不同类型桥梁结构裂缝的重点检查部位,目测观察裂缝分布情况,记录裂缝病害情况,对桥梁结构存在的裂缝进行全面检测。

②在观测过程中结合以往检测资料,对以往已出现的重要裂缝进行重点检测,包括分析裂缝发展变化情况。

③检测时对裂缝类型进行现场判断,对于一般裂缝可以采用裂缝比对卡、裂缝显微镜进行观测并记录;对于重要的裂缝,应采用裂缝测宽仪对最大裂缝宽度进行检测,裂缝宽度的测量精度为0.01 mm。

④重要裂缝宜用记号笔在构件表面标记:裂缝走向、起止位置、长度、宽度和测量位置、检测日期。如采用文字叙述相对位置记录,可参照表12.5桥梁表观缺陷记录表进行记录。如采用相对坐标记录方法,则可采用表12.6桥梁结混凝土裂缝病害专用记录表进行记录。

⑤对于裂缝数量较少的构件,裂缝现场记录时应逐条记录。对于分布规律相同,数量较多且分布较密的构件上的裂缝,除按步骤④要求记录外,还应记录裂缝的总条数、裂缝间距范围或平均间距、裂缝的长度范围、裂缝的宽度范围等。

⑥对于分布区域较大的裂缝,宜通过绘制裂缝分布图来进行记录。

⑦为了描绘裂缝与构件的对应关系并说明裂缝产生原因等,可采用绘制示意图的方式进行裂缝描述。

⑧对病害拍照记录,照片应包含反映病害实际尺寸的对比参照物,且照片反映的病害特征宜与桥梁结构的关键构件和位置建立对应关系。如果一张照片反映不清楚,宜拍摄2张或多张照片来反映病害的局部特征以及位置参照情况。

⑨可采用CAD技术或者其他新技术创建构件信息平面展开模型,创建构件信息模型,然后对已经按照规定格式记录的裂缝,通过一定的技术手段,在已创建的构件信息平面模型中自动布置,形成供展示的桥梁裂缝分布图。

表 12.5 桥梁表观缺陷检查记录表

路线编号			路线名称		检测单位			上次检查时间		
桥梁名称			桥梁编号		管养单位			建成年限		
结构类型			桥位桩号		桥梁全长/m			检查时间		
序号	结构部位	结构编号	构件名称	构件编号	病害类型	病害位置	病害特征	定性标度	照片编号	备注

检测： 审核： 桥梁检测工程师：

表 12.6 桥梁结构混凝土裂缝检查专用记录表

路线编号			路线名称		检测单位		上次检查时间						
桥梁名称			桥梁编号		管养单位		建成年限						
结构类型			桥位桩号		桥梁全长/m		检查时间						
序号	结构部位	结构编号	构件名称	构件编号	裂缝类型	病害位置	起始坐标	终止坐标	长度/m	宽度/mm	定性标度	照片编号	备注

检测： 审核： 桥梁检测工程师：

12.4 钢结构表观缺陷检测

公路桥梁钢结构结构表观缺陷类型主要包括涂层裂化、锈蚀、焊缝裂纹、铆钉和螺栓松动或脱落，是《公路桥梁技术状况评定标准》(JTG/T H21—2011)中重要的评定指标。钢结构桥梁重点检测部位如表 12.7 所示。

表 12.7 钢结构桥梁的重点检测部位

桥　型	重点部位
钢箱梁	重车道作用下的 U 肋与盖板的角焊缝，横隔板与 U 肋的 T 形焊缝，顶板与底板的对接焊缝，U 肋对接的嵌补段裂缝
钢桁梁	工字形连接节点焊缝，箱形连接节点焊缝，节点板螺栓或铆钉
钢板(箱)拱	钢管拱、钢箱拱对接焊缝，部分熔透角焊缝，拱上立柱焊缝

▶ 12.4.1 钢结构涂层裂化检测

良好的涂层防护是钢结构保证设计寿命的有效措施，对钢桥进行涂层状况检查尤其重要。钢桥结构涂层的缺陷与病害问题一般分为以下两种情况：环境因素造成涂层本身劣化；涂层下面钢材本身出现病害而反映到涂层中。

钢结构涂层劣化类型包括涂层表面变色、粉化、起泡、裂纹、剥落和生锈等，可按下列方法检测和记录：

①检测前，查阅设计资料和以往检测报告等，明确涂层配套体系和涂层设计参数以及重点检测部位。

②现场检测主要通过目测观察判断涂层劣化范围、程度和类型。

③利用直尺或激光测距仪，测量劣化位置和劣化面积，精确到 cm，参照表观缺陷记录表(表 12.5)进行现场记录；在结构表面用记号笔圈画出病害范围，并标示出缺陷面积等参数。

④按照规范要求对病害进行拍照记录。

⑤根据检测要求，如需检测涂层剩余厚度，首先用细砂纸磨掉劣化的涂层表层，再用涂层测厚仪检测涂层厚度，磁性、超声、涡流涂层测厚仪均可使用，但其最小分辨率不应大于 2 μm。

▶ 12.4.2 钢结构锈蚀检测

钢材的锈蚀是造成钢桥使用寿命折减的重要因素，钢材的锈蚀检查主要通过目测的方法进行，并借助钢尺或激光测距仪等简单工具，测量钢材锈蚀面积。对于锈蚀严重区域，还应测量锈蚀深度。

钢结构锈蚀的现场检测，可按下列方法检测和记录：

①查阅设计资料和以往检测报告等，确定钢结构设计参数和重点检测部位。

②现场检测主要通过目测观察判断钢结构锈蚀的范围。

③利用直尺或激光测距仪,测量锈蚀位置和劣化面积,精确到 cm,参照表观缺陷记录表(表 12.5)进行现场记录;在结构表面用记号笔圈画出锈蚀范围和锈蚀面积等。

④锈蚀严重的情况下,需采用超声测厚仪按下列步骤量测钢板厚度的削弱程度:

a. 结构表面锈蚀处打磨至露出金属光泽;

b. 预设声速,用标准试块校准,经校准后进行测试;

c. 涂耦合剂,测量将探头转过 90°后做二次测量,取两次的平均值作为代表值,精度为 0.1 mm;

d. 对于腹腔封闭的钢箱梁,应用温湿度仪检测箱内温湿度,如有环境湿度调节装置还应检查其是否正常运转。

⑤按照规范要求对病害进行拍照记录

▶ 12.4.3　钢结构焊缝裂纹检测

钢结构焊缝裂纹的现场检测,可按下列方法检测:

①结合重点检查部位,接近构件表面目测检查。

②结合以往检测资料,对已出现的重要裂纹,重点检测裂纹发展情况。

③裂缝处漆膜如有明显痕迹或流锈,应洗除漆膜并辅以 2 ~ 6 倍的放大镜进行检查。肉眼判定困难情况下,可借助渗透检测方法或磁粉检测方法进行无损检测。磁粉检测可以近表面裂纹和表面开口裂纹,渗透检测只能检测表面开口裂纹,但操作简单。

④疑为裂纹处,用超声波探伤仪进行无损检查。

⑤检测时对裂纹类型进行现场判断,对重要裂缝进行统一编号。对结构安全有重大影响的裂纹应采用 TOFD 或超声相控阵的技术手段对裂缝深度进行定量检测,并用记号笔在构件表面标记裂缝走向、起止位置、长度、检测日期。

⑥按照规范要求对病害及现场测试情况进行拍照记录。

▶ 12.4.4　钢结构铆钉和螺栓检测

钢结构铆钉和螺栓的现场检测,可按下列方法检测和记录:

①查阅设计资料或以往检测报告等,确定重点检测部位。

②现场检测时,首先贴近观察螺栓和铆钉是否有脱落、漆膜开裂现象,多为松动。

③进一步可采用锤击的方法检测锚栓和铆钉的断裂和松动。用锤击的方法检查螺栓或铆钉是否松动时,用手指紧按住螺母或铜钉头的一侧,尽量靠近垫圈或母材,用质量为 0.3 ~ 0.5 kg 的小键敲击螺母或铆钉头相对的另一侧,如手指感到颤动较大时,说明是松动的。

④记录脱落、断裂和松动的数量和位置,并用记号笔进行标记记录。

⑤按照规范要求对病害进行拍照记录。

12.5　缆索结构表观缺陷检测

公路桥梁缆索结构表观缺陷检测项目主要包括拉吊索护套、锚具、锚头、索鞍、锚碇等,其中斜拉桥拉索锚固区钢构件(钢锚箱、锚拉板等)、索夹螺栓的检测,以及悬索桥索夹、索鞍和索股锚杆的表观缺陷检测参照钢结构表观缺陷检测方法。

拉、吊索承载力下降的主要原因是防护体系破坏,致使水分进入其内部,导致拉、吊索钢丝锈蚀(表12.8)。拉、吊索护套的外观检测,通过目测或望远镜进行初步检查,护套损伤处需借助吊篮或支架进行人工靠近检查。对远离桥面的难于接近检测的拉、吊索,可采用拉索自动检测装置等辅助设备进行检测。

表12.8　表观缺陷现场检测项目与主要表观缺陷类型(缆索结构)

序　号	检测项目	主要表观缺陷
1	拉(吊)索护套	裂缝、鼓包、破损、老化变质
2	拉(吊)索钢丝	涂层劣化、破损、锈蚀及断丝
3	锚具	渗水、锈蚀,有锈水流出
4	锚头	锈蚀、开裂,墩头或夹片异常,锚头螺母位置异常
5	拉索钢护筒	钢护筒是否脱漆、锈蚀,钢护筒内有无积水,钢护筒与拉索密封是否可靠,橡胶圈是否老化或严重磨损,橡胶圈固定装置有无损坏,阻尼器有无异常变形、松动、漏油、螺栓缺失、结构脱漆、锈蚀、裂缝
6	主缆涂装	老化、裂缝、脱落、刮伤、磨损
7	缠丝	是否渗水,缠丝有无损伤、锈蚀
8	索夹	螺栓有无缺失、损伤、松动,索夹面漆起皮脱落,裂缝及锈蚀,密封填料损坏
9	主索鞍、散索鞍	上座板与下座板相对位移、卡死、辊轴歪斜,鞍座螺杆、锚栓松动,主缆和索鞍相对滑移
10	锚碇	裂缝、空洞、沉降、水平位移、渗漏水,积水,温湿度不符合要求,除湿设备运行异常
11	索股锚杆	涂层劣化、锈蚀、裂纹

拉、吊索上、下锚头均应进行靠近目测检查。封锚混凝土破损、开裂、渗水的混凝土锚头,需凿开封锚混凝土检查。钢锚罩有滴油、渗水等表观病害,应打开锚罩,对锚头进行检查。对上锚头渗水或拉索上部已老化开裂或损伤、有水渗入可能的拉索,在桥面或其他适当位置将拉、吊索 PE 套管开窗,使索钢丝外露,检查索内潮湿、积水、钢丝锈蚀情况。开窗部位应采取有效措施封闭,避免后期开裂进水。

▶ 12.5.1　拉(吊)索外观检测

拉索外观存在缺陷均可产生拉索积水,进而导致拉索腐蚀。拉(吊)索外观检测是桥梁技术状态评定的重要组成部分。

1)仪具与材料技术要求

①钢卷尺:精度1 mm。

②其他:照相机、望远镜等。

2)方法与步骤

①逐根对拉(吊)索PE管、索两端的减震圈、防护套筒及锚具等构件外观进行检查。

②对缺陷应进行标示,并拍照、记录。

③观测拉(吊)索的风振和雨振状况。

3)报告

报告应包含以下内容:

①病害位置及数量描述、外观病害照片;

②其他需要说明的事项,对于无法用文字表达清楚的内容,应附简图。

▶ 12.5.2 锚具外观检测

1)仪具与材料技术要求

①钢尺:精度1 mm。

②游标卡尺:精度0.02 mm。

③其他:照相机等。

2)方法与步骤

①检查锚具及周围混凝土的情况,是否存在渗水、锈蚀、混凝土开裂等异常现象。必要时可打开锚具盖,检查是否存在锚头锈蚀、锚杯锈蚀、锚杯内积水潮湿、分丝板稳固、防锈油结块乳化失效等现象。

②检查锚头与索体是否松动,镦头有无进一步回缩迹象等异常情况。

③检测作业过程中,不得对锚具及各构件造成损伤;检测后应及时恢复。

3)报告

报告应包含以下内容:

①缺陷位置及数量描述、外观病害照片;

②其他需要说明的事项,对于无法用文字表达清楚的内容,应附简图。

12.6 桥梁支座表观检测

20世纪60年代前,国内使用的桥梁支座几乎全部都是钢支座。从20世纪60年代初开始,盆式橡胶支座与板式橡胶支座逐渐成为最主要的桥梁支座形式。我国在20世纪80年代末研制成球型支座。目前,新建的公路桥梁几乎都在使用板式橡胶支座、盆式橡胶支座与球型支座。随着我国桥梁支座设计加工水平的提高,目前已出现一些可解决特殊用途的支座,如拉压支座、隔震橡胶支座等。根据目前国内桥梁支座使用现状和实际情况,这里仅介绍板式橡胶支座和盆式(球型)支座的现场表观检测。

12.6.1 板式橡胶支座检测

板式橡胶支座目前在国内中小跨径的钢筋混凝土桥梁、预应力混凝土桥梁及钢桥上应用极为广泛。随着板式支座应用数量的增加，由于支座选型或安装不当、使用环境较差、支座本身质量问题等原因引起的支座缺陷与病害也较为常见。

板式橡胶支座中的橡胶材料受到大气中氧、臭氧、紫外线作用及外力等影响，会出现橡胶老化。橡胶老化通常由支座橡胶保护层出现开裂、变硬等老化现象开始，然后缓慢地向内部发展造成裂纹。

通常，板式橡胶支座在竖向力作用下，钢板之间的橡胶向外产生均匀的凸起，这是正常现象。当橡胶与支座加劲钢板之间黏结不良时，在竖向力作用下就发生钢板与橡胶的脱离，进而引起板式橡胶支座侧表面不均匀的鼓凸、支座表面出现龟裂裂纹以及薄钢板裸露。

板式橡胶支座的脱空可分为局部脱空和全脱空。在板式橡胶支座与梁底面或支承垫石顶面出现的缝隙长度大于相应边长的25%时，称为局部脱空；当缝隙长度等于边长时称为全脱空。板式支座全脱空在预制混凝土板梁桥中较为常见，主要是由空心板一端的两个支座支承垫石顶面相差较大，或者预制控制板在相应部位的板底面不平造成。对于曲线箱梁，特别是独柱墩的预应力混凝土曲线箱梁，很容易产生由于曲线箱梁的整体位移、转动而引起支座脱空。

板式橡胶支座现场检测，可按下列步骤和方法进行：

①熟悉支座设计与安装图纸、以往检测资料和养护更换记录。

②对照支座安装图纸和梁板式橡胶支座专项检测记录表检查是否有支座漏放，支座安装方向、支座形式是否有错，临时固定设施是否拆除，支座是否出现串动等。

③目测观察支座有无龟裂裂纹、水平裂缝、钢板外露、支座各层加劲钢板之间的橡胶板是否有不均匀鼓凸等；对于四氟滑板橡胶支座，应检查支座上面一层聚四氟乙烯滑板是否完好，有无剥离现象，支座是否滑出了支座顶面的不锈钢板。

④现场检测时，可采用钢直尺测量支座串动长度、橡胶裂缝宽度和长度、钢板外露长度、支座不均匀鼓凸长度等，记录精确到1 mm。

⑤对于支座脱空，可通过目测支座顶面是否透光来检查支座是否存在脱空，可用钢尺测量脱空长宽来估算脱空面积，用塞尺测量支座脱空高度。

⑥对于支座剪切变形，可先采用钢尺分别测量支座顶面水平位移和支座竖向高度，再换算为支座剪切变形角度，检查剪切角是否大于35°。支座顶面水平位移和支座竖向高度均精确到1 mm，剪切变形角度精确到度。

12.6.2 盆式(球型)橡胶支座检测

聚四氟乙烯板的磨损程度直接影响盆式(球型)支座的使用寿命。对大吨位和大位移盆式(球型)支座，应注意检查聚四氟乙烯板的磨耗程度，可根据支座顶板不锈钢滑板与盆式支座中间钢板或支座顶板不锈钢滑板与球型支座中间钢衬板之间的间隙 h_0 来判断聚四氟乙烯板磨耗程度：当 $h_0 \geqslant 2$ mm 时，支座正常；当 1 mm $\leqslant h_0 \leqslant$ 2 mm 时，应每年测量间隙变化；当 $h_0 \leqslant$ 1 mm 时，应缩短检查期限，或更换支座。盆式(球型)支座现场检测步骤和方法如下：

①熟悉支座设计与安装图纸、以往检测资料和养护更换记录。

②对照支座安装图纸和盆式(球型)支座专项病害记录表检查支座安装方向是否有错,支座临时锁定装置是否解除等。

③目测检查支座防尘罩是否完好。进行支座现场检测时,可打开或取下防尘罩。检测完毕后,需重新安装防尘罩并恢复原状。

④目测检查梁体横桥向位移有无超限。如梁体横向位移过大,应检查支座是否破坏、锚固螺栓是否剪断以及防震挡块是否有开裂破损。

⑤目测检查盆式支座钢盆有无表面裂纹、翘起变形、锈蚀。对于钢盆由盆环钢板和盆底焊接制成的,应检查有无钢件脱焊,承压橡胶板一侧是否从钢盆中挤出。

⑥对盆式(球型)支座的转角位移,可采用卷尺测量支座顶、底板之间实测的最大和最小间隙以及支座顶板长度来求得。

⑦目测检查盆式(球型)活动支座的水平位移功能是否正常,有无卡死,支座平面四氟滑板有无滑出平面不锈钢板范围。

⑧对聚四氟乙烯板的磨损程度可通过用塞尺测量支座顶板不锈钢滑板与盆式支座中间钢板或球型支座中间钢衬板之间的间隙进行。

⑨通过目测结合锤击检查支座锚固螺栓是否有松动、倾斜、顶死、顶弯以及锚固螺栓孔是否注浆。

⑩对于球型支座,应目测检查中间钢衬板有无滑出下、支座板凹槽后不能复位。

在桥梁支座现场病害检测前,应首先熟悉支座设计与安装图纸、支座检测情况和维修更换记录。通过提前熟悉支座设计与安装图纸,便于检测人员在现场检测过程中发现常见的一些桥梁支座安装缺陷,如支座安装位置不准确、活动支座主滑移方向安装不正确、支座临时定位装置未拆除等。通过熟悉以往检测资料和维修更换记录,便于检测人员选择需进行重点检测的支座并对支座病害发展情况做出分析判断。

桥梁支座检测时宜对全桥范围内的支座进行全数检测。当不具备全数检测条件时,可根据以下原则选择:

①对于以往检测资料中病害较为严重的支座,主要观察支座病害有无发展。

②对于大位移活动支座,主要观测支座水平位移功能是否正常,有无位移超限引起支座卡死,不能正常复位等。

③对于弯斜桥上的板式支座,主要观测支座有无支座脱空。

④对于长下坡桥上板式支座,主要观测支座有无剪切变形超限和移位。

桥梁支座主要病害类型如表12.9所示。

表12.9 桥梁支座主要病害类型

支座类型	主要病害类型
板式支座	橡胶保护层开裂、劣化、外鼓,剪切变形过度,安装偏位、移位,脱空
盆式支座	竖向压缩超限,局部偏压、转角超限,盆式滑动支座缺陷,钢组件损坏、锈蚀,安装缺陷

12.7 桥梁伸缩装置检测

桥梁伸缩装置过早破坏、提前维修在许多桥梁中都不同程度地存在。伸缩装置作为桥梁结构中的重要组成部分之一,既能保证行车的舒适性,又能保证结构的安全性,但其也属于薄弱部位,易发生破坏,出现凹凸不平、锚固区缺陷、破损以致失效。桥梁伸缩装置主要病害类型如表 12.10 所示。

表 12.10 桥梁伸缩装置主要病害类型

伸缩装置类型	主要病害类型
单缝式型钢伸缩装置	防水密封胶条老化、脱落、破裂、漏水,积存泥沙、石屑,边梁与桥面铺装连接处的锚固区混凝土开裂、破碎,伸缩装置顶面不平整,钢组件锈蚀
模数式伸缩装置	锚固混凝土出现破裂、裂缝、坑槽;中梁构件开焊、断裂、出现晃动、噪声;中梁局部变形弯曲下挠;型钢表面凹凸不平;伸缩均匀性差,位移控制系统失灵;密封橡胶带迅速老化、脱落或破裂,严重漏水;密封橡胶带内垃圾堆积过度
梳齿板伸缩装置	转动座、螺栓和螺母松动、损坏,转动座损坏,梳齿间和表面有污渍、水泥浆、锈渍等,表面涂层损坏、污渍、油漆剥落、裂开
嵌填型(U 形镀锌铁皮型等)	伸缩装置缝隙中填料挤出、上鼓,伸缩装置拉开断裂、漏水
嵌固对接型(橡胶条型)	热天鼓起、冬天脱落,锚固件破坏和两侧混凝土破碎
板式橡胶伸缩装置	橡胶板剥离;预埋钢板外漏、脱落、断裂;盲螺栓剪断脱空飞出;两侧混凝土开裂破碎,出现坑槽

▶ 12.7.1 模数式伸缩装置现场检测

检测步骤和方法如下:

①熟悉伸缩装置以往检测资料和养护维修资料。

②目测检查伸缩装置钢纵梁连接焊缝有无脱开,局部断裂和下凹现象;行车通过时是否有晃动,发出噪声。

③目测检查伸缩装置密封橡胶条是否有压条上脱落出来或翻跳在装置之外,密封橡胶条是否破漏,伸缩装置处的桥面垃圾是否有积压现象。

④目测检查伸缩装置两侧锚固区混凝土开裂情况,并用钢尺测量主要裂缝宽度和长度。

⑤模数式伸缩装置纵梁高差可采用水准仪测量。可选择模数式伸缩装置纵梁四分点位置,用水准仪测出四分点位置纵梁高差,取 3 个四分点位置高差最大值即为纵梁高差。

⑥采用钢尺或游标卡尺测量纵梁间隙宽度是否均匀,完成模数式伸缩装置现场专项检测病害记录表。

▶ 12.7.2 梳齿板式伸缩装置现场检测

检测步骤和方法如下：

①熟悉伸缩装置以往检测资料和养护维修资料。

②目测检查伸缩装置两侧锚固区混凝土开裂情况，并用钢尺测量主要裂缝宽度和长度。

③目测检查锚固螺栓是否锈蚀严重、损坏、脱落，可用活动扳手检测锚固螺栓是否有松动。

④目测检查梳齿板有无变形或翘起、凹凸不平、齿板横向间隙不均匀、卡齿、齿板断裂、整块脱落。

⑤目测检查防水橡胶条内是否积满尘土、垃圾，橡胶条是否漏水；完成梳齿板式伸缩装置现场专项检测病害记录。

思考练习题

12.1 桥梁表观损失检测的主要内容有哪些？

12.2 混凝土结构表观损失检测的主要内容和检测方法分别是什么？

12.3 简述不同形式的桥梁结构的混凝土裂缝检测的重点部位。

12.4 混凝土结构裂缝检测的基本原理是什么？检测过程中的注意事项有哪些？

12.5 钢结构锈蚀检测的主要内容是什么？

13

桥梁基础检测

13.1 地基承载力检测

桥涵地基承载力是指在同时满足变形和强度的条件下，单位面积所能承受的最大荷载。地基承载力不足时，桥梁可能会因为变形过大而倒塌。因此在进行桥梁设计时，地基能提供的承载力大小是决定桥梁基础形式和埋深的主要因素，地基必须满足以下两个条件：

①基础的沉降或沉降差必须在所允许的范围之内；

②基底压力应该在地基所允许的承载能力范围内。

地基承载力特征值宜由载荷试验或其他原位测试方法实测取得，其值不应大于地基极限承载力的1/2。对于中小桥、涵洞，当受现场条件限制或开展载荷试验和其他原位测试确有困难时，也可根据岩土类别、状态、物理力学特性指标及工程经验按规范法确定地基承载力特征值。

▶ 13.1.1 规范法确定地基承载力

按规范确定地基承载力时，须先确定地基基本容许承载力，即地基承载力特征值f_{a0}，再根据基础深度和最小边宽度等进行修正，提高地基容许承载力。根据岩土类别、状态、物理力学特性指标及工程经验确定地基承载力特征值f_{a0}时，可按表13.1至表13.7的规定进行。

一般岩石地基可根据强度等级、节理按表13.1确定其承载力特征值f_{a0}。对复杂的岩层（如溶洞、断层、软弱夹层、易溶岩石、崩解性岩石、软化岩石等）应按各项因素综合确定。

表 13.1 岩石地基承载力特征值 f_{a0}

单位:kPa

坚硬程度	节理发育程度		
	节理不发育	节理发育	节理很发育
坚硬岩、较硬岩	>3 000	3 000 ~ 2 000	2 000 ~ 1 500
较软岩	3 000 ~ 1 500	1 500 ~ 1 000	1 000 ~ 800
软岩	1 200 ~ 1 000	1 000 ~ 800	800 ~ 500
极软岩	500 ~ 400	400 ~ 300	300 ~ 200

碎石土地基可根据其类别和密实程度按表 13.2 确定其承载力特征值 f_{a0}。由硬质岩组成,填充砂土者取高值;由软质岩组成,填充黏性土者取低值。半胶结的碎石土按密实的同类土提高 10% ~30%。松散的碎石土在天然河床中很少遇见,需特别注意鉴定。漂石、块石参照卵石、碎石取值并适当提高。

表 13.2 碎石土地基承载力特征值 f_{a0}

单位:kPa

土 名	密实程度			
	密 实	中 密	稍 密	松 密
卵石	1 200 ~ 1 000	1 000 ~ 650	650 ~ 500	500 ~ 300
碎石	1 000 ~ 800	800 ~ 550	550 ~ 400	400 ~ 200
圆砾	800 ~ 600	600 ~ 400	400 ~ 300	300 ~ 200
角砾	700 ~ 500	500 ~ 400	400 ~ 300	300 ~ 200

砂土地基可根据土的密实度和水位情况按表 13.3 确定其承载力特征值 f_{a0}。粉土地基可根据土的天然孔隙比 e 和天然含水率 ω(%)按表 13.4 确定其承载力特征值 f_{a0}。

表 13.3 砂土地基承载力特征值 f_{a0}

单位:kPa

土 名	湿 度	密实程度			
		密 实	中 密	稍 密	松 密
砾砂、粗砂	与湿度无关	550	430	370	200
中砂	与湿度无关	450	370	330	150
细砂	水上	350	270	230	100
	水下	300	210	190	—
粉砂	水上	300	210	190	—
	水下	200	110	90	—

表 13.4　粉土地基承载力特征值 f_{a0}

单位：kPa

e	ω					
	10%	15%	20%	25%	30%	35%
0.5	400	380	355	—	—	—
0.6	300	290	280	270	—	—
0.7	250	235	225	215	205	—
0.8	200	190	180	170	165	—
0.9	160	150	145	140	130	125

一般黏性土可根据液性指数 I_L 和天然孔隙比 e 按表 13.5 确定其地基承载力特征值 f_{a0}。土中含有粒径大于 2 mm 的颗粒质量超过总质量 30% 者，f_{a0} 可适当提高。当 $e<0.5$ 时，取 $e=0.5$；当 $I_L<0$ 时，取 $I_L=0$。超过表列范围的一般黏性土，取 $f_{a0}=57.22E_s^{0.57}$；一般黏性土地基承载力特征值 f_{a0} 取值大于 300 kPa 时，应有原位测试数据作依据。

表 13.5　一般黏性土地基承载力特征值 f_{a0}

单位：kPa

e	I_L												
	0	0.1	0.2	0.3	0.4	0.5	0.6	0.7	0.8	0.9	1.0	1.1	1.2
0.5	450	440	430	420	400	380	350	310	270	240	220	—	—
0.6	420	410	400	380	360	340	310	280	250	220	200	180	—
0.7	400	370	350	330	310	290	270	240	220	190	170	160	150
0.8	380	330	300	280	260	240	230	210	180	160	150	140	130
0.9	320	280	260	240	220	210	190	180	160	140	130	120	100
1.0	250	230	220	210	190	170	160	150	140	120	110	—	—
1.1	—	—	160	150	140	130	120	110	100	90	—	—	—

新近沉积黏性土地基可根据液性指数 I_L 和天然孔隙比 e 按表 13.6 确定其地基承载力特征值 f_{a0}。老黏性土地基可根据压缩模量 E_s 按表 13.7 确定地基承载力特征值 f_{a0}。当老黏性土 $E_s<10$ MPa 时，地基承载力特征值 f_{a0} 按一般黏性土确定（表 13.5）。

表 13.6　新近沉积黏性土地基承载力特征值 f_{a0}

单位：kPa

e	I_L		
	≤0.25	0.75	1.25
≤0.8	140	120	100
0.9	130	110	90
1.0	120	100	80
1.1	110	90	—

表13.7　老黏性土地基承载力特征值f_{a0}

E_s/MPa	10	15	20	25	30	35	40
f_{a0}/kPa	380	430	470	510	550	580	620

▶ 13.1.2　地基荷载试验

荷载试验是确定岩土承载力的主要方法。现场地基荷载试验是向置于自然地基上的模型基础施加荷载,测量模型在不同荷载等级作用下的沉降量,根据荷载和沉降量的关系计算地基土的变形模量和评定地基承载力。地基荷载试验分为浅层平板载荷试验、深层平板载荷试验和岩基荷载试验。浅层平板荷载试验适用于确定浅层地基土、破碎、极破碎岩石地基的承载力和变形参数;深层平板荷载试验适用于确定深层地基土和大直径桩的桩端土的承载力和变形参数;岩基荷载试验适用于确定完整、较完整、较破碎岩石地基的承载力和变形参数。本节主要就浅层平板荷载试验做简要介绍。

1)试验仪器

①承压板:可采用圆形、正方形钢板或钢筋混凝土板。浅层平板荷载试验承压板面积不应小于0.25 m^2,换填垫层和压实地基承压板面积不应小于1.0 m^2,强夯地基承压板面积不应小于2.0 m^2。承压板应有足够强度和刚度。在拟试压表面和承压板之间应用粗砂或中砂层找平,其厚度不应超过20 mm。

②油压千斤顶:千斤顶的合力中心、承压板中心应在同一铅垂线上。当采用两台或两台以上千斤顶加载时应并联同步工作,且千斤顶型号、规格应相同。

③加载反力装置:一般情况下采用压重平台反力装置,且压重平台反力装置应符合下列规定:

a.加载反力装置能提供的反力不得小于最大加载量的1.2倍;

b.应对加载反力装置的主要受力构件进行强度和变形验算;

c.压重应在试验前一次加足,并应均匀稳固地放置于平台上;

d.压重平台支墩施加于地基的压应力不宜大于地基承载力特征值的1.5倍。

④荷载测量装置:荷载测量可采用放置在千斤顶上的荷载传感器直接测定;或采用并联于千斤顶油路的压力表或压力传感器测定油压,并应根据千斤顶率定曲线换算荷载。

⑤沉降测量装置:沉降测量宜采用位移传感器或大量程百分表。

2)准备工作

①正式试验前宜进行预压。预压荷载宜为最大加载量的5%,预压时间宜为5 min。预压后卸载至零,测读位移测量仪表的初始读数并应重新调整零位。

②试验采用分级加卸载方法且符合以下规定:

a.地基土平板荷载试验的分级荷载宜为最大试验荷载的1/12～1/8,岩基荷载试验的分级荷载宜为最大试验荷载的1/15。

b.加载应分级进行,采用逐级等量加载,第一级荷载可取分级荷载的2倍。

c.卸载应分级进行,每级卸载量为分级荷载的2倍,逐级等量卸载;当加载等级为奇数级时,第一级卸载量宜取分级荷载的 3 倍。

d. 加、卸载时应使荷载传递均匀、连续、无冲击,每级荷载在维持过程中的变化幅度不得超过分级荷载的 ±10%。

3)试验步骤

地基平板荷载试验采用慢速维持荷载法(图 13.1),其试验步骤如下:

①每级荷载施加后应按第 10 min、20 min、30 min、45 min、60 min 测读承压板的沉降量,以后应每隔 30 min 测读一次。

②承压板沉降相对稳定标准:在连续 2 h 内,每小时的沉降量应小于 0.1 mm。

③当承压板沉降速率达到相对稳定标准时,应再施加下一级荷载。

④卸载时,每级荷载维持 1 h,应按第 10 min、30 min、60 min 测读承压板沉降量;卸载至零后,应测读承压板残余沉降量,维持时间为 3 h,测读时间应为第 10 min、30 min、60 min、120 min、180 min。

当出现下列情况之一时,可终止加载:

①当浅层荷载试验承压板周边的土出现明显侧向挤出,周边土体出现明显隆起;岩基载荷试验的荷载无法保持稳定且逐渐下降。

②本级荷载的沉降量大于前级荷载沉降量的 5 倍,荷载与沉降曲线出现明显陡降。

③在某一级荷载下,24 h 内沉降速率不能达到相对稳定标准。

④浅层平板荷载试验的累计沉降量已大于或等于承压板边宽或直径的 6% 或累计沉降量大于或等于 150 mm;深层平板荷载试验的累计沉降量与承压板径之比大于或等于 0.04。

⑤加载至要求的最大试验荷载且承压板沉降达到相对稳定标准。

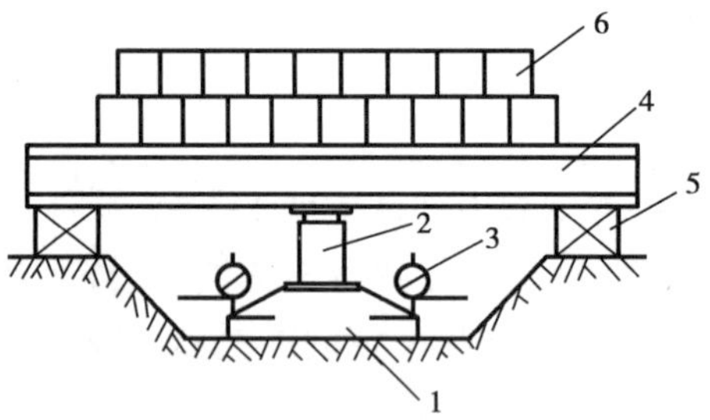

图 13.1 现场荷载试验

1—荷载板;2—千斤顶;3—百分表;
4—反力梁;5—枕木垛;6—压重

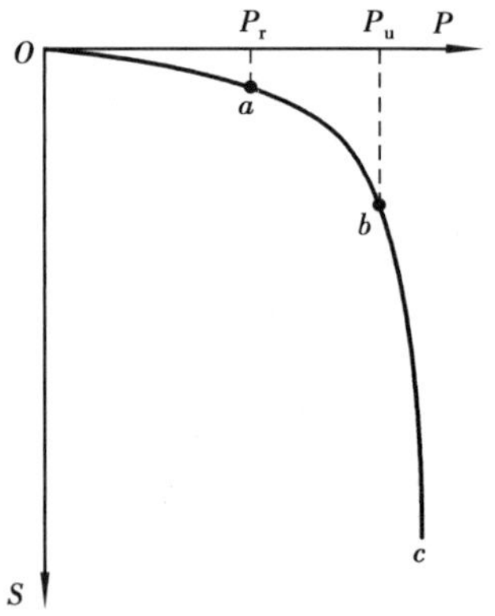

图 13.2 荷载强度与沉降量的关系

4)数据处理

地基承载力确定时,应绘制压力-沉降(p-s)、沉降-时间对数(s-lg$t$)曲线,如图 13.2 所示。

地基极限承载力特征值可按下列规定确定:

①当 p-s 曲线上有比例界限时,应取该比例界限所对应的荷载值。

②地基土平板荷载试验,当极限荷载小于对应比例界限荷载值的 2 倍时,应取极限荷载

值的一半。

③当出现终止情况第 5 种时，且 p-s 曲线上无法确定比例界限，承载力又未达到极限时，地基土平板荷载试验应取最大试验荷载的一半所对应的荷载值，岩基荷载试验应取最大试验荷载的 1/3 所对应的荷载值。

④当按相对变形值确定天然地基及人工地基承载力特征值时，可按表 13.8 规定的地基变形取值确定，且所取的承载力特征值不应大于最大试验荷载的 1/2。当地基土性质不确定时，对应变形值宜取 $0.010b$；对有经验的地区，可按当地经验确定对应变形值。

表 13.8　按相对变形值确定天然地基及人工地基承载力特征值

地基类型	地基土性质	特征值对应的变形值 s_0
天然地基	高压缩性土	$0.015b$
	中压缩性土	$0.012b$
	低压缩性土和砂性土	$0.010b$
人工地基	中、低压缩性土	$0.010b$

注：s_0 为与承载力特征值对应的承压板的沉降量；b 为承压板的边宽或直径，当 $b>2$ m 时，按 2 m 计算。

► 13.1.3　标准贯入试验

标准贯入试验（SPT）是一种重型动力触探法，采用质量为 63.5 kg 的穿心锤，以 76 cm 的落距，将一定规格的标准贯入先打入土中 15 cm，然后开始记录锤击数目，将标准贯入器再打入土中 30 cm，用此 30 cm 的锤击数作为标准贯入试验的指标 N。标准贯入试验适用于判定砂土、粉土、黏性土天然地基及其采用换填垫层、压实、挤密、夯实、注浆加固等处理后的地基承载力、变形参数，评价加固效果以及砂土液化判别；也可用于砂桩和初凝状态的水泥搅拌桩、旋喷桩、灰土桩、夯实水泥桩等竖向增强体的施工质量评价。

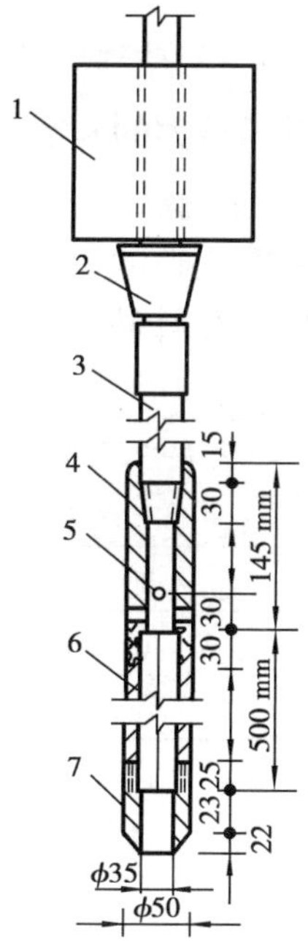

图 13.3　标准贯入试验设备

1—穿心锤；2—锤垫；3—触探杆；4—贯入器头；5—出水孔；6—由两半圆管合成的贯入器身；7—贯入器靴

1）试验仪器

标准贯入试验装置主要由落锤、贯入器、钻杆、导向杆等组成（图 13.3）：

①落锤：质量为 63.5 kg 的穿心锤；

②贯入器：形状和尺寸如图 13.3 所示；

③探杆：直径 ϕ42 mm；

④锤垫和导向杆；

⑤自动落锤装置。

2）试验步骤

①将贯入器打入土中，贯入速率为 15 ~ 30 击/min，并记录锤击数，包括先打 15 cm 的预打击数、后 30 cm 中

每 10 cm 的锤击数以及 30 cm 的累计锤击数 N。

若锤击数已达 50 次，而灌入深度未达到 30 cm 时，宜终止试验，记录 50 击时的实际贯入深度，并换算成相当于贯入 30 cm 的标准贯入试验实测锤击数：

$$N = 30 \times \frac{50}{\Delta S} \tag{13.1}$$

式中　N——标准贯入击数；

ΔS——50 击时的贯入度，cm。

②旋转探杆，提出贯入器，并取出贯入器中的土样进行鉴别、描述、记录，必要时送试验室分析。

③由于钻杆的弹性压缩会引起功能损耗，钻杆过长时传入贯入器的功能降低，因而减少每击的贯入深度亦即提高了锤击数，所以需要根据杆长对锤击数进行修正：

$$N' = \alpha N \tag{13.2}$$

式中　N'——标准贯入试验修正锤击数；

N——标准贯入试验实测锤击数；

α——触探杆长度修正系数，可按表 13.9 确定。

表 13.9　标准贯入试验触探杆长度修正系数

触探杆长度/m	≤3	6	9	12	15	18	21	25	30
α	1.00	0.92	0.86	0.81	0.77	0.73	0.70	0.68	0.65

④对于同一土层应进行多次试验，然后取锤击数的平均值。

3）地基承载力的确定

砂土、粉土、黏性土等岩土性状可根据标准贯入试验实测锤击数平均值或标准值和修正后锤击数标准值确定。

①根据 N 估计砂土、粉土的密实度以及黏性土的状态，如表 13.10 至表 13.12 所示。

表 13.10　砂土密实度表

N（实测平均值）	密实度
$N \leqslant 10$	松散
$10 < N \leqslant 15$	稍密
$15 < N \leqslant 30$	中密
$N > 30$	密实

表 13.11　粉土密实度表

孔隙比 e	N（实测标准值）	密实度
—	$N < 0.75$	松散
$e > 0.9$	$5 < N \leqslant 10$	稍密
$0.75 \leqslant e \leqslant 0.9$	$10 < N \leqslant 15$	中密
$e < 0.75$	$N > 0.9$	密实

表 13.12 黏性土状态分类

I_L	N_k（修正后标准值）	状 态
$0.75 < I_L \leqslant 1$	$2 < N_k \leqslant 4$	软塑
$0.5 < I_L \leqslant 0.75$	$4 < N_k \leqslant 8$	软可塑
$0.25 < I_L \leqslant 0.5$	$8 < N_k \leqslant 14$	硬可塑
$0 < I_L \leqslant 0.25$	$14 < N_k \leqslant 25$	硬塑
$I_L \leqslant 0.25$	$N_k > 25$	坚硬

②根据 N 估计天然地基土的承载力特征值，如表 13.13 至表 13.15 所示。

表 13.13 砂土承载力特征值

N	10	20	30	50
中砂、粗砂/kPa	180	250	340	500
粉砂、细砂/kPa	140	180	250	340

表 13.14 粉土承载力特征值

N	3	4	5	6	7	8	9	10	11	12	13	14	15
f_{ak}/kPa	105	125	145	165	185	205	225	245	265	285	305	325	345

表 13.15 黏土承载力特征值

N	3	5	7	9	11	13	15	17	19	21
f_{ak}/kPa	90	110	150	180	220	260	310	360	410	450

▶ 13.1.4 圆锥动力触探试验

圆锥动力触探试验（DPT）是一种岩土工程勘察常用的原位测试方法。该方法是利用一定的落锤质量，将一定尺寸、一定形状的探头打入土中，根据打入的难度，即贯入锤击数，判定土层名称及其工程性质。如将锥形探头换成管式标准贯入器，落锤质量采用 63.5 kg，则为标准贯入试验（SPT）。

根据穿心锤质量和提升高度的不同，国内常用的落锤质量为 10 kg、63.5 kg 和 120 kg，分别称为轻型、重型和超重型动力触探。轻型动力触探试验适用于评价黏性土、粉土、粉砂、细砂地基及其人工地基的地基土性状、地基处理效果和判定地基承载力；重型动力触探试验适用于评价黏性土、粉土、砂土、中密以下的碎石土及其人工地基以及极软岩的地基土性状、地基处理效果和判定地基承载力；超重型动力触探试验适用于评价密实碎石土、极软岩和软岩等地基土性状和判定地基承载力，也可用于评价强夯置换效果及置换墩着底情况。

1）试验仪器

试验仪器主要包括落锤、圆锥探头、触探杆等。触探杆应顺直，每节触探杆相对弯曲宜小于0.5%，丝扣完好无裂纹。当探头直径磨损大于2 mm或锥尖高度磨损大于5 mm时应及时更换探头。落锤等技术要求满足表13.16所示。

表13.16　圆锥动力触探试验设备技术要求

类　型		轻型	重型	超重型
落　锤	锤质量/kg	10	63.5	120
	落距/cm	50	76	100
探　头	直径/mm	40	74	74
	锥角/(°)	60	60	60
探杆直径/mm		25	42、50	50～60

2）试验步骤

①对于经人工处理的地基，应根据处理土的类型和增强体桩体材料情况合理选择圆锥动力触探试验类型，其试验方法、要求按天然地基试验方法和要求执行。

②试验点布设。圆锥动力触探试验应在平整的场地上进行，测试点布置应考虑地质分区或加固处理分区的不同，且应有代表性；复合地基的增强体施工质量检测，测试点应布置在增强体的桩体中心附近；桩间土的处理效果检测，测试点的位置应在增强体间等边三角形或正方形的中心；当评价强夯置换墩着底情况时，测试点位置可选择在置换墩中心；评价地基处理效果时，处理前后的测试点的布置应考虑前后的一致性。

③圆锥动力触探试验应满足以下要求：

a. 锤击能量是最重要的因素，为使锤击能力恒定，圆锥动力触探试验应采用自由落锤。

b. 地面上触探杆高度不宜超过1.5 m，并应防止锤击偏心、探杆倾斜和侧向晃动。

c. 锤击贯入应连续进行，保持探杆垂直度，锤击速率宜为15～30击/min。

d. 每贯入1 m，宜将探杆转动一圈半；当贯入深度超过10 m时，每贯入20 cm宜转动探杆一次。

e. 应及时记录试验段深度和锤击数。轻型动力触探应记录每贯入30 cm的锤击数，重型或超重型动力触探应记录每贯入10 cm的锤击数。

f. 对于轻型动力触探，当贯入30 cm锤击数大于100击或贯入15 cm锤击数超过50击时，可停止试验。

g. 对于重型动力触探，当连续3次锤击数大于50击时，可停止试验或改用钻探、超重型动力触探；当遇有硬夹层时，宜穿过硬夹层后继续试验。

3）数据处理

①根据各孔分层的贯入指标平均值，用厚度加权平均法计算场地分层贯入指标平均值和变异系数。计算单孔分层贯入指标平均值时，应剔除临界深度以内的数值以及超前和滞后影响范围内的异常值。

②根据不同深度的动力触探锤击数，采用平均值法计算每个检测孔的各土层的动力触探锤击数平均值（代表值）。当统计同一土层动力触探锤击数平均值时，应根据动力触探锤击数沿深度的分布趋势结合岩土工程勘探资料进行土层划分。

③初步判定地基土承载力特征值时，可根据平均击数 N_{10} 或修正后的平均击数 $N_{63.5}$ 按表13.17、表13.18进行估算。

表 13.17　轻型动力触探试验推定地基承载力特征值

N_{10}	5	10	15	20	25	30	35	40	45	50
一般黏性土/kPa	50	70	90	115	135	160	180	200	220	240
黏性素填土/kPa	60	80	95	110	120	130	140	150	160	170
粉土、粉细砂土/kPa	55	70	80	90	100	110	125	140	150	160

表 13.18　重型动力触探试验推定地基承载力特征值

$N_{63.5}$	2	3	4	5	6	7	8	9	10	11	12	13	14	15	16
一般黏性土/kPa	120	150	180	210	240	265	290	320	350	375	400	425	450	475	500
中砂、粗砂土/kPa	80	120	160	200	240	280	320	360	400	440	480	520	560	600	640
粉砂、细砂土/kPa	—	75	100	125	150	175	200	225	250	—	—	—	—	—	—

▶ 13.1.5　静力触探试验

静力触探试验是以静压力将圆锥形探头按一定速率匀速压入土中，量测其贯入阻力（包括锥头阻力和侧壁摩阻力或摩阻比），并按其所受阻力的大小划分土层，确定土的工程性质。该试验是工程地质勘探中一种原位测试方法，主要适用于判定软土、一般黏性土、粉土和砂土的天然地基及采用换填垫层、预压、压实、挤密、夯实处理的人工地基的地基承载力、变形参数和评价地基处理效果。

1）试验仪器

静力触探试验仪器主要包括探头、贯入设备、记录仪和传送电缆等。

①探头：根据工程需要可采用单桥探头、双桥探头，单桥可用于测定比贯入阻力，双桥可测定锥尖阻力和侧壁摩阻力。其探头规格如表13.19所示。

表 13.19　单、双桥静力探头规格

锥底截面积/cm²	锥底直径/mm	锥角/(°)	单桥触探头	双桥触探头	
			有效侧壁长度/mm	摩擦筒表面积/cm²	摩擦筒长度/mm
10	35.7	60	57	150	133.7
				200	178.4
15	43.7	60	70	300	218.5

②触探设备应符合以下规定：

a. 应能匀速贯入，贯入速率为(20 ±5)mm/s。当使用孔压探头触探时，宜有保证贯入速率20 mm/s的控制装置。

b. 贯入和起拔时，施力作用线应垂直机座基准面，垂直度应小于30′。

c. 额定起拔力应大于额定贯入力的120%。

③记录仪应符合以下规定：

a. 仪器显示的有效最小分度值不应大于0.05% FS；

b. 仪器按要求预热后，时漂应小于0.1% FS/h，温漂应小于0.01% FS/℃；

c. 工作环境温度应为 -10 ~45 ℃；

d. 记录仪和电缆用于多功能探头触探时，应保证各传输信号互不干扰。

2）试验步骤

(1)测点确定

静力触探测试应在平整的场地上进行，测试点应根据工程地质分区或加固处理分区均匀布置，并应具有代表性；当评价地基处理效果时，处理前后的测试点应考虑前后的一致性。

(2)测试深度的确定

静力测探深度应保证天然地基检测深度应达到主要受力层深度以下；当人工地基检测时，深度应达到加固深度以下0.5 m；复合地基的桩间土检测深度应超过竖向增强体底部0.5 m。

(3)仪器率定

试验前，静力触探头应连同记录仪、电缆在室内进行率定；测试时间超过3个月时，每3个月应对静力触探头率定一次；当现场测试发现异常情况时，应重新率定。

(4)试验操作

现场试验操作应按以下规定进行：

a. 贯入前，应对触探头进行试压，确保顶柱、锥头、摩擦筒能正常工作。

b. 装卸触探头时，不应转动触探头。

c. 先将触探头贯入土中0.5 ~1.0 m，然后提升5 ~10 cm，待记录仪无明显零位漂移时，记录初始读数或调整零位，方能开始正式贯入。

d. 触探的贯入速率应控制为(1.2 ±0.3)m/min，在同一检测孔的试验过程中宜保持匀速贯入。

e. 深度记录的误差不应超过触探深度的 ±1%。

f. 当贯入深度超过30 m或穿过厚层软土后再贯入硬土层时，应采取防止孔斜措施或配置测斜探头，量测触探孔的偏斜角，校正土层界线的深度。

g. 贯入过程中，在深度10 m以内可每隔2 ~3 m提升探头一次，测读零漂值，调整零位；以后每隔10 m测读一次；终止试验时，必须测读和记录零漂值。

h. 应及时核对记录深度与实际孔深的偏差；当有明显偏差时，应立即查明原因，采取纠正措施，并准确记录贯入过程中发生的各种异常或影响正常贯入的情况。

3）终止试验条件

当出现下列情况之一时，应终止试验：

①达到试验要求的贯入深度；
②试验记录显示异常；
③反力装置失效；
④触探杆的倾斜度超过 10°。

4)数据处理

单桥探头的比贯入阻力及双桥探头的锥尖阻力、侧壁摩阻力、摩阻比，应分别按下列公式计算：

$$p_s = K_p(\varepsilon_p - \varepsilon_0) \tag{13.3}$$

$$q_c = K_q(\varepsilon_q - \varepsilon_0) \tag{13.4}$$

$$f_s = K_f(\varepsilon_f - \varepsilon_0) \tag{13.5}$$

$$\alpha = f_s/q_c \times 100\% \tag{13.6}$$

式中 p_s——单桥探头的比贯入阻力，kPa；
Q_c——双桥探头的锥尖阻力，kPa；
f_s——双桥探头的侧壁摩阻力，kPa；
α——摩阻比，%；
K_p——单桥探头率定系数，kPa/με；
K_q——双桥探头的锥尖阻力率定系数，kPa/με；
K_f——双桥探头的侧壁摩阻力率定系数，kPa/με；
ε_p——单桥探头的比贯入阻力应变量，με；
ε_q——双桥探头的锥尖阻力应变量，με；
ε_f——双桥探头的侧壁摩阻力应变量，με；
ε_0——触探头的初始读数或零读数应变量，με。

对于每个检测孔，采用单桥探头时应整理并绘制比贯入阻力与深度的关系曲线，采用双桥探头时应整理并绘制锥尖阻力、侧壁摩阻力、摩阻比与深度的关系曲线。

初步判定地基土承载力特征值时，可根据比贯入阻力或锥尖阻力标准值按表 13.20 估算。

表 13.20 地基土承载力特征值估算

适用土类	p_s 适用范围/MPa	承载力特征值/kPa
黏性土	0.4～5.0	$f_{ak}=80p_s+20$
粉土	1.0～16.0	$f_{ak}=47p_s+40$
砂土	3.0～30.0	$f_{ak}=40p_s+70$

注：当采用 q_c 值时，取 $p_s=1.1q_c$。

除上述地基承载力试验方法以外，常用的试验方法还包括十字板剪切试验等，但具体的试验方法选取应根据现场实际需要以及自身试验条件灵活选取。

13.2 基桩形态质量检测

13.2.1 成孔质量检测

灌注桩的成孔质量检测应包括孔深、孔径、桩孔倾斜度及沉淀厚度，常用的测量方法主要包括接触式测量和超声波测量两种方法。当采用超声波法检测成孔质量时，由于超声波探头的封装方式造成声波发射面外侧一定距离存在反射盲区，因此存在最小被测孔径的限制；由于泥浆的性能直接影响超声波的传播性能，检测时孔内泥浆性能可参考《公路桥涵施工技术规范》(JTG/T 3650—2020)的相关指标，根据一般工程经验泥浆比重控制在1.03～1.15，含砂率小于4%，且待泥浆中气泡消散后检测。

1)试验仪器

①专业测量绳：宜采用金属材质，最大量程不宜小于测量孔深的1.2倍，最小刻度不应大于10 mm，端部垂球宜为平底圆锥体，质量不应小于1 kg。

②接触式孔径仪：孔径仪必须满足被测孔径小于1.2 m时，孔径测量允许误差±15 mm；被测孔径不小于1.2 m时，孔径测量允许误差±25 mm，且孔深测量精度应不低于0.3%。

③专用测斜仪必须满足表13.21所示技术要求。

表13.21 专用测斜仪技术要求

顶角测量范围	0°～10°
顶角测量误差	±10′
分辨率	优于36″
孔深测量精度	≥0.3%

④超声波法桩孔测量仪：孔径测量精度应不低于0.2%，且孔深测量精度应不低于0.3%。

2)准备工作

①测量前应记录孔位编号、成孔中心位置、孔口高程、设计孔深、孔径。

②计算孔深起算面高程。

3)试验方法

(1)孔径测量

当采用接触式孔径测量仪时，按以下步骤进行：

①接触式孔径仪安置于孔口上方，保持检测过程中仪器位置固定，探头对准成孔中心，偏差值不宜大于10 mm。

②检查自动记录仪与探头的同步关系，确定桩孔深度起算面与记录起始位置关系。

③孔径检测自孔底向孔口连续进行，测点距不宜大于500 mm。在孔径检测可疑测点周

围,应加密测点进行复测,进一步确定桩径变化位置及范围。

④检测过程中探头应匀速提升,速度不应大于 10 m/min。在孔径变化较大处,应降低探头提升速度。

⑤检测结束时,测量探头与成孔中心位置偏差,大于起始偏差 5 mm 时应重新进行检测。

采用超声波法桩孔检测仪时,按以下步骤进行:

①测量应在清孔完成后,且孔中泥浆气泡基本消散后进行。

②超声波法检测时,孔内泥浆性能应满足施工规范要求的指标。

③超声波法桩孔检测仪安置于孔口上方,检测过程中应保持仪器位置固定,探头对准成孔中心,偏差值不宜大于 10 mm。

④检测开始前设定仪器参数、检查自动记录仪与探头的同步关系。

⑤孔径检测连续进行,测点距不宜大于 500 mm。在孔径检测可疑测点周围,应加密测点进行复测,进一步确定桩径变化位置及范围。

⑥检测中探头应匀速下沉,速度应不大于 12 m/min。

⑦检测结束时,提升探头至孔口,测量探头与成孔中心位置偏差,大于起始偏差 5 mm 时应重新进行检测。

⑧超声波法孔径测量应正交两方向检测,且宜标明检测剖面与桥梁实际走向 $x-x'$、$y-y'$ 的方位关系。

(2)孔深测量

孔深测量应在成孔清孔完毕,孔中泥浆内气泡基本消散后进行。

采用专用测量绳进行孔深测量时,应注意以下两点:

①测量绳距孔壁 100~200 mm,垂球应缓慢沉入孔内。接触孔底时,轻轻拉起垂球并放下,判断孔底位置。

②孔深测量每孔沿孔壁间隔布置不应少于 3 个测点,取其最小值为测量孔深。

采用接触式孔径仪、超声波法桩孔检测仪测量孔深的测试技术同“(1)孔径测量”一致。

(3)桩孔倾斜度测量

当采用接触式测斜仪检测桩孔倾斜度时,采用顶角测量方法连续多点测量顶角及方位角,测试步骤同采用接触式孔径仪测量孔径。

采用超声波法检测桩孔倾斜度时,测试步骤同采用超声波法桩孔检测仪测量孔径。

桩孔倾斜度测试过程中,可在触底后根据吊索的张紧程度,稍稍提起一点探头,以避免探头触底偏斜造成的不必要的倾斜度测量误差。

(4)孔底沉淀层厚度测量

孔底沉淀厚度测试应在桩身混凝土灌注之前进行,通过测量实际成孔深度与钻进深度差值确定。沉淀厚度测量不应小于 2 次,取两次平均值为最终检测结果。

4)数据处理

(1)孔径计算

采用接触式孔径仪测量时,测量数据应记录设计孔径基准线、基准零线及同步记录深度标记,并且任一深度截面的孔径 d 应按下式计算:

$$d = \bar{d} + \frac{k \times \Delta V}{I} \tag{13.7}$$

式中　d——孔径,m;

$\bar{d}$——桩孔起始孔径,m;

k——仪器常数,m/Ω;

ΔV——信号电位差,V;

I——恒定电流源电流,A。

采用超声波桩孔检测仪测量时,测量数据应标记检测时间、设计孔径、检测方向及孔底深度,记录任一深度截面的孔径,并且任一深度截面的孔径 d 应按下式计算:

$$d = d' + \frac{c \times (t_1 + t_2)}{2} \tag{13.8}$$

$$c = \frac{2(d_0 - d')}{t_1 + t_2} \tag{13.9}$$

式中　c——超声波在泥浆介质中传播的速度,m/s;

d_0——标定间距,m;

d——两方向相反换能器的发射(接收)面之间的距离,m;

d'——两方向相反换能器的发射(接收)面之间的距离,m;

t_1、t_2——对称探头的实测声时,s。

使用自动测量两互相垂直方向距离的超声波法桩孔检测仪时,任一深度截面的孔径 d 应按下式计算:

$$d = \frac{\sqrt{(l_1 + l_2)^2 + (l_3 - l_4)^2}}{2} + \frac{\sqrt{(l_1 - l_2)^2 + (l_3 + l_4)^2}}{2} \tag{13.10}$$

式中　l_1, l_2, l_3, l_4——探头中心距孔壁的距离,其中 1、2 与 3、4 互相垂直,如图 13.4 所示。

(2)桩孔倾斜度计算

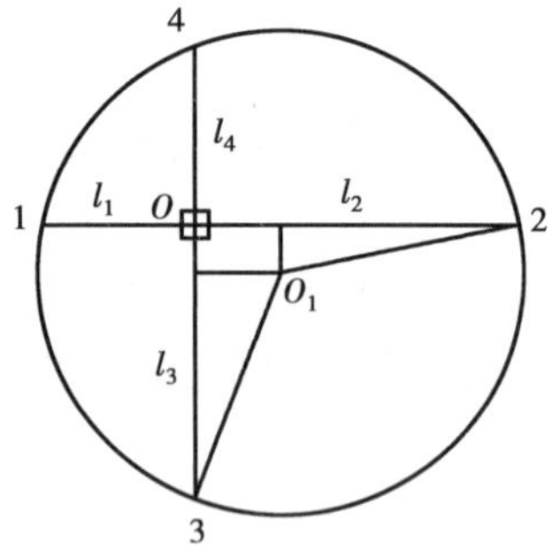

图 13.4　孔径计算示意图

采用接触式孔径仪测量时,桩孔倾斜度应按下式计算:

$$K = \frac{\Delta e}{L} \times 100 \tag{13.11}$$

$$\Delta e = \frac{d}{2} - \frac{\phi}{2} + \sum_{i=1}^{n} h_i \times \sin\left(\frac{\theta_i + \theta_{i-1}}{2}\right) \tag{13.12}$$

式中　K——桩孔倾斜度,%;

Δe——桩孔偏心距,m;

L——实测桩孔深度,m;

ϕ——测斜探头或扶正器外径,m;

h_i——第 i 段测点距,m;

n——测点数;

θ_i——第 i 测点实测顶角,(°)。

采用超声波法测量桩孔倾斜度时,桩孔倾斜度应按下式计算:

$$K = \frac{\Delta e}{L} \times 100 \tag{13.13}$$

$$\Delta e = e_1 - e_0 \tag{13.14}$$

$$e_1 = \frac{\sqrt{(l_1 - l_2)^2 + (l_3 - l_4)^2}}{2} \tag{13.15}$$

式中 e_1——桩孔底面偏心距，m，如图 13.5 所示；

e_0——桩孔孔口偏心距，m；

L——实测桩孔深度，m。

(3)沉淀厚度计算

沉淀厚度应按下式计算：

$$\Delta L = L' - L \tag{13.16}$$

式中 ΔL——沉淀厚度，m；

L'——实际钻进深度，m；

L——实测桩孔深度，m。

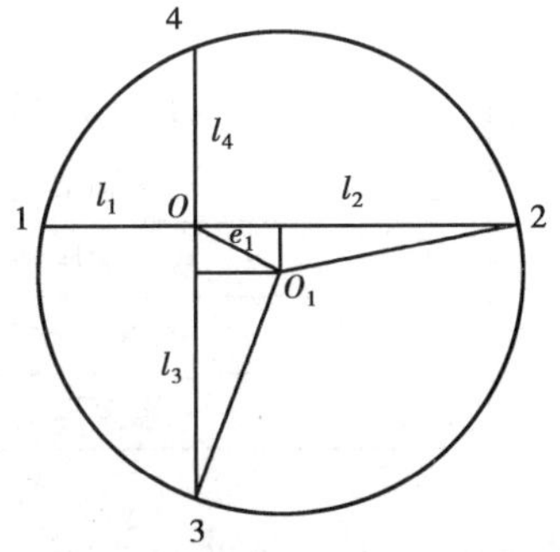

图 13.5 桩孔偏心距计算示意图

5)报告

检测报告应包括下列内容：设计相关要求，工程地质概况，被检桩的桩位图、桩型、混凝土强度等级、截面尺寸、桩长、桩号、桩位、桩顶高程、检测目的、检测依据、检测数量、成(沉)桩日期、检测日期、检测方法、检测仪器设备、被检桩的检测数据、实测与计算分析曲线和汇总结果，检测结论，按设计要求及相关标准评判成孔质量；附图、附表：包括孔位平面布置图、每桩孔的测试记录图和现场检测记录表及典型地质柱状图等。

▶ 13.2.2 桩身完整性检测

混凝土钻孔灌注桩是桥梁及建筑结构物常用的基桩形式之一，这主要是由于桩能将上部结构的荷载传递到深层稳定的土层，从而大大减少基础沉降和建筑物的不均匀沉降，实践也证明这是一种极为有效、安全可靠的基础形式。但是，灌注桩的成桩过程是在桩位处的地面下或水下完成，施工工序多，质量控制难度大，稍有不慎极易产生断桩等严重缺陷。据统计，国内外钻孔灌注桩的事故率高达5%～10%。因此，灌注桩的质量检测显得格外重要。

灌注桩成桩质量通常存在两方面问题：一是属于桩身完整性，常见的缺陷有夹泥、断裂、缩径、扩径、混凝土离析及桩顶混凝土密实性较差等；二是嵌岩桩，影响桩底支承条件的质量问题，主要是灌注混凝土前清孔不彻底，孔底沉淀厚度超过规定极限，影响承载力。

随着长、大桩径及高承载力桩基础迅速增加，传统的静压桩试验已很难实施于桩基础施工质量的检验。目前，常用的钻孔灌注桩质量的检测方法有 3 种：钻孔取芯法、低应变反射波法、超声波法。

1)钻孔取芯法

钻孔取芯法是检测混凝土灌注桩成桩质量的一种有效手段，不受场地条件的制约，特别适用于大直径混凝土灌注桩的成桩质量检测。钻孔取芯法的主要目的有 5 个：验证施工记录的桩长是否真实；桩身混凝土强度是否满足设计要求；桩底沉淀厚度是否符合设计或规范的要求；确定桩身的缺陷长度及其位置；桩端持力层的岩土性状和厚度是否符合设计要求。

钻孔取芯法适用于检测混凝土灌注桩的桩长、桩身混凝土强度、桩底沉淀厚度、桩身缺陷及其位置、桩端岩土性状。但若被检桩长径比较大时，成桩垂直度和钻孔取芯的垂直度都很难控制，钻芯孔容易偏离桩身，故要求受检灌注桩桩径不宜小于 800 mm，长径比不宜大于 40。

(1)试验仪器

液压式钻机设备参数应符合表 13.22 规定。

表 13.22　钻机设备参数

额定最高转速	≥790 r/min
转速调节范围	≥4 挡
额定配用压力	≥1.5 MPa
水泵排水量	50～160 L/min
水泵压力	1.0～2.0 MPa

钻机应配备单动双管钻具及相应的孔口管、扩孔器、卡簧、扶正稳定器和可捞取松软渣样的钻具。钻杆应顺直，直径宜为 50 mm。

钻头应根据混凝土设计强度等级选用合适粒度、浓度、胎体硬度的金刚石钻头，且外径不宜小于 100mm。被检桩混凝土骨料最大粒径小于 30 mm 时，可选用外径为 91 mm 的钻头；不检测混凝土抗压强度时，可选用外径为 76 mm 的钻头。钻头胎体不得有肉眼可见的裂纹、缺边、少角、倾斜及喇叭口变形。

(2)试验步骤

① 钻机设备安装应平稳牢固，底座水平。钻机立轴中心、天轮中心(天车前沿切点)与孔口中心应在同一铅垂线上，钻机在钻芯过程中不得发生倾斜、移位，钻孔垂直度偏差不应大于 0.5%。桩顶面混凝土与钻机底座的距离较大时，应安装孔口管，孔口管应垂直且牢固。

②钻进过程中，钻孔内循环水流不得中断，应根据回水含砂量及颜色调整水泵水量和钻进速度。

③每回次进尺宜控制在 1.5 m 内，钻至缺陷处或下钻速度快的位置，应及时测量钻杆深度，确定缺陷位置；钻至桩底时，应采取适宜的钻芯方法和工艺钻取沉淀、测定沉淀厚度，并对桩端持力层岩土性状进行鉴别；提钻卸取芯样时，应确保芯样完整。

④钻孔取芯的芯样应按进尺深度由上而下按回次顺序放进芯样箱中，芯样侧面上应清晰标明回次数、块号、本回次总块数，并应按规范格式及时记录钻进情况和钻孔异常情况，应对芯样质量做初步描述。钻芯过程中，应对芯样、桩底沉淀及持力层做详细的编录。

⑤钻孔取芯结束后，在截取芯样试件之前，应对芯样进行唯一性标识，并拍照。

⑥按规定对芯样进行强度和完整性评价(表 13.23)。

表 13.23　桩身完整性评判

类别	特征		
	1 孔	2 孔	3 孔
Ⅰ	混凝土芯样连续、完整、胶结好、表面光滑、骨料分布均匀、呈长柱状、断口吻合		
	芯样表面偶见少量气孔	局部芯样表面有蜂窝麻面、沟槽、少量气孔，但在 2 孔的同一深度部位的芯样中未同时出现，否则应判为Ⅱ类	局部芯样表面有蜂窝麻面、沟槽、少量气孔，但在 3 孔的同一深度部位的芯样中未同时出现，否则应判为Ⅱ类

续表

<table>
<tr><th rowspan="2">类别</th><th colspan="3">特征</th></tr>
<tr><th>1 孔</th><th>2 孔</th><th>3 孔</th></tr>
<tr><td rowspan="2">Ⅱ</td><td colspan="3">混凝土芯样连续、完整、胶结较好、呈长短柱状、断口基本吻合。有下列情况之一：</td></tr>
<tr><td>1. 局部芯样侧面有蜂窝、麻面、沟槽或较多气孔；
2. 局部芯样骨料分布不均匀、芯样侧面蜂窝麻面严重或沟槽连续；但对应部位的混凝土芯样试件抗压强度代表值满足设计要求，否则应判为Ⅲ类</td><td>1. 芯样侧面有较多气孔，连续的蜂窝、麻面、沟槽或局部混凝土芯样骨料分布不均匀，但在 2 孔的同一深度部位的芯样中未同时出现；
2. 芯样侧面有较多气孔，连续的蜂窝、麻面、沟槽或局部混凝土芯样骨料分布不均匀，且在 2 孔的同一深度部位的芯样中同时出现，但该深度部位的混凝土芯样试件抗压强度代表值满足设计要求，否则应判为Ⅲ类；
3. 任 1 孔局部混凝土芯样破碎段长度不大于 100 mm，破碎段处于桩身下部，且另 1 孔在同一深度部位的混凝土芯样完整性类别为Ⅰ类或Ⅱ类，否则应判为Ⅲ类或Ⅳ类</td><td>1. 芯样侧面有较多气孔，连续的蜂窝、麻面、沟槽或局部混凝土芯样骨料分布不均匀，但在 3 孔的同一深度部位的芯样中未同时出现；
2. 芯样侧面有较多气孔，连续的蜂窝、麻面、沟槽或局部混凝土芯样骨料分布不均匀，且在 3 孔的同一深度部位的芯样中同时出现，但该深度部位的混凝土芯样试件抗压强度代表值满足设计要求，否则应判为Ⅲ类；
3. 任 1 孔局部混凝土芯样破碎段长度不大于 100 mm，破碎段处于桩身下部，且另 2 孔在同一深度部位的混凝土芯样完整性类别为Ⅰ类或Ⅱ类，否则应判为Ⅲ类或Ⅳ类</td></tr>
<tr><td rowspan="2">Ⅲ</td><td colspan="3">大部分混凝土芯样胶结较好，芯样不连续完整、多呈短柱状或块状，无松散、夹泥现象。有下列情况之一：</td></tr>
<tr><td>局部混凝土芯样破碎且破碎长度不大于 100 mm</td><td>任 1 孔局部混凝土芯样破碎段长度大于 100 mm 但不大于 200 mm，且另 1 孔在同一深度部位的混凝土芯样芯样完整性类别为Ⅰ类或Ⅱ类，否则应判为Ⅳ类</td><td>1. 任 1 孔局部混凝土芯样破碎段长度大于 100 mm 但不大于 300 mm，且另 2 孔在同一深度部位的混凝土芯样完整性类别为Ⅰ类或Ⅱ类，否则应判为Ⅳ类；
2. 任 1 孔局部混凝土芯样松散段长度不大于 100 mm，且另外 2 孔的同一深度部位的混凝土芯样完整性类别为Ⅰ类或Ⅱ类，否则应判为Ⅳ类</td></tr>
<tr><td rowspan="2">Ⅳ</td><td colspan="3">有下列情况之一：</td></tr>
<tr><td>1. 因混凝土胶结质量差而难以钻进；
2. 混凝土芯样任一段松散或夹泥；
3. 局部混凝土芯样破碎长度大于 100 mm</td><td>1. 任 1 孔因混凝土胶结质量差而难以钻进；
2. 混凝土芯样任一段松散或夹泥；
3. 任 1 孔局部混凝土芯样破碎长度大于 200 mm；
4. 2 孔在同一深度部位的混凝土芯样破碎</td><td>1. 任 1 孔因混凝土胶结质量差而难以钻进；
2. 混凝土芯样任一段夹泥或松散段长度大于 100 mm；
3. 任 1 孔局部混凝土芯样破碎长度大于 300 mm；
4. 其中 2 孔在同一深度部位的混凝土芯样破碎、夹泥或松散</td></tr>
</table>

注：如上一缺陷的底部位置高程与下一缺陷的顶部位置高程高差小于 30 cm，则定为两缺陷处于同一深度部位。

2)低应变反射波法

低应变反射波法是目前国内外使用最广泛的一种基桩无损检测方法,它借一维弹性波动理论对实测桩顶速度或加速度响应信号的时域、频域特征来分析判定被检桩的桩身完整性,其中包括桩身存在的缺陷部位及其影响程度、桩端与持力层的结合状况。

低应变反射波法是在桩顶受到低能量锤击的作用下,低应变弹性波在桩中传播至桩端,并反射回桩顶被传感器所接收。人们既可利用时域信号中的桩端反射时间来计算波在桩中的传播速度,也可利用该场地被检桩的平均波速来估算桩的长度。根据一维弹性杆件波动理论,对由桩顶锤击产生的下行入射波来说,桩身某处波阻抗发生变化时将产生上行反射波。广义波阻抗在该截面上由大变小时,反射波与入射波的相位相同,反之相位相反。如混凝土夹泥、离析、缩颈甚至断裂均使桩身截面的波阻抗降低,而扩径和嵌岩良好时则波阻抗增大,仅仅通过反射波的相位特征来判定桩身缺陷的具体类型具有一定的困难。

因此,本方法在应用中尚需结合岩土工程地质和现场施工技术资料,通过综合分析来对桩身和桩端存在的缺陷及其类型和影响程度做出较科学的定性和半定量判定。

(1)试验仪器

检测仪器设备应包括激振设备、传感器、信号采集系统及处理器和专用附件等。

①激振设备:主要包括能激发窄脉冲和宽脉冲的力棒、力锤和锤垫。

②传感器:宜选用压电式加速度传感器,也可选用磁电式速度传感器,其频响曲线的有效范围应覆盖整个测试信号的频率范围。

③信号采集系统:应具有连续采集、快速自动存储、显示实测信号和处理分析信号的功能。主要符合以下规定:

a. 数据采集和处理器模/数(A/D)转换器的位数不宜低于16 bit。

b. 采样间隔宜为5~50 μs。

c. 单通道采样点不宜少于1 024点。

d. 动态范围宜大于60 dB,可调,线性度良好,其频响范围应满足10 Hz~5 kHz。

(2)准备工作

①传感器安装位置应平整,混凝土灌注桩桩头应凿至新鲜混凝土面,各测试点和激振点宜用砂轮机磨平。

②测量并记录桩头截面尺寸。

③预制桩的检测应在相邻桩施工完成后再进行。

④根据现场情况,合理选择合适的激振设备和传感器,并确认整个测试系统处于正常的工作状态。

(3)试验方法

①传感器应安装在桩头平整面上,应安装在灌注桩新鲜混凝土面上,并应与桩顶面垂直,确保传感器黏结稳固、耦合良好。

②激振设备应进行现场对比试验选定,短桩或分辨浅部缺陷桩时,宜采用窄脉冲低能量激振;长桩或深部缺陷宜采用宽脉冲大能量激振,选用不同重量和材质的力锤(棒),也可采用软硬适宜的锤垫。

③对于混凝土灌注桩，激振点宜选择在桩中心，传感器宜安装在距桩中心 2/3 半径处，且距离桩的主筋不小于 50 mm；当桩径小于 1 000 mm 时，不宜少于 2 个测点；当桩径大于或等于 1 000 mm时，应设置 3 ~4 个测点；测点宜以桩心为中心对称布置。

④对于混凝土预制桩，当边长或桩径小于 600 mm 时，不宜少于 2 个测点；当边长或桩径大于或等于 600 mm 时，不宜少于 3 个测点。

⑤对于预应力混凝土管桩，激振点、检测点和桩中心连线形成的夹角宜为 90°，且不应少于 2 个测点。

⑥各测点记录的有效信号数不应少于 3 次，且检测波形应具有良好的一致性。

⑦当检测环境存在干扰时，宜采用信号叠加增强技术进行重复激振，提高信噪比。当时域信号一致性较差时，应分析原因，排除人为和检测仪器等干扰因素，并重新检测或增加检测点数量。

(4)数据处理

桩身完整性分析宜以时域曲线为主，辅以频域分析，并结合岩土工程勘察资料、桩型、施工记录和波形特征等因素进行综合分析评判(表 13.24)。

表 13.24 桩身完整性类别评判表

类别	时域信号特征	频域信号特征
Ⅰ	$2L/c$ 时刻前无缺陷反射波，有桩底反射波信号	可见规律的等间距桩底谐振峰，其相邻频差 $\Delta f \approx \frac{c}{2L}$
Ⅱ	$2L/c$ 时刻前有局部轻微缺陷反射波，有桩底反射波信号	桩底谐振峰基本等间距，其相邻频差 $\Delta f \approx \frac{c}{2L}$，局部轻微缺陷产生的谐振峰与桩底谐振峰之间的频差 $\Delta f > \frac{c}{2L}$
Ⅲ	$2L/c$ 时刻前有明显的缺陷反射波，桩底反射信号不明显，其他特征介于Ⅱ类和Ⅳ类之间	
Ⅳ	$2L/c$ 时刻前有严重的缺陷反射波，或因桩身严重缺陷使波形呈多次大振幅反射，无桩底反射信号	严重缺陷峰-峰值排列基本等间距，相邻频差 $\Delta f > \frac{c}{2L}$，无桩底谐振峰；或因桩身浅部严重缺陷只出现单一谐振峰

3)**超声波法**

超声波法包括跨孔声波透射法和单孔声波折射法，其中声波透射法适用于检测直径不小于 800 mm 的混凝土灌注桩的完整性，评判桩身缺陷的位置、范围和程度；单孔声波折射法适用于辅助评判缺陷的位置、范围和程度。

超声波法主要是在桩身预埋一定数量的声测管，通过水的耦合，超声波从一根声测管中发射，在另一根声测管中接收，或单孔中发射并接收，可以测出被测混凝土介质的声学参数。由于超声波在混凝土中遇到缺陷时会产生绕射、反射和折射，因而到达接收换能器时声时、波幅及主频发生改变。超声波法就是利用这些声波特征参数来判别桩身的完整性，评定桩身缺陷的位置、范围和程度，但由于受混凝土的配比、原材料因素的影响，声参量并未与混凝土的强度建立良好的已知对应关系，不能用于推测桩身混凝土强度。

(1)试验仪器

检测仪器系统应由声波发射、径向换能器、接收放大、数据采集、数据处理、显示及存储等部分组成。检测仪应具有波形实时显示和声参量自动判读功能。当采用单孔声波折射法检测时,应具有一发双收功能。

①声波发射:可采用高压脉冲激振,其波形为阶跃脉冲或矩形脉冲,脉冲电压宜为250~1 000 V,且分挡可调。

②径向换能器:应满足其径向水平面应无指向性,谐振频率选用宜大于25 kHz且能在1 MPa水压下正常工作。径向换能器的收、发换能器的导线均应有长度标注,其标注允许偏差不应大于10 mm。接收换能器宜带有前置放大器,频带宽度宜为5~60 kHz。

③接受放大与信号采集系统:接收放大器的频带宽度为5~200 kHz,增益分辨率不低于0.1 dB,噪声有效值不大于10 μV;仪器动态范围不小于100 dB,测量允许误差小于1 dB。声时测量范围大于2 000 μs,声时分辨率优于1 μs,声时测量误差优于2%。采集器模-数转换不低于8 bit,采样频率不小于10 MHz,最大采样长度不小于8 kB。

(2)准备工作

①标定超声波检测仪发射至接收的系统延迟时间 t_0。

②声测管内灌满清水,且保证换能器应能在声测管中升降畅通。

③应准确测量声测管的管径和壁厚,测量精度为±0.1 mm;测量桩头处声测管外壁相互之间距离,测量精度为±1 mm。

④取芯孔作为超声波法的检测通道时,其垂直度误差不应大于0.5%,检测前应进行孔内清洗。

⑤声测管的编号宜以路线前进方向的顶点为起始点,按顺时针旋转方向进行编号和分组,每2根编为一组。

⑥在检测开始前或检测过程中,应避免如强的电流、磁场或与检测信号频率相当的其他振动干扰。

(3)测试要求

① 测点间距不应大于250 mm。发射与接收换能器应以相同高程同步升降,其累计相对高差不应大于20 mm,并随时校正。

②在对同一根桩的检测过程中,声波发射电压和仪器参数设置等应保持不变。

③检测过程中应读取并存储各测点的声参量,同时应存储各测点包含首波的波形或波列。

④对于声时值和波幅值出现明显异常的部位,应采用加密平测、双向斜测或扇形扫测进行局部细测,确定桩身混凝土缺陷的位置、大小和严重程度。上述局部细测的测点间距不应大于100 mm;局部斜测时,两支换能器发射、接收部分的中心连线与水平面的夹角不应小于30°,也可利用CT技术进行扫测和数据分析。

(4)数据处理与分析

被测桩的桩身完整性类别可根据各剖面的可疑缺陷区的分布、可疑缺陷区域测点的声参量偏离正常值的程度和接收波形变化情况,结合桩型、地质情况、成桩工艺等因素,按照表13.25的特征进行评判。

表 13.25 桩身完整性判定表

完整性类别	测点的声参量和波形特征
Ⅰ	所有测点声学参数正常,接收波形正常;个别测点的多个声参量轻微异常,但此类测点离散,接收波形基本正常或个别测点波形轻微畸变;多个测点的个别声参量轻微异常,其他声参量正常,但空间分布范围小,接收波形基本正常或个别测点波形轻微畸变
Ⅱ	一个或多个剖面上多个测点的多个声参量轻微异常,在深度和径向形成较小的区域,多个测点接收波形存在明显畸变,其中个别测点的声速低于低限值;一个或多个剖面上多个测点的个别声参量明显异常,其他声参量轻微异常,在深度和径向形成较小的区域,多个测点的接收波形存在明显畸变,其中个别测点的声速低于低限值
Ⅲ	某一深度范围内,一个或多个剖面上多个测点的多个声参量明显异常,在深度或径向形成较大的区域,多个测点接收波形存在严重畸变或个别测点无法检测到首波,其中多个测点的声速低于低限值;一个或多个剖面上多个测点的个别声参量异常严重,其他声参量明显异常,在深度或径向形成较大的区域,多个测点接收波形存在严重畸变或个别测点无法检测到首波,其中多个测点的声速低于低限值
Ⅳ	某一深度范围内,多个剖面上的多个测点的个别或多个声参量异常严重,在深度或径向形成很大区域,波形严重畸变或无法检测到首波,较多测点的声速低于底线值

13.3 基桩承载力检测

确定基桩承载力的检测方法有两种,一种是静荷载试验,另一种是各种桩的动测方法。静荷载试验是确定基桩承载力最可靠的方法,而各种桩的动测方法,则要在与桩静荷载试验结果大量对比的基础上,找出对比系数,才能推广应用。下面介绍静荷载试验方法和基桩高应变法。

► 13.3.1 基桩的垂直静载试验

垂直静载试验是在试桩顶上分级施加静荷载直到土对试桩的阻力破坏时为止,从而求得桩的容许承载力与下沉量。垂直静载试验主要包括竖向抗压静载试验和竖向抗拔静载试验,其中竖向抗压静载试验适用于确定单桩竖向抗压承载力,竖向抗拔静载试验适用于确定单桩竖向抗拔承载力,是检测基桩竖向抗压承载力和基桩竖向抗拔承载力的直观、可靠的传统方法。

1)试验仪器

基桩垂直静载试验检测仪器设备包括加载装置、反力装置、荷载测量装置、变形测量装置等。

(1)加载装置

试验宜采用油压千斤顶加载。采用两台及以上千斤顶加载时,应并联同步工作,且采用的千斤顶型号、规格相同,其千斤顶的合力中心与反力装置的中心、被检桩的横截面的形心重合,并保证合力方向垂直。

(2)反力装置

反力装置是加载系统中最主要的组成部分,对它应事先做好周密的设计。

抗压试验反力装置可根据现场条件选择锚桩横梁反力装置、压重平台反力装置、锚桩压重联合反力装置。反力装置应满足下列规定:

①加载反力装置的承载能力不应小于最大加载量的1.3倍;

②应对加载反力装置的全部构件进行强度和变形验算;

③应对锚桩抗拔力以及抗力(含地基土、抗拔钢筋、桩的接头等)进行验算;

④采用工程桩做锚桩时,锚桩数量不宜少于4根,并应监测锚桩上拔量;

⑤在压重平台反力装置中,应确保消除压重平台对试验的影响,压重宜在检测前一次加足,并均匀稳固地放置于平台上;

⑥压重施加于地基的压应力不应大于地基承载力容许值的1.5倍,有条件时宜利用工程桩作为堆载支点。

抗拔试验宜采用反力桩(或工程桩)提供反力,也可根据现场情况采用天然地基提供反力。反力装置所能提供的承载能力应不小于最大抗拔加载量的1.3倍,并应符合下列规定:

①采用反力桩(或工程桩)提供反力时,反力桩顶面应平整并具有足够的强度;

②采用天然地基提供反力时,施加于地基的压应力不应超过地基承载力容许值的1.5倍。

(3)荷载测量装置

荷载测量可用放置在千斤顶上的荷重传感器直接测定;或采用并联于千斤顶油路的压力表或压力传感器测定油压,根据千斤顶与配套的压力表率定曲线换算荷载。荷重传感器的测量误差不应大于1%,压力表精度应优于或等于0.4级。试验用压力表、油泵、油管在加载时的压力不应超过额定工作压力的80%,且不应小于额定工作压力的20%。

(4)变形测量装置

变形测量装置宜采用位移传感器或大量程百分表,测量误差不应大于0.1%FS,分辨力应大于或等于0.01 mm。检测设备及量测仪表应有遮挡设施,严禁日光直射基准梁;被检桩区域应不受冲击、振动等影响;基准桩应打入地面以下一定深度,确保在试验过程中不变形。

2)准备工作

①被检桩、锚桩(锚杆、压重平台支墩边)和基准桩之间的中心距离应符合表13.26规定。

表13.26 被检桩、锚桩(锚杆、压重平台支墩边)和基准桩之间的中心距离

反力装置 \ 距离	被检桩中心与锚桩中心(或压重平台支墩边)	被检桩中心与基准桩中心	基准桩中心与锚桩中心(或压重平台支墩边)
锚桩横梁	≥4(3)D且>2.0 m	≥4(3)D且>2.0 m	≥3D且>2.0 m
压重平台	≥4(3)D且>2.0 m	≥4(3)D且>2.0 m	≥3D且>2.0 m

注:①D为被检桩、锚桩的设计直径或边宽,取较大者。

②如被检桩或锚桩为扩底桩或多支盘桩时,被检桩与锚桩的中心距离不应小于2倍扩大端直径。

③括号内数值可用于工程桩抽样检测时多排桩设计桩中心距离小于4D的情况。

②被检桩的桩型、地质条件、截面尺寸、桩长、成桩工艺和质量控制标准应与工程桩一致。

③陆上试桩时，桩顶部宜高出试坑底面，试坑底面宜与桩承台底高程一致。混凝土桩头加固宜符合有关规定。水上试桩时，应搭设牢固试验平台，平台高程应考虑水位及风浪的影响，被检桩桩顶部应高出试验平台高程。

④对混凝土灌注桩、有接头的预制桩，宜在拔桩试验前采用低应变反射波法或超声波法检测受检桩的桩身完整性。为设计提供依据的抗拔灌注桩，施工时应进行成孔质量检测，桩身中、下部位出现明显扩径的桩，不宜作为抗拔试验桩；对有接头的预制桩，应复核接头强度。

3）试验步骤

竖向抗压和竖向抗拔静载试验都采用慢速维持荷载法；加载应分级进行，采用逐级等量加载；卸载应分级进行，采用逐级等量卸载；每级卸载量取加载时分级荷载的 2 倍。加、卸载时应使荷载传递均匀、连续、无冲击，每级荷载在维持过程中的变化幅度不得超过分级荷载的 ±10%。

①每级荷载施加后按第 5、15、30、45、60 min 测读桩顶沉降量，以后每隔 30 min 测读一次。

②沉降相对稳定标准：每 1 h 内的桩顶沉降量不超过 0.1 mm，并连续出现两次（从分级荷载施加后的第 30 min 开始，按 1.5 h 连续 3 次每 30 min 的沉降观测值计算）。

③当桩顶沉降达到相对稳定标准时，再施加下一级荷载。

④卸载时，每级荷载应维持 1 h，分别按第 15、30、60 min 量测桩顶的回弹量，即可卸下一级荷载。卸载至零后，维持时间不得少于 3 h。桩端为砂类土时，应在开始 30 min 内每 15 min 测读一次；桩端为黏质土时，应在开始 60 min 内每 15 min 测读一次，以后每隔 30 min 测读一次桩顶残余沉降量。

4）加载终止条件

对于基桩竖向抗压试验，当出现下列情况之一时，可终止加载：

①被检桩在某级荷载作用下的沉降量大于前一级荷载沉降量的 5 倍，且桩顶总沉降量大于 40 mm。

②被检桩在某级荷载作用下的沉降量大于前一级的 2 倍且经 24 h 尚未稳定，同时桩顶总沉降量大于 40 mm。

③荷载-沉降曲线呈缓变型时，可加载至桩顶总沉降量 60 ~ 80 mm；当桩长超过 40 m 或被检桩为钢桩时，宜考虑桩身压缩变形，可加载至桩顶总沉降量超过 80 mm。

④工程桩验收时，荷载已达到承载力容许值的 2.0 倍或设计要求的最大加载量且沉降达到稳定。

⑤桩身出现明显破坏现象。

⑥当工程桩作锚桩时，锚桩上拔量已达到允许值。

对于基桩竖向抗拔试验，当出现下列情况之一时，可终止加载：

①在某级荷载作用下，桩顶上拔量大于前一级上拔荷载作用下上拔量的 5 倍。

②按桩顶上拔量控制时，累计桩顶上拔量超过 100 mm。

③按钢筋抗拉强度控制时，桩顶上拔荷载达到受拉钢筋抗拉强度设计值。

④对验收抽样检测的工程桩,达到设计要求的最大上拔荷载或最大上拔位移。

5)数据整理与分析

(1)基桩竖向抗压试验

①检测数据的整理:

a. 确定单桩竖向抗压承载力时,应绘制竖向荷载-沉降(Q-s)、沉降-时间对数(s-lg$t$)曲线,需要时也可绘制其他辅助分析所需曲线。

b. 当进行桩身应变(应力)、变形和桩底反力测定时,应整理出有关数据的记录表,并绘制桩身轴力分布图,计算不同土层的分层侧摩阻力和端阻力值(表13.27)。

表13.27 单桩竖向静载试验检测记录表

检测单位名称: 记录编号:

<table>
<tr><td colspan="2">工程名称</td><td colspan="2"></td><td colspan="2">委托/任务编号</td><td colspan="2"></td><td colspan="2">样品名称</td><td></td></tr>
<tr><td colspan="2">桩 号</td><td colspan="2"></td><td colspan="2">试验依据</td><td colspan="2"></td><td colspan="2">试验日期</td><td></td></tr>
<tr><td colspan="4">主要仪器设备及编号</td><td colspan="9"></td></tr>
<tr><td rowspan="2">加载级</td><td rowspan="2">油压/MPa</td><td rowspan="2">荷载kN</td><td rowspan="2">观测时间</td><td colspan="5">位移计(百分表)读数/mm</td><td rowspan="2">本级沉降/mm</td><td rowspan="2">累计沉降/mm</td><td rowspan="2">备 注</td></tr>
<tr><td>1#</td><td>2#</td><td>3#</td><td>4#</td><td>平均值</td></tr>
<tr><td></td><td></td><td></td><td></td><td></td><td></td><td></td><td></td><td></td><td></td><td></td><td></td></tr>
<tr><td></td><td></td><td></td><td></td><td></td><td></td><td></td><td></td><td></td><td></td><td></td><td></td></tr>
<tr><td></td><td></td><td></td><td></td><td></td><td></td><td></td><td></td><td></td><td></td><td></td><td></td></tr>
<tr><td></td><td></td><td></td><td></td><td></td><td></td><td></td><td></td><td></td><td></td><td></td><td></td></tr>
<tr><td></td><td></td><td></td><td></td><td></td><td></td><td></td><td></td><td></td><td></td><td></td><td></td></tr>
<tr><td></td><td></td><td></td><td></td><td></td><td></td><td></td><td></td><td></td><td></td><td></td><td></td></tr>
<tr><td></td><td></td><td></td><td></td><td></td><td></td><td></td><td></td><td></td><td></td><td></td><td></td></tr>
</table>

检测: 记录: 复核: 日期:

②基桩竖向抗压极限承载力的确定:

a. 根据沉降随荷载变化的特征确定:对于陡降型 Q-s 曲线,取其发生明显陡降的起始点对应的荷载值。

b. 根据沉降随时间变化的特征确定:取 s-lg$t$ 曲线尾部出现明显向下弯曲的前一级荷载值。

c. 出现第2种终止情况时,取前一级荷载值。

d. 出现第4种终止情况时,取本级荷载值。

e. 对于缓变型 Q-s 曲线可根据沉降量确定,宜取 $s=40$ mm 对应的荷载;对于钢管桩和桩长大于40 m的混凝土桩,宜考虑桩身弹性压缩量;对直径大于或等于800 mm的灌注桩或闭口桩,可取 $s=0.05D$ 对应的荷载值(D 为桩端全断面直径)。

当 Q-s 曲线的形态出现异常时,应根据桩身完整性检测结果和静载试验结果并结合地质条件,对被检桩的桩身质量和承载力进行综合分析评价。当证实桩身存在缺陷时,应在检测报告中明确指出。

(2)基桩竖向抗拔试验

①检测数据整理:应绘制上拔荷载-桩顶上拔量(U-δ)关系曲线和桩顶上拔量-时间对数(δ-lg$t$)关系曲线,必要时可绘制其他辅助分析曲线。

②基桩竖向抗拔极限承载力的确定:

a.根据上拔量随荷载变化的特征确定:对陡升型 U-δ 曲线,取陡升起始点对应的荷载值。

b.根据上拔量随时间变化的特征确定:取 δ-lg$t$ 曲线斜率明显变陡或曲线尾部明显向上弯曲的前一级荷载值。

c.当在某级荷载下抗拔钢筋断裂时,取其前一级荷载值。

d.对抽样检测的工程桩在最大加载量下,未出现以上3种情况,且桩顶上拔量达到相对稳定标准时,可取最大加载量。

▶ 13.3.2 基桩的水平静载试验

单桩水平静载试验适用于检测桩顶自由时的单桩水平承载力,推定桩侧地基土水平抗力系数。桩侧地基土水平抗力系数是桩土交界面下不同深度处桩侧土水平抗力与水平位移的比值,一般认为是土体的固有特性。有了桩侧地基土水平抗力系数,就可以根据实际工程桩的工作条件来确定桩侧土抗力,进而计算桩的水平承载力和弯矩。

1)试验仪器

基桩水平静载试验检测仪器设备包括加载装置、反力装置、水平荷载测量装置、水平位移测量装置等。

①加载装置:水平推力加载装置宜采用卧式千斤顶。采用千斤顶施加水平荷载时,千斤顶和被检桩接触处应安置一球形铰座,应使千斤顶所施加的水平荷载通过桩身轴线,千斤顶和被检桩接触处应适当补强。

②反力装置:可采用相邻桩,也可专门设置,其承载能力及其刚度应大于被检桩的1.3倍。采用顶推法施加荷载时,反力桩与被检桩之间的净距不应小于5倍桩径(或边长);采用牵引法施加荷载时,反力桩与被检桩之间的净距不应小于10倍桩径(或边长),且不应小于6 m。

③水平荷载测量装置:水平荷载测量装置及其技术要求同13.3.1节中荷载测量装置。

④水平位移测量装置:水平位移测量装置选用及安装同13.3.1节中变形测量装置,且水平位移测量的基准桩应不受试验和其他因素的影响,其与被检桩和反力桩的净距不宜小于5倍桩径(或边长);当基准点设置在与加荷轴线垂直方向或被检桩位移相反方向时,间距可适当减小,但不应小于2 m。

⑤当测量桩身应变(应力)时,传感器的安装应符合下列要求:

a.当利用单桩水平静载试验测量相应水平荷载作用下桩身应变(应力)并推算桩身弯矩时,各测试断面的测量传感器应沿受力方向对称布置在远离中性轴的受拉和受压主筋或桩身表面。安装传感器的纵剖面与受力方向之间的夹角应小于10°。

b.基桩承台底面高程下15倍桩径(或边长)范围内应加密测试断面,断面间距不应超过1倍桩直径(或边长)。对于桩径大于或等于800 mm的桩,宜适当加密。超过此深度,测试断面间距可适当加大。

2)试验步骤

水平静载试验可采用单向多循环加、卸载法或慢速维持荷载法,但需要测量桩身应变(应力)时,一般采用慢速维持荷载法进行试验。

①荷载分级宜取预估被检桩水平极限承载力或要求最大试验荷载的1/12～1/10作为加载级差。

②采用单向多循环加、卸载法时,每级荷载施加后,维持荷载4 min后测读水平位移并卸载至零,停2 min后测读残余水平位移,至此完成一个加、卸载循环,如此循环5次,完成一级荷载的试验观测,试验不得中间停歇。

③采用慢速维持荷载法时,进行分级加、卸载,试验方法及稳定标准应同13.3.1节中基桩竖向静载试验的加、卸载方法。

3)终止条件

出现下列条件之一时,可终止加载:

①桩身折断。

②水平位移超过30～40 mm(软土取40 mm)。

③达到设计要求的最大加载量或水平位移允许值。

4)数据整理和分析

(1)检测数据的整理

采用单向多循环加、卸载法时,应绘制水平力-时间-力作用点位移 H_0-t-Y_0 曲线、水平力-力作用点位移梯度 H_0-$\Delta Y_0/\Delta H_0$ 曲线(图13.6)。

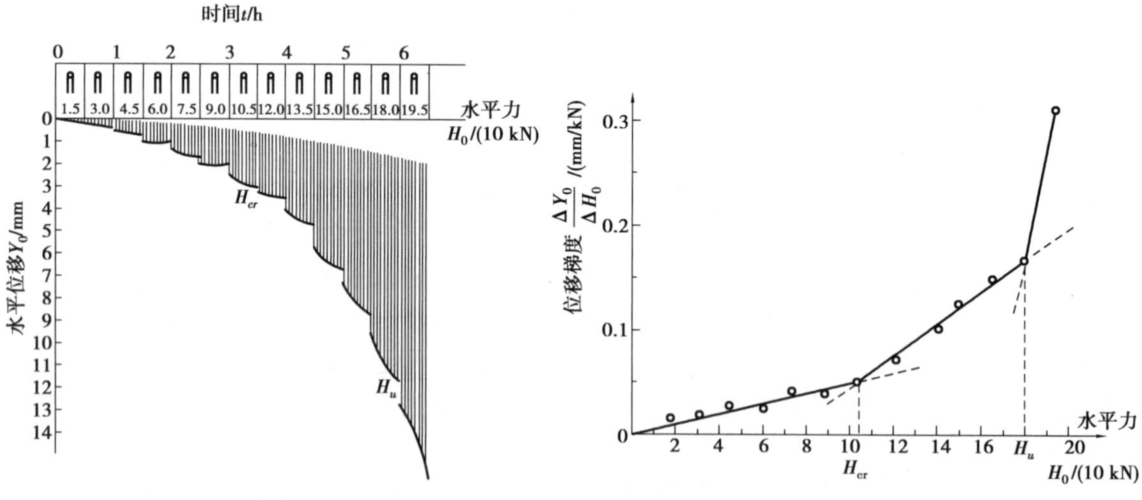

(a) H_0-t-Y_0曲线　　(b) H_0-$\Delta Y_0/\Delta H_0$曲线

图13.6　采用单向多循环加、卸载法水平静载试验

采用慢速维持荷载法时,应绘制水平力-力作用点位移 H_0-Y_0 曲线、水平力-力作用点位移梯度 H_0-$\Delta Y_0/\Delta H_0$ 曲线、力作用点位移-时间对数 Y_0-$\lg t$ 曲线和水平力-力作用点位移双对数 $\lg H_0$-$\lg Y_0$ 曲线。

埋设有桩身应力(应变)传感器时,应绘制各级水平力作用下的桩身弯矩分布图及水平力-最大弯矩截面钢筋拉应力 H_0-δ_0 曲线,并列表给出相应数据。

单桩水平静载试验记录如表13.28所示。

表13.28　单桩水平静载试验记录表

检测单位名称：　　　　　　　　　　　　　　　　　　　　　　记录编号：

工程名称		委托/任务编号		样品名称	
桩　号		试验依据		试验日期	
上下表平均距离		主要仪器设备及编号			

油压/MPa	荷载/kN	观测时间	循环数	加载						卸载						水平位移/mm		加载上下表读数差	转角	备注
				上表1	上表2	上表均值	下表1	下表2	下表均值	上表1	上表2	上表均值	下表1	下表2	下表均值	加载	卸载			

检测：　　　　　　　　　　记录：　　　　　　　　　　复核：　　　　　　　　　　日期：

(2)单桩水平极限承载力检测值确定

采用单向多循环加、卸载法时,根据 H_0-t-Y_0 曲线产生明显陡降的前一级水平荷载值和 H_0-$\Delta Y_0/\Delta H_0$ 曲线上第二直线段的终点对应的水平荷载值综合确定。

采用慢速维持荷载法时,根据 H_0-Y_0 曲线产生明显陡降的起始点对应的水平荷载值、Y_0-$\lg t$ 曲线尾部出现明显弯曲的前一级水平荷载值、H_0-$\Delta Y_0/\Delta H_0$ 曲线和 $\lg H_0$-$\lg Y_0$ 曲线上第二拐点对应的水平荷载值综合确定。

使用传感器时,取桩身折断或钢筋屈服时的前一级水平荷载值。

(3)单桩水平临界荷载的确定

水平临界荷载为混凝土桩桩身出现裂缝前所对应的荷载,对混凝土中长桩或长桩而言,随着水平荷载的增加,桩侧土体的塑性区自上而下逐渐开展扩大,伴随着桩身所受最大弯矩逐渐增大的同时,最大弯矩所处的断面位置也会逐渐下移,当弯矩增大到一定值时,桩身混凝土出现开裂并最终导致桩身结构破坏。

采用单向多循环加、卸载法时,根据 H_0-t-Y_0 曲线出现拐点的前一级水平荷载值和 H_0-$\Delta Y_0/\Delta H_0$ 曲线上第一拐点对应的水平荷载值。

采用慢速维持荷载法时,根据 H_0-Y_0 曲线上出现拐点的前一级水平荷载值、H_0-$\Delta Y_0/\Delta H_0$ 曲

线和 $\lg H_0$-$\lg Y_0$ 曲线上第一拐点对应的水平荷载值。

使用传感器时,取 H_0-δ_0 曲线上第一拐点对应的水平荷载值。

(4)单桩水平承载力容许值

设计要求的水平位移允许值对应的水平荷载统计值为单桩水平承载力容许值。单位工程同一条件下单桩水平承载力容许值的取值方法应符合下列规定:

①按桩身强度确定水平承载力时,取水平临界荷载统计值和单桩水平极限承载力统计值的1/2的小值为单桩水平承载力容许值。

②桩受长期水平荷载作用且桩不允许开裂时,取水平临界荷载统计值的75%和单桩水平极限承载力统计值的1/2的小值为单桩水平承载力容许值。

③按设计要求的水平位移允许值确定水平承载力时,取设计要求的水平位移允许值对应的水平荷载统计值为单桩水平承载力容许值。

5)报告

检测报告应包括下列内容:设计相关要求;工程地质概况;被检桩的桩位图、桩型、混凝土强度等级、截面尺寸、桩长、桩号、桩位、桩顶高程;检测目的,检测依据,检测数量,成(沉)桩日期,检测日期,检测方法,检测仪器设备;被检桩的检测数据,实测与计算分析曲线和汇总结果;被检桩与对应地质钻孔柱状图的相对位置,并应注明水平荷载施加位置;被检桩的截面尺寸及配筋情况;试验装置示意图;加、卸载方法,荷载分级表;单桩水平承载力确定的依据;由钢筋应力或应变测试并推算桩身弯矩时,应有传感器类型、安装位置、内力计算等。

▶ 13.3.3 基桩高应变法

高应变法适用于检测单桩竖向抗压极限承载力,通过采用实测曲线拟合法分析得到桩侧土阻力的分布和桩端土阻力,用于检测桩身结构完整性,判定桩身缺陷的位置和缺陷程度;也用于监测混凝土预制桩和钢桩沉桩过程中桩身应力和锤击能量传递比,为选择沉桩工艺参数和确定桩长提供依据。

1)基本原理

高应变法以现代波动理论为基础,导出了一套简洁的分析计算公式,借助于现代的振动测量和信号处理技术,在锤击桩的过程中检测桩头的受力和运动响应信息,借助计算机分析技术,较全面地考虑桩和土及其相互作用的各种因素,通过复杂的运算,获得桩的承载力。

高应变法检测桩身结构完整性时,由于其激振能量大,因而可以检测出桩的深部是否存在缺陷,以及同一根桩存在两个以上的明显缺陷,但因为高应变锤击波形从起始到峰值的上升时间一般都在2 ms以上,所以其对传感器安装以下较浅部位的缺陷难以判断。利用高应变法检测单桩竖向抗压极限承载力时,全部采用实测曲线拟合法。

2)试验仪器

高应变法检测仪器设备主要包括激振设备、信号采集及分析仪、传感器和贯入度测量仪,以及其他辅助设备,如冲击钻、膨胀螺栓、钢瓦尺、起重设备、运输重锤的车辆等。

①激振设备:主要包括激振锤,一般采用由铸铁或铸钢整体制作的自由落锤,也可采用柴油锤、液压锤,严禁使用由钢板制成的分片组装锤。锤体应材质均匀、形状对称、锤底平整,高

径(宽)比不得小于1,宜采用稳固的导向装置。进行单桩竖向抗压极限承载力检测时,为防止桩头被打坏或桩身出现过大拉应力,同时也为了确保安全,一般控制重锤落距。因此,必须保证激振锤的重量不得小于预估单桩极限承载力的1.2%,灌注桩的桩径大于800 mm或桩长大于35 m时宜适当增加锤重。

②信号采集器和传感器:应具有连续采集、快速自动存储、显示实测力与速度信号和处理分析信号的功能。

信号采集器的采样频率应大于10 kHz,信号采样点数不应少于1 024点;采样长度应满足计算、分析要求,记录、处理和数据显示装置,应有能力对应变、加速度和时间进行内部标定。

加速度传感器的安装应满足谐振频率的要求,且加速度在0~10 000 m/s^2和频率在1~7.5 kHz内呈线性。被检桩为钢桩时,宜采用加速度在50 000 m/s^2范围内呈线性的加速度计。

③贯入度测量仪:一般采用精密水准仪等光学仪器。

3)检测步骤

(1)桩头的处理

①桩顶面应平整,桩露出地面的高度应满足锤击装置和传感器安装的要求,锤重心应与桩顶对中。

②对不能承受锤击的桩头应进行加固处理。检测时桩顶应设置垫层,垫层宜采用厚度为10~30 mm的木板、纤维板、石棉板,板的厚度应相同、材质应均匀,也可均匀铺设黄沙。

(2)传感器的安装

为监视和减少可能出现的偏心锤击的影响,检测时应安装应变传感器和加速度传感器各两只。传感器的安装应符合下列规定:

①传感器与桩顶的距离不宜小于2倍桩径或桩边长;对于大直径桩,传感器与桩顶距离可适当减小,但不得小于1倍桩径或桩边长;严禁采用1只加速度传感器或1只应变传感器进行检测。传感器安装位置示意图如图13.7所示。

②传感器安装面应平整、无明显缺损或截面突变,且所在截面的材质和尺寸应与被检桩相同。

③加速度传感器和应变传感器的中心应位于同一水平截面内,同侧两种传感器间的水平距离不宜大于100 mm;固定传感器的螺栓孔应与桩轴线垂直,安装好的传感器应紧贴桩身,且传感器的中心轴应与桩的中心轴平行。

④安装应变传感器时,应对初始应变进行监测,其值不得超过规定的限值。

(3)现场检测参数设定

高应变法检测通过在桩顶采集力和速度信号,通过计算得到桩的承载力。实际上,传感器直接测到的其安装面上的应变和加速度信号,还要根据其他参数设定值计算后才能得到力和速度信号,因此桩的参数必须按测点处桩的性状设定。

现场检测时桩头测点处的桩截面面积、桩身波速、桩材质密度和弹性模量应按测点处桩的实际情况确定。

测点下桩长和截面积的设定值应符合下列规定:

a.测点下桩长应取传感器安装点至桩底的距离;

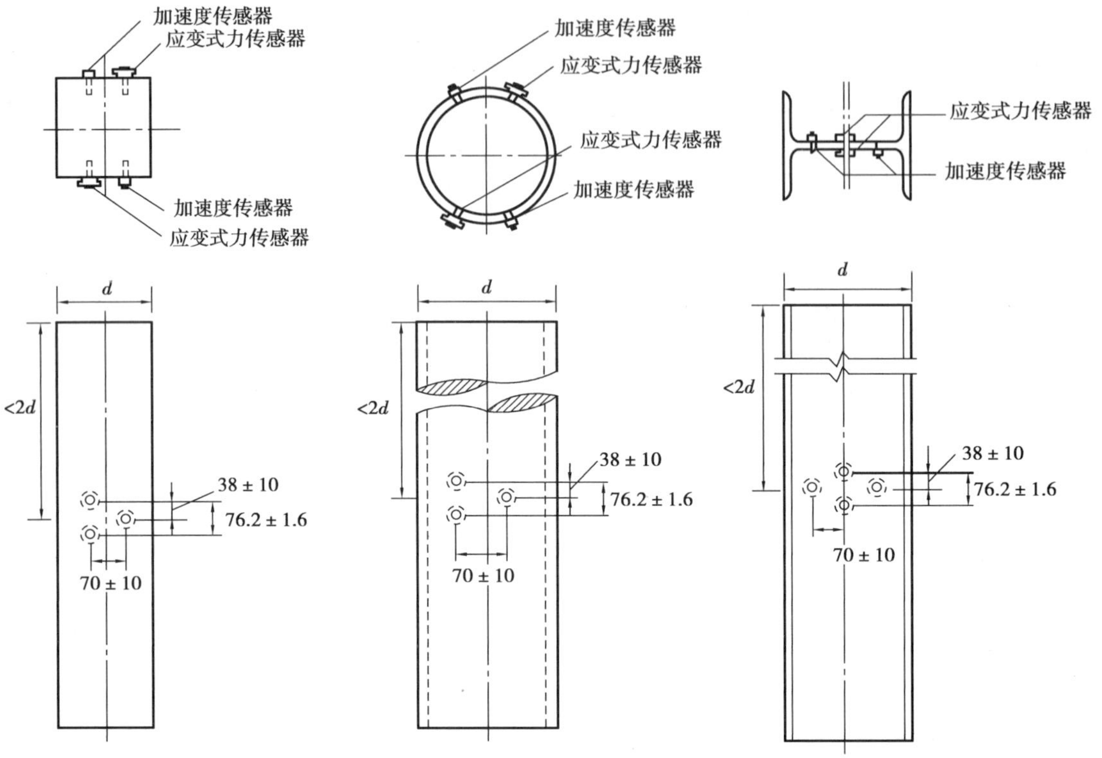

(a)混凝土方桩　(b)管桩　(c)H型钢桩

图 13.7　传感器安装

b. 对于预制桩,可采用建设或施工单位提供的实际桩长和桩截面积作为设定值;

c. 对于混凝土灌注桩,测点下桩长和截面积设定值宜按建设或施工单位提供的施工记录确定。

桩身波速可结合本地经验或按同场地同类型已检桩的平均波速初步设定。

桩身质量密度设定应按表 13.29 所示。

表 13.29　桩身材料质量密度

混凝土灌注桩	混凝土预制桩	预应力混凝土管桩	钢　桩
2 400 kg/m^3	2 450 ~ 2 500 kg/m^3	2 550 ~ 2 600 kg/m^3	7 850 kg/m^3

桩材弹性模量设定值应按下式计算:

$$E = \rho v^2 \tag{13.17}$$

式中　E——桩材弹性模量,kPa;

v——桩身内应力波传播速度,m/s;

ρ——桩材质量密度,kg/m^3。

(4)测试技术要求

检测前,应认真检查确认整个测试系统处于正常状态,并逐一核对各类参数设定值,直到确认无误时,方可开始检测。

采用自由落锤为锤击设备时,宜重锤低击,最大锤击落距不宜大于2.5 m。用于检测单桩竖向抗压极限承载力时,应实测每次锤击下桩的有效贯入度,单击贯入度宜控制在2~6 mm,且锤击次数宜为2~3击。

检测桩身完整性和承载力时,应及时检查采集数据的质量、桩顶最大锤击力和动位移、贯入度以及桩身最大拉(压)应力、桩身缺陷程度及其发展情况等,并由此综合判定本次采集信号的有效性。每根被检桩的有效信号数不应少于2组。如发现测试系统出现问题、力和速度信号第一峰起始比例失调、测试波形紊乱、桩身有明显缺陷或缺陷程度加剧时,应停止检测,进行检查。

4)数据处理和分析

(1)实测波形的判读

现场量测的直接结果是一条力波曲线和一条速度波曲线。判断现场采集信号的可靠性相当重要,直接影响分析计算。实测波形应符合下列要求:

①力曲线和速度曲线在起始阶段应重合,两者峰值一般情况下出现在同一时刻 t_1,且幅值基本相等;在 $t_1 \sim t_1 + 2L/c$ 时间内,力曲线和速度曲线应逐渐分离。

②力曲线和速度曲线应基本光滑、无振荡或低频噪声信号叠加,且曲线尾部应归零。

③同一根被检桩相邻两次有效采样信号应有较好的重复性。

当锤击后出现下列情况之一的,其信号不得作为分析计算依据:

①传感器安装处混凝土开裂或出现严重塑性变形,使力曲线最终未归零。

②锤击严重偏心,两侧力信号幅值相差超过1倍。

③触变效应的影响,桩在多次锤击下承载力下降。

④桩身有明显缺陷时。

⑤四通道测试数据不全。

分析计算前,应根据实测信号按下列方法确定桩身波速平均值:

①桩底反射信号明显时,可根据下行波波形升起沿的起点到上行波下降沿的起点之间的时差与已知桩长值确定(图13.8);

②桩底反射信号不明显时,可根据桩长、混凝土波速的合理取值范围以及邻近桩的桩身波速值综合判定。

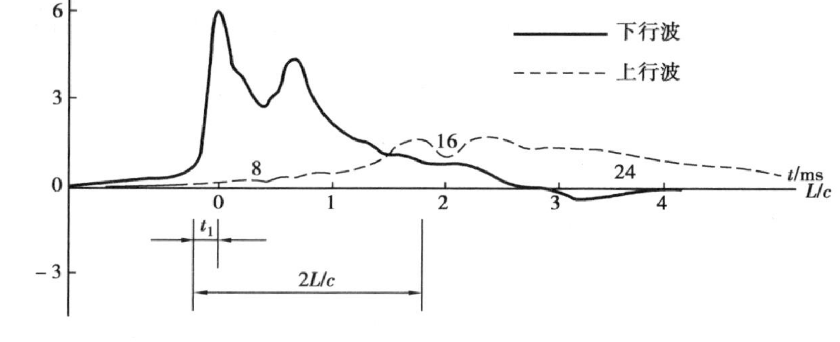

图13.8　桩身波速的确定

F—锤击力;L—测点下桩长;c—桩身波速

(2)桩承载力判定

可采用实测曲线拟合法评判单桩竖向抗压承载力。实测曲线拟合法的基本原理是将现场高应变法采集的力和速度时程曲线与波动方程结合起来,将桩划分为若干个单元。假定各桩单元的计算模型和土的计算模型,具体拟合时预先假定各个单元体的计算参数,用实测速度(或力、上行波、下行波)波曲线为边界条件求解波动方程,反算桩顶力(或速度、下行波、上行波)曲线,使计算波形曲线与实测波形曲线吻合程度良好。若二者吻合程度不满足要求,则应重新调整原假定参数,反复迭代计算,直到二者吻合程度达到要求为止,由此得出的桩的承载力和阻尼系数等才能被认为是正确的。

实测曲线拟合法是高应变法中确定单桩竖向抗压承载力最可靠的方法,但实测曲线拟合法需要在室内根据实测波形进行计算拟合,满足不了试沉桩时有时需要初步确定单桩竖向抗压承载力的要求,故在试沉桩时可采用凯斯法对单桩竖向抗压承载力进行初步计算。采用凯斯法判定单桩极限承载力,利用式(13.18)判定单桩承载力的关键是选取合理的阻尼系数 J_c。但该方法仅限于中、小直径桩,且应有较可靠的地区经验,并且桩身材质应基本均匀、截面应基本相等。

$$R_s = \frac{1}{2}(1 - J_c)[F(t_1) + ZV(t_1)] + \frac{1}{2}(1 + J_c)\left[F\left(t_1 + \frac{2L}{c}\right) - ZV\left(t_1 + \frac{2L}{c}\right)\right] \tag{13.18}$$

式中 R_s——凯斯法计算获得的单桩竖向抗压承载力,kN;

J_c——凯斯法阻尼系数;

Z——桩身截面力学阻抗,kN · s/m;

V——桩身实测质点运动速度,m/s;

t_1——速度信号第一峰对应的时刻,s;

C——桩身波速,m/s;

F——桩身实测锤击力,kN;

L——测点以下桩长,m。

(3)桩身完整性判定

桩身缺陷位置宜用实测力波与速度波相比较或分离上、下行波的方法,也可通过实测曲线拟合法确定。

对于等截面桩,桩身完整性可按表 13.30 的规定并结合经验判定;桩身完整性系数值和桩身缺陷位置 x 应分别按式(13.19)、式(13.20)计算:

$$\beta = \frac{[F(t_1) + Z \times V(t_1)] - 2\Delta R + [F(t_x) - Z \times V(t_x)]}{[F(t_1) + Z \times V(t_1)] - [F(t_x) - Z \times V(t_x)]} \tag{13.19}$$

$$x = c \times \frac{t_x - t_1}{2\,000} \tag{13.20}$$

式中 t_x——缺陷反射速度波峰值对应的时刻,ms;

ΔR——缺陷以上部位土阻力的估计值,kN,其值等于缺陷反射起始点处的实测力与桩身截面力学阻抗乘以速度的差值;

x——传感器安装截面至缺陷处的距离,m。

表 13.30　桩身完整性判定

桩身完整性类别	β 值	桩身完整性类别	β 值
Ⅰ	$0.95<\beta\leqslant 1.00$	Ⅲ	$0.60\leqslant\beta<0.80$
Ⅱ	$0.80\leqslant\beta\leqslant 0.95$	Ⅳ	$\beta<0.60$

5）报告

基桩高应变法检测报告应包括下列内容：

①委托方名称，工程名称、地点，建设、勘察、设计、监理及施工单位，设计相关要求。

②工程地质概况。

③被检桩的桩位图、桩型、混凝土强度等级、截面尺寸、桩长、桩号、桩位、桩顶高程。

④检测目的，检测依据，检测数量，成（沉）桩日期，检测日期，检测方法，检测仪器设备。

⑤被检桩的检测数据，实测与计算分析曲线和汇总结果。

⑥被检桩与对应地质柱状图的相对位置。

⑦被检桩的施工概况：对于灌注桩，应提供成桩方法、充盈系数，宜提供成孔质量检测结果；对于预制桩，应提供锤的型号或压机型号、最后 10 击贯入度或最后的压桩力。

⑧计算中实际采用的桩身波速。

⑨选用的各单元桩土模型参数、土阻力沿桩身的分布图。

⑩实测贯入度。

⑪试沉桩和沉桩监控所采用的桩锤型号、垫层类型，监测所得锤击数、桩侧阻力、桩端静阻力、锤击拉应力和压应力、桩身完整性及能量传递比随入土深度的变化。

思考练习题

13.1　地基承载力容许值的确定有哪些方法？

13.2　现场地基荷载试验有哪几种？各自的适用条件是什么？

13.3　标准贯入试验钻杆长度对试验结果有无影响？如果有，应如何避免？

13.4　什么是圆锥动力触探试验？其基本原理是什么？

13.5　混凝土基桩桩身几何尺寸检测主要包含哪些内容？

13.6　桩身完整性检测有哪些方法？各自适用于什么情况？

13.7　低应变反射波法用于混凝土桩身完整性检测的基本原理是什么？

13.8　用超声波对钻孔灌注桩进行桩的完整性检测时，当测得的数据中某处的综合判据值 $NFP=0.28$，且声速、幅值、频率值都很低，试初步判断缺陷性质。

13.9　简述基桩静载试验的原理和测试主要内容。

13.10　什么是桩的允许荷载、允许承载力？什么是桩的极限荷载、极限承载力？

13.11　有一钻孔灌注桩，静载检测数据如表 13.31 所示。

表 13.31　习题 13.11

荷载/kN	300	600	900	1 200	1 500	1 800
沉降/mm	0.10	0.20	0.36	0.50	0.74	1.00
荷载/kN	2 100	2 400	2 700	3 000	3 300	3 600
沉降/mm	1.35	1.70	2.14	3.00	6.20	9.20

根据表列数据绘制 *p-s* 曲线，解释桩的破坏模式，确定此桩的允许承载力和极限承载力。(1500 kN，3 000 kN)

13.12　某打入桩用穿心锤加载，记录振波波长为 8 mm，记录纸移动速度为 200 mm/s，参振桩土的折算重量为 445 kN，求试桩的极限承载力是多少？(1 893.05 kN)

14 在役桥梁监测

由于我国社会经济的发展,车流量增加、车辆所承载的重量日益剧增,桥梁在运营期间长期处于高负荷的运营状态,同时所面临的自然环境条件更为复杂多变,因此在役桥梁需要面对车辆超重、构件疲劳以及自然灾害突发事件(如地震、船撞等),实时检测桥梁的损坏状况日益重要。桥梁的检测、监测和养护管理密不可分,是保障桥梁安全正常运营的主题内容。

利用人为观测或适用于桥梁检测的仪器测量得到桥梁安全健康状况的信息是目前我国桥梁养护管理的重要措施。但是通过人工测量存在一定的局限性,这些局限性主要体现在:需要较多的人力和财力;有些地方不易或不能检测到;检测结果具有一定的主观性缺乏具体的量化标准;对结构表观所进行的检测整体性不强;每当进行检测时需要限制交通,这对正常的交通流会产生影响;定检的周期比较长,无法实时发现桥梁潜在的问题等。由于上述问题,人工检测难以完全满足桥梁实时健康状况检查的需要。

通过实时的桥梁健康监测系统获取桥梁响应信息,从而对桥梁结构的状况进行分析是目前桥梁养护与评价的重要趋势。桥梁健康监测系统结合最新的传感器技术、通信网络、先进管理、数据分析和处理、结构分析理论、知识和信息检索技术、决策理论等领域的相关知识,扩大了桥梁检测的范围和内容,从而提高评估诊断的精度和可靠性。

近年来,通信网络、信号处理、人工智能等技术的不断发展加速了桥梁监测系统的实用化进程。研究和开发各种灵活、高效、廉价且不影响桥梁结构正常使用的长期实施监测方法或技术成为理论研究和工程实践的重点。桥梁健康监测系统的部署和应用不仅具有重要的现实意义,还具有重要的研究价值,在推动和发展智能化、数字化和信息化桥梁工程中起到显著的积极作用。

14.1 桥梁检查

▶ 14.1.1 桥梁检查分类

桥梁检查分为经常检查、定期检查和特殊检查，其主要目的是通过对桥梁桥面系、上部结构、下部结构的缺损状况进行检查，从而对桥梁技术状况进行评定。

桥梁的经常检查，也称为日常检查，主要指对桥面设施、上部结构、下部结构和附属构造物的技术状况进行日常巡视检查，及时发现缺损并进行小修保养工作。

桥梁的定期检查是评定桥梁的使用功能，制订管理养护计划提供基础数据，按规定周期对桥梁主体结构及其附属构造物的技术状况进行定期跟踪的全面检查。主要检查各部件的功能是否完善有效，构造是否合理耐用，发现需要大、中修、改善或限制交通的桥梁缺损状况，同时检查小修保养状况。定期检查还为桥梁养护管理系统提供动态数据。

桥梁的特殊检查是查清桥梁结构的病害原因、构件破损程度、承载能力、抗灾能力，确定桥梁技术状况的工作。特殊检查分为应急检查和专门检验。应急检查是当桥梁遭受洪水、流冰、漂流物、船舶撞击、滑坡、地震、风灾和超重车辆自行通过等自然灾害或事故后，立即对结构做的详细检查。查明破损状况，采取应急措施，以尽快恢复交通。专门检查是根据经常检查和定期检查的结果对需要进一步判明损坏原因、缺损程度或使用能力的桥梁，要求针对病害进行专门的现场试验检测、检算与分析等鉴定工作，以便进行有效的养护。

经常检查的周期根据桥梁技术状况而定，一般每月不得少于一次，汛期应加强不定期检查。定期检查周期根据技术状况确定，最长不得超过 3 年。新建桥梁交付使用一年后，进行第一次全面检查。临时桥梁每年检查不少于一次。存在以下 4 种情况时应作专门检查：

①定期检查中难以判明损坏原因及程度的桥梁；

②桥梁技术状况为四、五类者；

③拟通过加固手段提高荷载等级的桥梁；

④条件许可时，特殊重要的桥梁在正常使用期间可周期性进行荷载试验。周期性荷载试验一般为在使用 20 年后，每隔 10 ~ 15 年进行一次。桥梁遭受洪水、流冰、滑坡、地震、风灾、漂浮物或船舶撞击，因超重车辆通过或其他异常情况影响造成损害时，应进行应急检查。

▶ 14.1.2 桥梁检查的主要内容

1)桥面系检查

①桥面铺装：铺装层是否完整，有无裂缝、局部坑槽、积水、沉陷、波浪、碎边，混凝土桥面是否有剥离、渗漏，钢筋是否露筋、锈蚀，缝料是否老化、损坏，桥头有无跳车；

②伸缩缝装置：是否堵塞卡死，连接部件有无松动、脱落、局部破损，有无漏水，是否造成明显的跳车；

③人行道：面层是否破损、开裂，地砖是否隆起、缺损、缺失；

④栏杆、防撞护栏：有无撞坏、断裂、松动、错位、断件、剥落、锈蚀等；

⑤排水设施：桥面排水管（孔）总数，桥面横坡、纵坡是否顺适，排水是否顺畅，排水管（孔）堵塞和破损个数，桥头排水沟功能是否完好；

⑥照明、标志：交通信号、标志、标线、照明设施以及桥梁其他附属设施是否完好；

⑦桥上的通信、供电线路及设备是否完好，线路架设是否规整；

⑧整体外观：是否整洁，有无杂草堆积、杂草蔓生或垃圾堆积。

2）上部结构

①上部承重构件：梁体有无异常变形，有无横、纵、竖向裂缝，有无混凝土剥落、掉角、露筋、蜂窝、麻面、渗水、泛碱、泛白等；

②主拱圈：拱身砌体有无错位、开裂、灰缝脱落、风化、损伤、断裂、脱落、渗水，拱脚有无水平、竖向位移和转角；

③上部一般构件：横隔板、翼缘板、湿接缝、横向联系有无裂缝，混凝土剥落露筋、渗水泛白等；

④拱上结构：是否有裂缝，实腹拱的侧墙是否与主拱圈脱裂，侧墙是否有变形、位移、渗水，拱上填料是否有沉陷或开裂，空腹拱的腹拱或横向联结系有无变形、错位；

⑤支座：是否有明显缺陷，活动支座是否灵活，位移量是否正常，组件是否清洁；支承垫石是否有裂缝；橡胶支座是否老化、开裂、有无过大的剪切变形或压缩变形，夹层钢板之间的橡胶层外凸是否均匀等；盆式橡胶支座的固定螺栓是否剪断，螺母是否松动，钢盆外露部分是否锈蚀，防尘罩是否完好。

桥梁上部结构检查的重点部位如表14.1所示。

表14.1　桥梁上部结构检查的重点部位

构造形式	示意简图	重点检查部位
简支梁	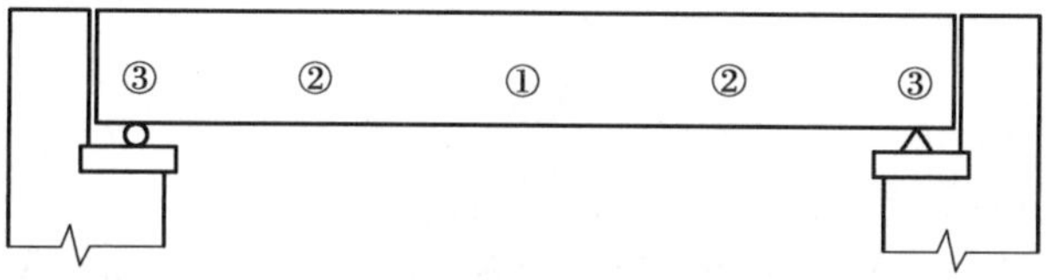	跨中处、1/4跨径处、支座处
连续梁	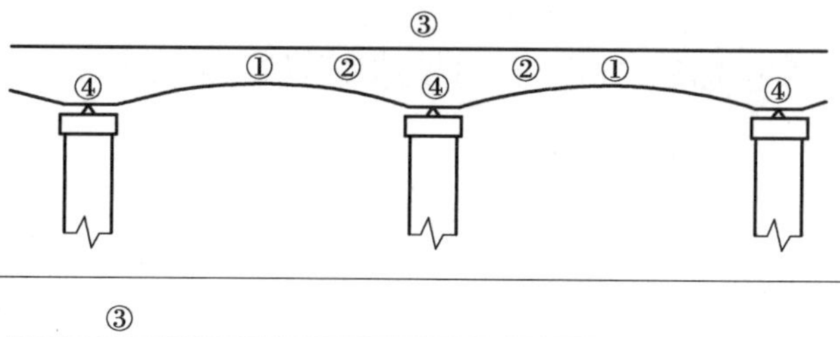	跨中处、反弯点处、桥墩处梁顶、支座处
悬臂梁	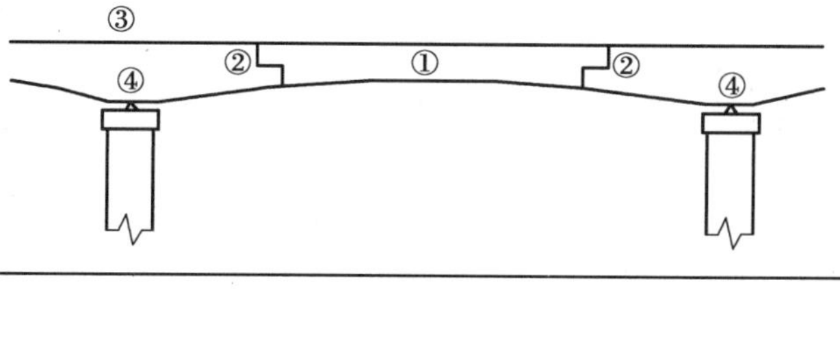	跨中处、托架处、桥墩处梁顶、支座处

续表

构造形式	示意简图	重点检查部位
刚构桥	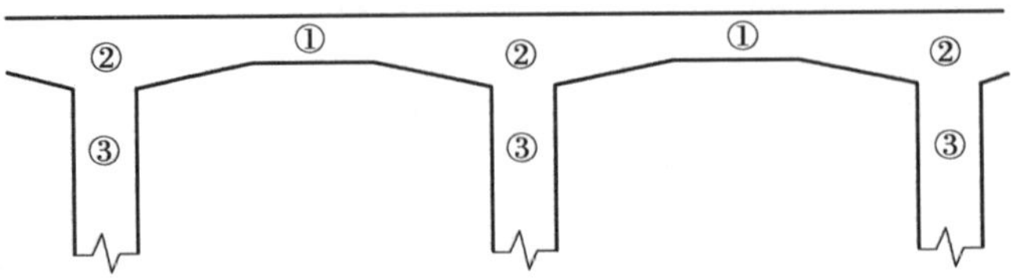	跨中处、角隅处、立柱处
斜腿刚构	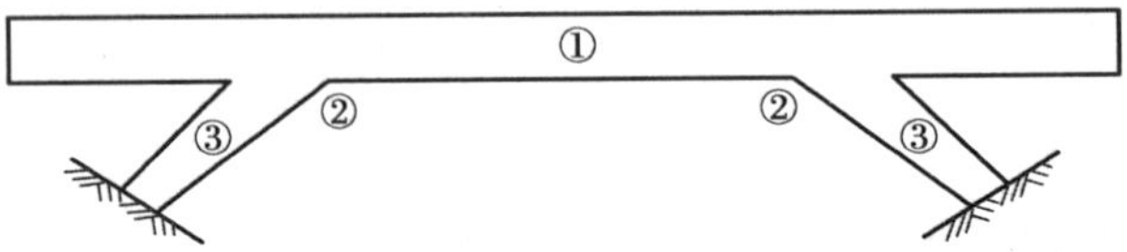	跨中处、角隅处、斜腿处
拱式桥	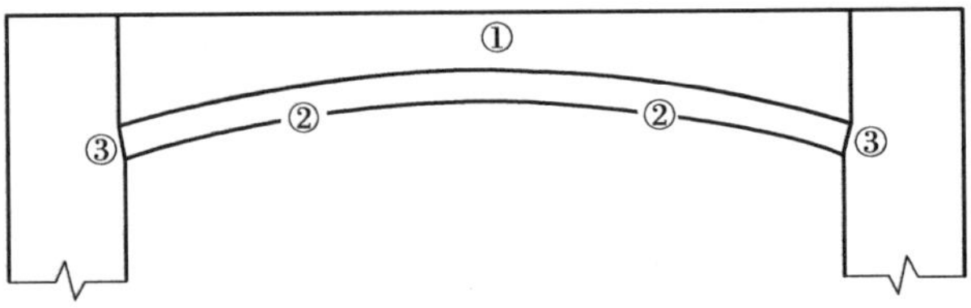	跨中处、拱肋连接处、拱脚处

钢筋混凝土梁桥及预应力混凝土梁桥的检查要点是混凝土开裂和钢筋锈蚀。中、下承式拱的吊杆检查和系杆拱的系杆检查在拱桥检查中应引起特别注意。钢桥检查的主要内容是变形、裂缝、锈蚀及连接件是否正常。悬索桥和斜拉桥的检查主要还是表观缺陷和索力。支座是容易损坏的部位，在经常检查中很难对其进行目测检查，因此在定期检查中应视为重点检查的部位。

3）下部结构

①翼墙、耳墙：是否有破损、位移、鼓肚、砌体松动、裂缝；

②锥坡、护坡：是否有隆起、凹陷、开裂、砌体砂浆脱落、滑坡、冲刷，锥坡、护坡功能保持情况；

③桥墩：是否有蜂窝、麻面、剥落、露筋、空洞、孔洞、磨损、位移、裂缝，圬工砌体缺陷（砌体破损、剥落、松动、变形等）；

④桥台：台身是否有剥落、空洞、孔洞、磨损、位移、裂缝，桥头有无跳车现象，台背排水状况，圬工砌体缺陷（砌体破损、剥落、松动、变形等）；

⑤墩台基础：有无冲刷、淘空、剥落、露筋、冲蚀、沉降、滑移、倾斜、裂缝等；

⑥河床：有无堵塞、冲刷、河床变迁等；

⑦调治构造物：是否有断裂、砌体松动、鼓肚、凹陷、灰浆脱落及冲刷、变形等，需要设置但没有设置调治构造物的情况；

桥梁特殊检查内容包括桥梁材质状况、表观状态、结构恒载变异情况调查等，主要解决以下 3 个方面问题：

①桥梁结构材料缺损状况，包括材料物理、化学性能退化程度及原因，以及结构或构件开

裂状态等。

②桥梁结构承载能力，包括结构强度、稳定性和刚度。

③桥梁防灾能力，包括桥梁抵抗洪水、流冰、风、地震及其他地质灾害的能力。

▶ 14.1.3 桥梁检查的方法

经常检查又称为日常检查或例行检查，以直接目测为主，配合简单量测工具进行定期检查。日常检查以目视观察为主，必要时辅以测量仪器（表14.2）。在桥梁特殊检查中，桥梁结构材料缺损状况鉴定，可根据鉴定要求和缺损的类型、位置，选择表面测量、无破损检测和局部取试样等有效可靠的方法，试样应在有代表性构件的次要部位获取；桥梁结构检算及承载力试验应按国家及行业有关标准和技术规范进行；桥梁抗灾能力鉴定一般采用现场测试与检算的方法，特别重要的桥梁可进行模拟试验。

表14.2 桥梁定期检查用设备和器材

安全、保护用品	警告标志、警告信号灯、反光背心、安全帽、安全带、工作服、防滑鞋、雨靴、水裤、救生衣、救生索、防护眼镜、其他劳保用品
检测仪具	照相机、长焦镜头、广角镜头、闪光灯、望远镜、刻度放大镜、地质罗盘、100 m钢卷尺、2～3 m钢卷尺、1～2 m钢直尺、垂球测绳、测量花杆、水准仪及塔尺、测量记录本
工具、器材	电筒（强光）、扁刮刀、地质锤、地铲、铁锹、钢丝刷、油漆刷、特种铅笔、喷雾筒漆、彩色粉笔、器具箱、工具袋、文件包、其他文具
附加设备	软梯、伸缩梯、充气皮艇、工作船、拼装式悬挂作业架、桥梁专用检查作业架、专用检查作业车

定期检查顺序一般应遵循以下原则：

①按路线里程增长方向和从右至左的顺序检查，如图14.1所示。

②从下往上顺序检查。首先检查下部结构和基础冲刷，同时检查上部结构的底面和侧面，然后依次检查支座、箱梁内部，最后检查桥面系统。

③桥梁主体结构检查完成后，检查调治构造物的状况。

④在检查结构缺损状况过程中，同时校对桥梁结构的基本数据是否与实际相符。

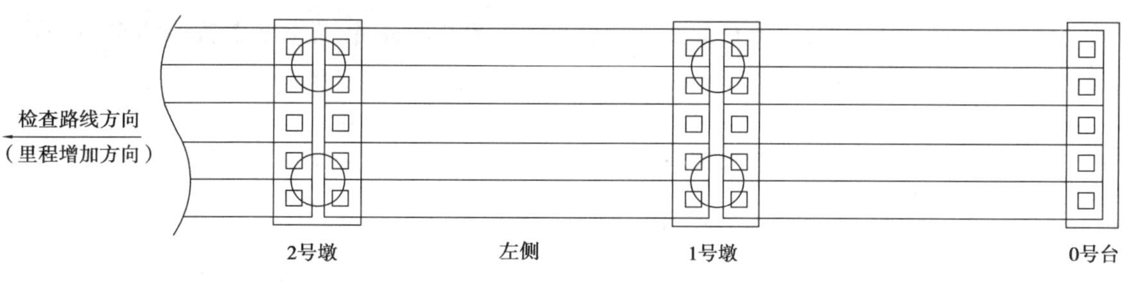

图14.1 旧桥定期检查顺序示意图

缺损位置描述一般应遵循以下原则：

①先描述发生缺损构件所在的桥跨号和墩台号，如图14.2所示，然后再在同一墩台或桥

跨中按里程增长方向从右至左对相同类型构件顺序编号,起始号一般定为1。

②给定构件的缺损位置,描述损坏出现构件在哪一个面上。

③对于构件任一面上的损坏位置,可以用“跨中”“支点处”“中部”“端部”“顶部”“底部”等来详细描述。

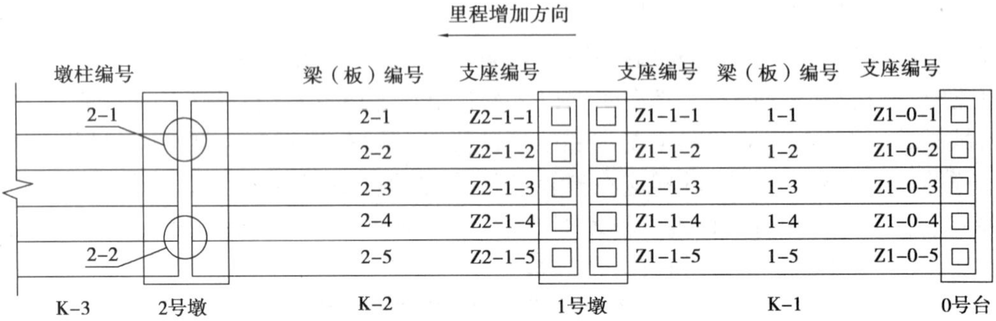

图14.2 桥梁定期检查构件编号示意图

病害检查现场标注可采用以下规则:

①裂缝:用粉笔沿裂缝走向勾出裂缝路线,并在旁标明检查日期、裂缝长(如$d=1.25$ m),宽(如$\delta=0.12$)、位置坐标(裂缝远端距该梁端距离、裂缝近端距该梁端距离)(如6.75,5.50),用裂缝长来复核该坐标;对梁、墩、台上的裂缝必须进行编号并绘于构件展开图上。

②混凝土剥落、露筋、蜂窝、麻面:在缺陷旁用粉笔注明检查日期、剥落面积(如$S=50\times80^2$)及露筋根数,对梁、墩、台上的此类缺陷必须绘于展开图上。

③无法标注及照片反映不明显的缺陷,如纵、横向错位、较大开裂等,配以钢卷尺辅助拍照。

病害文字描述可采用以下规则:

①应详细记录病害的类型、位置、范围、数量和严重程度,并对其成因和发展趋势作出判断,有照片时附照片编号。

②对梁、墩、台的缺陷记录必须配以展开图,文字描述的同时将缺陷标在构件展开图上。

③记录者妥善保管记录资料,每座桥检查完后编好页码、整理成册、及时录入电脑,文件名格式为“检查日期桥名录入者”(如20130722张家沟桥李)。

桥梁检查拍照参照如下规则:

①两张桥梁总体照片:一张桥面正面照,一张上游侧立面照;若上下游桥梁结构不一致,还要增拍下游侧照片,并标注清楚。

②对严重病害必须进行拍照,对典型病害选取一处进行拍照。

③每日对照片进行电脑备份,文件名格式为“日期照相者”(如20130722李)。

▶ 14.1.4 桥梁检查的准备工作

①了解桥梁的设计单位、承建单位、管理部门、养护部门,并与之取得联系。

②向以上单位及部门索要电子或纸质桥梁基本技术资料,包括设计(及变更设计)、施工、监理、监测、试验、养护、维修加固、水文与地质状况及其他历史资料。

a.设计资料:包括地质勘察报告、计算书、设计图纸以及变更设计书和图纸;

b. 竣工资料：包括竣工图、竣工质检及验收文件、定点观测记录；

c. 养护资料：包括桥梁维修、加固记录和图纸、日常养护、定期检查资料；

d. 检测试验资料：历次检测试验报告和常规定期检测中提出的建议；

e. 水文与地质资料：包括年降水量、洪水历史最高水位线及地质状况。

③若桥梁无存档备案资料，则需实地勘察及向有关部门或周围居民进行走访调查，勘察、调查内容主要包括以下内容：

a. 桥梁类型。

b. 坐落地名称、桥梁名称及开工修建时间、竣工时间。

c. 所跨河流名称、周边地貌、地质及水文情况。

d. 所处路线名称（国道 G、省道 S、县道 X、乡道 Y），桥梁两端临近最小行政区划地名，桥梁两端起终里程。

e. 桥梁两端引道线形情况。

f. 竣工或运营期间是否进行过检查、检测、荷载试验，检查、检测、荷载试验的性质（经常、定期、特殊），是否设置有永久性观测点。

g. 桥梁历史运营情况，包括：使用期间是否遭受重大自然灾害（洪水、地震、滑坡、泥石流等）、意外事件（车辆撞击、船只撞击等）或人为破坏；是否有过维修加固，若维修加固过，则进行了哪些部位的维修加固处理及负责施工单位名称、地址；桥梁运营荷载调查，如交通量、交通组成、车重等情况。

h. 桥梁结构尺寸量测及绘制断面图，包括：桥面全（净）宽 = 左侧栏杆宽 + 左侧人行道宽 + 车行道宽 + 右侧人行道宽 + 右侧栏杆宽、栏杆高、人行道高、路拱横坡，由以上数据绘制桥面横断面图并注明桥面铺装类型（刚性路面、柔性路面）；对主要承重构件尺寸进行量测及绘制纵、横断面图并注明梁的类型；支座类型（钢支座、板式橡胶支座、盆式橡胶支座、球型支座、混凝土铰支座、铅芯橡胶支座、盘式支座等）及型号，绘制支座平面、横断面图并标明具体材质；墩台、桥台尺寸量测及绘制平、纵、横断面图并注明墩台类型（重力式、轻型式），桥台类型（重力式、轻型式）及水位线；拱式桥需量测每跨拱脚间距及拱脚线至拱顶高度；绘制桥梁整体纵、横断面图并注明尺寸及桥两端临近最小行政区划地名。

④编制检测方案，落实配套措施。

▶ 14.1.5　桥梁检查的报告编制

报告编制内容如下：

①工程概况：包括桥梁名称、所属路线、里程范围、开工修建时间、竣工修建时间、桥梁结构描述及其基本情况等桥梁基本情况介绍，桥梁纵、横断面图和桥面正面照、上游侧立面照（上下游结构不同时，还需附下游侧立面照）；

②检测目的：包括所检测桥梁的背景，通过检测所达到的目的；

③检测依据：检测过程中所需的技术指导、规程、规范、地方性法规、文件及技术状况评定标准等；

④检测内容与方法：包括所检查的桥梁部位及所使用的具体方法；

⑤构件编号及病害描述规则:构件及病害描述中对其位置描述所遵循的编号规则;

⑥桥梁现状及病害检查结果:对检查病害按结构部位、构件、病害类型分类,成表成图,并对各表各图进行统计分析;

⑦桥梁技术状况评定:现行桥梁技术状况评定规范有《公路桥梁技术状况评定标准》(JTG/TH 21—2011)和《公路桥涵养护规范》(JTG H11—2004),选择其一对桥梁各构件、部件、整体进行技术状况评定;

⑧原因分析:综合所检桥梁的历史情况、水文与地质状况、现场检查结果对桥梁现状进行原因分析,并对其发展趋势作出评判;

⑨结论及建议:对所检桥梁进行具体的文字总结定论,并根据技术状况评定等级,结合检查结论和原因分析,对其提出桥梁使用、养护、维修、加固等有针对性的建议;

⑩附件:包括工作照、病害照、缺陷图、各类数据表格等。

14.2　桥梁结构安全监测系统

桥梁结构安全监测系统由安装在桥梁上的传感器以及数据采集与传输、数据处理与管理等软硬件构成,对桥梁的荷载与环境作用以及桥梁结构性能参数进行测量、收集、处理、分析,并对桥梁结构正常使用水平与安全状态进行评估和预警,是一种对桥梁结构工作状态进行实时动态监测和识别的系统,其子系统通常包括传感器子系统、数据采集与传输子系统以及数据管理、分析与安全评估子系统3部分(图14.3)。一般来说,桥梁结构安全监测系统的建立都是以结构本身为平台,涉及测量学、数据处理及安全评估等多个学科,其基本思路是桥梁结构的损伤会在很大程度上改变桥梁结构的刚度 K、质量 M 等,导致桥梁的动力性能也随之发

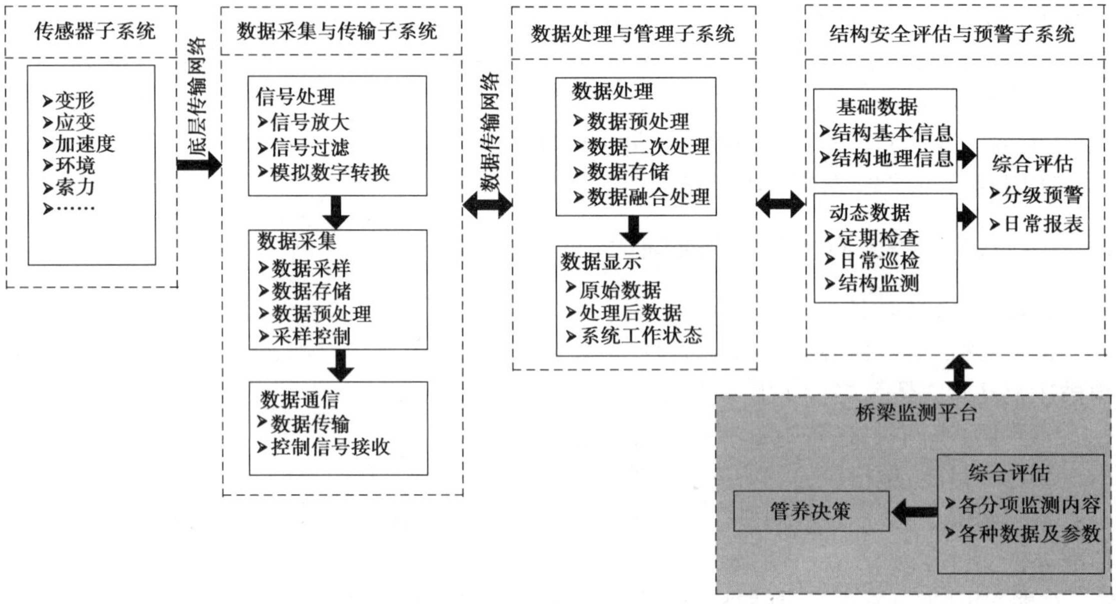

图14.3　桥梁结构安全监测系统的总体框架图

生改变,因此通过对结构的动力性能参数进行分析,并与正常状态下的动力性能参数进行对比,从而对结构健康状况作出评估。

桥梁结构安全监测不仅是为了结构状态监控和评估,其信息反馈于结构设计的更深远的意义在于,结构设计方法与相应的规范标准等可能得到改进。再有就是,桥梁安全监测带来的不仅仅是监测系统以及对某特定桥梁设计的反思,还可能并应该成为桥梁研究的“现场实验室”。桥梁安全监测为桥梁工程中的未知问题和超大跨度桥梁的研究提供了新的契机。由运营中的桥梁结构与其环境所获得的信息不仅是理论研究和实验室调查的补充,还可以提供有关结构行为和环境规律的最真实信息。因此,桥梁安全监测将不只是传统桥梁检测加结构评估新技术,而且被赋予了结构监控与评估、设计验证和研究与发展三个方面的意义。

▶ 14.2.1 桥梁结构安全监测系统构成

1)传感器模块

传感器模块由荷载与环境监测、结构整体响应监测和结构局部响应监测传感器构成,应能实现桥梁环境参数、车辆荷载参数及视频信息、结构响应的测量。

①传感器模块设计应包括监测内容和测点选择的设计以及传感器选型。

②监测内容应包括荷载与环境监测、结构整体响应监测与结构局部响应监测:

a. 荷载与环境监测内容包括车辆荷载、风、地震、温度、湿度、降雨量和船舶撞击力等;

b. 结构整体响应监测内容包括结构振动、变形、位移、转角等;

c. 结构局部响应监测包括构件局部应变、索力、钢构件疲劳、支座反力、裂缝、腐蚀、基础冲刷深度等。

③测点选择应满足数据分析与安全预警及评估要求,应采用结构计算分析、结构危险性分析和易损性分析方法确定监测的关键构件和部位。

④传感器模块设计应考虑防雷、防静电、防尘、防水等防护措施。

2)数据采集与传输模块

数据采集与传输模块由数据采集设备、数据传输设备与缆线、数据采集与传输软件构成,应实现传感器数据同步采集与传输,保证数据质量、不失真。

①数据采集与传输模块设计应包括与传感器接口的匹配性设计、信号调理与数据采集方案、数据传输方案与路由设计、软件功能设计与集成方案。

②根据监测数据特点和数据分析要求,采用相应的数据采集方案,应保证信号信噪比高、不失真,动态信号还应满足采样定理。

③数据采集和传输软件应自动采集与传输数据,并可进行人工干预采集与采集参数调整。

3)数据处理与管理模块

数据处理与管理模块由数据预处理、中心数据库、数据查询与管理软硬件构成,应能实现桥梁监(检)测数据的处理、查询、存储与管理等功能。

①数据处理与管理模块设计应包括架构设计、功能设计、性能设计、安全设计,软件开发应考虑先进性、实用性、安全性、稳定性、容错性、可操作性和可扩展性。

②数据处理与管理模块应包括下列主要功能:

a. 数据预处理、数据存储、自动生成报告报表;

b. 操作系统中心数据库,进行数据查询和管理;

c. 备份数据、自动导入和导出数据及手工导入和导出数据;

d. 统一数据标准格式和接口;

e. 数据安全性,可采取设定不同用户级别权限和密码以及网络防护等技术措施。

③数据处理与管理模块应根据不同数据类型设计数据库以及数据维护和备份机制。

4)数据分析与安全预警及评估模块

数据分析与安全预警及评估模块具备实现数据实时在线显示、数据分析、安全预警及评估等功能。

①数据分析与安全预警及评估模块应包括数据分析、安全预警、安全一级评估、安全二级评估和专项评估。

②数据分析应对荷载与环境数据、结构整体响应数据和结构局部响应数据进行全面统计分析和特殊分析,为安全预警、安全一级评估、安全二级评估和专项评估提供基础数据。

③安全预警应根据监测数据流和数据分析结果进行实时预警。

④安全一级评估应对监测数据统计特征值与规范设计值进行比对并分析,形成安全一级评估结果。

⑤安全二级评估利用修正结构有限元模型、监测荷载、规范设计荷载进行结构重分析和极限承载能力分析,评估桥梁结构安全储备和安全状态等级,形成安全二级评估结果。

⑥桥梁遭受洪水、流冰、漂流物和船舶车辆的撞击、滑坡、泥石流、地震、风灾、海啸、火灾、化学剂腐蚀和特殊车辆过桥等突发事件后,应采用专业分析方法进行专项评估,形成专项评估结果。

⑦安全评估应选用可靠的评估方法,兼顾结构安全评估技术发展预留升级接口。

5)系统集成及用户界面交互

系统集成包括硬件集成、软件集成和工具平台集成,使各模块协调统一工作,形成桥梁安全监测一体化协作平台。

▶ 14.2.2 监测内容与测点选择

1)监测内容

桥梁结构安全监测系统主要的监测参数通常包括桥梁结构在正常环境与荷载下运营状态(包括车辆荷载、温度场和湿度、风参数、地震动、降雨量、船舶撞击监测等),桥梁结构静态响应(包括整体变形、局部变位、关键截面应力、节点应力和索力等),结构动力响应(包括结构的振动特性、疲劳特性和模态特性等)。监测内容应根据具体运营环境、结构特点、结构危险性分析、结构设计和监测功能确定。表14.3给出不同类型桥梁的结构安全监测项目。

表 14.3 在役期间监测项目

桥梁类型	基础沉降监测	变形监测		应变监测	环境及效应监测			车辆荷载	动力响应	支座反力和位移
		竖向	水平		风	温湿度	地震			
桥梁	▲	★	○	★	○	★	▲	★	▲	▲
拱桥	▲	★	▲	★	○	★	▲	★	▲	▲
斜拉桥	▲	★	○	★	★	★	▲	★	▲	▲
悬索桥	▲	★	▲	★	★	★	▲	★	▲	▲

注:① ★表示应监测项,▲表示宜监测项,○表示可监测项。

②车辆荷载指交通监测。

2)测点选择

测点选择应满足安全预警和评估要求,遵循“代表性、实用性、经济性、少而精”的选择原则。荷载与环境监测测点选择应根据荷载与环境作用特点确定;结构整体响应监测测点选择应根据结构振动和变形特点、模态参数识别及安全评估要求确定;结构局部响应监测测点选择应根据结构计算分析和易损性分析结果确定。通常将最不利位置作为测点布设的依据。

▶ 14.2.3 传感器子系统

1)传感器子系统的设计要求

为了准确获得桥梁长期营运过程结构实时响应信息,传感器子系统设计时应满足以下技术要求:

①基于合理的桥梁监测参数分析。确定需要且可能监测的参数,在全面分析拱桥运营期所需监测参数的基础上,合理布置监测点。

②科学的桥梁内力和挠度分析。桥梁监测系统的测点布设应考虑桥梁在运营期间内力和挠度最不利的位置,如布置在应力峰值处、正负挠度最大值处等。

③基于桥梁病害调查的布点。针对已经通车运营桥梁,基于对桥梁常见病害的调查,将测点布置于该桥型容易发生病害的位置,可以通过监测桥梁容易发生病害位置的变形、内力的状态,与预警值比较,达到安全预警的目的。

④几何尺寸覆盖。在考虑监测参数、内力分析以及病害调查的原则基础上,还应该适当考虑传感器的几何尺寸覆盖原则。因为桥梁在施工过程中各个部位的情况不尽相同,为了能够正确反映桥梁的工况,得到桥梁的最不利位置,测点应该从几何尺寸上尽量覆盖桥梁布设。

⑤对称性。可以根据桥梁结构的对称性来布设传感器,达到优化传感器数量的目的。

⑥设备具有可扩展性。桥梁监测系统建立起来后,也并非一成不变。随着监测要求的变化、传感器性能、精度不断提高、监测方法不断改进,监测系统应该具有可扩展、可调整性能。

⑦设备便于维修、更换。考虑到系统后期的维护成本,传感器应该布设在易于维修、更换的位置。

2)传感器选型原则

①输入信号类型:与输入信号类型匹配。

②前向测量精度:与传感器的精度匹配,保证前向测量精度。

③信号调理:滤波、放大、隔离等。

④同步性:根据同步性要求,选择多路复用或真正同步。

⑤工作环境:适用所处位置的工作环境,包括温度、雷击以及干扰源(电源、电磁)等,事先做足保护措施。

⑥就近原则:数据采集单元就近布置在传感器附近。

⑦易于维护原则:布设的传感器要考虑后期的维护难易程度。

▶ 14.2.4 数据采集与传输子系统

数据采集与传输子系统对各类传感器的监测数据进行采集,并将采集信号通过网络传输至监测中心。在桥梁运营阶段,无线网络数据传输方式的条件已经具备,系统采用分布式数据采集与无线网络数据传输方式来组建桥梁健康监测系统的数据采集与传输网络。将监测桥梁整个监测区域划分成若干个子区域,每个子区域内分别布置一个数据采集单元,用于采集该子区域内所有传感器的信号,传感器与数据采集单元之间通过专用线缆连接。信号进入数据采集单元之后,通过无线数据传输网络传送至监测中心的数据处理与管理服务器,系统整体架构如图 14.4 所示。

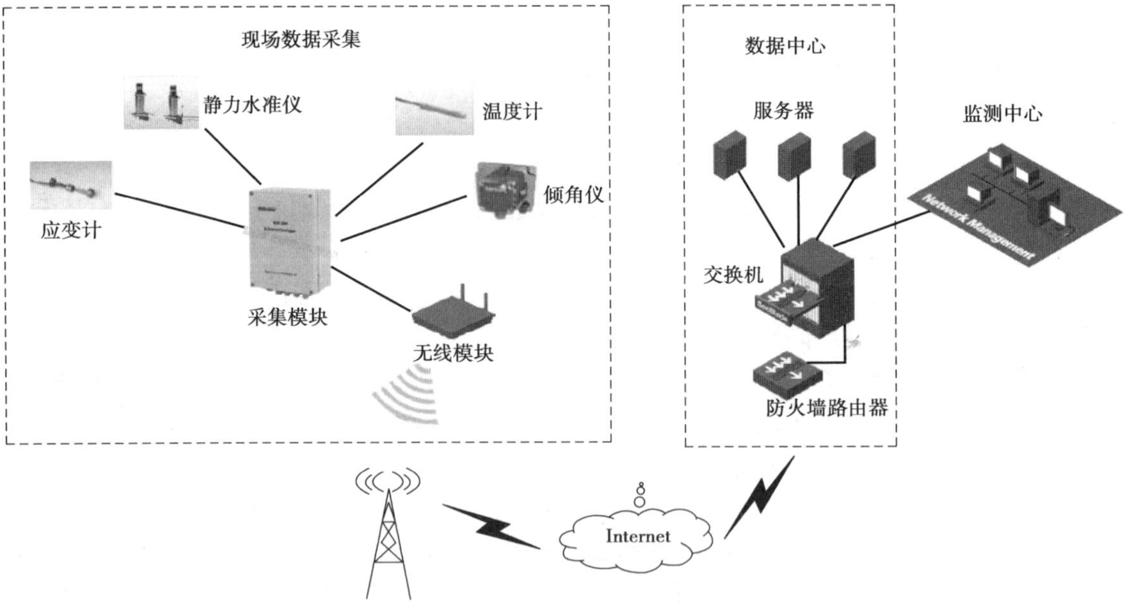

图 14.4　数据采集与传输子系统架构图

数据采集与传输子系统还包括外场供配电系统及防雷系统,以保护系统的安全稳定。外场供配电系统需根据桥梁现场的实际情况采用市电或太阳能供电的方式,为现场采集设备提供 24 h 不间断供电。防雷系统用于保护桥梁上各类监测设备不受雷电损害或使雷击损害降低到最低程度。

1)数据采集功能设计

数据采集模块以及网络采集仪完成环境参数以及桥梁动静态响应数据的采集、存储与格式转换,将传感器输出的电、光信号转换成可供计算机识别和易于远程传输的数据格式,并根据系统数据分析和软件设计的要求,将监测数据进行存储、数据预处理等处理,供数据传输系统进行数据的调用和操作。

(1)数据采集方式及设备要求

数据采集方式根据桥梁的空间尺寸、测点数量和布置以及传感器类型等进行设计,满足下列要求:

①测点之间的距离远且分散,数据采集方式宜选择分布式;

②测点相距较近且分布较集中,宜采用集中式数据采集方式或分布式与集中式相结合的数据采集方式。

(2)数据采集方案

数据采集系统根据监测内容、监测要求以及系统对数据采集、传输、处理和管理的能力确定,并符合以下规定:

①温度、静态位移宜定时采样;

②根据环境要素、结构响应特点和监测具体要求,用户可以自己设置采样方式,包括定时采样、触发采样以及二者混合采样。混合采样一般按照监测变量是否超过阈值设定,未超过阈值定时采样,超过阈值触发采样。

(3)数据采样频率

根据监测要求和功能要求来设定数据采样频率。

2)数据传输

数据传输应确保系统各个模块成为一个有机的整体,模块之间无缝连接,监测指令和数据在系统各个模块之间高效可靠传输。

▶ 14.2.5 数据处理与管理子系统

1)数据处理

数据处理包括数据预处理和二次处理(后处理),在传感器数据采集后实时进行数据预处理处理,主要通过简单的数理统计运算来作为初级预警输入值,如设定时间段内的最大最小值、均值、标准差、方差等;数据二次处理是对监测数据的高级离线分析,通过后台软件来实现,如实时模态分析、相关性分析、非线性回归分析等。

数据预处理宜采用数字滤波、去噪、截取和异常点处理等,数据后处理方式宜根据数据分析要求确定。平稳信号频谱分析宜采用离散傅里叶变换,非平稳信号宜采用时频域分析方法。频谱分析宜选择合适窗函数进行信号截断,以减少对谱分析精度的影响。时域变换宜利用自相关函数检验数据的相关性和混于随机噪声中的周期信号,利用互相关函数确定信号源位置,并检验受通道噪声干扰的周期信号。数据处理软件开发应实现数据备份、清除和故障恢复等功能。故障恢复功能宜兼具手工操作控制功能,其他功能应自动调用。

2)数据管理

数据管理应实现快速显示、高效存储、生成报告和数据归档等功能。原始监测数据应定期存储、备份存档,后处理数据宜保持不少于 3 个月在线存储;经统计分析的数据应专项存储,每季度或每年数据分析后宜存储某一段或某几段典型数据。数据管理软件应对监测数据或图像在指定时间段进行回放。数据报告报表应提供月报、季报、年报和特殊事件后的专项报告等,报告报表应导出办公系统易于调用的通用文档格式。

数据库应模块化架构,可对桥梁结构信息、监测系统信息和监测数据进行分层、分类存储和管理,宜包括桥梁结构信息子数据库、监测系统信息子数据库、结构有限元模型子数据库、实时数据子数据库、统计分析数据子数据库、结构安全评估子数据库、施工监控子数据库和荷载试验子数据库等。其中,施工监控子数据库应存储和管理桥梁施工过程、历次养护维修施工控制过程的施工监控信息、各阶段施工监控报告;荷载试验子数据库应存储和管理历次荷载试验信息,包括静、动力加载工况和荷载试验报告,荷载试验过程中监测系统所采集的荷载和环境,以及结构响应数据与分析结果。

▶ 14.2.6 数据分析与安全预警及评估系统

1)数据分析系统

实现桥梁异常和损伤诊断评估是健康监测系统的基本目的。其中,动态响应是损伤诊断与安全评估最常用的数据,通过对实测值进行损伤识别,确定桥梁结构的损伤状态。目前,损伤识别理论可以大致分为基于结构模型的系统识别法和基于特征的模式识别法两大类。其中,基于特征的模式识别法的基本原理是:依据传感器信号的适当特征,采用模式分类过程来实现辨识结构的变化情况。

数据分析包括统计分析和特殊分析,统计分析包括最大值、最小值、平均值、均方根值、累计值等统计值;特殊分析包括荷载谱分析、风参数分析、模态分析、疲劳分析等。采样频率大于 1 Hz 的数据应以 10 min、日、月、年为统计间隔获得其统计值。温湿度、静应变、静位移等监测变量,应给出以日、月、年为统计间隔的统计值。数据分析报告应包括桥梁及安全监测系统的基本信息、分析项目、分析方法和分析结果等。当桥梁遭受洪水、流冰、漂流物和船舶车辆的撞击、滑坡、泥石流、地震、风灾、海啸、火灾、化学剂腐蚀和特殊车辆过桥等突发事件后应进行数据分析,用于形成专项评估报告。

2)安全评估系统

以数据分析结果为主,参照桥梁设计指标和结构设计规范,对桥梁结构的各项性能指标进行分析,评估结构工作性能状况,按警告、低危险、危险、高危险、失效 5 个等级进行预警。通过对桥梁结构的定期或连续监测,在对实际监测的桥梁各技术参数对比分析的基础上,确定桥梁结构局部或整体的健康状态,进而及时提示维护管理人员桥梁结构在该时域的工作性能,为桥梁的维修、管理和决策提供科学依据和指导。

思考练习题

14.1 桥梁健康监测的主要目的是什么？其主要内容有哪些？

14.2 桥梁监测评估系统需要哪些数据？

14.3 基于动力学的桥梁健康监测方法分类有哪些？联合静动力的桥梁健康监测方法应如何进行？

14.4 结合人工智能、云计算等现代技术，试述桥梁健康监测技术的发展基础与所面临的挑战。

附　录

附录 I　一般取样的随机数

栏号 1			栏号 2			栏号 3			栏号 4			栏号 5			栏号 6			栏号 7			栏号 8		
A	B	C	A	B	C	A	B	C	A	B	C	A	B	C	A	B	C	A	B	C	A	B	C
15	0.033	0.578	05	0.048	0.879	21	0.013	0.220	18	0.089	0.716	17	0.024	0.863	30	0.030	0.901	12	0.029	0.386	09	0.042	0.07
21	0.101	0.300	17	0.074	0.156	30	0.036	0.853	10	0.102	0.330	24	0.060	0.032	21	0.096	0.198	18	0.112	0.284	17	0.141	0.411
23	0.129	0.916	18	0.102	0.191	10	0.052	0.746	14	0.111	0.925	26	0.074	0.639	10	0.100	0.161	20	0.114	0.848	02	0.143	0.221
30	0.158	0.434	06	0.105	0.257	25	0.061	0.954	28	0.127	0.840	07	0.167	0.512	29	0.133	0.388	03	0.121	0.656	05	0.162	0.899
24	0.177	0.397	28	0.179	0.447	29	0.062	0.507	24	0.132	0.271	28	0.194	0.776	24	0.138	0.062	13	0.178	0.640	03	0.285	0.016
11	0.202	0.271	26	0.187	0.844	18	0.087	0.887	19	0.285	0.899	03	0.219	0.166	20	0.168	0.564	22	0.209	0.421	28	0.291	0.034
16	0.204	0.012	04	0.188	0.482	24	0.105	0.849	01	0.326	0.037	29	0.264	0.284	22	0.232	0.953	16	0.221	0.311	08	0.369	0.557
08	0.208	0.418	02	0.208	0.577	07	0.139	0.159	30	0.334	0.938	11	0.282	0.262	14	0.259	0.217	29	0.235	0.356	01	0.436	0.386
19	0.211	0.798	03	0.214	0.402	01	0.175	0.647	22	0.405	0.295	14	0.379	0.994	01	0.275	0.195	28	0.254	0.941	20	0.450	0.289
29	0.233	0.07	07	0.245	0.080	23	0.196	0.873	05	0.421	0.282	13	0.394	0.405	06	0.277	0.475	11	0.287	0.199	18	0.455	0.789
07	0.260	0.073	15	0.248	0.831	26	0.240	0.981	13	0.451	0.212	06	0.410	0.157	02	0.296	0.497	02	0.336	0.992	23	0.488	0.715
17	0.262	0.308	29	0.261	0.037	14	0.255	0.374	02	0.461	0.023	15	0.438	0.700	27	0.311	0.144	15	0.393	0.488	14	0.498	0.276
25	0.271	0.18	30	0.302	0.883	06	0.310	0.043	06	0.487	0.539	22	0.453	0.635	05	0.351	0.141	19	0.437	0.655	15	0.503	0.342
06	0.302	0.672	21	0.318	0.088	11	0.316	0.653	08	0.497	0.396	21	0.472	0.824	17	0.370	0.811	24	0.466	0.773	04	0.515	0.693
01	0.409	0.406	11	0.376	0.936	13	0.324	0.585	25	0.503	0.893	05	0.488	0.118	09	0.388	0.484	14	0.531	0.014	16	0.532	0.112
13	0.507	0.693	14	0.430	0814	12	0.351	0.275	15	0.594	0.603	01	0.525	0.222	04	0.410	0.073	09	0.562	0.678	22	0.557	0.357
02	0.575	0.654	27	0.438	0.676	20	0.371	0.535	27	0.620	0.894	12	0.561	0.980	25	0.471	0.530	06	0.601	0.675	11	0.559	0.620

18	0.591	0.318	08	0.467	0.205	08	0.409	0.495	21	0.629	0.841	08	0.652	0.508	13	0.486	0.779	10	0.612	0.859	12	0.650	0.216
20	0.610	0.821	09	0.474	0.138	16	0.445	0.740	17	0.691	0.583	18	0.668	0.271	15	0.515	0.867	26	0.673	0.112	21	0.672	0.320
12	0.631	0.597	10	0.492	0.474	03	0.494	0.929	09	0.708	0.689	30	0.736	0.634	23	0.567	0.798	23	0.738	0.770	13	0.709	0.273
27	0.651	0.281	13	0.498	0.892	27	0.543	0.387	07	0.709	0.012	02	0.763	0.253	11	0.618	0.502	21	0.753	0.614	07	0.745	0.687
04	0.661	0.953	19	0.511	0.520	17	0.625	0.171	11	0.714	0.049	23	0.804	0.140	28	0.636	0.148	30	0.758	0.851	30	0.780	0.285
22	0.692	0.089	23	0.591	0.770	02	0.699	0.073	23	0.720	0.695	25	0.828	0.425	26	0.650	0.741	27	0.765	0.563	19	0.845	0.097
05	0.779	0.346	20	0.604	0.730	19	0.702	0.934	03	0.748	0.413	10	0.843	0.627	16	0.711	0.508	07	0.780	0.534	26	0.846	0.366
09	0.787	0.173	24	0.654	0.330	22	0.816	0.802	20	0.781	0.603	16	0.858	0.849	19	0.778	0.812	04	0.818	0.187	29	0.861	0.307
10	0.818	0.837	12	0.728	0.523	04	0.838	0.166	26	0.830	0.384	04	0.903	0.327	07	0.804	0.675	17	0.837	0.353	25	0.906	0.874
14	0.905	0.631	16	0.753	0.344	15	0.904	0.116	04	0.843	0.002	09	0.912	0.382	08	0.806	0.952	05	0.854	0.818	24	0.919	0.809
26	0.912	0.376	01	0.806	0.134	28	0.969	0.742	12	0.884	0.582	27	0.935	0.162	18	0.841	0.414	01	0.867	0.133	10	0.952	0.555
28	0.920	0.163	22	0.878	0.884	09	0.974	0.046	29	0.926	0.700	20	0.970	0.582	12	0.918	0.114	08	0.915	0.538	06	0.961	0.504
03	0.945	0.140	25	0.939	0.162	05	0.977	0.494	16	0.951	0.601	19	0.975	0.327	03	0.992	0.399	25	0.975	0.584	27	0.969	0.811

栏号 9			栏号 10			栏号 11			栏号 12			栏号 13			栏号 14			栏号 15			栏号 16		
A	B	C	A	B	C	A	B	C	A	B	C	A	B	C	A	B	C	A	B	C	A	B	C
14	0.061	0.935	26	0.038	0.023	27	0.074	0.779	16	0.078	0.987	03	0.033	0.091	26	0.035	0.175	15	0.023	0.979	19	0.062	0.588
02	0.065	0.097	30	0.066	0.371	06	0.084	0.396	23	0.087	0.056	07	0.047	0.391	17	0.089	0.363	11	0.118	0.465	25	0.08	0.218
03	0.094	0.228	27	0.073	0.876	24	0.098	0.524	17	0.096	0.076	28	0.064	0.113	10	0.149	0.681	07	0.134	0.172	09	0.131	0.295
16	0.122	0.945	09	0.095	0.568	10	0.133	0.919	04	0.153	0.163	12	0.066	0.360	28	0.238	0.075	01	0.139	0.230	18	0.136	0.381
18	0.156	0.430	05	0.180	0.741	15	0.187	0.079	10	0.254	0.834	26	0.076	0.552	13	0.244	0.767	16	0.145	0.122	05	0.147	0.864

续表

栏号 9			栏号 10			栏号 11			栏号 12			栏号 13			栏号 14			栏号 15			栏号 16		
A	B	C	A	B	C	A	B	C	A	B	C	A	B	C	A	B	C	A	B	C	A	B	C
25	0.193	0.469	12	0.200	0.851	17	0.227	0.767	06	0.284	0.628	30	0.087	0.101	24	0.262	0.366	20	0.165	0.520	12	0.158	0.365
24	0.224	0.672	13	0.259	0.327	20	0.236	0.571	12	0.305	0.616	02	0.127	0.187	08	0.264	0.651	06	0.185	0.481	28	0.214	0.184
10	0.225	0.223	21	0.264	0.681	01	0.245	0.988	25	0.319	0.901	06	0.144	0.068	18	0.285	0.311	09	0.211	0.316	14	0.215	0.757
09	0.233	0.338	17	0.283	0.645	04	0.317	0.291	01	0.320	0.212	25	0.202	0.674	02	0.340	0.131	14	0.248	0.348	13	0.224	0.846
20	0.290	0.120	23	0.363	0.063	29	0.350	0.911	08	0.416	0.372	01	0.247	0.025	29	0.353	0.478	25	0.249	0.890	15	0.227	0.809
01	0.297	0.242	20	0.364	0.366	26	0.380	0.104	13	0.432	0.556	23	0.253	0.323	06	0.359	0.270	13	0.252	0.577	11	0.280	0.898
11	0.337	0.760	16	0.395	0.363	28	0.425	0.864	02	0.489	0.827	24	0.320	0.651	30	0.387	0.248	30	0.273	0.088	01	0.331	0.925
19	0.389	0.064	02	0.423	0.540	22	0.487	0.526	29	0.503	0.787	10	0.328	0.365	14	0.392	0.694	18	0.277	0.689	10	0.399	0.992
13	0.411	0.474	08	0.432	0.736	05	0.552	0.571	15	0.518	0.717	27	0.338	0.412	03	0.408	0.077	22	0.372	0.958	30	0.417	0.787
30	0.447	0.893	10	0.475	0.468	14	0.564	0.357	28	0.524	0.998	13	0.356	0.991	27	0.440	0.280	10	0.461	0.075	08	0.439	0.921
22	0.478	0.321	03	0.508	0.774	11	0.572	0.306	03	0.542	0.352	16	0.401	0.792	22	0.461	0.830	28	0.519	0.536	20	0.472	0.484
29	0.481	0.993	01	0.601	0.417	21	0.594	0.197	19	0.585	0.462	17	0.423	0.117	16	0.527	0.003	17	0.520	0.090	24	0.498	0.712
27	0.562	0.403	22	0.687	0.917	09	0.607	0.524	05	0.695	0.111	21	0.481	0.838	20	0.531	0.486	03	0.523	0.519	04	0.516	0.396
04	0.566	0.179	29	0.697	0.862	19	0.650	0.572	07	0.733	0.838	08	0.560	0.401	25	0.678	0.360	26	0.573	0.502	03	0.548	0.688
08	0.603	0.758	11	0.701	0.605	18	0.664	0.101	11	0.744	0.948	19	0.564	0.190	21	0.725	0.014	19	0.634	0.206	23	0.597	0.508
15	0.632	0.927	07	0.728	0.498	25	0.674	0.428	18	0.793	0.748	05	0.571	0.054	05	0.787	0.595	24	0.635	0.810	21	0.681	0.114
06	0.707	0.107	14	0.745	0.679	02	0.697	0.674	27	0.802	0.967	18	0.587	0.584	15	0.801	0.927	21	0.679	0.841	02	0.739	0.298
28	0.737	0.161	24	0.819	0.444	03	0.767	0.928	21	0.826	0.487	15	0.604	0.145	12	0.836	0.294	27	0.712	0.368	29	0.792	0.038
17	0.846	0.130	15	0.840	0.823	16	0.809	0.529	24	0.835	0.832	11	0.641	0.298	04	0.854	0.982	05	0.780	0.497	22	0.829	0.324
07	0.874	0.491	25	0.863	0.568	30	0.838	0.294	26	0.855	0.142	22	0.672	0.156	11	0.884	0.928	23	0.861	0.106	17	0.834	0.647

05	0.880	0.828	06	0.878	0.215	13	0.845	0.470	14	0.861	0.462	20	0.674	0.887	19	0.886	0.832	12	0.865	0.377	16	0.909	0.608
23	0.931	0.659	18	0.930	0.601	08	0.855	0.524	20	0.874	0.625	14	0.752	0.881	07	0.929	0.932	29	0.882	0.635	06	0.914	0.420
26	0.960	0.365	04	0.954	0.827	07	0.867	0.718	30	0.929	0.056	09	0.774	0.560	09	0.932	0.206	08	0.902	0.020	27	0.958	0.356
21	0.978	0.194	28	0.963	0.004	12	0.881	0.722	09	0.935	0.582	29	0.921	0.752	01	0.970	0.692	04	0.951	0.482	26	0.981	0.976
12	0.982	0.183	19	0.988	0.020	23	0.937	0.872	22	0.947	0.797	04	0.959	0.099	23	0.973	0.082	02	0.977	0.172	07	0.983	0.624
栏号 17			栏号 18			栏号 19			栏号 20			栏号 21			栏号 22			栏号 23			栏号 24		
A	B	C	A	B	C	A	B	C	A	B	C	A	B	C	A	B	C	A	B	C	A	B	C
13	0.045	0.004	25	0.027	0.290	12	0.052	0.075	20	0.030	0.881	01	0.01	0.946	12	0.051	0.032	26	0.051	0.187	08	0.015	0.521
18	0.086	0.878	06	0.057	0.571	30	0.075	0.493	12	0.034	0.291	10	0.014	0.939	11	0.068	0.980	03	0.53	0.256	16	0.068	0.994
26	0.126	0.990	26	0.059	0.026	28	0.120	0.341	22	0.043	0.893	09	0.032	0.346	17	0.089	0.309	29	0.100	0.159	11	0.118	0.400
12	0.128	0.661	07	0.105	0.176	27	0.145	0.689	28	0.143	0.073	06	0.093	0.180	01	0.091	0.371	13	0.102	0.465	21	0.124	0.565
30	0.146	0.337	18	0.107	0.358	02	0.209	0.957	03	0.15	0.937	15	0.151	0.012	10	0.100	0.709	24	0.11	0.316	18	0.153	0.158
05	0.169	0.470	22	0.128	0.827	26	0.272	0.818	04	0.154	0.867	16	0.185	0.455	30	0.121	0.774	18	0.114	0.300	17	0.190	0.159
21	0.244	0.433	23	0.156	0.440	22	0.299	0.317	19	0.158	0.359	07	0.227	0.227	02	0.166	0.056	11	0.123	0.208	26	0.192	0.676
23	0.270	0.849	15	0.171	0.157	18	0.306	0.475	29	0.304	0.615	02	0.304	0.400	23	0.179	0.529	09	0.138	0.182	01	0.237	0.030
25	0.274	0.407	08	0.220	0.097	20	0.311	0.653	06	0.369	0.633	30	0.316	0.074	21	0.187	0.051	06	0.194	0.115	12	0.283	0.077
10	0.290	0.925	20	0.252	0.066	15	0.348	0.156	18	0.390	0.536	18	0.328	0.799	22	0.205	0.543	22	0.234	0.480	03	0.286	0.318
01	0.323	0.490	04	0.268	0.576	16	0.381	0.710	17	0.403	0.392	20	0.352	0.288	28	0.23	0.688	20	0.274	0.107	10	0.317	0.374
24	0.352	0.291	14	0.275	0.302	01	0.411	0.607	23	0.404	0.182	26	0.371	0.216	19	0.243	0.001	21	0.331	0.292	05	0.337	0.844
15	0.361	0.155	11	0.297	0.589	13	0.417	0.715	01	0.415	0.457	19	0.448	0.754	27	0.267	0.990	08	0.346	0.085	25	0.441	0.336

续表

栏号17			栏号18			栏号19			栏号20			栏号21			栏号22			栏号23			栏号24		
A	B	C	A	B	C	A	B	C	A	B	C	A	B	C	A	B	C	A	B	C	A	B	C
29	0.374	0.882	01	0.358	0.305	21	0.472	0.484	07	0.437	0.696	13	0.487	0.598	15	0.283	0.440	27	0.382	0.979	27	0.469	0.786
08	0.432	0.139	09	0.412	0.089	04	0.478	0.885	24	0.446	0.546	12	0.546	0.640	16	0.352	0.089	07	0.387	0.865	24	0.473	0.237
04	0.467	0.266	16	0.429	0.834	25	0.479	0.080	26	0.485	0.768	24	0.550	0.038	03	0.377	0.648	28	0.411	0.776	20	0.475	0.761
22	0.508	0.880	10	0.491	0.203	11	0.566	0.104	15	0.511	0.313	03	0.604	0.780	06	0.397	0.769	16	0.444	0.999	06	0.557	0.001
27	0.632	0.191	28	0.542	0.306	10	0.576	0.859	10	0.517	0.290	22	0.621	0.930	09	0.409	0.428	04	0.515	0.993	07	0.610	0.238
16	0.661	0.836	12	0.563	0.091	29	0.665	0.397	30	0.556	0.853	21	0.629	0.154	14	0.465	0.406	17	0.518	0.827	09	0.617	0.041
19	0.675	0.629	02	0.593	0.321	19	0.739	0.298	25	0.561	0.837	11	0.634	0.908	13	0.499	0.651	05	0.539	0.620	13	0.641	0.648
14	0.680	0.890	30	0.692	0.198	14	0.748	0.759	09	0.574	0.699	05	0.696	0.459	04	0.539	0.972	02	0.623	0.271	22	0.664	0.291
28	0.714	0.508	19	0.705	0.445	08	0.758	0.919	13	0.613	0.762	23	0.710	0.078	18	0.560	0.747	30	0.637	0.374	04	0.668	0.856
06	0.719	0.441	24	0.709	0.717	07	0.798	0.183	11	0.698	0.783	29	0.726	0.585	26	0.575	0.892	14	0.714	0.364	19	0.717	0.232
09	0.735	0.040	13	0.820	0.739	23	0.834	0.647	14	0.715	0.179	17	0.749	0.916	29	0.756	0.712	15	0.730	0.107	02	0.776	0.504
17	0.741	0.906	05	0.848	0.866	06	0.837	0.978	16	0.770	0.128	04	0.802	0.186	20	0.760	0.920	19	0.771	0.552	29	0.797	0.548
11	0.747	0.205	27	0.867	0.633	03	0.849	0.964	08	0.815	0.385	14	0.835	0.319	05	0.847	0.925	23	0.780	0.662	14	0.823	0.223
20	0.850	0.047	03	0.883	0.333	24	0.851	0.109	05	0.872	0.490	08	0.870	0.546	25	0.872	0.891	10	0.924	0.888	23	0.848	0.264
02	0.859	0.356	17	0.900	0.443	05	0.859	0.835	21	0.885	0.999	28	0.871	0.539	24	0.874	0.135	12	0.929	0.204	30	0.892	0.817
07	0.870	0.612	21	0.914	0.483	17	0.863	0.220	02	0.958	0.177	25	0.971	0.369	08	0.911	0.215	01	0.937	0.714	28	0.943	0.190
03	0.916	0.463	29	0.950	0.753	09	0.883	0.147	27	0.961	0.980	27	0.984	0.252	07	0.946	0.065	25	0.974	0.398	15	0.975	0.962
02	0.039	0.005	16	0.026	0.102	21	0.050	0.952	29	0.042	0.039	05	0.126	0.658	20	0.136	0.576	07	0.197	0.013	03	0.210	0.054

16	0.061	0.599	01	0.033	0.886	17	0.085	0.403	07	0.105	0.293	14	0.161	0.189	05	0.158	0.228	16	0.125	0.363	23	0.234	0.533
26	0.068	0.054	04	0.088	0.686	10	0.141	0.624	25	0.115	0.420	18	0.166	0.040	10	0.216	0.565	08	0.222	0.520	13	0.266	0.799
11	0.073	0.812	22	0.090	0.602	05	0.154	0.157	09	0.126	0.612	28	0.248	0.171	02	0.233	0.610	13	0.269	0.477	20	0.305	0.603
07	0.123	0.649	13	0.114	0.614	06	0.164	0.841	10	0.205	0.144	06	0.255	0.117	07	0.278	0.357	02	0.288	0.012	05	0.372	0.223
15	0.261	0.928	30	0.405	0.273	25	0.333	0.633	26	0.385	0.111	19	0.420	0.557	19	0.510	0.207	27	0.587	0.643	14	0.483	0.095
10	0.301	0.811	06	0.421	0.807	28	0.348	0.710	30	0.422	0.315	21	0.467	0.943	03	0.512	0.329	12	0.603	0.745	12	0.507	0.375
24	0.363	0.025	12	0.426	0.583	20	0.362	0.961	17	0.453	0.783	17	0.494	0.225	15	0.640	0.329	29	0.619	0.895	28	0.509	0.748
22	0.378	0.792	08	0.471	0.708	14	0.511	0.989	02	0.460	0.916	09	0.620	0.081	09	0.665	0.354	23	0.623	0.333	21	0.583	0.804
27	0.389	0.959	18	0.473	0.738	26	0.540	0.903	27	0.467	0.841	30	0.623	0.106	14	0.680	0.884	22	0.629	0.076	22	0.587	0.993
03	0.625	0.777	26	0.703	0.622	18	0.670	0.904	16	0.689	0.339	01	0.841	0.726	21	0.870	0.435	03	0.844	0.511	19	0.896	0.464
08	0.651	0.790	29	0.739	0.394	11	0.711	0.253	06	0.727	0.298	29	0.862	0.009	28	0.906	0.397	30	0.858	0.289	18	0.916	0.384
12	0.715	0.599	25	0.759	0.386	01	0.790	0.392	04	0.731	0.814	25	0.891	0.873	23	0.948	0.367	09	0.929	0.199	01	0.948	0.610
23	0.782	0.093	24	0.803	0.602	04	0.813	0.611	08	0.807	0.983	04	2.917	0.264	11	0.956	0.142	24	0.931	0.263	11	0.976	0.799
20	0.810	0.371	27	0.842	0.491	19	0.843	0.732	15	0.833	0.757	13	0.958	0.990	17	0.993	0.989	15	0.939	0.947	24	0.978	0.636

附录Ⅱ t分布表

测定数 N	双边置信水平的 $t_{\alpha/2}/N$		单边置信水平 t_{α}/N	
	保证率95%	保证率90%	保证率95%	保证率90%
	$\alpha/2$	$\alpha/2$	α	α
2	8.985	4.465	4.465	2.176
3	2.484	1.686	1.686	1.089
4	1.591	1.177	1.177	0.819
5	1.242	0.953	0.953	0.686
6	1.049	0.823	0.823	0.603
7	0.925	0.716	0.716	0.544
8	0.836	0.670	0.670	0.500
9	0.769	0.620	0.620	0.466
10	0.715	0.580	0.580	0.437
11	0.672	0.546	0.546	0.414
12	0.635	0.518	0.518	0.392
13	0.604	0.494	0.494	0.376
14	0.577	0.473	0.473	0.361
15	0.554	0.455	0.455	0.347
16	0.533	0.436	0.436	0.335
17	0.514	0.423	0.423	0.324
18	0.497	0.410	0.410	0.314
19	0.482	0.398	0.398	0.304
20	0.468	0.387	0.387	0.297
21	0.454	0.376	0.376	0.289
22	0.443	0.367	0.367	0.282
23	0.432	0.358	0.358	0.275
24	0.421	0.350	0.350	0.269
25	0.413	0.342	0.342	0.264
26	0.404	0.335	0.335	0.258
27	0.396	0.328	0.328	0.253

续表

测定数 N	双边置信水平的 $t_{\alpha/2}/N$		单边置信水平 t_{α}/N	
	保证率 95%	保证率 90%	保证率 95%	保证率 90%
	$\alpha/2$	$\alpha/2$	α	α
28	0.388	0.322	0.322	0.248
29	0.380	0.316	0.316	0.244
30	0.373	0.310	0.310	0.239
40	0.320	0.266	0.266	0.206
50	0.284	0.237	0.237	0.184
60	0.258	0.216	0.216	0.167
70	0.238	0.199	0.199	0.155
80	0.223	0.186	0.186	0.145
90	0.209	0.277	0.173	0.136
100	0.198	0.166	0.166	0.129

附录Ⅲ　测区混凝土强度换算表

平均回弹值 R_m	测区混凝土强度换算值/MPa												
	平均碳化深度值 d_m/mm												
	0	0.5	1.0	1.5	2.0	2.5	3.0	3.5	4.0	4.5	5.0	5.5	≥6.0
20.00	10.3	10.1	9.8	—	—	—	—	—	—	—	—	—	—
20.2	10.5	10.3	10.0	—	—	—	—	—	—	—	—	—	—
20.4	10.7	10.5	10.2	9.8	—	—	—	—	—	—	—	—	
20.6	11.0	10.8	10.4	10.1	—	—	—	—	—	—	—	—	—
20.8	11.2	11.0	10.6	10.3	9.9	—	—	—	—	—	—	—	
21.0	11.4	11.2	10.8	10.5	10.0	—	—	—	—	—	—	—	—
21.2	11.6	11.4	11.0	10.7	10.2	9.9	—	—	—	—	—	—	
21.4	11.8	11.6	11.2	10.9	10.4	10.0	—	—	—	—	—	—	
21.6	12.0	11.8	11.4	11.0	10.6	10.2	9.8	—	—	—	—	—	—
21.8	12.3	12.1	11.7	11.3	10.8	10.5	10.1	—	—	—	—	—	—
22.0	12.5	12.2	11.9	11.5	11.0	10.6	10.2	9.9	—	—	—	—	—

续表

平均回弹值 R_m	测区混凝土强度换算值/MPa												
	平均碳化深度值 d_m/mm												
	0	0.5	1.0	1.5	2.0	2.5	3.0	3.5	4.0	4.5	5.0	5.5	≥6.0
22.2	12.7	12.4	12.1	11.7	11.2	10.8	10.4	10.0	—	—	—	—	—
22.4	13.0	12.7	12.4	12.0	11.4	11.0	10.7	10.3	10.0	—	—	—	—
22.6	13.2	12.9	12.5	12.1	11.6	11.2	10.8	10.4	10.2	9.8	—	—	—
22.8	13.4	13.1	12.7	12.3	11.8	11.4	11.0	10.0	10.3	9.9	—	—	—
23.0	13.7	13.4	13.0	12.6	12.1	11.6	11.2	10.8	10.5	10.1	—	—	—
23.2	13.9	13.6	13.2	12.8	12.2	11.8	11.4	11.0	10.7	10.3	10.0	—	—
23.4	14.1	13.8	13.4	13.0	12.4	12.0	11.6	11.1	10.9	10.4	10.2	9.9	—
23.6	14.4	14.1	13.7	13.2	12.7	12.2	11.8	11.4	11.1	10.7	10.4	10.1	—
23.8	14.6	14.3	13.9	13.4	12.8	12.4	12.0	11.5	11.2	10.8	10.5	10.2	9.9
24.0	14.9	14.6	14.2	13.7	13.1	12.7	12.2	11.8	11.5	11.0	10.7	10.4	10.1
24.2	15.1	14.8	14.3	13.9	13.3	12.8	12.4	11.9	11.6	11.2	10.9	10.6	10.3
24.4	15.4	15.1	14.6	14.2	13.6	13.1	12.6	12.2	11.9	11.4	11.1	10.8	10.4
24.6	15.6	15.3	14.8	14.4	13.7	13.3	12.8	12.3	12.0	11.5	11.2	10.9	10.6
24.8	15.9	15.6	15.1	14.6	14.0	13.5	13.0	12.6	12.2	11.8	11.4	11.1	10.7
25.0	16.2	15.9	15.4	14.9	14.3	13.8	13.3	12.8	12.5	12.0	11.7	11.3	10.9
25.2	16.4	16.1	15.6	15.1	14.4	13.9	13.4	13.0	12.6	12.1	11.8	11.5	11.0
25.4	16.7	16.4	15.9	15.4	14.7	14.2	13.7	13.2	12.9	12.4	12.0	11.7	11.2
25.6	16.9	16.6	16.1	15.7	14.9	14.4	13.9	13.4	13.0	12.5	12.2	11.8	11.3
25.8	17.2	16.9	16.3	15.8	15.1	14.6	14.1	13.6	13.2	12.7	12.4	12.0	11.5
26.0	17.5	17.2	16.6	16.1	15.4	14.9	14.4	13.8	13.5	13.0	12.6	12.2	11.6
26.2	17.8	17.4	16.9	16.4	15.7	15.1	14.6	14.0	13.7	13.2	12.8	12.4	11.8
26.4	18.0	17.6	17.1	16.6	15.8	15.3	14.8	14.2	13.9	13.3	13.0	12.6	12.0
26.6	18.3	17.9	17.4	16.8	16.1	15.6	15.0	14.4	14.1	13.5	13.2	12.8	12.1
27.0	18.9	18.5	18.0	17.4	16.6	16.1	15.5	14.1	14.6	14.0	13.6	13.1	12.4
27.2	19.1	18.7	18.1	17.6	16.8	16.2	15.7	15.0	14.7	14.1	13.8	13.3	12.6
27.4	19.4	19.0	18.4	17.8	17.0	16.4	15.9	15.2	14.9	14.3	14.0	13.4	12.7
27.6	19.6	19.3	18.7	18.0	17.2	16.6	16.1	15.4	15.1	14.5	14.1	13.6	12.9
27.8	20.0	19.6	19.0	18.2	17.4	16.8	16.3	15.6	15.3	14.7	14.2	13.7	13.0
28.0	20.3	19.7	19.2	18.4	17.6	17.0	16.5	15.8	15.4	14.8	14.4	13.9	13.2

续表

平均回弹值 R_m	测区混凝土强度换算值/MPa												
	平均碳化深度值 d_m/mm												
	0	0.5	1.0	1.5	2.0	2.5	3.0	3.5	4.0	4.5	5.0	5.5	≥6.0
28.2	20.6	20.0	19.5	18.6	17.8	17.2	16.7	16.0	15.6	15.0	14.6	14.0	13.3
28.4	20.9	20.3	19.7	18.8	18.0	17.4	16.9	16.2	15.8	15.2	14.8	14.2	13.5
28.6	21.2	20.6	20.0	19.1	18.2	17.6	17.1	16.4	16.0	15.4	15.0	14.3	13.6
28.8	21.5	20.9	20.2	19.4	18.5	17.8	17.3	16.6	16.2	15.6	15.2	14.5	13.8
29.0	21.8	21.1	20.5	19.6	18.7	18.1	17.5	16.8	16.4	15.8	15.4	14.6	13.9
29.2	22.1	21.4	20.8	19.9	19.0	18.3	17.7	17.0	16.6	16.0	15.6	14.8	14.1
29.4	22.4	21.7	21.1	20.2	19.3	18.6	17.9	17.2	16.8	16.2	15.8	14.8	14.1
29.6	22.7	22.0	21.3	20.4	19.5	18.8	18.2	17.5	17.0	16.4	16.0	15.1	14.4
29.8	23.0	22.3	21.6	20.7	19.8	19.1	18.4	17.7	17.2	16.6	16.2	15.3	14.5
30.0	23.3	22.6	21.9	21.0	20.0	19.3	18.6	17.9	17.4	16.8	16.4	15.4	14.7
30.2	23.6	22.9	22.2	21.2	20.3	19.6	18.9	18.2	17.6	17.0	16.6	15.6	14.9
30.4	23.9	23.2	22.5	21.5	20.6	19.8	19.1	18.4	17.8	17.2	16.8	15.8	15.1
30.6	24.3	23.6	22.8	21.9	20.9	20.2	19.4	18.7	18.0	17.5	17.0	16.0	15.2
30.8	24.6	23.9	23.1	22.1	21.2	20.4	19.7	28.9	18.2	17.7	17.2	16.2	15.4
31.0	24.9	24.2	23.4	22.4	21.4	20.7	19.9	19.2	18.4	17.9	17.4	16.4	15.5
31.2	25.2	24.4	23.7	22.7	21.7	20.9	20.2	19.4	18.6	18.1	17.6	16.6	15.7
31.4	25.6	24.8	24.1	23.0	22.0	21.2	20.5	19.7	18.9	18.4	17.8	16.9	15.8
31.6	25.9	25.1	24.3	23.3	22.3	21.5	20.7	19.9	19.2	18.6	18.0	17.1	16.0
31.8	26.2	25.4	24.6	23.6	22.5	21.7	21.0	20.2	19.4	18.9	18.2	17.3	16.2
32.0	26.5	25.7	24.9	23.9	22.8	22.0	21.2	20.4	19.6	19.1	18.4	17.5	16.4
32.2	26.9	26.1	25.3	24.2	23.1	22.3	21.5	20.7	19.9	19.4	18.6	17.7	16.6
32.4	27.2	26.4	25.6	24.5	23.4	22.6	21.8	20.9	20.1	19.6	18.8	17.9	16.8
32.6	27.6	26.8	25.9	24.8	23.7	22.9	22.1	21.3	20.4	19.9	19.0	18.1	17.0
32.8	27.9	27.1	26.2	25.1	24.0	23.0	22.3	21.5	20.6	20.1	19.2	18.3	17.2
33.0	28.2	27.4	26.5	25.4	24.3	23.4	22.6	21.7	20.9	20.3	19.4	18.5	17.4
33.2	28.6	27.7	26.8	25.7	24.6	23.7	22.9	22.0	21.2	20.5	19.6	18.7	17.6
33.4	28.9	28.0	27.1	26.0	24.9	24.0	23.1	22.3	21.4	20.7	19.8	18.9	17.8
33.6	29.3	28.4	27.4	26.4	25.2	24.2	23.3	22.6	21.7	20.9	20.0	19.1	18.0
33.8	29.6	28.7	27.7	26.6	25.4	24.4	23.5	22.8	21.9	21.1	20.2	19.3	18.2

续表

平均回弹值 R_m	测区混凝土强度换算值/MPa												
	平均碳化深度值 d_m/mm												
	0	0.5	1.0	1.5	2.0	2.5	3.0	3.5	4.0	4.5	5.0	5.5	≥6.0
34.0	30.0	29.1	28.0	26.8	25.6	24.6	23.7	23.0	22.1	21.3	20.4	19.5	18.3
34.2	30.3	29.4	28.3	27.0	25.8	24.8	23.9	23.2	22.3	21.5	20.6	19.7	18.4
34.4	30.7	29.8	28.6	27.2	26.0	25.0	24.1	23.4	22.5	21.7	20.8	19.8	18.6
34.6	31.1	30.2	28.9	27.4	26.2	25.2	24.3	23.6	22.7	21.9	21.0	20.0	18.8
34.8	31.4	30.5	29.2	27.6	26.4	25.4	24.5	23.8	22.9	22.1	21.2	20.2	19.0
35.0	31.8	30.8	29.6	28.0	26.7	25.8	24.8	24.0	23.2	22.3	21.4	20.4	19.2
35.2	32.1	31.1	29.9	28.2	27.0	26.0	25.0	34.2	23.4	22.5	21.6	20.6	19.4
35.4	32.5	31.5	30.2	28.6	27.3	26.3	25.4	24.4	23.7	22.8	21.8	20.8	19.6
35.6	32.9	31.9	30.6	29.0	27.6	26.6	25.7	24.7	24.0	23.0	22.0	21.0	19.8
35.8	33.3	32.3	31.0	29.3	28.0	27.0	26.0	25.0	24.3	23.0	22.2	21.2	20.0
36.0	33.6	32.6	31.2	29.6	28.2	27.2	26.2	25.2	24.5	23.5	22.4	21.4	20.2
36.2	34.0	33.0	31.6	29.9	28.6	27.5	26.5	25.5	24.8	23.8	22.6	21.6	20.4
36.4	34.4	33.4	32.0	30.3	28.9	27.9	26.8	25.8	25.1	24.1	22.8	21.8	20.6
36.6	34.8	33.8	32.4	30.6	29.2	28.2	27.1	26.1	25.4	24.4	23.0	22.0	20.9
36.8	35.2	34.1	32.7	31.0	29.6	28.5	27.5	26.4	25.7	24.6	23.2	22.2	21.1
37.0	35.5	34.4	33.0	31.2	29.8	28.8	27.7	26.6	25.9	24.8	23.4	22.4	21.3
37.2	35.9	34.8	33.4	31.6	30.2	29.1	28.0	26.9	26.2	25.1	23.7	22.6	21.5
37.4	36.3	35.2	33.8	31.9	30.5	29.4	28.3	27.2	26.5	25.4	24.0	22.9	21.8
37.6	36.7	35.6	34.1	32.3	30.8	29.7	28.6	27.5	26.8	25.7	24.2	23.1	22.0
37.8	37.1	36.0	34.5	32.6	31.2	30.0	28.9	27.8	27.1	26.0	24.5	23.4	22.3
38.0	37.5	36.4	34.9	33.0	31.5	30.3	29.2	28.1	27.4	26.2	24.8	23.6	22.5
38.2	37.9	36.8	35.2	33.4	31.8	30.6	29.5	28.4	27.7	26.5	25.0	23.9	22.7
38.4	38.3	37.2	35.6	33.7	32.1	30.9	29.8	28.7	28.0	26.8	25.3	24.1	23.0
38.6	38.7	37.5	36.0	34.1	32.4	31.2	30.1	29.0	28.3	27.0	25.5	24.4	23.2
38.8	39.1	37.9	36.4	34.4	32.7	31.5	30.4	29.3	28.5	27.2	25.8	24.6	23.5
39.0	39.5	38.2	36.7	34.7	33.0	31.8	30.6	29.6	28.8	27.4	26.0	24.8	23.7
39.2	39.9	38.5	37.0	35.0	33.3	32.1	30.8	29.8	29.0	27.6	26.2	25.0	24.0
39.4	40.3	38.8	37.3	35.3	33.6	32.4	31.0	30.0	29.2	27.8	26.4	25.2	24.2
39.6	40.7	39.1	37.6	35.6	33.9	32.7	31.2	30.2	29.4	28.0	26.6	25.4	24.4

续表

平均回弹值 R_m	测区混凝土强度换算值/MPa												
	平均碳化深度值 d_m/mm												
	0	0.5	1.0	1.5	2.0	2.5	3.0	3.5	4.0	4.5	5.0	5.5	≥6.0
39.8	41.2	39.6	38.0	35.9	34.2	33.0	31.4	30.5	29.7	28.2	26.8	25.6	24.7
40.0	41.6	39.9	38.3	36.2	34.5	33.3	31.7	30.8	30.0	28.4	27.0	25.8	25.0
40.2	42.0	40.3	38.6	36.5	34.8	33.6	32.0	31.1	30.2	28.6	37.3	26.0	25.2
40.4	42.4	40.7	39.0	36.9	35.1	33.9	32.3	31.4	30.5	28.8	27.6	26.2	25.4
40.6	42.8	41.1	39.4	37.2	35.4	34.2	32.6	31.7	30.8	29.1	27.8	26.5	25.7
40.8	43.3	41.6	39.8	37.7	35.7	34.5	32.9	32.0	31.2	29.4	28.1	26.8	26.0
41.0	43.7	42.0	40.2	38.0	36.0	34.8	33.2	32.3	31.5	29.7	28.4	27.1	26.2
41.2	44.1	42.3	40.6	38.4	36.3	35.1	33.5	32.6	31.8	30.0	28.7	27.3	26.5
41.4	44.5	42.7	40.9	38.7	36.6	35.4	33.8	32.9	32.0	30.3	28.9	27.6	26.7
41.6	45.0	43.2	41.4	39.2	36.9	35.7	34.2	33.3	32.4	30.6	29.2	27.9	27.0
41.8	45.4	43.6	41.8	39.5	37.2	36.0	34.5	33.6	32.7	30.9	29.5	28.1	27.2
42.0	45.9	44.1	42.2	39.9	37.6	36.3	34.9	34.0	33.0	31.2	29.8	28.5	27.5
42.2	46.3	44.4	42.6	40.3	38.0	36.6	35.2	34.3	33.3	31.5	30.1	28.7	27.8
42.4	46.7	44.8	43.0	40.6	38.3	36.9	35.5	34.6	33.6	31.8	30.4	29.0	28.0
42.6	47.2	45.3	43.4	41.1	38.7	37.3	35.9	34.9	34.0	32.1	30.7	29.3	28.3
42.8	47.6	45.7	43.8	41.4	39.0	37.6	36.2	35.2	34.3	32.4	30.9	29.5	28.6
43.0	48.1	46.2	44.2	41.8	39.4	38.0	36.6	35.6	34.6	32.7	31.3	29.8	28.9
43.2	48.5	46.6	44.6	42.2	39.8	38.3	36.9	35.9	34.9	33.0	31.5	30.1	29.1
43.4	49.0	47.0	45.1	42.6	40.2	38.7	37.2	36.3	35.3	33.3	31.8	30.4	29.4
43.6	—	47.4	45.4	43.0	40.5	39.0	37.5	36.6	35.6	33.6	32.1	30.6	29.6
43.8	—	47.9	45.9	43.4	40.9	39.4	37.9	36.9	35.9	33.9	32.4	30.9	29.9
44.0	—	48.4	46.4	43.8	41.3	39.8	38.3	37.3	36.3	34.3	32.8	31.2	30.2
44.2	—	48.8	46.7	44.2	41.7	40.1	38.6	37.6	36.6	34.5	33.0	31.5	30.5
44.4	—	—	47.2	44.6	42.1	40.5	39.0	38.0	36.9	34.9	33.3	31.8	30.8
44.6	—	—	47.6	45.0	42.4	40.8	39.3	38.3	37.2	35.2	33.6	32.1	31.0
44.8	—	—	48.0	45.4	42.8	41.2	39.7	38.6	37.6	35.5	33.9	32.4	31.3
45.0	—	—	48.5	45.8	43.2	41.6	40.1	39.0	37.9	35.8	34.3	32.7	31.6
45.2	—	—	48.9	46.3	43.6	42.0	40.4	39.4	38.3	36.2	34.6	33.0	31.9
45.4	—	—	—	46.6	44.0	42.3	40.7	39.7	38.6	36.4	34.8	33.2	32.2

续表

平均回弹值 R_m	测区混凝土强度换算值/MPa												
	平均碳化深度值 d_m/mm												
	0	0.5	1.0	1.5	2.0	2.5	3.0	3.5	4.0	4.5	5.0	5.5	≥6.0
45.6	—	—	—	47.1	44.4	42.7	41.1	40.0	39.0	36.8	35.2	33.5	32.5
45.8	—	—	—	47.5	44.8	43.1	41.5	40.4	39.3	37.1	35.5	33.9	32.8
46.0	—	—	—	47.9	45.2	43.5	41.9	40.8	39.7	27.5	35.8	34.2	33.1
46.2	—	—	—	48.3	45.5	43.8	42.2	41.1	40.0	37.7	36.1	34.4	33.3
46.4	—	—	—	48.7	45.9	44.2	42.6	41.4	40.3	38.1	36.4	34.7	33.6
46.6	—	—	—	—	46.3	44.6	42.9	41.8	40.7	38.4	36.7	35.0	33.9
46.8	—	—	—	—	46.7	45.0	43.3	42.2	41.0	38.8	37.0	35.3	34.2
47.0	—	—	—	—	47.2	45.2	43.7	42.6	41.4	39.1	37.4	35.6	34.5
47.2	—	—	—	—	47.6	45.8	44.1	42.9	41.8	39.4	37.7	36.0	34.8
47.4	—	—	—	—	48.0	46.2	44.5	43.3	42.1	39.8	38.0	36.3	35.1
47.6	—	—	—	—	48.4	46.6	44.8	43.7	42.5	40.1	38.4	36.6	35.4
47.8	—	—	—	—	48.8	47.0	45.2	44.0	42.8	40.5	38.7	36.9	35.7
48.0	—	—	—	—	—	47.4	45.6	44.4	43.2	40.8	39.0	37.2	36.0
48.2	—	—	—	—	—	47.8	46.0	44.8	43.6	41.1	39.3	37.5	36.3
48.4	—	—	—	—	—	48.2	46.4	45.1	43.9	41.5	39.6	37.8	36.6
48.6	—	—	—	—	—	48.6	46.7	45.5	44.3	41.8	40.0	38.1	36.9
48.8	—	—	—	—	—	49.0	47.1	45.9	44.6	42.2	40.3	38.4	37.2
49.0	—	—	—	—	—	—	47.5	46.2	45.0	42.5	40.6	38.8	37.5
49.2	—	—	—	—	—	—	47.9	46.6	45.4	42.8	41.0	39.1	37.8
49.4	—	—	—	—	—	—	48.3	47.1	45.8	43.2	41.3	39.4	38.2
49.6	—	—	—	—	—	—	48.7	47.4	46.2	43.6	41.7	39.7	38.5
49.8	—	—	—	—	—	—	—	47.8	46.5	43.9	42.0	40.1	38.8
50.0	—	—	—	—	—	—	—	48.2	46.9	44.3	42.3	40.4	39.1
50.2	—	—	—	—	—	—	—	48.5	47.2	44.6	42.6	40.7	39.4
50.4	—	—	—	—	—	—	—	49.0	47.7	45.0	43.0	41.0	39.7
50.6	—	—	—	—	—	—	—	—	48.0	45.4	43.4	41.4	40.0

续表

平均回弹值 R_m	测区混凝土强度换算值/MPa												
	平均碳化深度值 d_m/mm												
	0	0.5	1.0	1.5	2.0	2.5	3.0	3.5	4.0	4.5	5.0	5.5	≥6.0
50.8	—	—	—	—	—	—	—	—	48.4	45.7	43.7	41.7	40.3
51.0	—	—	—	—	—	—	—	—	48.8	46.1	44.1	42.0	40.7
51.2	—	—	—	—	—	—	—	—	—	46.4	44.4	42.3	41.0
51.4	—	—	—	—	—	—	—	—	—	46.8	44.7	42.7	41.3
51.6	—	—	—	—	—	—	—	—	—	47.2	45.1	43.0	41.6
51.8	—	—	—	—	—	—	—	—	—	47.5	45.4	43.3	41.8
52.0	—	—	—	—	—	—	—	—	—	47.9	45.8	43.7	42.3
52.2	—	—	—	—	—	—	—	—	—	48.3	46.2	44.0	42.6
52.4	—	—	—	—	—	—	—	—	—	48.7	46.5	44.4	43.0
52.6	—	—	—	—	—	—	—	—	—	49.0	46.9	44.7	43.3
52.8	—	—	—	—	—	—	—	—	—	—	47.3	45.1	43.6
53.0	—	—	—	—	—	—	—	—	—	—	47.6	45.4	43.9
53.2	—	—	—	—	—	—	—	—	—	—	48.0	45.8	44.3
53.4	—	—	—	—	—	—	—	—	—	—	48.3	46.1	44.6
53.6	—	—	—	—	—	—	—	—	—	—	48.7	46.4	44.9
53.8	—	—	—	—	—	—	—	—	—	—	—	46.8	45.3
54.0	—	—	—	—	—	—	—	—	—	—	—	47.1	45.6
54.2	—	—	—	—	—	—	—	—	—	—	—	47.5	46.0
54.4	—	—	—	—	—	—	—	—	—	—	—	47.9	46.3
54.6	—	—	—	—	—	—	—	—	—	—	—	48.2	46.6
54.8	—	—	—	—	—	—	—	—	—	—	—	48.5	47.0
55.0	—	—	—	—	—	—	—	—	—	—	—	48.9	47.3
55.2	—	—	—	—	—	—	—	—	—	—	—	—	47.7
55.4	—	—	—	—	—	—	—	—	—	—	—	—	48.0
55.6	—	—	—	—	—	—	—	—	—	—	—	—	48.4
55.8	—	—	—	—	—	—	—	—	—	—	—	—	48.7

注:本表是按全国统一曲线制定。

附录Ⅳ　测区混凝土强度换算表(卵石)

R_a \ V_a \ f_{cu}/MPa	3.80	3.82	3.84	3.86	3.88	3.90	3.92	3.94	3.96	3.98	4.00	4.02	4.04	4.06	4.08	4.10
24.0	—	—	—	—	10.0	10.0	10.1	10.2	10.2	10.3	10.4	10.4	10.5	10.5	10.6	10.7
25.0	10.5	10.6	10.7	10.7	10.8	10.9	10.9	11.0	11.1	11.1	11.2	11.3	11.3	11.4	11.5	11.6
26.0	11.4	11.4	11.5	11.6	11.7	11.7	11.8	11.9	12.0	12.0	12.1	12.1	12.2	12.3	12.4	12.5
27.0	12.2	12.3	12.4	12.5	12.5	12.6	12.7	12.8	12.9	12.9	13.0	13.1	13.2	13.3	13.3	13.4
28.0	13.1	13.2	13.3	13.4	13.5	13.5	13.6	13.7	13.8	13.9	14.0	14.1	14.1	14.2	14.3	14.4
29.0	14.1	14.1	14.2	14.3	14.4	14.5	14.6	14.7	14.8	14.9	15.0	15.1	15.1	15.2	15.3	15.4
30.0	15.0	15.1	15.2	15.3	15.4	15.5	15.6	15.7	15.8	15.9	16.0	16.1	16.2	16.3	16.4	16.5
31.0	16.0	16.1	16.2	16.3	16.4	16.5	16.6	16.7	16.8	16.9	17.0	17.1	17.2	17.3	17.5	17.6
32.0	17.0	17.1	17.2	17.3	17.5	17.6	17.7	17.8	17.9	18.0	18.1	18.2	18.3	18.5	18.6	18.7
33.0	18.1	18.2	18.3	18.5	18.6	18.7	18.8	18.9	19.0	19.1	19.2	19.4	19.5	19.6	19.7	19.8
34.0	19.1	19.3	19.4	19.5	19.6	19.8	19.9	20.0	20.1	20.3	20.4	20.5	20.6	20.8	20.9	21.0
35.0	20.3	20.4	20.5	20.7	20.8	20.9	21.0	21.2	21.3	21.4	21.6	21.7	21.8	22.0	22.1	22.2
36.0	21.4	21.5	21.7	21.8	22.0	22.1	22.2	22.3	22.4	22.7	22.8	22.9	23.1	23.2	23.4	23.5
37.0	22.6	22.7	22.9	23.0	23.2	23.3	23.4	23.6	23.7	23.9	24.0	24.2	24.3	24.5	24.6	24.8
38.0	23.8	23.9	24.1	24.2	24.4	24.6	24.7	24.9	25.0	25.2	25.3	25.4	25.6	25.8	25.9	26.1
39.0	25.0	25.2	25.3	25.5	25.7	25.8	26.0	26.1	26.3	26.5	26.6	26.8	27.0	27.1	27.3	27.5
40.0	26.3	26.5	26.6	26.8	27.0	27.1	27.3	27.5	27.6	27.8	28.0	28.2	28.3	28.5	28.7	28.8
41.0	27.6	27.8	27.9	28.1	28.3	28.5	28.6	28.8	29.0	29.2	29.4	29.5	29.7	29.9	30.1	30.3
42.0	28.9	29.1	29.3	29.5	29.6	29.8	30.0	30.2	30.1	30.6	30.8	31.0	31.2	31.3	31.5	31.7
43.0	30.3	30.5	30.6	30.8	31.0	31.2	31.4	31.6	31.8	32.0	32.2	32.4	32.6	32.8	33.0	33.2
44.0	33.1	33.3	33.5	33.7	33.9	34.1	34.3	34.6	34.8	35.0	35.2	35.4	35.6	35.9	36.1	36.3
45.0	33.1	33.3	33.5	33.7	33.9	34.1	34.3	34.6	34.8	35.0	35.2	35.4	35.6	35.9	36.1	36.3
46.0	34.5	34.7	35.0	35.2	35.4	35.6	35.9	36.1	36.3	36.5	36.7	37.0	37.2	37.4	37.7	37.9
47.0	36.0	36.2	36.5	36.7	36.9	37.2	37.4	37.6	37.9	38.1	38.3	38.6	38.8	39.0	39.3	39.5
48.0	37.5	37.7	38.0	38.2	38.5	38.7	39.0	39.2	39.4	39.7	39.9	40.2	40.4	40.7	40.9	41.2
49.0	39.0	39.3	39.5	39.8	40.0	40.3	40.5	40.8	41.1	41.3	41.6	41.8	42.1	42.3	42.6	42.8
50.0	40.6	40.9	41.1	41.4	41.7	41.9	42.2	42.1	42.7	42.3	43.2	43.5	43.8	44.0	44.3	44.6

续表

V_a / R_a　f_{cu}/MPa	4.12	4.14	4.16	4.18	4.20	4.22	4.24	4.26	4.28	4.30	4.32	4.34	4.36	4.38	4.40	4.42
23.0	—	—	10.0	10.1	10.1	10.2	10.2	10.3	10.4	10.4	10.5	10.5	10.6	10.7	10.7	10.8
24.0	10.7	10.8	10.9	10.9	11.0	11.1	11.1	11.2	11.2	11.3	11.4	11.4	11.5	11.6	11.6	11.7
25.0	11.6	11.7	11.8	11.8	11.9	12.0	12.0	12.1	12.2	12.2	12.3	12.4	12.5	12.5	12.6	12.7
26.0	12.5	12.6	12.7	12.8	12.8	12.9	13.0	13.1	13.1	13.2	13.3	13.4	13.4	13.5	13.6	13.7
27.0	13.5	13.6	13.7	13.7	13.8	13.9	14.0	14.1	14.1	14.2	14.3	14.4	14.5	14.5	14.6	14.7
28.0	14.5	14.6	14.7	14.7	14.8	14.9	15.0	15.1	15.2	15.3	15.4	15.5	15.5	15.6	15.7	15.8
29.0	15.5	15.6	15.7	15.8	15.9	16.0	16.1	16.2	16.3	16.3	16.4	16.5	16.6	16.7	16.8	16.9
30.0	16.6	16.7	16.8	16.9	17.0	17.1	17.2	17.3	17.4	17.5	17.6	17.7	17.8	17.9	18.0	18.1
31.0	17.7	17.8	17.9	18.0	18.1	18.2	18.3	18.4	18.5	18.6	18.7	18.8	18.9	19.0	19.1	19.3
32.0	18.8	18.9	19.0	19.1	19.2	19.3	19.5	19.6	19.7	19.8	19.9	20.0	20.1	20.3	20.4	20.5
33.0	19.9	20.1	20.2	20.3	20.4	20.5	20.7	20.8	20.9	21.1	21.1	21.3	21.4	21.5	21.6	21.7
34.0	21.1	21.3	21.4	21.5	21.6	21.8	21.9	22.0	22.2	22.3	22.4	22.5	22.7	22.8	22.9	23.0
35.0	22.1	22.5	22.6	22.8	22.9	23.0	23.2	23.3	23.3	23.6	23.7	23.8	24.0	24.1	24.2	24.4
36.0	23.6	23.8	23.9	24.1	24.2	24.3	24.5	24.6	24.8	24.9	25.0	25.2	25.3	25.5	25.6	25.8
37.0	24.9	25.1	25.2	25.4	25.5	25.7	25.8	26.0	26.1	26.3	26.4	26.6	26.7	26.9	27.0	27.2
38.0	26.3	26.4	26.6	26.7	26.9	27.0	27.2	27.4	27.5	27.7	27.8	28.0	28.1	28.3	28.5	28.6
39.0	27.6	27.8	28.0	28.1	28.3	28.4	28.6	28.8	28.9	29.1	29.3	29.4	29.6	29.8	29.9	30.1
40.0	29.0	29.2	29.4	29.5	29.7	29.9	30.1	30.2	30.4	30.6	30.8	30.9	31.1	31.3	31.5	31.6
41.0	30.1	30.6	30.8	31.0	31.2	31.4	31.5	31.7	31.9	32.1	32.3	32.5	32.6	32.8	33.0	33.2
42.0	31.9	32.1	32.3	32.5	32.7	32.9	33.1	33.2	33.4	33.6	33.8	34.0	34.2	34.4	34.6	34.8
43.0	33.4	33.6	33.8	34.0	34.2	34.4	34.6	34.8	35.0	35.2	35.4	35.6	35.8	36.0	36.2	36.4
44.0	34.9	35.2	35.4	35.6	35.8	36.0	36.2	36.4	36.6	36.8	37.0	37.2	37.5	37.7	37.9	38.1
45.0	36.5	36.7	36.9	37.2	37.4	37.6	37.8	38.0	38.3	38.5	38.7	38.9	39.1	39.4	39.6	39.8
46.0	38.1	38.3	38.6	38.8	39.0	39.2	39.5	39.7	39.9	40.2	40.4	40.6	40.8	41.1	41.3	41.5
47.0	39.7	40.0	40.2	40.4	40.7	40.9	41.2	41.4	41.6	41.9	42.1	42.4	42.6	42.8	43.1	43.3
48.0	41.4	41.7	41.9	42.1	42.4	42.6	42.9	43.1	43.4	43.6	43.9	44.1	44.4	44.6	44.9	45.1
49.0	43.1	43.4	43.6	43.9	44.1	44.4	44.6	44.9	45.2	45.4	45.7	45.9	46.2	46.5	46.7	47.0
50.0	44.8	45.1	45.4	45.6	45.9	46.2	46.4	46.7	47.0	47.2	47.5	47.8	48.1	48.3	48.6	48.9

续表

R_a f_{cu}/MPa \ V_a	4.44	4.46	4.48	4.50	4.52	4.54	4.56	4.58	4.60	4.62	4.64	4.66	4.68	4.70	4.72	4.74
22.0	—	10.0	10.0	10.1	10.2	10.2	10.3	10.3	10.4	10.4	10.5	10.5	10.6	10.6	10.7	10.8
23.0	10.8	10.9	10.9	11.0	11.1	11.1	11.2	11.2	11.3	11.4	11.4	11.5	11.6	11.6	11.7	11.7
24.0	11.8	11.8	11.9	12.0	12.0	12.1	12.2	12.2	12.3	12.4	12.4	12.5	12.5	12.6	12.7	12.7
25.0	12.7	12.8	12.9	12.9	13.0	13.1	13.2	13.2	13.3	13.4	13.4	13.5	13.6	13.7	13.7	13.8
26.0	13.7	13.8	13.9	14.0	14.0	14.1	14.2	14.3	14.4	14.4	14.5	14.6	14.7	14.7	14.8	14.9
27.0	14.8	14.9	15.0	15.0	15.1	15.2	15.3	15.4	15.4	15.5	15.5	15.7	15.8	15.9	15.9	16.0
28.0	15.9	16.0	16.1	16.1	16.2	16.3	16.4	16.5	16.6	16.7	16.8	16.8	16.9	17.0	17.1	17.2
29.0	17.0	17.1	17.2	17.3	17.4	17.5	17.6	17.7	17.8	17.8	17.9	18.0	18.1	18.2	18.3	18.4
30.0	18.2	18.3	18.4	18.5	18.6	18.7	18.8	18.9	19.0	19.1	19.2	19.3	19.4	19.5	19.6	19.7
31.0	19.4	19.5	19.6	19.7	19.8	19.9	20.0	20.1	20.2	20.3	20.4	20.5	20.6	20.8	20.9	21.0
32.0	20.6	20.7	20.8	20.9	21.0	21.2	21.3	21.4	21.5	21.6	21.7	21.8	22.0	22.1	22.2	22.3
33.0	21.9	22.0	22.1	22.2	22.3	22.5	22.6	22.7	22.8	23.0	23.1	23.2	23.3	23.4	23.6	23.7
34.0	23.2	23.3	23.4	23.6	23.7	23.8	23.9	24.1	24.2	24.3	24.5	24.6	24.7	24.8	25.0	25.1
35.0	24.5	24.7	24.8	24.9	25.1	25.2	25.3	25.5	25.6	25.7	25.9	26.0	26.2	26.3	26.4	26.6
36.0	25.9	26.0	26.2	26.3	26.5	26.6	26.8	26.9	27.1	27.2	27.3	27.5	27.6	27.8	27.9	28.1
37.0	27.3	27.5	27.6	27.8	27.9	28.1	28.2	28.4	28.5	28.7	28.8	29.0	29.1	29.3	29.4	29.6
38.0	28.8	28.9	29.1	29.3	29.4	29.6	29.7	29.9	30.1	30.2	30.4	30.5	30.7	30.9	31.0	31.2
39.0	30.3	30.4	30.6	30.8	30.9	31.1	31.3	31.4	31.6	31.8	32.0	32.1	32.3	32.5	32.6	32.8
40.0	31.8	32.0	32.2	32.3	32.5	32.7	32.9	33.0	33.2	33.4	33.6	33.7	33.9	34.1	34.3	34.5
41.0	33.4	33.6	33.7	33.9	34.1	34.3	34.5	34.7	34.9	35.0	35.2	35.4	35.6	35.8	36.0	36.6
42.0	35.0	35.2	35.4	35.6	35.8	35.9	36.1	36.3	36.5	36.7	36.9	37.1	37.3	37.5	37.7	31.9
43.0	36.6	36.8	37.0	37.2	37.4	37.6	37.8	38.0	38.2	38.5	38.7	38.9	39.1	39.3	39.5	39.7
44.0	38.3	38.5	38.7	38.9	39.1	39.4	39.6	39.8	40.0	40.2	40.4	40.6	40.9	41.1	41.3	41.5
45.0	40.0	40.2	40.5	40.7	40.9	41.1	41.3	41.5	41.8	42.0	42.2	42.5	42.7	42.9	43.1	43.4
46.0	41.8	42.0	42.2	42.5	42.7	42.9	43.2	43.4	43.6	43.9	44.1	44.3	44.6	44.8	45.0	45.3
47.0	43.6	43.8	44.0	44.3	44.5	44.8	45.0	45.2	45.5	45.7	46.0	46.2	46.5	46.7	47.0	47.2
48.0	45.4	45.5	45.9	46.1	46.4	46.6	46.9	47.1	47.4	47.7	47.9	48.2	48.4	48.7	48.9	49.2
49.0	47.2	47.5	47.8	48.0	48.3	48.6	48.8	49.1	49.3	49.6	49.9	—	—	—	—	—
50.0	49.1	49.4	49.7	50.1	—	—	—	—	—	—	—	—	—	—	—	—

续表

V_a / R_a / f_{cu}/MPa	4.76	4.78	4.80	4.82	4.84	4.86	4.88	4.90	4.92	4.94	4.96	4.98	5.00
21.0	—	—	10.0	10.0	10.1	10.1	10.2	10.2	10.3	10.3	10.4	10.4	10.5
22.0	10.8	10.9	10.9	11.0	11.0	11.1	11.2	11.2	11.3	11.3	11.4	11.4	11.5
23.0	11.8	11.9	11.9	12.0	12.0	12.1	12.2	12.2	12.3	12.3	12.4	12.5	12.5
24.0	12.8	12.9	12.9	13.0	13.1	13.1	13.2	13.3	13.3	13.4	13.5	13.5	13.6
25.0	13.9	13.9	14.0	14.1	14.2	14.2	14.3	14.4	14.4	14.5	14.6	14.7	14.7
26.0	15.0	15.0	15.1	15.2	15.3	15.4	15.4	15.5	15.6	15.7	15.7	15.8	15.9
27.0	16.1	16.2	16.3	16.4	16.4	16.5	16.6	16.7	16.8	16.9	16.9	17.0	17.1
28.0	17.3	17.4	17.5	17.6	17.6	17.7	17.8	17.9	18.0	18.1	18.2	18.3	18.4
29.0	18.5	18.6	18.7	18.8	18.9	19.0	19.1	19.2	19.3	19.4	19.5	19.6	19.7
30.0	19.8	19.9	20.0	20.1	20.2	20.3	20.4	20.5	20.6	20.7	20.8	20.9	21.0
31.0	21.1	21.2	21.3	21.4	21.5	21.6	21.7	21.8	22.0	22.1	22.2	22.3	22.4
32.0	22.4	22.5	22.7	22.8	22.9	23.0	23.1	23.2	23.4	23.5	23.6	23.7	23.8
33.0	23.8	23.9	24.1	24.2	24.3	24.4	24.5	24.7	24.8	24.9	25.0	25.2	25.3
34.0	25.2	25.4	25.5	25.6	25.8	25.9	26.0	26.1	26.3	26.4	26.5	26.7	26.8
35.0	26.7	26.8	27.0	27.1	27.3	27.4	27.5	27.7	27.8	27.9	28.1	28.2	28.4
36.0	28.2	28.4	28.5	28.6	28.8	28.9	29.1	29.2	29.4	29.5	29.7	29.8	30.0
37.0	29.8	29.9	30.1	30.2	30.4	30.5	30.7	30.8	31.0	31.1	31.3	31.5	31.6
38.0	31.3	31.5	31.7	31.8	32.0	32.2	32.3	32.5	32.6	32.8	33.0	33.1	33.3
39.0	33.0	33.1	33.3	33.5	33.7	33.8	34.0	34.2	34.3	34.5	34.7	34.8	35.0
40.0	34.6	34.8	35.0	35.2	35.4	35.5	35.7	35.9	36.1	36.3	36.4	36.6	36.8
41.0	36.3	36.5	36.7	36.9	37.1	37.3	37.5	37.7	37.9	38.0	38.2	38.4	38.6
42.0	38.1	38.3	38.5	38.7	38.9	39.1	39.3	39.5	39.7	39.9	40.1	40.3	40.5
43.0	39.9	40.1	40.3	40.5	40.7	40.9	41.1	41.3	41.5	41.7	42.0	42.2	42.4
44.0	41.7	41.9	42.1	42.4	42.6	42.8	43.1	43.2	43.4	43.7	43.9	44.1	44.3
45.0	43.6	43.8	44.0	44.3	44.5	44.7	44.9	45.2	45.4	45.6	45.8	46.1	46.3
46.0	45.5	45.7	46.0	46.2	46.4	46.7	46.9	47.1	47.4	47.6	47.8	48.1	48.3
47.0	47.4	47.7	47.9	48.2	48.4	48.7	48.9	49.2	49.4	49.6	49.9	—	—
48.0	49.4	49.7	49.9	—	—	—	—	—	—	—	—	—	—

注:①表内未列数值可用内插法求得,精确至0.1 MPa。

②表中 R_a 为修正后的测区回弹值,V_a 为修正后的超声声速值,f_{cu} 为测区混凝土强度换算值。

附录Ⅴ 测区混凝土强度换算表(碎石)

R_a \ V_a (f_{cu}/MPa)	3.80	3.82	3.84	3.86	3.88	3.90	3.92	3.94	3.96	3.98	4.00	4.02	4.04	4.06	4.08	4.10
20.0	—	—	—	—	—	—	—	—	—	—	—	—	—	—	10.0	10.0
21.0	—	—	—	—	—	10.0	10.0	10.1	10.2	10.3	10.4	10.5	10.6	10.7	10.8	10.8
22.0	10.2	10.3	10.4	10.5	10.6	10.7	10.8	10.9	11.0	11.1	11.2	11.3	11.4	11.5	11.6	11.7
23.0	11.0	11.1	11.2	11.3	11.4	11.5	11.6	11.7	11.8	11.9	12.0	12.1	12.2	12.3	12.4	12.5
24.0	11.7	11.8	11.9	12.0	12.1	12.3	12.4	12.5	12.6	12.7	12.8	12.9	13.0	13.1	13.2	13.4
25.0	12.5	12.6	12.7	12.8	12.9	13.1	13.2	13.3	13.4	13.5	13.6	13.8	13.9	14.0	14.1	14.2
26.0	13.3	13.4	13.5	13.6	13.8	13.9	14.0	14.1	14.3	14.4	14.5	14.6	14.8	14.9	15.0	15.1
27.0	14.1	14.2	14.3	14.5	14.6	14.7	14.9	15.0	15.1	15.3	15.4	15.5	15.7	15.8	15.9	16.1
28.0	14.9	15.1	15.2	15.3	15.5	15.6	15.7	15.9	16.0	16.2	16.3	16.4	16.6	16.7	16.9	17.0
29.0	15.8	15.9	16.0	16.2	16.3	16.5	16.6	16.8	16.9	17.1	17.2	17.4	17.5	17.7	17.8	18.0
30.0	16.6	16.8	16.9	17.1	17.2	17.4	17.5	17.7	17.8	18.0	18.1	18.3	18.5	18.6	18.8	18.9
31.0	17.5	17.6	17.8	18.0	18.1	18.3	18.4	18.6	18.8	18.9	19.1	19.3	19.4	19.6	19.8	19.9
32.0	18.4	18.5	18.7	18.9	19.0	19.2	19.4	19.6	19.7	19.9	20.1	20.2	20.4	20.6	20.8	20.9
33.0	19.3	19.5	19.6	19.8	20.0	20.2	20.3	20.5	20.7	20.9	21.1	21.2	21.4	21.6	21.8	22.0
34.0	20.2	20.4	20.6	20.8	20.9	21.1	21.3	21.5	21.7	21.9	22.1	22.3	22.5	22.6	22.8	23.0
35.0	21.1	21.3	21.5	21.7	21.9	22.1	22.3	22.5	22.7	22.9	23.1	23.3	23.5	23.7	23.9	24.1
36.0	22.1	22.3	22.5	22.7	22.9	23.1	23.3	23.5	23.7	23.9	24.1	24.3	24.6	24.8	25.0	25.2
37.0	23.1	23.3	23.5	23.7	23.9	24.1	24.3	24.5	24.8	25.0	25.2	25.4	25.6	25.8	26.1	26.3
38.0	24.1	24.3	24.5	24.7	24.9	25.1	25.4	25.6	25.8	26.0	26.3	26.5	26.7	27.0	27.2	27.4
39.0	25.0	25.3	25.5	25.7	26.0	26.2	26.4	26.7	26.9	27.1	27.4	27.6	27.8	28.1	28.3	28.5
40.0	26.1	26.3	26.5	26.8	27.0	27.3	27.5	27.7	28.0	28.2	28.5	28.7	29.0	29.2	29.5	29.7
41.0	27.1	27.3	27.6	27.8	28.1	28.3	28.6	28.8	29.1	29.3	29.6	29.8	30.1	30.4	30.6	30.9
42.0	28.1	28.4	28.6	28.9	29.2	29.4	29.7	29.9	30.2	30.5	30.7	31.0	31.3	31.5	31.8	32.1
43.0	29.2	29.5	29.7	30.0	30.3	30.5	30.8	31.1	31.3	31.6	31.9	32.2	32.4	32.7	33.0	33.3
44.0	30.3	30.5	30.8	31.1	31.4	31.6	31.9	32.2	32.5	32.8	33.0	33.3	33.6	33.9	34.2	34.5
45.0	31.3	31.6	31.9	32.2	32.5	32.8	33.1	33.4	33.6	33.9	34.2	34.5	34.8	35.1	35.4	35.7
46.0	32.4	32.7	33.0	33.3	33.6	33.9	34.2	34.5	34.8	35.1	35.2	35.7	36.0	36.3	36.7	37.0
47.0	33.5	33.9	34.2	34.5	34.8	35.1	35.4	35.7	36.0	36.3	36.6	37.0	37.3	37.6	37.9	38.2
48.0	34.7	35.0	35.3	35.6	35.9	36.3	36.6	36.9	37.2	37.5	37.9	38.2	38.5	38.9	39.2	39.5
49.0	35.8	36.1	36.5	36.8	37.1	37.4	37.8	38.1	38.4	38.8	39.1	39.5	39.8	40.1	40.5	40.8
50.0	37.0	37.3	37.6	38.0	38.3	38.7	39.0	39.3	39.7	40.0	40.4	40.7	41.1	41.4	41.8	42.1

续表

R_a \ V_a \ f_{cu}/MPa	4.12	4.14	4.16	4.18	4.20	4.22	4.24	4.26	4.28	4.30	4.32	4.34	4.36	4.38	4.40	4.42
20.0	10.1	10.2	10.3	10.4	10.5	10.6	10.6	10.7	10.8	10.9	11.0	11.1	11.2	11.3	11.3	11.4
21.0	10.9	11.0	11.1	11.2	11.3	11.4	11.5	11.6	11.7	11.8	11.9	12.0	12.0	12.1	12.2	12.3
22.0	11.8	11.9	12.0	12.1	12.2	12.3	12.4	12.5	12.6	12.7	12.8	12.9	13.0	13.1	13.2	13.3
23.0	12.6	12.7	12.8	12.9	13.0	13.1	13.2	13.3	13.5	13.6	13.7	13.8	13.9	14.0	14.1	14.2
24.0	13.5	13.6	13.7	13.8	13.9	14.0	14.1	14.3	14.4	14.5	14.6	14.7	14.8	15.0	15.1	15.2
25.0	14.4	14.5	14.6	14.7	14.8	15.0	15.1	15.2	15.3	15.4	15.6	15.7	15.8	15.9	16.1	16.2
26.0	15.3	15.4	15.5	15.6	15.8	15.9	16.0	16.2	16.3	16.4	16.6	16.7	16.8	17.0	17.1	17.2
27.0	16.2.	16.3	16.5	16.6	16.7	16.9	17.0	17.1	17.3	17.4	17.6	17.7	17.8	18.0	18.1	18.3
28.0	17.1	17.3	17.4	17.6	17.7	17.9	18.0	18.2	18.3	18.4	18.6	18.7	18.9	19.0	19.2	19.3
29.0	18.1	18.3	18.4	18.6	18.7	18.9	19.0	19.2	19.3	19.5	19.6	19.8	20.0	20.1	20.3	20.5
30.0	19.1	19.3	19.4	19.6	19.7	19.9	20.1	20.2	20.4	20.5	20.7	20.9	21.0	21.2	21.4	21.5
31.0	20.1	20.3	20.4	20.6	20.8	20.9	21.1	21.3	21.5	21.6	21.8	22.0	22.2	22.3	22.5	22.7
32.0	21.1	21.3	21.5	21.7	21.8	22.0	22.2	22.4	22.6	22.7	22.9	23.1	23.3	23.5	23.6	23.8
33.0	22.2	22.3	22.5	22.7	22.9	23.1	23.3	23.5	23.7	23.9	24.0	24.2	24.4	24.6	24.8	25.0
34.0	23.2	23.4	23.6	23.8	24.0	24.2	24.4	24.6	24.8	25.0	25.2	25.4	25.6	25.8	26.0	26.2
35.0	24.3	24.5	24.7	24.9	25.1	25.3	25.5	25.7	25.9	26.2	26.4	26.6	26.8	27.0	27.2	27.4
36.0	25.4	25.6	25.8	26.0	26.2	26.5	26.7	26.9	27.1	27.3	27.6	27.8	28.0	28.2	28.4	28.7
37.0	26.5	26.7	27.0	27.2	27.4	27.6	27.9	28.1	28.3	28.5	28.8	29.1	29.2	29.5	29.7	29.9
38.0	27.6	27.9	28.1	28.3	28.6	28.8	29.0	29.3	29.5	29.7	30.0	30.2	30.5	30.7	30.9	31.2
39.0	28.8	29.0	29.3	29.5	29.8	31.0	30.2	30.5	30.7	31.0	31.2	31.5	31.7	32.0	32.2	32.5
40.0	30.0	30.2	30.5	30.7	31.0	31.2	31.5	31.7	32.0	32.2	32.5	32.8	33.0	33.3	33.5	33.8
41.0	32.3	32.6	32.9	33.1	33.4	33.7	34.0	34.2	34.5	34.8	35.1	35.4	35.6	35.9	36.2	36.5
42.0	32.3	32.6	32.9	33.1	33.4	33.7	34.0	34.2	34.5	34.8	35.1	35.4	35.6	35.9	36.2	36.5
43.0	33.5	33.8	34.1	34.4	34.7	35.0	35.2	35.5	35.8	36.1	36.4	36.7	37.0	37.3	37.6	37.9
44.0	34.8	35.1	35.4	35.6	35.9	36.2	36.5	36.8	37.1	37.4	37.7	38.0	38.3	38.6	38.9	39.2
45.0	36.0	36.3	36.6	36.9	37.2	37.5	37.8	38.1	38.5	38.8	39.1	39.4	39.7	40.0	40.3	40.6
46.0	37.3	37.6	37.9	38.2	38.5	38.9	39.2	39.5	39.8	40.1	40.4	40.8	41.1	41.4	41.7	42.1
47.0	38.6	38.9	39.2	39.5	39.9	40.2	40.5	40.8	41.2	41.5	41.8	42.2	42.5	42.8	43.2	43.5
48.0	39.8	40.2	40.5	40.9	41.2	41.5	41.9	42.2	42.6	42.9	43.2	43.6	43.9	44.3	44.6	45.0
49.0	41.2	41.5	41.8	42.2	42.5	42.9	43.2	43.6	43.9	44.3	44.7	45.0	45.4	45.7	46.1	46.5
50.0	42.5	42.8	43.2	43.6	43.9	44.3	44.6	45.0	45.4	45.7	46.1	46.5	46.8	47.2	47.6	47.9

续表

R_a \ V_a / f_{cu}/MPa	4.44	4.46	4.48	4.50	4.52	4.54	4.56	4.58	4.60	4.62	4.64	4.66	4.68	4.70	4.72	4.74
20.0	11.5	11.6	11.7	11.8	11.9	12.0	12.1	12.1	12.2	12.3	12.4	12.5	12.6	12.7	12.8	12.9
21.0	12.4	12.5	12.6	12.7	12.8	12.9	13.0	13.1	13.2	13.3	13.4	13.5	13.6	13.7	13.8	13.9
22.0	13.4	13.5	13.6	13.7	13.8	13.9	14.1	14.2	14.3	14.4	14.5	14.6	14.7	14.8	14.9	15.0
23.0	14.3	14.4	14.6	14.7	14.8	14.9	15.0	15.1	15.2	15.3	15.5	15.6	15.7	15.8	15.9	16.0
24.0	15.3	15.4	15.6	15.7	15.8	15.9	16.0	16.2	16.3	16.4	16.5	16.6	16.8	16.9	17.0	17.1
25.0	16.3	16.5	16.6	16.7	16.8	17.0	17.1	17.2	17.3	17.5	17.6	17.7	17.9	18.0	18.1	18.3
26.0	17.4	17.5	17.8	17.8	17.9	18.0	18.2	18.3	18.4	18.6	18.7	18.9	19.0	19.1	19.3	19.4
27.0	18.4	18.6	18.7	18.8	19.0	19.1	19.3	19.4	19.6	19.7	19.9	20.0	20.2	20.3	20.5	20.6
28.0	19.5	19.6	19.8	19.9	20.1	20.3	20.4	20.6	20.7	20.9	21.0	21.2	21.3	21.5	21.7	21.8
29.0	20.6	20.7	20.9	21.1	21.2	21.4	21.6	21.7	21.9	22.0	22.2	22.4	22.5	22.7	22.9	23.0
30.0	21.7	21.9	22.0	22.2	22.4	22.6	22.7	22.9	23.1	23.2	23.4	23.6	23.8	23.9	24.1	24.3
31.0	22.9	23.0	23.2	23.4	23.6	23.7	23.9	24.1	24.3	24.5	24.7	24.8	25.0	25.2	25.4	25.6
32.0	24.0	24.2	24.4	24.6	24.8	25.0	25.1	25.3	25.5	25.7	25.9	26.1	26.3	26.5	26.7	26.9
33.0	25.2	25.4	25.6	25.8	26.0	26.2	26.4	26.6	26.8	27.0	27.2	27.4	27.6	27.8	28.0	28.2
34.0	26.1	26.6	26.8	27.0	27.2	27.4	27.7	27.9	28.1	28.3	28.5	28.7	28.9	29.1	29.3	29.6
35.0	27.6	27.9	28.1	28.3	28.5	28.7	28.9	29.2	29.4	29.6	29.8	30.0	30.3	30.5	30.7	30.9
36.0	28.9	29.1	29.3	29.6	29.8	30.0	30.2	30.5	30.7	30.9	31.2	31.4	31.6	31.9	32.1	32.3
37.0	30.1	30.4	30.6	30.9	31.1	31.3	31.6	31.8	32.0	32.3	32.5	32.8	33.0	33.3	33.5	33.7
38.0	31.4	31.7	31.9	32.2	32.4	32.7	32.9	33.2	33.4	33.7	33.9	34.2	34.4	34.7	34.9	35.2
39.0	32.7	33.0	33.2	33.5	33.8	34.0	34.3	34.5	34.8	35.1	35.3	35.6	35.8	36.1	36.4	36.6
40.0	34.1	34.3	34.6	34.9	35.1	35.4	35.7	35.9	36.2	36.5	36.7	37.0	37.3	37.6	37.8	38.1
41.0	35.4	35.7	36.0	36.2	36.5	36.8	37.1	37.4	37.6	37.9	38.2	38.5	38.8	39.1	39.3	39.6
42.0	36.8	37.1	37.3	37.6	37.9	38.2	38.5	38.8	39.1	39.4	39.7	40.0	40.3	40.6	40.9	41.2
43.0	38.2	38.4	38.7	39.0	39.3	39.6	39.9	40.2	40.5	40.9	41.2	41.5	41.8	42.1	42.4	42.7
44.0	39.5	39.9	40.2	40.5	40.8	41.1	41.4	41.7	42.0	42.3	42.7	43.0	43.3	43.6	43.9	44.3
45.0	41.0	41.3	41.6	41.9	42.2	42.6	42.9	43.2	43.5	43.9	44.2	44.5	44.9	45.2	45.5	45.8
46.0	42.4	42.7	43.1	43.4	43.7	44.1	44.4	44.7	45.1	45.4	45.7	46.1	46.4	46.8	47.1	47.5
47.0	43.9	44.2	44.5	44.9	45.2	45.6	45.9	46.3	46.6	47.0	47.3	47.7	48.0	48.4	48.7	49.1
48.0	45.3	45.7	46.0	46.4	46.7	47.1	47.5	47.8	48.2	48.5	48.9	49.3	49.6	50.0		
49.0	46.8	47.2	47.5	47.9	48.3	48.6	49.0	49.4	49.8	—	—	—	—	—	—	—
50.0	48.3	48.7	49.1	49.4	49.8	—	—	—	—	—	—	—	—	—	—	—

附录Ⅵ　桥梁恒载变异状况调查评估

引起桥梁结构恒载变异的主要原因包括：施工造成的结构或构件尺寸差异，如结构或构件长度变异、构件断面尺寸变异、铺装层厚度变异和材料重度差异等；运营期布设附加构造物导致的附加重量，如过桥管线等。这些恒载变异对结构承载能力的影响需在结构检算分析过程中加以考虑。另外，尚需考虑桥梁计算跨径变异对内力计算结果的影响。

①桥梁恒载变异状况调查宜包括以下 4 个方面内容：

a. 桥梁总体尺寸的测量，主要包括桥梁长度、桥宽、净空、跨径等；

b. 桥梁构件尺寸的测量，主要包括构件的长度与截面尺寸等；

c. 桥面铺装厚度及拱上填料重度测定；

d. 其他附加荷载调查。

②桥梁长度、跨径可在桥面上按桥跨结构中心线和车行道上、下游边缘线 3 条线进行测量。桥梁宽度可沿桥纵向分断面采用钢尺进行量测，量测断面每跨不宜少于 3 个。

③构件长度与截面尺寸可采用钢尺进行测量，对桥跨结构，跨径小于 40 m 的桥梁量测断面单跨不得少于 5 个，跨径大于或等于 40 m 的桥梁量测断面单跨不得少于 9 个。对桥梁墩台、主塔等主要承重构件，量测断面不得少于 3 个。截面突变处应布设测量断面。

④桥面铺装层厚度可采用分断面布点钻芯量测，也可采用雷达结合钻芯修正的方法测定。采用分断面布点钻芯测量时，量测断面宜布置在跨径四等分点位置，每断面宜布设 3 个钻孔测点，分设在车行道桥跨结构中心线和上、下游边缘处。

参考文献

[1] 邢世建. 道路与桥梁工程试验检测技术[M]. 重庆:重庆大学出版社,2005.

[2] 中华人民共和国交通运输部. 公路路基路面现场测试规程:JTG 3450—2019 [S]. 北京:人民交通出版社,2020.

[3] 中华人民共和国交通运输部. 公路工程质量检验评定标准 第一册 土建工程:JTG F80/1—2017 [S]. 北京:人民交通出版社,2018.

[4] 中华人民共和国交通运输部. 公路沥青路面设计规范:JTG D50—2017[S]. 北京:人民交通出版社,2017.

[5] 中华人民共和国交通运输部. 公路工程沥青及沥青混合料试验规程:JTG E20—2011 [S]. 北京:人民交通出版社,2012.

[6] 中华人民共和国交通运输部. 公路桥涵设计通用规范:JTG D60—2015[S]. 北京:人民交通出版社,2015.

[7] 中华人民共和国交通运输部. 公路桥涵施工技术规范:JTG/T 3650—2020[S]. 北京:人民交通出版社,2020.

[8] 中华人民共和国交通运输部. 公路桥梁承载能力检测评定规程:JTG/T J21—2011 [S]. 北京:人民交通出版社,2011.

[9] 中华人民共和国交通运输部. 公路桥梁荷载试验规程:JTG/T J21-01—2015[S]. 北京:人民交通出版社,2016.

[10] 中华人民共和国交通运输部. 公路技术状况评定标准:JTG 5210—2018[S]. 北京:人民交通出版社,2019.

[11] 中华人民共和国交通运输部. 公路路面技术状况自动化检测规程:JTG/T E61—2014[S]. 北京:人民交通出版社,2014.

[12] 中华人民共和国交通运输部. 公路桥梁技术状况评定标准:JTG/T H21—2011[S]. 北京:人民交通出版社,2011.

[13] 中华人民共和国交通运输部. 公路桥涵养护规范:JTG 5120—2021[S]. 北京:人民交通出版社,2021.

[14] 中华人民共和国交通运输部. 公路工程基桩检测技术规程:JTG/T 3512 — 2020

[S]. 北京:人民交通出版社,2020.
[15] 中华人民共和国交通运输部. 公路桥涵地基与基础设计规范:JTG 3363—2019 [S]. 北京:人民交通出版社,2020.
[16] 中华人民共和国住房和城乡部. 建筑地基检测技术规范:JGJ 340—2015 [S]. 北京:中国建筑工业出版社,2015.
[17] 中华人民共和国交通运输部. 公路养护技术规范:JTG H10—2009[S]. 北京:人民交通出版社,2009.
[18] 中华人民共和国国家质量监督检验检疫总局. 多功能路况快速检测设备标准:GB/T 26764—2011[S]. 北京:中国标准出版社,2011.
[19] 中华人民共和国住房和城乡部. 雷达法检测混凝土结构技术标准:JGJ/T 456—2019[S]. 北京:中国建筑工业出版社,2019.
[20] 辽宁省质量技术监督局. 公路桥梁现场测试规程: DB21/T 2646—2016[S]. 北京:人民交通出版社,2017.
[21] 席恩伟. 化皮冲大桥健康监测系统研究[D]. 西安:长安大学,2017.
[22] 陈浩. 珠江黄埔大桥健康监测与状态评估技术研究[D]. 西安:长安大学,2016.
[23] 中华人民共和国交通运输部. 公路桥梁结构安全监测系统技术规程:JT/T 1037—2016[S]. 北京:人民交通出版社,2016.
[24] 中华人民共和国住房和城乡部. 建筑与桥梁结构监测技术规范:GB 50982—2014 [S]. 北京:中国建筑工业出版社,2014.
[25] 章关水. 桥梁结构试验[M]. 2 版. 北京:人民交通出版社,2010.
[26] 中华人民共和国交通运输部. 公路沥青路面养护技术规范: JTG 5142—2019[S]. 北京:人民交通出版社,2019.
[27] 中华人民共和国交通运输部. 公路工程技术标准: JTG B01—2014[S]. 北京:人民交通出版社,2015.
[28] 中华人民共和国交通运输部. 公路桥梁板式橡胶支座:JT/T 4—2019[S]. 北京:人民交通出版社,2019.
[29] 浙江省质量技术监督局. 公路混凝土桥梁预应力施工质量检测评定技术规程: DB35/T 1638—2017[S]. 北京:人民交通出版社,2017.
[30] 郝灵恩. 高速公路改扩建既有路面检测评价关键技术研究[D]. 重庆:重庆交通大学,2017.
[31] 王建华,孙胜江. 桥涵工程试验检测技术[M]. 北京:人民交通出版社,2004.
[32] 钱进. 公路工程现场检测技术[M]. 2 版. 北京:人民交通出版社,2014.
[33] 邵鹏磊. 公路桥梁现场检测与技术状况评定[D]. 郑州:郑州大学,2016.
[34] 杨威,刘兆勇,邓迪. 地质雷达在钢筋混凝土缺陷检测中的应用[J]. 物探化探计算技术, 2017,39(3): 340-345.
[35] 潘海结. 探地雷达在桥梁工程检测中的应用研究[D]. 重庆:重庆交通大学,2012.